脱贫攻坚口述史丛书

上海卷

脱贫攻坚口述史

主　　编　严爱云
副主编　郭　继
执行主编　孙　迪

中共党史出版社

图书在版编目（CIP）数据

脱贫攻坚口述史．上海卷／严爱云主编；郭继副主编；孙迪执行主编．－－北京：中共党史出版社，2023.12

ISBN 978-7-5098-6277-3

Ⅰ．①脱… Ⅱ．①严… ②郭… ③孙… Ⅲ．①扶贫－工作概况－上海 Ⅳ．①F126

中国国家版本馆 CIP 数据核字（2023）第 017789 号

书　　名：脱贫攻坚口述史（上海卷）

作　　者：严爱云（主编）　郭继（副主编）　孙迪（执行主编）

出版发行：中共党史出版社

协调编辑：王媛

责任编辑：崔立仁

责任校对：申宁

责任印制：段文超

社　　址：北京市海淀区芙蓉里南街 6 号院 1 号楼　邮编：100080

网　　址：www.dscbs.com

经　　销：新华书店

印　　刷：北京中科印刷有限公司

开　　本：710mm×1000mm　1/16

字　　数：428 千字

印　　张：28.75

版　　次：2023 年 12 月第 1 版

印　　次：2023 年 12 月第 1 次印刷

书　　号：ISBN 978-7-5098-6277-3

定　　价：70.00 元

此书如有印装质量问题，请联系中共党史出版社读者服务部　电话：010-83072535

"脱贫攻坚口述史丛书"编委会

目　录

与对口地区干群携手开创更美好生活

本报讯　上海市助力脱贫攻坚表彰大会昨天在上海展览中心隆重举行。市委书记李强在会上强调，要深入贯彻落实习近平总书记在全国脱贫攻坚总结表彰大会上的重要讲话精神，从伟大脱贫攻坚精神中汲取开拓进取、建功立业的强大力量，以更坚定的决心、更饱满的热情、更昂扬的斗志，切实做好助力对口地区巩固拓展脱贫攻坚成果同乡村振兴有效衔接各项工作，在全面建设社会主义现代化国家新征程上，为谱写东西部协作和对口支援工作新篇章作出上海的更大贡献。

李强代表市委、市政府向受到表彰的先进集体和先进个人表示热烈祝贺，向为上海助力脱贫攻坚工作作出贡献的各地区、各部门、各企事业单位和社会组织，向付出心血和汗水的广大援派干部人才以及社会各界人士致以崇高敬意和衷心感谢。

李强指出，党的十八大以来，以习近平同志为核心的党中央把脱贫攻坚摆在治国理政的突出位置，组织实施了人类历史上规模最大、力度最强、惠及人口最多的脱贫攻坚战。经过全党全国各族人民共同努力，在迎来中国共产党成立一百周年的重要时刻，我国脱贫攻坚战取得了全面胜利，创造了又一个彪炳史册的人间奇迹。这充分证明中国共产党有着无比坚强的领导力、组织力、执行力，是团结带领人民攻坚克难、开拓前进最可靠的领导力量，是中国人民和中华民族的先锋队和主心骨；充分证明中国特色社会主义制度有着巨大的优越性和蓬勃的生命力；充分证明中国共产党创造的减贫治理中国样本、形成的中国特色反贫困理论、探索走出的中国特色减贫道路，为全球减贫事业作出了重要贡献，是人类减贫史上的光辉篇章。

李强指出，按照中央统一部署，上海把对口帮扶工作摆在突出位置，尽锐出战、持续攻坚，助力新疆喀什、西藏日喀则、青海果洛、云南、贵州遵义和三峡库区的98个贫困县全部如期摘帽，超过900万建档立卡贫困户脱贫出列，圆满完成中央交付的光荣使命。我们把助力脱贫攻坚作为重大政治责任，有力支援对口地区如期实现农村贫困人口全部脱贫；把保障和改善民生作为重中之重，助力当地实现山乡巨变、民生飞跃；把精准扶贫作为制胜法宝，着力帮到关键处、扶出实效来；把培育"造血"功能作为治本之策，不断增强对口地区可持续发展能力；把聚人心、促团结贯穿于对口帮扶全过程，与当地干部群众结下了牢不可破的深厚情谊。多年来，一批批上海援派干部人才响应党的号召，舍小家为大家，跨越千山万水，把最美的年华无私奉献给了脱贫事业，从雪域高原到天山南北，从云岭大地到黔山秀水，从长江源头到三峡两岸，涌现了许多感人至深的事迹，充分彰显了共产党人永不褪色的初心使命，有力诠释了上海干部充满激情、富于创造、勇于担当的精神特质，生动演绎了伟大脱贫攻坚精神的铿锵音符，共同奏响了"为有牺牲多壮志，敢教日月换新天"的英雄赞歌。全市各级党组织和广大党员、干部要以先进典型为榜样，从"上下同心、尽锐出战、精准务实、开拓创新、攻坚克难、不负人民"的伟大脱贫攻坚精神中汲取强大力量，奋进新时代、奋斗新征程。

李强指出，脱贫攻坚战的全面胜利，标志着我们党在团结带领人民创造美好生活、实现共同富裕的道路上迈出了坚实的一大步。脱贫摘帽不是终点，而是新生活、新奋斗的起点。要按照中央部署要求，聚焦巩固拓展脱贫攻坚成果和全面推进乡村振兴，推动东西部协作和对口支援工作迈上新台阶，与对口地区的干部群众携手开创更加美好的生活。

李强指出，要紧紧围绕防止出现规模性返贫，助力当地巩固拓展脱贫攻坚成果。严格落实"四个不摘"要求,协力探索防返贫监测预警工作机制,加强对易返贫致贫群体的动态管理和即时帮扶,和对口地区一道,把全面小康的基础打得更扎实更牢固。加快完善对口结对关系,最大限度实现帮扶资源优化调配。

李强指出,要紧紧围绕"农业高质高效、乡村宜居宜业、农民富裕富足",由助力脱贫攻坚全面转向助力乡村振兴。突出抓好产业振兴,注重特色产业的后续长期培育,支持特色农产品规模化经营、标准化生产、品牌化建设。持续提升消费帮扶能级,利用上海大市场、大平台、大流通优势,促进市场前端、营销后端、消费终端有机联动。强化重点项目示范引领,因地制宜推动乡村交通出行、供水保障、物流体系、人居环境全面提升,让群众有更多获得感、幸福感、安全感。

李强指出,要紧紧围绕服务构建新发展格局,积极推进双向互动、全面合作、共同进步、共赢发展,开创合作交流工作新局面。在畅通经济循环上加强协同,把对口地区特色农产品、特色资源等优势与上海的人才、资金、技术、市场、平台优势紧密结合起来,加强供需联动、产销对接。在扩大开放上深化合作,把对口地区的沿边开放优势、内陆开放优势与上海全球资源配置功能、开放枢纽门户功能紧密结合起来,共同发挥好枢纽、平台和通道作用,在服务全国大局中实现更大发展。

会上,浦东新区、上海援滇干部联络组、上海蔬菜集团分别作了发言。

(《文汇报》2021 年 5 月 21 日)

上海交出的东西扶贫协作遵义答卷

姚海

贵州是我国西部多民族聚居的省份，也是贫困问题最突出的欠发达省份之一。贵州尽快实现富裕，是西部和欠发达地区与全国缩小差距的一个重要象征。为此，2013 年，党中央、国务院把对口帮扶贵州省遵义市的任务交给上海。上海和遵义两个有着红色血缘的城市，开始携手奋进打赢脱贫攻坚战。八年来，上海坚持"中央要求、遵义所需、上海所能"，助力遵义市所辖九个贫困县（市）脱贫摘帽，帮助遵义市在贵州省率先实现贫困人口清零和整体脱贫的目标。上海也在对口帮扶遵义中，立足遵义实际，在实现优势互补、互惠互利方面，形成许多好的做法和经验。

红色遵义的脱贫发展之需

说到遵义，很多人第一反应就是那里曾经召开过党的历史上一次具有伟大转折意义的会议——遵义会议，著名的四渡赤水发生在那里，是我国著名的革命老区之一。却不知，那里因地处武陵山、乌蒙山集中连片贫困地区，贫困面还是比较广，一些地区的贫困程度还很深。据统计，截至 2012 年年底，遵义市农村贫困人口近 150 万，占遵义市农村人口的 1/5 多，且主要集中在武陵山、乌蒙山以及大娄山脉等山区。这些地方属于高寒的深山区、石山区，自然条件比较差，石漠化很严重，基础设施相对滞后，饮水难、行路难、上学难、就医难等问题比较突出。特别是交通问题，还有成千上万的人家住在大山里面，出门要走"天梯"。还有缺水问题，比如桐梓县的一个村，全村 3000 多村民喝水，常年要一步一挪，横爬竖爬地深入到地下 100 米深的洞里去找水，再把水提上来。

自然条件的艰苦，使得这些地方的农民持续增收难度较大。另外，遵义贫困地区的产业体系建设不健全，普遍存在产业有基础，但不强；有优势，但不明显；有产业链，但不全；有技术，但不精；有种植规模，但没有效益规模，加上农民文化程度普遍不高，农业科技水平较低，农村市场、农业服务体系发展水平一般，使得当地的自我发展能力不强。因此，这些地方的群众易地扶贫搬迁后，就遇到诸如因只会种地，没有一技之长，由村民一下成为居民，感觉是"坐在滑石板上"，心里慌得很。

当然，我们还要看到，遵义不同于新疆、西藏、云南、青海等我们上海对口支援的其他地区，遵义地区的基础条件整体上相对要更好一些。遵义的地理环境比较好，山清水秀，土地肥沃，物产丰富。作为贵州第二大城市，又是唯一一个属于长江流域的地级市，无论是当地干部，还是群众的思想精神状态都比较好，思想比较开放，实现遵义跨越发展的意识强烈。所以，李强书记在到当地看过后，对我们说，他对帮扶遵义脱贫有信心，因为在那里，只要勤劳，有政策，思路对头，脱贫不是问题。

上海市委、市政府非常重视对口帮扶遵义工作。市领导每年通过市工作领导小组全会、专题会议等，研究决策重大帮扶事项，压实市职能部门、对口区的责任，强化工作调度，建立沪遵两地对口帮扶联席会议制度，两地党政代表团定期开展互访。针对遵义所需，确定了对口帮扶遵义的"民生为本、教育为先、产业为重、人才为要"16 字方针。在对口帮扶的形式上,上海市委、市政府根据全市对口帮扶工作总体安排,确定"区对县"的帮扶方式,明确普陀区与习水县、赤水市、桐梓县,杨浦区与道真县、正安县、湄潭县,奉贤区与务川县、凤冈县、余庆县结成帮扶关系,具体承担对口帮扶工作任务。在干部选派上,上海至2020年共选派3批援黔干部49人;并投入上海帮扶遵义财政资金。此外,我们还广泛发动社会力量参与帮扶工作,到2019年,全市社会各界向遵义捐款捐物达6100余万元。

"五有"的沪遵特色精准扶贫

上海对口帮扶贵州遵义是上海对口支援七个省份中最晚的一个,却正是习近平总书记提出"精准扶贫"理念下交给上海的重大帮扶任务。这对上海的对口帮扶工作提出了新要求。上海对口帮扶遵义必须在精准上下功夫,在精准上出成效。对此,我们按照市委的要求,精准施策,强化顶层设计,做好帮扶规划,制定出台一系列对口帮扶遵义的政策和制度,给对口支援遵义的工作划定了基准线。一批批上海援黔干部肩负使命、真情投入、深入基层、真抓实干,把自己的智慧和汗水倾注在了这片充满希望的土地上,让一个个上海援建的项目在当地落地,给当地群众带来切实的福祉,也形成了颇具特色的上海帮扶遵义做法。

一是产业发展"有厂开"。产业扶贫是促进贫困地区发展、增加贫困农户收入的有效途径,是扶贫开发的战略重点和主要任务。在一系列精准扶贫举措中,产业扶贫的作用尤为重要。因此,结合当地特色发展优势产业,激活贫困地区的发展潜力,成为我们对口帮扶遵义的重要着力点。为了推进两地产业合作,我们非常注重符合市场经济规律,不做"拉郎配",但要求产业进去后与贫苦户脱贫任务相衔接。如上海的一家企业利用黔北麻羊,在当地搞"中央厨房",也就是现代化的食品加工工厂。我们把这家企业与我们的扶贫项目绑定,在资金上给予一定的支持,农户或把羊养大后,卖到加工厂里去;或到企业的养殖场里工作。由于黔北麻羊吃的不是复合饲料，而是当地一种植物蛋白含量很高的构树，为了种植这种树，企业还在当地建了一个组培中心，培育树苗。这些都很好地促进了当地养羊业的发展和提升。我曾访问过一户农户，他们原来在外面打工，现在回来养了 29 头羊，按一头羊可以卖三四千元来算，他们一年的收入比外出打工要赚得多，同时，留守儿童问题解决了，照顾父母问题也解决了。

再比如，遵义很多地方有不少从事茶产业的农民和中小微企业主，已具备一定的产业发展基础，但规模都不大，也没有形成自己的特色品牌。我们通过以销定产的产业发展模式，投入帮扶资金在湄潭建成茶叶加工厂房 11 座，吸引联合利华等龙头企业在此安家落户，助推黔茶出山。现在，湄潭、凤冈、余庆、正安等县的茶产业已成为当地群众的"黄金产业"，遵义的 200 余万亩茶园成为了 120 万茶农的"金矿场"。2017 年，在第 29 次上海市市长国际企业家咨询会上，时任上海市委书记韩正同志将我们精心设计的既体现上海品位特色、又体现现代环保意识包装的"遵义红"和"湄潭翠芽"一红一绿两种茶叶亲自推介并作为礼物赠送给与会的各国来宾。这是上海市市长国际企业家咨询会历史上唯一一次赠送礼物，也由此可见上海市的领导对对口支援工作的重视非同一般。

在产业合作过程中，我们还非常注重拉长产业链，利用当地原材料，把农副产业接入工业生产中，并通过打通销售链，形成"接二连三"的产业链，从而提升农副产品的价值链。我们强调，首先要把种植业和养殖业搞好。比如说茶叶、竹子、辣椒、牛和羊，都是当地非常有名的农副产品，但早期因没有深加工，产品附加值低。我们通过"接二连三"，使这些农副产品融入外部经济循环，打破了过去种菜养猪都是自己吃的模式，可以卖出去赚更多钱。这样，遵义当地生产的茶叶、辣椒、花椒、蔬菜、中药材、竹子、高粱，以及生态畜牧等特色优势产业破竹而出。一个个万亩蔬菜基地、万亩茶园、万亩中药材基地、食用菌示范基地、食用菌加工园，雨后春笋般冒出，"黔北粮仓"正逐步变成"黔北钱仓"。

8 年来，我们积极推进两地产业合作，强化产业带动就业，协助遵义在沪举办产业推介会近百场次，引进产业项目 200 多个，通过推动落地一批合作项目，有效加快了遵义市产业升级的步伐。

二是劳务就业"有活干"。遵义市劳动力资源丰富，当地群众非常勤劳，劳务收入是贫困家庭最重要的收入来源。多年来，上海坚持"抓培训、提技能、促就业"和"以就地就近就业为主，异地转移就业为辅"的方针，同时自我加压，每年与遵义市签订两地劳务协议，明确就业任务和目标，多措并举帮助遵义贫困人口精准就业。

在就近就业方面，我们突出产业带动就业。比较成功的例子是我们在赤水引进建立的一家有 1200 名员工的生态造纸厂。这个造纸厂的原料用的是赤水当地的竹子，第一车间就在竹林里，实现了原材料的就地取材。根据我们的政策要求，企业和建档立卡贫困户签约，让贫困户种植和砍伐竹子，企业可以获得可靠的原材料供应。同时，我们相应给予政策倾斜和资金支持。在这过程中，我们还探索"订单"农业模式，由企业先行支付农户费用，这样，扶贫效果就非常直接了。此外，我们还不断发挥劳务协作政策和项目资金作用，重点聚焦就地就近就业，协助遵义创设了一批公益岗位。2019 年，我们帮助贫困人口实现就业的 2 万多人中有 3/4 是当地就近就业。

在协助遵义开展异地转移就业方面，我们探索出订单式组织输出培训的劳务协作新模式，就是通过政府购买服务，由第三方培训机构按照上海企业的用工标准培训电焊工、起重工、装配工、行车工等，从而提升员工的综合素养和技能水平，培训结业后便可输送到定向企业工作。近年，共向沪东中华造船（集团）有限公司等上海企业定向输出劳务，员工平均收入水平是在遵义时的两倍。

2020 年，尽管就业工作受新冠肺炎疫情影响很大，但通过两地携手努力进一步畅通渠道，加大线上招聘和信息发布力度，组织包机、专列、租车"点对点"精准输出务工人员返岗就业等一系列措施，使沪遵劳务直通车更加顺畅，劳务协作组织化程度进一步提高。

三是消费扶贫"有货卖"。遵义农产品品质优良，但品牌化、商品化、规模化不够。近年来，上海深入实施消费扶贫，帮助遵义打通销售链，解决了产品能够卖得出的问题。我们称为唱好"三出戏"、打好

"三张牌"。

唱好"三出戏"就是指唱好产得出、运得出、卖得出这"三出戏"。在产得出方面，我们主要是立足上海市场，帮助遵义"立标准、做示范、强市场"，推进"百县百品"行动，着力打造上海市民喜闻乐见的遵义农特产品。习水麻羊、赤水晒醋、桐梓方竹笋、正安野木瓜等遵义产品由之前农村家常食品转化成受市场欢迎的商品，丰富了上海市民的菜篮子。在运得出方面，为了让遵义的商品进入上海市场，一方面，我们鼓励并引导当地群众开展规模化种养殖，确保商品源源不断输入；另一方面，大力支持农产品基地和种养殖大户冷库建设，解决生鲜食品贮存难题；此外，我们积极协调上海市场监督、农业农村、商务等部门，对遵义进沪商品实行可追溯和道口快速放行等。在卖得出方面，我们把遵义的产品纳入到全市深化消费扶贫行动助力决战决胜脱贫攻坚的实施方案中，通过"线下""线上"结合，启动建设市消费扶贫工作平台，重点推进"121"消费扶贫线下渠道建设，即在全市建设10个消费扶贫直营店、20个消费扶贫生活馆、布局100个消费扶贫专柜，通过这些措施有效破解扶贫产品"在哪儿买""怎么买""买得好"等问题，在方便市民了解和采购对口帮扶地区农产品的同时，也为受援地农产品打开了销路。仅2019年一年，遵义在沪销售与建档立卡贫困户有直接关联的农产品的销售额达5.6亿元，带贫1.4万人。在2020年前七个月受到疫情影响的情况下，上海采购遵义市扶贫农产品已达4600余吨，销售额超过3亿元，超过上一年同期水平。

打好"三张牌"，就是结合遵义当地的特点，在深入调研和总结发掘的基础上，大力发展遵义的"有、优、特"农业产业。比如用遵义方竹笋、正安金锭茶等抢先占领秋笋和黄茶的空白市场，打"人无我有"的先手牌。遵义方竹笋是中国国家地理标志产品，它不发于春，而茂于秋，明显的时间差，造就了季节优势，且口感十分鲜嫩，市场需要很高。其他两张牌就是用赤水冬笋、凤冈"益亩茶"、正安黄花菜等在市场竞争中充分发挥优势，打"人有我优"实力牌；用可追溯、订制化体系的林下"半亩鸡"等瞄准中高端市场，打"人优我特"金招牌。

2020年面对新冠肺炎疫情带来的冲击，我们为了打好"三张牌"，在以往的基础上，全面对接拼多多、本来生活、叮咚买菜、盒马鲜生、食行生鲜、美团点评等电商平台，利用新业态拓展扶贫产品入沪渠道，保证扶贫产品销得出。

在这个过程中，上海的援黔干部坚持"用情做、用心做、用智做"，涌现出许多先进典型。比如来自杨浦区的周灵，被安排到道真县工作。他在调研以后，引导当地百姓种植蔬菜，增加附加值。一开始，农民都不会种，我们外派的干部也不是技术人员。解决这个问题就要求助我们上海后方的支援。市农委接到求助任务后，安排农科院专家到当地去指导，通过生动形象的教学，手把手教当地农民。蔬菜种出来以后，最大也是最关键的问题就是要卖得出去。周灵同志又想了很多办法，他到大型连锁超市，希望能入场销售。一开始对方并不接受，后来被周灵的诚意和恒心打动，同意道真的蔬菜进入该超市销售，就这样打开市场。当地群众都亲切地称周灵为大上海来的"卖菜书记"。

2020年面对新冠疫情影响，广大援黔干部又纷纷"触网"，采取直播带货等方式，积极协助销售扶贫产品，解决遵义农产品"卖"难的问题，促进贫困户增收。我们也动员全市和机关单位购买这些产品，建议国资委下属的企业发放员工福利时优先考虑采购对口支援地区产品。2020年，我们还尝试通过引进水星家纺项目，把企业的生产基地搬到遵义凤冈县，建设5万亩的桑蚕养殖基地，然后纺丝、织布一条龙，形成产业—劳务—消费相互带动的新模式。

四是发展文旅"有地玩"。遵义生态良好、空气清新、气候凉爽、资源富集，历史文化久远灿烂、自然风光旖旎多姿、民族民间文化独具一格，有着十分丰富的文化旅游资源，如遵义会议、四渡赤水、国酒茅台、世界遗产等旅游品牌，是开展依托旅游业实施产业扶贫、精准扶贫、科学治贫的重要基础，而上海又有着十分巨大的消费市场。我们找准这些可以对接的点，与市文旅局合作，在深度挖掘遵义红色旅游和生态旅游产业、引导鼓励上海市民到遵义等对口支援地区旅游休闲等方面，开展了一系列工作。在充分考虑旅游线路的丰富性、体验感的同时，打造一大批品质高、服务好的疗休养产品，如符合上海市民需求的"红色情怀·茶意酒香"养生之旅等四条疗休养线路，得到上海方的一致认可。

五是改善民生"有保障"。贵州省是全国脱贫攻坚异地搬迁第一大省，为确保"搬得出、稳得住、能致富"目标，搬迁后的社会公共事业配套一直是上海对口帮扶关心关注和重点发力的方向。教育方面，组织实施了"金种子"校长培养计划、基础教育互助成长计划、高校结对帮扶计划、职教帮扶等"四个一"工程和上海名师遵义行等活动，签订近百个合作协议，组织学校开展结对帮扶，选派管理人员和教师到遵义支教。卫生方面，实施精准医疗帮扶、医学人才培训培养协议、"115医学人才精英计划""千里送医到遵义""巡回医疗遵义行"等项目，共建遵义市腔镜技能培训中心、儿童康复临床医学中心、结核病临床医学中心、肝病临床医学中心、艾滋病临床医学中心、消化病临床医学中心等。扶智方面，实施上海院士专家援遵和上海博士服务团援遵"双援行动"，组织上海院士和国家级知名专家等赴遵开展智力帮扶。遵义凤冈县凤翔社区、桐梓县蟠龙社区、正安县瑞漆社区等安置点被列为全国或全省示范点，许多地方实现搬迁群众农民变市民、农民变商人、农民变工人"三大身份转变"的华丽转身。

脱贫攻坚后的再出发

2020年3月，遵义市深度贫困县正安脱贫摘帽，标志着上海对口帮扶贵州省遵义市各县（市）已全部脱贫，也意味着遵义这个革命老区实现全市整体脱贫，812万老区人民告别贫困历史。但这并不意味着我们对口帮扶遵义的工作可以停一停、歇一歇。

2020年3月6日，习近平总书记在决战决胜脱贫攻坚座谈会上强调，"脱贫摘帽不是终点，而是新生活、新奋斗的起点。""长远看，东西部扶贫协作要立足国家区域发展总体战略，深化区域合作，推进东部产业向西部梯度转移，实现产业互补、人员互动、技术互学、观念互通、作风互鉴，共同发展"。

　　总书记的讲话为我们指明了进一步工作的方向，那就是要立足国家区域发展总体战略，深化区域合作，推进东部产业向西部梯度转移。按照新要求，我们开始在这些方面进行深入的思考和谋划。其实，早在2013年，党中央、国务院把对口帮扶遵义交给上海，除了要上海帮助遵义脱贫外，更希望上海通过帮扶，帮助遵义走出一条符合自身实际和时代要求的发展之路，利用上海的产业梯度转移，帮助遵义在产业发展上有一个新的飞跃，这也是贵州人民、遵义人民谋求发展的需要。同时，遵义还是"大三线"建设的重要基地，当时就有近8万上海人民到遵义开展建设，两地协作关系悠久，感情源远流长。遵义的产业基础也相对好一些，作为贵州脱贫攻坚战的重要战场之一，确实需要上海这样有实力的东部城市在促进其产业发展方面帮一把，扶一程。

　　我们已进行了许多卓有成效的探索。比如我们与遵义市共建的上海临港遵义科技城。这个科技城是由上海临港集团按照上海标准、上海风格，输出品牌和管理，着力打造的一个东西部扶贫协作示范园。园区引导联合利华、光明乳业等24家企业入驻其中，吸纳投资近3亿元。其中联合利华的进驻，也是我们"有厂开"的成功例子。当时，联合利华上海总部正在找寻合适的茶叶产地，而遵义正好有200万亩高品质的茶园，两者存在相当契合的供需关系。在我们的撮合推动下，联合利华上海总部与遵义市开展合作。联合利华派出专家团队对遵义的茶叶产区进行测试，并最终通过了"雨林联盟认证"。这个认证对农药残留等指标要求非常高，对维度、光照、土壤等也都有标准，所以含金量很高。随后，联合利华又不断投入资金人力，培训茶农，开设工厂，相应地也提升了遵义茶叶的品质。如今，遵义已成为联合利华的重要原料供应地，遵义茶走向全国并成功进入国际市场。

　　下一步，我们将根据中央的统一决策部署，按照市里要求的"在巩固基础上形成共同发展的局面，把单向的对口支援变成携手合作"的想法，坚决做到"四个不减"，即"重视程度不减、投入力度不减、目标要求不减、帮扶成效不减"，巩固脱贫成果不掉以轻心，充分考虑自然灾害、因病致贫、市场波动等情况，还要关注贫困边缘群众，不能出现今年达到脱贫标准，明年又不达标的情况，帮助当地群众持续、长久脱贫。总之，我们帮扶的措施后面还是要一直跟上去。同时，在巩固帮扶工作取得的成绩的基础上，加强区域合作，逐步转向合作共赢。

习近平总书记在上海考察时指出，扶贫的问题、"老小旧远"的问题，下一步越来越重要，这也是商机，是相关产业发展的机遇，现在这些方面市场化还不够。目前，我们正在研究编制援黔"十四五"规划，在继续把握好"遵义所需、上海所能"和"上海所需、遵义所能"结合点的基础上，改变过去以行政指令为主的单向支援模式，转变为利用市场机制的引导模式，把上海的一些产业梯次转移到遵义，让企业在有利润可图的同时，带动当地经济的发展，解决贫困群众就业和持续增收问题。同时，助力遵义市"四在农家·美丽乡村"（即富在农家、学在农家、乐在农家、美在农家）建设，进一步完善农村基础设施配套，推进农村人居环境综合整治，大力发展特色产业，确保"村村有主导产业、户户有增收门路、人人有美好生活"，就是在托一把的基础上，实现沪遵两地合作共赢。

共同致富，才能一起水涨船高。我们也期待，沪遵两地今后能进一步发挥好各自优势，取长补短，加强各领域在更高层次、更高水平的合作，共同为实现"国内国际两个循环"而努力，不断满足两地人民对美好生活的向往。

（谢黎萍　郭继　黄啸　采访，黄啸　彭军　胡晓勇　整理）

跑好对口援黔第一棒

黄庆伟

2013年7月，我们上海第一批十名援黔干部来到了红色革命圣地遵义，至今已经整整七年了。每每回忆起七年前到达遵义的情形，我们每位干部都心潮澎湃，就仿佛是发生在昨日的事情。上海对口帮扶遵义是中央确定的东西部扶贫协作的一个重大战略。从我们到达遵义伊始，两地党委政府高度重视寄予厚望，特别是我们感受到贵州省委省政府、遵义市委市政府、遵义的广大干部群众，对首批上海援黔干部充满期待。

立足市情谋开局

我们十名援遵干部之前或是参加党校教育活动或是旅游，大都来过遵义。我也曾两次到过这里，但这种短暂的停留跟我们三年在遵义的学习工作生活相比，完全是两个概念。

遵义有3万多平方公里的面积，800多万人口，山川壮美，民风朴实。而且遵义在我们上海对口支援众多地区当中，有着她自身鲜明的特点。首先她是革命老区，是一座红色之城。遵义会议成为党的历史上生死攸关的转折点，毛主席领导中央红军在长征途中，四渡赤水，成功摆脱了国民党军队的围追堵截。2015年，我们在这里参加了遵义会议80周年纪念活动，我深切感受到老区人民对毛主席和革命军队深厚的感情。其次，在上海对口援建地区中，遵义产业基础相对来说比较好。这主要得益于20世纪60年代初开始的"大三线"建设，遵义是中国三线建设的一个重要基地。上海电器成建制转移到遵义，后来建设成长征电器公司，20世纪90年代初发展成为中国五大低压电器基地之一。当时一大批航空航天、军工等中国制造业最重要最先进的技术产业大军也转移到了遵义，奠定了遵义比较好的产业基础。从某种程度上讲，使遵义主城区从农耕时代一下子跳跃到大工业时代。第三，遵义的干部群众人文底蕴非常深厚，理论素养水平比较高，对中央大政方针、重大理论政策解读深入透彻，贯彻到位，很多地方值得我们好好学习。

对遵义自身特点的把握，有助于我们谋划好对口支援帮扶工作开局。我们第一批援黔干部到遵义前，沪遵两地党委政府已经做了大量先期对接工作。2013年2月，国务院办公厅印发《关于开展对口帮扶贵州工作的指导意见》，明确上海市对口帮扶遵义市。在国家发改委、扶贫办的指导下，遵义党政代表团已经到上海进行了对接。3月，上海市对口帮扶考察团到遵义考察提出有关对口帮扶措施，决定重点围绕政府援助、企业合作、社会帮扶、人力支持等内容，采取项目带动、产业联动、经贸互动、技术推动、就业拉动等方式开展帮扶。4月，为承接上海市对口帮扶工作，遵义市设立承接上海市对口帮扶与合作交流工作办公室，与市扶贫开发办公室合署办公。

上海在援黔干部选派的构成，以及派向工作的县市区域、领域部门都反映出了上海对口帮扶遵义的思考和谋划——符合中央要求、遵义所需、上海所能。比如习水、正安、道真（仡佬族苗族自治县）、务川（仡佬族苗族自治县）这四个县是国家扶贫开发重点县，我们都派干部直接驻扎到县，开展扶贫开发工作。同时我们在市级层面也比较注重一些领域的合作，从经信委选派同志到遵义投资促进局，从漕河泾开发区选派同志到汇川区遵义国家级经济技术开发区。

作为上海对口帮扶遵义的第一批干部，首先面临的问题就是如何做好开篇开局工作，这是带有探索性和开拓性的。遵义市委、市政府对上海干部有着比较高的期待和要求。一方面，大家都把思想统一到中央要求——脱贫攻坚上来，扶贫开发是重点，所以我们大量的项目资金是聚焦在扶贫开发领域，发展社会事业方面；另一方面，遵义市委、市政府对我们上海援黔干部深入开展产业对接，与上海进行产业合作交流也提出了很高的要求，这也是符合遵义的市情和经济发展程度的需求。

变"规划为先"为"教育为先"

2013 年 10 月，距我们入遵仅三个月时间，时任市委书记韩正同志率上海党政代表团到遵义考察，提出上海对口帮扶遵义的十六字方针——"民生为本、教育为先、产业为重、人才为要"，这 16 字方针为我们在遵义开展帮扶工作进一步指明了方向。

"民生为本、教育为先、产业为重、人才为要"，其中的"教育为先"与我们上海对口支援其他地区有所区别。在其他地区，一般我们是提"规划为先"，在遵义提出的是教育为先，这一改动是在上海前期调研工作的基础上基于对贵州省情、遵义市情的把握。因为遵义市的规划非常健全，规划的水准也很高。遵义市区无论是空间布局，还是功能规划或是产业园区规划，都比较完善，特别是遵义的新蒲新区，规划方案在国际上获过奖。在 2013 年全国两会贵州代表团开放日上，贵州省委领导表示，"我们再穷不能穷教育，再苦不能苦孩子"。在这样的情况下，上海对口帮扶提出教育为先就很有针对性。教育扶贫是扶在根上，是切断贫困代际传播的重要途径。

交通不便，留守儿童多，是中西部山区小学的普遍情况。从 2013 年起，我们投入巨大力量用于寄宿制宿舍的改造工程。在习水县土城小坝小学，过去学校只有一间 10 平方米的宿舍和一个 10 平方米的旧食堂。宿舍要住二十几个孩子，只能两个人挤一张床，而食堂更是进都进不去。在我们的大力支持下，寄宿制宿舍改造工程开始动工，新建 200 平方米的师生食堂，寄宿生公寓增加了 150 平方米，硬化操场和活动场地 1200 平方米，还新建了塑胶跑道。

发展教育特别是职业教育，可以提高贫困劳动人口素质，推动农村劳力转移就业，同时职业教育又可以与产业发展紧密结合。实行 3 年免费中等职业教育、提高"9+3"中等职业教育水平，是贵州省 2013 年提出的年度重点工作，上海帮扶资金也作了一定程度的倾斜，用于支持遵义市中等职业技术学校硬件及配套设施。沪遵两地教育部门协商制定了"2013—2015 教育对口帮扶协议"，明确将中职教育列为四大主要任务之一，开展中职联合办学、招生工作，上海科学技术职业技术学院还与遵义职业技术学院签订了结对帮扶协议。正安县职业技术学校是贵州省两个重点职业学校项目之一，占地超 200 亩，该校教学实训楼总投资达 800 万元，它的建成使学校每年可完成 3000 余名招生计划，促进了正安县普高和职校的平衡发展。职校每年可减轻学生家庭负担超过 1800 万元，每年向社会输送 1500 名学生就业，为这些家庭新增收入总计超过 750 万元。

民生为本，从我们第一期帮扶的情况来看，最大的投入、项目最聚焦的还是在民生领域。有限的帮扶资金中，百分之八九十都投在改善民生方面，围绕贫困山区人畜饮水工程，新农村建设，教育、医疗、卫生设施改善，人力资源开发等展开。习水县土城镇天星桥村，以前通村道路晴天一身灰雨天一身泥，医疗教育条件严重滞后。通过实施整村推进，两年中上海帮扶习水县天星桥村项目共八个，主要涉及新农村、通村通组公路、小坝小学寄宿制工程和扩建工程、村卫生室新建、敬老院、蔬菜产业等，改善了当地群众的生产生活条件，使当地教育、医疗卫生、产业发展等发生了显著的变化。

多层次的产业帮扶

贵州是全国茶叶种植面积最大的省份，遵义全市茶园面积达 200 万亩，居全国地级城市第一，凤冈、湄潭的万亩茶海，规模非常壮观。我们去遵义之前，并不知道当地有这么大的茶园面积。这也是当地感到困惑的地方，拥有高品质的茶产业，但是知名度不够大，整个产业链不健全，没有形成特别知名的品牌。

青山绿水、适宜的纬度和自然条件，使得遵义出产很多高品质的农副产品。遵义不仅盛产茶叶，还有习水县的黔北麻羊、赤水金钗石斛、林下乌骨鸡以及天麻、杜仲等中药材，品质都很好。这些方面都值得深度开发，而且与农民脱贫致富高度连接。我们也做了一些探索性的工作，包括在赤水开辟金钗石斛园，并给予一些资金资助；湄潭的茶园规模很大，我们帮助茶园做一些基础设施建设。这些方面都是我们产业帮扶的一个领域。

在产业帮扶上我们做的另一块重点工作是，东西部合作开发产业园区建设。我们入遵之前，两地党委政府已经达成了共识，由漕河泾开发园区对口帮扶遵义国家级经济技术开发区，我们一位干部担任汇川区委常委、副区长，兼遵义国家级经济技术开发区管委会副主任。上海漕河泾经济技术开发区遵义分区是中央安排上海对口帮扶遵义的重要战略举措，是拉动国开区（汇川区）产业转型升级的重要力量，对国开区（汇川区）发展具有很强的带动性和辐射性。

遵义漕河泾科创绿洲由上海临港集团旗下漕河泾开发区发展总公司与遵义汇川区合作建设。从先期的规划到后面引进企业，都凝聚着临港集团的努力。当时漕河泾开发区发展总公司刘家平董事长、桂恩亮总经理多次来到遵义。在漕河泾公司资助下，双方委托美国 ATKL 公司做了一个高水准的园区规划，规划中提出了很多如高贴现率之类的新理念，项目评审时，规划方面、产业园区方面的很多专家学者对规划给予了高度评价。

遵义漕河泾科创绿洲于 2016 年 3 月开始调研，4 月启动，6 月动工，在第二批援黔干部手中完成了一期的开发建设。遵义国家经济技术开发区（汇川区）以"3 亿元 +5400 亩土地"建起"遵义漕河泾科创绿洲"园区平台，交给上海方面经营，组建遵义漕河泾科创绿洲经济发展有限公司，负责园区规划布局、开发建设、产业定位、招商引资和从事各类商品及技术的进口业务等，实施市场化运作。这个园区上海并没有直接投资，主要是汇川自己来融资进行开发建设，它借助的是上海先进的理念、园区管理、人力资源，还有上海招商引资的平台和渠道。当然也非常欢迎有上海的优质企业入驻，起到示范作用。上海漕河泾与汇川的遵义经开区的合作，更多的是理念、管理、人力资源、平台渠道、资源的嫁接和帮扶，这是更高层次的产业合作方式。

此外，如何让上海、江苏、浙江等华东区域的企业主体更深入了解遵义、来遵义投资，也是我们一直努力的重点。我们做了大量的工作，开展多层次的对接，在行业层面，遵义的电子商务协会、酒业协会、茶叶协会，都分门别类地与上海相关领域的行业接触，我们牵线搭桥，建立了良好的对接合作框架机制；在企业层面，组织大批量企业组团考察遵义，推动了上海国企央企遵义行、中小企业遵义行等活动，举行招商引资活动，在遵义我们还召开了沪遵产业合作的一些论坛；从政府推动层面，2014 年，遵义市政府批准成立了对接上海产业合作交流办公室，更加深入地推进沪遵两地的产业合作，遵义市委、市政府还倡议建立上海与遵义的产业合作发展的推进协调机制，上海市经信委、商务委、农委、旅游局、金融局、科委、合作交流办等主要的产业部门都在内。

对遵义的产业帮扶，涉及的领域很广，涵盖制造业、经贸、现代服务业，金融等。浦发银行率先进入遵义开设浦发银行遵义支行，交通银行也为当地发展提供诸多金融服务。很多上海知名的民营企业进入遵义，月星集团、红星美凯龙、联华、绿地集团、春秋航空、延华智能、泰盛等比较知名的企业在遵义进行洽谈，其中不少投资项目已经落地。泰盛浆纸集团是一家经营纸业的民营企业，2014 年 12 月整体收购位于赤水县濒临倒闭的赤天化纸业，使赤天化纸业起死回生，泰盛纸业现在用的是赤水的竹浆纸。因为赤水是竹海，所以极大地拉动了赤水竹农致富，确保他们的稳定收入。这不仅是救了一个企业，还很大程度上支持了赤水竹业的发展。

永远保留遵义手机号码

沪遵两地相隔 2000 公里，山川并不相邻，但是人文相通。中国共产党在上海"起航"，在遵义实现"转折"；始于 20 世纪 60 年代的"三线建设"，高峰时候有近 5 万上海人在遵义投身建设。我在遵义经常漫步在上海路，真的还能听到乡音，能看到上海老乡以及他们的第二代、第三代，这是一种在西部城市当中特殊的情缘。2013 年开始，党中央、国务院确定上海市对口帮扶遵义市，把中国共产党的"诞生地"和"转折地"再次紧密地联系在一起，也使上海和遵义这两座城市结下的山海情谊更加深厚。

怎样接续前缘，谱好我们对口帮扶的新篇章，深化两地的人缘业缘情缘？我认为大量的人文交流活动必不可少，特别是旅游业的发展、对接，驴妈妈、携程、春秋、国旅都在遵义有很多旅游业务的拓展，既是产业合作的一部分，又是旅游扶贫的重要方向，更是人文相通的重要体现。3 年间两地往来频繁，每年有大量的上海游客来遵义旅游，我接待的从党政层面到企业层面，从行业协会层面到民营企业、各类社会组织，共有 300 多批次，包括我们去上海以及上海来遵义。随着后期遵义机场航线的开辟，遵义市到各县高速公路的通车，产业经贸合作交流、人文交流井喷式发展。此外，遵义在红色资源开发、新农村建设等方面有很多成功的经验，值得上海学习借鉴，两地加大双向的交流交往非常必要。

我记得有一次在座谈会上，韩正书记指出，上海对口支援西部地区一方面是上海派出干部去帮助当地经济社会建设，但是从另一方面来看，也是受援地帮助上海培养锻炼干部。待了三年以后，我对这一点体会非常深刻。我在去遵义之前，长时间在街道工作，任街道主任、党工委书记，任普陀区人民政府副区长没多长时间，我就到遵义挂职。到了遵义后，我担任遵义市委常委、副市长，协助分管工业，联系五个重点产业园区，包括后来又兼新蒲新区党工委第一书记，在上海一个区级层面是无法接触到这么广阔的天地和领域的。在遵义我还经历了工作中的很多第一次，第一次下煤矿、第一次进水电站及在建的火电站等。我联系重点产业园区，从建设之初开始，涉及空间布局、产业规划、城市规划、土地资源利用开发、招商引资各个方面，接触的企业层级都很高，像微软、甲骨文、光启等等。我们很多同志在县里担任县委副书记、副县长，工作领域也大大拓宽。他们的分管工作具有多样性，不仅仅是对口帮扶、脱贫攻坚，有的分管创建国家卫生县城工作，有的负责土城古城保护开发建设，有的分管或者协管招商引资，洽谈项目，忙得不亦乐乎，同时也走进田间地头，走进贫困户的家中，对农业农村农民问题有了更深刻的认识，丰富了个人的经历、阅历，对我们能力素养的提升帮助很大。

回过头来看，作为上海第一批援黔干部，作为助力遵义扶贫攻坚的一支有生力量，我们圆满完成了三年的各项任务，有力改善了对口帮扶地区贫困群众的生产生活条件，推动了对口帮扶地区经济社会事业跨越式发展。这主要得益于中央的决策方针，得益于上海市委、市政府的领导和给予的强有力支撑，以及上海社会各界全力鼎力相助、积极响应、参与对口帮扶工作。

刚刚去遵义的时候，觉得时间过得很慢，特别是前三个月、前半年。从第二年开始，觉得时光飞快。2016 年 7 月回沪前夕，我们都感叹这一天来得太快，很多事还没有来得及做，一些计划中的项目还没有实质性启动，留有一些遗憾。对于遵义人民三年的养育之恩，我们所能感恩回报的还很有限。这是我们第一批援黔干部共同的心声。

三年遵义人，一生遵义情，回来以后我几乎每年都会到遵义去看看，当地的干部群众见到我们都还非常亲切，这可能是我们第一批援黔干部得天独厚的优势。因为是第一批，大家感到比较新鲜，留下的印象格外深刻。我至今都还保留着遵义市政府给我的手机号码，当然现在是自费，因为这是我向他们的承诺：时刻保持联络的畅通！

（侯桂芳　许璇　周炯　采访，许璇　整理）

让背影告诉未来的遵义产业新发展

韩大东

2013 年，我作为首批援黔干部，参与到上海遵义对口支援工作。在入遵两周年，也就是 2015 年 7 月 13 日，我们援遵干部一起拍了一张集体背影照！发在朋友圈纪念在遵两周年，题目是：让背影告诉未来！

别把自己当外人，别把自己不当外人

2013 年接到对口援黔任务时，我感到莫大光荣。我想的是未来三年将肩负起组织和遵义人民的重托，要对得起这份荣誉。同时我心中也有责任带来的压力，以及对家人的不舍，毕竟那是我第一次长期离开上海这片土地。7 月 13 日，我们援黔干部一共 10 人，带着满腔热血踏上了飞往遵义的飞机，开启了在第二故乡的故事。

赴遵义市投资促进局报到的第一天，我在全体员工大会上作了表态，要在遵义做事融合、做人融入，说遵义话、吃遵义菜、干遵义事、做遵义人。很快我便感到，遵义这里就像是上海的昨天，每个人都在

"大干特干拼命干"。同时，一些上海十几年前在产业发展方面的弊病，这里也存在。当地招商工作的规划与抓手还不是很明朗，园区或区县也没有整体产业规划或招商定位。当然，这是经济发展的一个正常过程，绕不过去。

为了立足实际做好沪遵联动招商规划，我到任后的第一件事是执笔起草了一篇《关于抢抓上海帮扶遵义机遇做实做好招商引资工作促进产业发展的若干设想和建议》，围绕沪遵两地产业合作的重点领域与发展战略，聚焦工业、商旅文、现代农业、科技、金融等五大板块作了研究分析，为促进两地产业协调、共赢、多层次提升发展提出了 20 条工作举措及 6 条建议，得到遵义市委、市政府主要领导的肯定。一年半后，我在总结沪遵产业合作的基础上，又起草了《精准互动对接　深化共赢发展——关于沪遵产业合作发展的若干思考》，围绕建设诚信体系与社会环境、培育社会优势中介机构发展体系、完善产业链配套发展等方面提了若干建议，在《遵义》杂志刊出后引起了不小的反响。

在遵义招商，不但要会写，还要能说。记得在第一次接待上海来遵义的访客时，我总结了遵义市的"1012233"，其中 10 个 1 即一幢楼、一瓶酒、一片霞、一道关、一座囤、一抹绿、一条线、一缕水、一个园、一群人；2 个 2 即 2020 同步小康、保二争一；3 个 3 即三游、三化、三宜。去掉了原先 PPT 里拗口、难记的内容，让人听得有条理、有印象。出乎我意料的是，访客回应：我们从来没想过遵义市原来是这样的，从没想过遵义市原来这么美、这么值得来！看来我以遵义人的身份，向上海访客作的第一次介绍初有成效，很受鼓舞！

这段时期的工作融入，用一句话来勉励自己就是：别把自己当外人，也别把自己不当外人！

"别把自己当外人"，就是做人要有担当，要有责任感。作为外来人，别人都在看你干什么、怎么干、干成了什么？如果整天调研、开会、协调、推动，没有聚焦中心工作、不出成果，久而久之，你自己不经意间就成了边缘人，成了外人！因此，要有抓铁有痕、踏石留印的精神，要有钉钉子的作风，把自己当作本地的一员，努力勤奋，认真务实，融合融入，一年能干出几件让当地干部群众耳目一新的事！

"别把自己不当外人"，一是不能以本位主义进入工作角色，以内生的上海地域优越感来指点当地的不足；二是不要忘记了"外人"的身份，随意表达想法、阐述观点，大包大揽，指手画脚；三是不要以当地干部自居，粗犷打破原有的习惯与文化。这样会让当地干部群众无所适从，不知是该敬而远之还是敬而效之。以"内人"干事，以"外人"谋事！

后发赶超尽全力

安逸是我在遵义常听到的口头语，就是舒服、开心、满意的意思。随着在遵义工作的不断推进，我们深感责任越来越大、工作越来越强、压力越来越重，在遵义工作不轻松、不安逸，切身体会到遵义的"多、强、快、大"：文件多，会议多，精神意志多；纲领强，组织强，提炼总结强；发展快，建设快，落实贯彻快；体量大，能量大，战略蓝图大。

那段时期，全市上下都在大干特干拼命干，全力建设西部领先、全国一流、世界知名的新遵义。"弯道取直、后发赶超"是遵义那些年的发展主基调。新蒲新区是遵义市大数据产业的主战场，2014 年前没有任何产业基础，全是农田。我们大力引进以晴集团，从开山、平地、基建一直到安装设备、开工投产，第一期 15 万平方米的高清洁厂房不到 4 个月时间拔地而起，当年实现科工贸产值 50 亿元，这一航母级产业"领头羊"的入驻为全市发展大数据产业确立了基础。这一切的背后，是政府代建厂房，并承担了所有审批、规划、建设、物流、用工乃至水电煤气等方面的保障。

后发赶超，要求一切都要快，跑出"遵义速度"。2015 年 8 月 14 日，我们到上海外高桥（集团）有限公司考察，想就保税区帮扶共建方面开展合作。当天我们参观了上海自贸区办事大厅、进口商品直销中心（DIG）后，立即与外高桥集团党委书记等领导座谈，双方当场就开设

DIG 进口商品直销中心遵义店达成共识。9 月 1 日，外高桥集团派遣专家及技术团队来遵义踏勘现场，确定了场地、商品、标识、物流等等事项。9 月 8 日，项目正式签约。9 月底，上海外高桥进口商品直销中心（DIG）遵义店试营业，涉及进口商品实体店、体验店与在线下单门店。整个项目从我们考察洽谈、签署合同到试营业仅用了 1 个月时间，刷新了当时上海外高桥异地开店的最快纪录。在很多"遵义速度"的大事背后，是遵义干部两天当作一天用、黑夜当作白天用的付出。

后发赶超，既要"引进来"，也要"走出去"。上海瑞华（集团）有限公司是汽车领域重点企业，当年销售额 30 多亿元。2014 年 6 月，瑞华董事长来遵义考察，我意识到这是一个争取重大项目的机会，全程陪同他们考察并介绍遵义产业规划，对方表示很感兴趣。1 个月后，瑞华的高管再次来到遵义，就新能源基地项目选址到新蒲新区实地调研。遵义市政府就瑞华新能源基地项目召开了数次专题研究会，我也赴上海专程与瑞华展开商务谈判，终于将该项目敲定，遵义瑞华新能源有限公司随后正式注册落地，注册资本 5000 万元。另一方面，为了促进"遵货出山"，我们在上海组织了多场遵义特产推介活动。2015 年 9 月，举办"遵义 2015 生态农特产品上海行"活动，有百余家遵义的农特产品企业、450 多种产品参加展销推介，签约合同金额达 9.3 亿元；同期举办了"醉美遵义·山水传奇"旅游推介会及进社区活动，在上海着力推介遵义生态旅游精品资源及产品，让更多的上海市民走近遵义、了解遵义。

沪遵产业合作实现新突破

遵义的战略高、要求严、手笔大，其中推进沪遵产业合作、深化园区共建是两地党委政府确定的重大决策，也是沪遵对口帮扶工作的重要内容。3 年来，经过双方共同努力，沪遵产业合作较大事项 100 多项，投资总额 300 多亿元。其中上海电气集团等大型骨干企业与遵义市开展战略合作，世界贸易中心、绿地集团、交通银行、浦发银行、携程网旅游集团等项目在遵义落地，从而使沪遵两地的产业合作和经商贸往来迈上了新台阶。在具体推进工作中，我们着力挖掘沪遵两地所需所能，主要围绕以下三方面推进：

一是建立沪遵产业合作及运行机制。结合两地产业合作发展主要方向，我们在沪遵两地推动建立了多个层面的工作机构，包括两地政府市级层面的遵义（上海）产业园开发建设推进协调委员会及办公室，遵义国家经济开发区与上海漕河泾发展总公司组成的政企合作机制等，分层次协调推进两地产业合作发展的重大事项。此外，我们还建立了沪遵两地办公室成员单位互访机制、产业合作信息共享机制、重要人才和紧缺人才引进机制、行业协会对接平台等。在此基础上，我积极对接上海电气集团、上海国盛集团、上海建材集团等龙头企业，成功吸引了一批外来企业到遵义考察洽谈，引资入遵取得一定成效。

二是开展多领域对接交流活动。3年里我们积极推动沪遵产业合作，接待到遵义考察、调研、寻求合作的上海企业代表团200多批。2014年1月，我们推动遵义市政府与上海电气集团、锦江集团、月星集团、延华集团等大型骨干企业集中签署了战略合作框架协议；2015年4月，又推动遵义市人民政府与上海市商务委签署了《关于推进商务领域战略合作框架协议》。同时，我们也在努力加强沪遵企业间交流，比如举办各类投资推介、商务洽谈及相关展会等。2015年12月，"上海中小企业遵义行"系列活动在遵义举行，我们组织来自上海电子商务、通信制造、机电设备、食品加工、新材料等行业的近50家企业负责人赴遵开展产业对接考察，参观了遵义市城乡规划展览馆、遵义软件园等，召开了"沪遵产业合作发展论坛"，推动沪遵两地行业协会和企业家沟通情况、增进了解，进一步筑牢合作交流的桥梁。

三是建设高质量产业园区基地。要快速将上海先进产业园区的建设与管理经验引入到遵义，共建园区是最有效的手段。2013年我们初到遵义，就设法推动当地政府与上海漕河泾园区联动，初步建立了双方互动交流和务实合作的长效机制。2014年8月，经过半年多的洽谈，遵义经开区管委会与上海漕河泾开发区公司正式签订了《合作共建上海漕河泾新兴技术开发区遵义分区协议书》，标志合作共建园区正式启动。双方组建了"上海漕河泾新兴技术开发区遵义分区发展有限公司"，注册资本 3 亿元，其中遵义分区的规划、建设和运营服务等整体委托上海漕河泾新兴技术开发区进行管理。漕河泾遵义分区的施工推进过程可谓一波三折，原先确定的规划地不能使用，经过我们多方协调，2016 年 4 月遵义分区在新地址正式开始施工建设。园区一期占地 118 亩，功能涵盖标准化厂房、企业研发孵化楼和园区服务中心等，成为沪遵产业合作发展的一个标杆高地。

回首与祝福

作为第一批援遵干部的一员，我见证了遵义这片土地的三年变革！日子在担忧和希望中匆匆走来，在交织着泪水和欢笑中匆匆流逝。一路艰辛一路歌！蓦然惊觉，还有许多工作以外的宝贵回忆。

最有意思的是难得周末有空闲，喊兄弟们一起去郊游踏青。最遗憾的是兄弟们好不容易在周末集合去郊游踏青，我却被临时通知开会，重新投入加班工作。

最幸福的是暑假里爱人和孩子来遵义探望我，一家人晚餐后一起散步。平常我忙得没空陪他们，爱人就在家里烫好了所有衬衫、裤子，儿子在这里写了三篇作文，有"家"的感觉真好。

最揪心的是母亲因肿瘤手术进医院，我作为长子却在 2000 公里外。父母对我百般疼爱，一辈子含辛茹苦。当母亲患病需要我的时候，我却不在她身边，深切体会到树欲静而风不止、子欲孝而亲不待。

最兴奋的是某个产业项目在历经一波三折、千转百回后，我们使出浑身解数、多方协调，终于柳暗花明又一村，成功落地。

最不确定的是每天一日三餐，我们就像是"游击队员"，打到哪吃到哪，主要以盒饭和点心为主，常在会议桌上解决。

最压抑的是遵义冬天里的一个月，每天只有四个小时的太阳，其他都是细雨蒙蒙。墙壁、橱柜、桌椅、箱包、衣被等等能够长霉斑的地方都长霉了，一套西装前后干洗了三次，照霉不误。

最释然的是一篇文稿雕琢修改十几遍，新观点和新思想还是源源不断地加入，一直到最后的终稿被所有人认可的心情。

在遵义的那些日子，我满怀深情地融入这片红色土地。他乡亦是故乡，我们走在遵义的大地上，沐浴阳光，充满希望，每一天都能感知这变革中每一步前进的喜悦。我怀念、感恩与祝福每一位身边的人，祝福每一个为自己奋斗的人，祝福每一个为他人的利益而努力的人。遵义的今天就是上海的昨天，遵义的明天必将更加美好。

（杨凯　赵慕然　采访，杨凯　整理）

与醉美遵义"医"路同行

谢冰

2014 年，我作为上海首批援黔干部来到遵义，担任遵义第一人民医院党委委员、副院长，主要负责协助完成医院的学科建设、人才培养和医联体建设等。那时，医院的特色学科在全国范围内仍处于滞后水平；贵州各级医院部分医师没有执业医师执照，作为助理医师工作，在乡镇级医院，这个比例更高；当时贵州省内没有医学博士生导师，可见当地医院在学科建设和人才培养上急需加强。我希望能在有限的时间里给遵义市第一人民医院在学科建设和人才培养方面带来一定的帮助。因此，在一年支援结束后，我主动申请延长援建时间。

学科建设进一步提升了医院的综合实力

学科评估非常重要，能定位学科、明确发展方向、制定规划、调配资源。所以，我想先对遵义市第一人民医院的各个学科进行评估。当地医院领导班子非常支持我的想法，为我配备了很强的团队。我结合瑞金医院的工作经验，经过查阅文献和开会讨论决定：在一个月内，每天一个学科进行全院学科评估，对学科建设瓶颈问题逐个梳理、归纳整理。每个科室先从临床、科研、教学、人才梯队等维度进行自我评估。然后，我们去每个科室进行座谈，提出不足，确定优先发展方向。学科评估的工作对大家影响很大，我们发现不足、指出问题、提出建议，这给大家带来很大的压力，尤其是年轻人。

当时遵义市第一人民医院的刘代顺院长，对医院的学科建设和人才培养倾注了许多心血。我们经常谈到深夜，讨论人才培养和引进、学科发展等，归纳出共性的问题：从医院层面凝聚共识，用制度、绩效、文化改进予以推动。当时遵义市第一人民医院有医护人员2000多人、2000多张床位，规模比较大，所以要通过体系建设来推动学科发展。

在我和医院学科建设领导小组的反复论证下，我们提出在新的建设周期里，创建国家级重点学科一个，新获得国家级扶持重点学科一个，省级重点学科十个，省级重点扶持学科一个，新建院级培养重点学科六个。这是一个切实可行的构想，但是要达到这个目标，需要人才素质的提升。于是，我提出"学科后备带头人、亚专业学术骨干、优秀青年医学人才"三个人才培养提升计划，启动和落实医院百名青年骨干培养计划，构建后备人才库。在医院人力资源部下设培训部，设计和整合全院系统化的学分制人员培训计划。

不同学科带头人的追求、对学科建设的态度不同。首先，要在医院层面凝练共识，要有"我还不够好，我可以更好"，而不是"我已经挺好，也不能再好了"的意识。国外顶尖医院以及我们国内顶级三甲医院医生都想在医院实现自我，甚至有诺贝尔奖的梦想。这样的文化在遵义市第一人民医院是欠缺的。当时，有很多学科带头人质疑我，"我们学科在省内排名已经很好，为什么要做系统的整改？"山外有山，全国有很多高水平的学科、专家，他们并没有以全国的视角衡量自己。我问学科带头人，你们在全国排名第几？所以，我提出医生要在学术上严格要求自己，主动学习、不断提高自己专业水平。之后，我们开展了学习班，给科主任进行培训，让他们带动亚专业带头人做出改变。最开始的一两个月工作非常重要，要做扎实，凝练共识。

作为人力资源分管院长，我努力协助医院外引学科带头人，引进、招聘及送培硕博士，柔性引进候鸟型人才。我向上海交通大学争取到4个名额于2015年4月以插班方式进入上海滇西医院管理人才培训班培训，5个名额在上海进行执业医师考试的系统培训。2015年5月起我协调上海市对外合作交流办委托上海瑞金医院培养遵义市第一人民医院临床青年精英人才10名，由上海市政府供每人每月6000元的补助。

为推动国际交流合作，我代表遵义市第一人民医院负责与美国微笑联盟、中国计生委、人口福利基金会协调美国医生来遵义市培训医护人员并开展唇腭裂手术及程序性畸形、语音训练等工作。

瑞金医院作为娘家给予我在遵义的工作以极大支持。2015年6月遵义市第一人民医院首届学术周活动举办，瑞金医院瞿介明院长带领医院十余名大师级专家来遵义进行学术交流。2015年9月瑞金医院又以结对子方式与遵义市第一人民医院呼吸内科、消化内科、消化外科、呼吸科、眼科、乳腺外科6个学科以学科后备人才联合培养形式进行学科共建、学术交流。我积极联络和推动瑞金医院和遵义市第一人民医院学科共建并与当地的候鸟型高级人才计划相结合，双方签订了学术交流、学科共建合作协议。2015年12月，瑞金医院杨伟国书记带领专家团队到遵义市第一人民医院来讲学和学术交流，正式启动两院的合作交流。随后我院的全国著名胃肠肿瘤外科专家，原上海交通大学副校长、瑞金医院院长朱正纲教授，带领胃肠肿瘤MDT团队近10名专家到遵义市第一人民医院进行讲学、MDT演示、专家门诊以及疑难病例讨论，还特地"沉底靠边"，到新蒲新区虾子镇中心卫生院进行专家义诊活动。2016年，遵义市第一人民医院12名行政管理青年骨干通过在上海瑞金医院跟班学习的3个月，带回"瑞金"的管理经验。上海和遵义两地的合作交流帮扶主要体现在金融、高科技、旅游和医疗，在医疗的对接上瑞金医院无疑是排头兵，和遵义当地的医疗卫生机构、患者结下了深厚的情义。

医联体建设让医疗资源"靠底沉边"

我们所说的医联体建设是指将同一个区域内的医疗资源整合在一起，医联体通常由一个区域内的三级医院与二级医院、社区医院、村医院组成。医联体的建设能节省成本，方便就医，提高效率。到遵义后，他们听说了我在"上海瑞金—卢湾医联体"建设的经历后说医联体对遵义非常重要。遵义的基层医疗资源缺乏，患者常常不能得到很好的治疗。当时我去到十几家县级医院，发现许多县医院的眼科属于五官科范畴，且不能开展白内障手术这一眼科基本手术。我们进行过很多探讨，我当时提出"沉底靠边"：市级医院带教和培训县级医院，市级、县级医院一起去乡级医院进行培训。除了医疗技术，医联体建设也包括药品、设备的下沉等，这是一个系统化建设。

我的专业是眼科。我帮助绥阳县、桐梓县两个县级医院建立了独立的眼科，并带领遵义市第一人民医院眼科医生，以三级医院帮助二级医院，利用休息天带教遵义县、桐梓县、新蒲新区三名眼科医生学习和掌握超声乳化白内障手术技术，我也特地邀请了我的老师叶纹教授到遵义亲自带教他们。进行防盲治盲手术，同时也改变了遵义市一些县里没有一名真正会做白内障手术的眼科医生的现实状况，把眼科手术技术留在了当地。桐梓县的眼科金医生是妇产科出身，但是他有强烈的学习愿望，很聪明、很努力，半年时间就掌握了主要技术。我在遵义完成的眼科手术，很多就是在当地三个县里做的，在把眼科手术技术平台留在当地县里的同时，也随之建立起了手术技术平台和常态系统性的白内障复明工程运行体系。我回上海后他们也会因为一些疑难病例叫我回去帮忙。我在遵义当地总共完成的眼内手术达到了几千台。

我积极协调了华山医院神经外科周良辅院士在遵义市第一人民医院建立院士工作站，对该院神经外科进行学科共建，人员同质化培养，拟打造成西南地区神经外科诊疗中心。神经外科在县级医院的治疗对降低病死率非常重要，周良辅院士在遵义的院士工作站也带动了基层神经外科诊疗水平的提高。

努力带给青年医生更多的改变

在人才培养上，不是仅仅制定计划，设立"学科带头人后备人才计划""学科亚专业梯队人才计划""优秀青年人才计划"三年的百人培训计划，更要不断地和大家沟通，了解研究生、青年医生护士、青年管理人才在想些什么，他们是否愿意被培养，他们希望怎样被培养。

一个青年医生从初露头角到成长为学科带头人是漫长的过程，要经历二十几年。青年医生成长的关键是青年医生是否热爱自己的职业，是否愿意成为优秀的医生，而不仅仅是合格的医生。在西部地区青年医生培养的现状与地域有关，他们在成长阶段不像发达地区的小孩子一样有很多机会。所以，要理解、要彼此融入。

我希望青年人才主动地刷新知识结构，养成终身学习的好习惯。当时我提出，花一天的时间把一个疾病的表现、诊断、鉴别、治疗等研究透彻，就有可能在这个疾病的诊疗上成为专家级的人才。每天认识一个疾病，每年花100天时间，就可以积累很多。我在刚开始做医生时，也是如此积累，但仍然会忘记，要重新学习。当地医生说没有时间，我说我们一起学习，一起做笔记。在遵义支援期间，我看了十几本中、英文的专业书籍，完成了50万字的读书笔记，一年后发现，只有我一人坚持下来。要对自己有要求，并且付诸行动。比如，为了迅速提高外科手术的技术，要术后反复看自己的手术录像，对比别人的手术录像，让同样的错误不要再犯，不断提高自己，到了某一天，才能达到"庖丁解牛"的境界。

学习风气也很重要，这里的很多学生似乎没有考研的欲望，或者不愿经受考研的锤炼和地狱般煎熬。即使笔试达到录取分数，也很容易因为面试时英语口语不行被大大扣分而名落孙山，我就拿出我最宝贝的口语学习资料"新东方英语口语课堂""新东方4+1口语""王强口语"和大家分享，年轻人们一开始比较抵触。我便陪他们一起学习，并采取学分制考评，每次课0.5分，加上医院的学术活动，院外的学术活动，每年要完成100分。年轻人可能现在还不知道，大学毕业后如果能够每天拿出休息时间，花3到5个小时继续学习会带来什么，会不断进步，不被残酷的竞争淘汰。我们通常学习一样东西，学习100个小时能够入门，1000个小时就应该是专家了。所以，很多时候，同龄人会在某一个时间节点发生了大分流。

这里的研究生们几乎处于"散养"状态，他们在做些什么，导师们几乎不知道，学生的课题研究能力薄弱。所以，我决定规范研究生培养体系，加强研究生学术交流的学术氛围，要求学生必须每月进行课题研究工作汇报，并敦促研究生导师及时进行指导。

在遵义，我和当地的青年医生也是很好的朋友，一起踢足球，还拿了奖，我们工作和生活上都很愉悦。我和他们一起学习生活，尽量多带给他们改变。最后，眼科最优秀的年轻医生考上了硕士，我也很开心，我想他们会成为很好的医生。

对遵义一直抱有祝福和惊喜

这次经历于我而言不只是援助，也是对自己的锤炼、提升，是自我修养和党员素养的提升。

在遵义工作的1年8个月使我的思想认识和意志品质得到一次升华。在实际工作中，在和同事的交往中，无论是做得成功还是欠缺，我总会思考自己在个人基本素养、性格品质、沟通能力以及处理矛盾、解决矛盾乃至设计工作路径和取得成效等各个环节上还存在什么问题。我自己如何看待这些个人问题和缺点，什么应该坚持，什么应该宽容。尤其作为一名有21年党龄的老党员，我应该如何修身，如何使用好单位同事们赋予我的权力，如何一日三省，做到慎独。

在遵义市第一人民医院工作的日子里，我的工作状态更为谨慎和认真，晚上还经常失眠。想到答应好哪些工作要做好的，哪些邮件要回复的，哪些文件要及时批复的，告诫自己一定要做到细致入微，言而有信，真正树立起第一批上海援黔干部的良好形象，留下满意的答卷：留学识、留技术、留经验、留平台、留机制、留绩效、留口碑、留情感，唯独不能留麻烦。

在遵义我真正体会到管理是科学，是专业技术和学问见识的升华，良好的管理能够提升效率，产生明显的效益和效应。良好的管理首先要有正确的自我定位，要做充分的调研，选取合适的工作切入点。我时常听取我们上海援黔干部联络组组长，在遵义市挂职市委常委、副市长黄庆伟同志的教导和指示：树立援黔干部的好作风、好思想，严守纪律，给当地干部带来影响，解除各种自我封闭、自我循环，一个人的工作要影响一片，影响一个面，进而整体推进和提升，在效应中去追求实际效益。在援黔的主基调下，认真考虑问题的解决办法，我们给出的建议、点子、方案要符合当地实际情况、符合客观规律、不贪功冒进，要符合科学精神，真正为当地接受和实际可以运作。集中精力，敢于担当，主动有为，不要因为各种人情关系而不敢提出建议，甚至必要时要给出友善的批评，关键是要推动上海卫生医疗行业和遵义当地的合作交流，在工作路径上总结提炼，取得共识。

援黔期间，我获得了2015年度贵州省社会扶贫个人先进、2016年上海交通大学优秀党员的荣誉，也被聘为当地医疗核心专家团成员，工作上得到了上海派出方和贵州当地的认可。现在当地每年有400人左右来上海进行培训，我希望在挂职结束后我们依然对当地有所帮助。回到上海后，我的心还在遵义，也经常回去看看，我看到了当地的进步，我觉得这不是我的功劳，而是全国的帮助和当地的努力的结果。对遵义我一直抱有祝福和惊喜的态度，希望遵义每天都会有进步，希望遵义的明天更好！

（毛颖华　孙哲　采访整理）

在黔北大地上砥砺前行

李忠兴

2016 年 7 月到 2019 年 7 月，我们第二批援黔干部行进在黔北红色热土上，奋战在黔北苍茫大山中，植根在黔北广阔大地上。每个人在自己的岗位上从事着很具体的工作，但承担的是国家战略、国家使命、国家担当。

建设学习型、战斗型、服务型团队

2016 年 7 月，习近平总书记在宁夏银川主持召开东西部扶贫协作座谈会，要求认清形势、聚焦精准、深化帮扶、确保实效，切实做好新形势下东西部扶贫协作工作。也正是这年 7 月，包括我在内共 11 名第二批援黔干部到达遵义，2017 年 9 月和 2018 年 8 月，上海先后共增派 10 名援黔干部。在精准脱贫攻坚战的决战决胜阶段，上海非常重视，不断增派力量，追加资金。沪遵两地之间的关系，由对口帮扶关系转为对口扶贫协作关系，任务是要助推当地打赢打好精准脱贫攻坚战。我们遵循"中央要求、遵义所需、上海所能"的基本原则，牢牢把握"民生为本、教育为先、产业为重、人才为要"的工作方针。不同的阶段有不同的任务，我们在具体工作上作相应的调整。在五年规划指引下，我们制订三年行动计划以及每年的项目资金计划，把项目资金计划转化成一个个项目的方案，财政资金是由两地封闭运作，不经援黔干部的手，这一套管理机制制度经过实践，执行得比较顺畅。虽然我们是有任期的，三年一批，但在扶贫协作工作中，不能把它看作临时性、阶段性的任务，要作为常态性工作去开展，持续用力，久久为功。

我们21位同志来自市商务委、临港集团和杨浦、普陀、奉贤3个区，年龄差异也比较大，最大的和最小的相差17岁；工作地点上，除了2名在遵义市区，其他同志分散在对口的9个县。作为援黔干部联络组组长，如何把这样一个团队带好，激发出最强的战斗力，是我首先要考虑的。从团队管理角度来讲，严格落实上海市委组织部对援外干部的规定和要求，这是我们必须做到的。首要的是要把上海对援外干部的纪律制度规定牢牢地执行好，通过坚持党建引领、加强目标导向、营造团队氛围3个方面进行团队管理。援黔干部联络组除了组长外，设一位总联络员，下设4个联络小组。在实践当中，过了半年，我们把一些制度在第一批的基础上作了充实和修订，形成援黔干部联络组11项内部管理制度。我们这支队伍分散在各个县，平时经常碰面也不可能，但定期交流讨论又是必不可少的，所以安排每季度召开一次援黔干部联络组工作会议，每月召开一次援黔干部学习交流会，时间选在节假日、双休日，不影响日常工作，地点每个月选择当地的1个县，当地有14县，还有1个新区。我们到县里不仅仅是看我们的扶贫项目，更看当地的经济社会情况，寻访红色遗址遗迹，3年基本走遍了遵义的红色遗址遗迹。通过将学习和考察讨论结合在一起，一方面及时传达学习中央和两地的重要会议文件、讲话精神，交流思想和体会；另一方面，通过这种方式把大家凝结在一起，我们援黔联络组就像一个大家庭一样。另外，除了4个联络小组外，把21个人包括我自己在内，编入了4个工作小组，分别是情况信息工作小组、理论学习工作小组、调查研究工作小组、生活保障工作小组，把我们这个机构里面日常需要做的事情都涵盖了，特别是信息报送这一块，任务量还是相当繁重的。除了完成相应的具体工作，我们更重要的出发点是进行团队建设，每个人都是团队中的一份子，人人参与，人人努力，团队里面没有旁观者。

到达遵义3个月后，我们明确提出了3年工作目标："一个提升、三个示范、'三型'团队"，即提升沪遵扶贫协作水平，打造东西部扶贫协作示范区和升级版，建设一个东西部产业合作示范园区、若干个扶贫协作示范区域、一批扶贫协作示范项目，建设学习型、战斗型、服务型团队；以及16字工作思路——加强统筹、聚焦精准、注重整合、着力提升。

产业帮扶激发当地"造血"功能

我们坚持深化两地产业合作，围绕当地主导产业，不断丰富合作平台，完善对接机制，持续引进合作项目、引进企业落地，着力建立"造血"机制。增强当地"造血"功能，最重要的是把东部和西部的优势结合起来，用好中西部地区的自然资源禀赋，以及东部的平台、市场、技术、人才优势，在找准结合点上下功夫。

援黔干部习水小组宋聚宗、孙志勤成功探索了习水县黔北麻羊全产业链发展模式。黔北麻羊是习水县的一个特色品种，也是国家地理保护标志产品。当地很形象地宣传黔北麻羊："喝的是矿泉水，吸的是天然氧吧，跳的是芭蕾舞，吃的是中草药。"2016年以来，习水通过企业主导、政府支持、社会扶持相结合的方式，建成总投资7000万元、占地40亩、建筑面积1.8万平方米、年可加工肉羊20万只的中央厨房，普陀区投入帮扶资金，帮助添置加工、冷冻设备，形成"生产基地+中央厨房+餐饮门店"的产供销全产业链。引进和培育的上海企业——嘉荣牧业，后来被遵义市评为十佳扶贫龙头企业。通过扶持企业，由企业再来带动当地的贫困户。我们在一些点进行扶持，比如最开始的保种到生产加工，再到品牌建设、市场开拓等关键环节。这一项目至少从三个方面带动当地百姓脱贫。一是从农民手中采购羊吃的牧草，一斤两元钱，农民种草可以增加收入。二是企业把培育好的羊羔给农民散养，当羊羔从 20 斤以下养到 80 斤左右时，企业再从农民手中回购，每斤 20 元，按照体重差额收购。这样每户农民养 20 只羊，一年的收入就有两三万元，而且不愁销路，农民直接受益。三是农民可以进入企业工作，因为企业有养殖基地、中央厨房，直接招收贫困户。这样一个企业带动贫困户 1960 户。中央厨房就地加工后的生熟制品有五十多种，包括羊肉火锅、羊肉米粉、肉酱、肉松等。再通过物流，配送到各地，也同时在一些知名的电商平台上销售。其中羊肉米粉非常受欢迎，就像方便面一样是速食的，29 元一盒，在上海白领集中的商务楼宇、园区卖得很好。并且还在上海开设羊肉米粉体验馆，在北京、广州、苏州等城市也开设了旗舰店。

在道真县，上海援黔干部周灵、刘冰带动当地干部群众从卖菜到种菜，形成道真县的蔬菜全产业链发展模式。2017 年我们回上海过春节的时候，道真县委书记给周灵打来电话，当地农民种的花椰菜遭遇大面积滞销，请他帮忙。整个春节周灵一直忙着给蔬菜找销路，后来好不容易找到一个超市卖掉 2000 吨。但他在具体工作中意识到，道真菜的优点是绿色生态、品质好，缺点是品种五花八门，卖相差、标准不一、无品牌标识，如果长期供应大型超市的话，品种、质量、持续供货上保证不了。而且遵义的菜卖到上海有 1800 公里，运费加包装和损耗，成本就在每斤 0.9 元左右，所以要种植经济附加值高的蔬菜，做高品质的蔬菜，品种要好，才能卖上好价格。这就需要进行蔬菜品种调整。所以周灵从偶然卖菜变为指导当地更好种菜。在县委县政府支持下，带动整个县建立 7 条蔬菜产业带，种植面积 14 万亩，形成"1+14+85"模式，分县统筹、乡镇对接、村生产 3 个层面，县里统筹成立一个国有公司专门负责；14 个镇成立国有公司的分公司，然后由镇里面负责统筹，从选种、育苗开始，从上海农科院引进了宝塔花菜、黄秋葵等专利产品；85 个村由合作社承接，专门负责生产。在海拔 1000 多米的高原上，土壤优良，花菜长得很好，一个有四五斤重，按照不同的大小个头装不同的格子，并进行分拣，分拣后用塑料盒薄膜包装，通过冷链运输到上海。同时通过援助资金支持购买一辆冷链车、建一个冷库等，帮助建立了一条完整的产业链。自 2017 年启动"遵品入沪"以来，仅道真农产品入沪达 1000 余吨，销售收入近 1000 万元。周灵从一个从未接触过蔬菜生产销售的外行，成为当地干部群众交口称道的"卖菜书记"、蔬菜专家。

在上海的大力支持下，沪遵双方共建临港遵义科技城和遵义（上海）产业园区，为两地产业深度合作搭建有效载体。尤其是临港遵义科技城，通过援黔干部季稼桦的牵线搭桥和全程推动，3 年内 3 次升级，由漕河泾遵义分区到漕河泾科创绿洲，再到临港遵义科技城，合作主体由漕河泾公司上升为临港集团，由汇川区政府上升为遵义市政府，组建了两家公司，双方合作更加紧密。临港遵义科技城规划建设面积由 3.6 平方公里扩大到 7.26 平方公里，总资产接近 20 亿元。

打造一支带不走的干部人才队伍

人才支援是扶贫协作当中很重要的一个方面，目标是要统筹发挥智力支持作用，打造一支带不走的干部人才队伍。按照上海的规定，每一年项目资金中，都要安排一笔资金用于干部人才的培训交流。我们按照这样的总体安排，在具体实施中尽可能为当地培养更多急需紧缺的人才，主要做法是通过遵义组织人事部门，更准确地了解当地所需，由他们归口预审把关，然后再与上海的计划进行对接安排，以达到更好的效果。3 年中，共安排 326 名遵义干部赴上海挂职，培训各类干部人才6312 人次。

教育和医疗，是双方人才协作的两大重点板块。在医疗卫生领域，实施精准医疗帮扶、医学人才培训培养协议。上海市第一人民医院推出"115 医学人才计划"，成立上海市遵义医学人才学院，3 年时间内，在遵义市范围内选拔 100 名医生、100 名护士、50 名医院管理人员到上海进修，不少医生和护士都来自乡镇医院，这样一来就使遵义各级医疗机构在医疗、护理、管理等方面的能力得到提升。2016 年以来，市一院还派上海的高级专家团队，采取"一对一"的方式，帮助遵义市第一人民医院、第三人民医院和第五人民医院等建设 8 个"临床医学中心"，每半年派 5 到 6 名副高职称以上的专家常驻遵义。他们在当地开创了很多医疗领域的首例，实现一项项手术的"第一次"，完成千余人次的培训，几乎走遍遵义市的每一个县。这些专家除了在自己蹲点的医院从事相应岗位工作之外，还利用业余时间到基层乡镇进行巡回医疗。在教育领域，沪遵两地深化教育合作，实施"金种子"校长培养计划、"影子校长"跟岗学习培养、中职联盟联合办学、上海名师遵义行、上海教师赴遵支教、"1+11"基础教育互助成长计划、高等教育对口支援等项目，促成遵义与上海 101 所学校签订帮扶协议，先后培训校长、教师7000 多人，上海选派 100 名管理人员和教师到遵义支教。

就业是最大的民生问题。援黔之前我在普陀区分管过就业工作，有体会，做贫困人口的就业工作难度确实比较大，是个系统性工作，但对脱贫攻坚又很重要，扶贫领域有句话叫作"一人就业，全家脱贫"。2018 年解决贫困人口就业列入国家考核内容，当年国家给上海的任务是解决 10 万贫困人口就业，其中给我们的指标是 2.5 万，也就是说一年要解决 2.5 万名建档立卡贫困户的就业。我们压力很大，当然再难也要想办法克服完成，越是艰难的时候越是考验我们的时候。2018 年，沪遵两地签订《2018 年沪遵劳务协作协议》，从信息共享、沟通对接、实体推动等方面推动沪遵劳务协作实现重要突破。怎么样能够把就业的民生难题放在东西部扶贫协作的框架下面有效地实施好，我们在实践探索当中形成了"三专三联"模式，开创就业扶贫新格局。与当地解决劳动力就业的框架和体系整合起来，而不是我们单枪匹马做。"三专"就是专门机构、专项资金和专门政策。专门机构就是专门从事劳务协作的劳动就业机构，这个当地本来就有，要发挥好它的作用；专项资金是由上海支持资金对贫困人员进行技能培训、务工生活等补贴，对吸纳贫困劳动力就业的企业，以及为贫困劳动力提供就业服务并实现就业的机构进行相应补贴；再一个就是专门政策，有了机构和资金，关键是制定相应政策，既要符合国家法律法规的要求，又能把两地的优势特别是两地的政策叠加起来。"三联"指的是做到在遵义市和县乡镇上下联动、条块联动、联络组内外联动。

2018 年劳务协作启动的时候已经是 5 月中旬，两地领导互访后确定下来，所以真正给我们的时间就半年多。遵义贫困人口绝大部分都在村里，必须通过调动发挥村党支部书记的力量把贫困人口引导出来。当地经常有修路等工程项目，需要很多劳动力，我们通过政策鼓励他们优先聘用当地贫困人口，并且有一定的激励措施，修一条高速公路的几个路段，就能解决当地一批贫困人口的就业。杨浦、奉贤、普陀 3 个区对口帮扶 9 县（市）实现上海专场招聘会全覆盖，提供针对贫困户就业岗位 6.8 万个。2018 年我们完成了 2.8 万贫困人口实现就地就近就业，转移 797 名建档立卡贫困人口到上海就业，超额完成了年度指标任务。

促进社会、市场力量共同参与

我们在东部和西部之间发挥桥梁纽带作用，构建两地党政机关、国有企业、民营企业、社会组织、爱心人士共同参与机制，实现区县携手同奔小康。采取"政府引导、市场运作、企业主体、社会参与"机制，建立沪遵商务扶贫联盟、沪遵就业扶贫联盟、沪遵职教联盟、沪遵旅游发展联盟"四个载体"，这四个联盟是政府、社会、市场跨界合作，联盟运行主体是企业和社会组织。我们协助当地政府，制定出台产业合作、劳务协作、柔性人才引进、旅游协作综合性措施"四项政策"，促进政府、社会、市场跨界合作。在这一过程中，援黔干部朱小林、包闻杰当好桥梁纽带，积极统筹协调，不仅全力促成，而且有力推动、有效运作。这体现了上海援黔工作逐步由项目帮扶向政策帮扶转变的思路和举措，推动当地制定专项政策来扶持某一个领域。

务川县位于云贵高原的东北角，属于典型的喀斯特地貌，蓄不住水。住在山上的群众，尽管海拔也就 1000 多米，但非常缺水，日常生活用水靠的是"望天水"——他们把屋顶做成平顶，再在屋顶四周用砖砌好围起来，日常用水就靠下雨后蓄起的水。援黔干部钟争光、张匀刚刚来到务川县就了解到缺水是制约当地脱贫攻坚的主要原因，他们得知上海有一家专注于通过自然落差势能将水从海拔低处提升到海拔高处的高科技企业，就积极对接联系，引进这家企业。首先在施工难度较小的小坪村展开试点并取得成功，2018 年 4 月底，自然能提水项目上水成功，有效解决了当地 1000 余名村民和牲畜的安全饮水问题。成本不超过 5 元一吨水，最低做到 2.7 元一吨水。后来总共安排了 9 个这样的项目，先做成 3 个项目，解决了 6733 个人的用水问题，还引进上海的社会组织——华侨事业基金会，与当地政府一起合作。七八月份干旱的时候，水上来之后，不仅老百姓从自来水管里面喝到了干净水，而且他们种的小麦、烤烟都得到了灌溉，有效地解决了当地群众的生活用水、生产用水，后续还可以逐步解决生态用水问题。这个项目的运作方式是"政府＋公益基金＋科技企业＋贫困户"的模式，取得了很好的效果。当地农民高兴地说："党的政策好，水往高处跑。"第六届全国道德模范、感动中国 2017 年度人物、遵义市老支书黄大发了解到自然能提水技术后，希望在他的老家实施一个自然能提水项目，并得到了大力支持，以此弥补"大发渠"水量不足的问题。

我们上海东西部扶贫协作和对口支援的地区中，遵义是革命老区。在这样一个"红色圣地"，我深刻感受到这一片土地上到处都浸润着红色基因，感受到当地干部群众身上体现的光荣革命传统和优良作风。尤其是草王坝村的黄大发老支书，36 年来忠实践行"修渠、致富"的誓言，带领群众绝壁凿天渠，于 1994 年建成一条跨 3 座大山、大小 9 个悬崖，主渠长 7200 米、支渠长 2200 米的水渠——当地群众用他的名字称之为"大发渠"，解决了当地的缺水问题，改善了当地的经济发展和生活条件，让全村人吃上了白米饭，被誉为"当代愚公"。这种先进典型对我们来说是很好的教育。

脱贫攻坚就如同新长征路上的"娄山关""赤水河"，能够参与其中非常荣幸。在这个过程中，每个援黔干部都直接接受着最深刻的党性教育、最直接的国情教育、最生动的民族团结教育。在完成组织交给的使命的同时，对每一个人的成长帮助很大。之前我们工作大多就在上海某一个单位，活动的范围大多在上海，三年的援黔经历，让我们工作的半径延长了，更让我们人生的厚度增加了。

回到三年前我们提出的工作目标——提升沪遵扶贫协作水平，就是希望把沪遵扶贫协作提升到新的水平，营造一种新的格局，创立一种新的机制。这种格局和机制不仅在于投入多少钱做多少项目，我们在实践中认识到这项工作要持续有效运行，要靠党政引领、各方参与、互动联动、协同推进，促进政府、市场、社会互动和行业扶贫、专业扶贫、社会扶贫联动，以期调动更多的社会力量、市场力量参与。这是我们在三年扶贫协作实践中一直探索的！

（侯桂芳　许璇　周炯　采访，许璇　整理）

山水相映沪遵情　勠力同心黔北行

朱小林

有一种亲密叫山水相映，有一种精神叫勠力同心。2013年2月，国务院办公厅印发《关于开展对口帮扶贵州工作的指导意见》，明确上海市对口帮扶遵义市。从"三线建设"到脱贫攻坚，让定位于中国改革开放排头兵、创新发展先行者的上海与致力于坚持红色传承、推动绿色发展、打造西部内陆开放新高地的遵义结下了更加深厚的山海情谊。上海与遵义，一个有中共一大会址——中国共产党的诞生地；一个有遵义会议会址——党的历史上生死攸关的转折点。两座充满红色底蕴的城市，如今又成为一双结对帮扶共谋发展的"好兄弟"。

2016年7月11日，我和其他11位同志首先接过上海第一批援黔干部手中的接力棒，启程奔赴遵义。3年间，上海第二批21名援黔干部分批来到黔北大地，按照中央要求加强援黔工作，讲好"普通话""上海话""遵义话"，当好使者，架好桥梁。按照"民生为本、教育为先、产业为重、人才为要"的16字援黔方针，做好民生、教育、产业、人才四方面工作。突出主业主线，站高一步、服务大局，找准所需与所能的结合点、切入点，开展嵌入式、点穴式工作，精准滴灌用巧劲，以点带面推项目，满怀深情助脱贫，努力在"实"字、"新"字上下功夫。

整合社会力量扶贫，让社会参与帮扶见效

俗话说："一人难挑千斤担，众人能移万座山"。扶贫工作不是一蹴而就，也不是单凭各地各级党委政府一己之力能够完成的。消除贫困，改善民生，逐步实现共同富裕，是中国共产党的历史使命，亦是我们每一名援黔干部的初心使命。按照习近平总书记在党的十九大报告中"动员全党全国全社会力量，坚持精准扶贫、精准脱贫"的要求，我和第二批援黔干部们合力奋进，发挥社会帮扶的巨大潜力，认真制定动员社会力量参与工作方案，构建两地党政部门、国有企业、民营企业、个人和社会组织共同参与脱贫攻坚的常态化机制，持续有效深入地推动社会力量参与脱贫攻坚，紧密两地关系，加深两地感情。

起初，有一件事情让我感到困惑，贵州得天独厚的自然条件铸就了农特产品优良的品质，因物产丰富，像正安县的林下鸡、野木瓜、方竹笋，务川的白山羊、冰糖大蒜等特色产品口碑都很好，按理说如此高品质的农特产品应该畅销才是，但"黔货出山"难度却相当大。我们通过与当地政府一次次面对面研讨，与当地企业一次次点对点座谈，与当地群众一次次心贴心交流，终于找到了症结所在。当地适宜的气候、优质的土壤培育出的农副产品，口感虽极大优于上海的"暖棚"产品，但商品包装却过于"纯朴"。城里人购物既注重品质，又讲究包装。因此，产品销路好与否，商品包装是不可或缺的影响力。为将劣势变优势，我们首先在传递理念过程中统一当地干部群众思想。之后积极联系，给出设计思路，选择设计厂家，反复修改方案，最终推出反映地方特色的礼盒包装。在解决了不尽如人意的包装问题后，我们探索用消费扶贫的方式吆喝出优质农副产品广阔的销路。依托上海市、区、街镇、居委各层级力量，发挥优势，搭建供需平台：在中环百联、五角场下沉式广场等商圈开展扶贫产品"试吃季""优惠购"活动，主动宣传、推介，让美味和折扣说服市民消费；联合我们普陀区区级机关党工委、总工会等部

门，共同推介贵州扶贫产品，引导干部职工优先购买，增强职工消费扶贫理念；动员我们区央企、外企和民营企业履行社会责任，扩大认购扶贫产品规模，建立直供直销渠道。我们还先后两次在上海举办遵义生态农特产品上海行活动，在上海开设"遵义生态农特产品展销中心"，实现76家农产品企业生产的300多个商品长期在上海展示展销。虽然牵线搭桥推动"黔货出山""遵品入沪"等方方面面工作费尽了我们的脑力、心力和脚力，但当农民的"钱袋子"和市民的"菜盘子"因遵义"菜园子"与上海"菜篮子"的紧密结合，变得丰满、丰富，市民、农民喜得实惠时，前期组织协调中的苦与累，我觉得值。

三年来，我们通过从四个方面下功夫，整合社会力量扶贫，让社会参与帮扶在打赢精准脱贫攻坚战、决胜全面建成小康社会中发挥更多积极作用。一是在精准聚焦上下功夫。我们始终认为正确处理好"财"与"才"的关系，就是解决"输血式"帮扶与"造血式"帮扶的问题。我们建立社会帮扶"需求"和"供应"两张清单，正确处理好"需"和"能"之间的辩证关系，精准发力，久久为功，使社会面帮扶更加精准化。着力把社会帮扶资金和项目沉到贫困县、落到贫困村、绑定贫困户，向深度贫困地区聚焦、倾斜，坚持绿色、生态、可持续的产业发展方向，坚持壮大集体经济、以销定产的产业发展模式，围绕遵义主导产业、特色产业，积极发展生态畜牧业、茶叶、石斛、蜂蜜、旅游等扶贫产业，平衡贫困与非贫困的利益联结机制，破解深度贫困，撬动扶贫产业发展，壮大村级集体经济，增强"造血"功能。二是在补齐短板上下功夫。我们积极发挥上海社会性资金的特色优势，探索多种形式的结对帮扶。建立和完善镇镇结对、企业与贫困村结对，努力推动形成政府、社会、企业、市民共同参与、协同推进的格局；发挥上海教育、卫生、金融、人才等方面的传统优势，借鉴当地和兄弟省市好的做法和经验，找准结合点和切入口，加快推进产业合作、劳务协作、携手奔小康等方面工作，积极促进两地更广泛的交流交往。始终坚持把产业协作扶贫作为关键，把深化产业对接合作作为对口帮扶的重中之重，依托上海来遵专家人才的牵线搭桥、推介宣传，先后签署园区共建、商务流通、文化旅游、现代农业等一批战略合作协议，成功举办遵义（上海）重点产业合作项目推进会、上海中小企业遵义行等活动 60 余次，积极推动"沪企入遵"，共引进产业项目 169 个，带动脱贫 14085 人。三是在精准施策上下功夫。在脱贫攻坚中，许多贫困户仍然存在一些难以解决的具体问题。我和队友们努力找准切入点，瞄准贫困群众的"急、难、愁"问题，积极下乡调研，掌握第一手资料，有针对性地发动社会面参与解决，帮助贫困群众树立摆脱贫困的信心，激发他们摆脱贫困的内生动力。四是在创新手段上下功夫。不断发挥社会帮扶面广量大的优势，在产业增收、智力帮扶等领域下功夫，通过线上线下多种渠道，不断增加帮扶覆盖面。2018 年 4 月，通过上海市合作交流办的牵线搭桥，成功引进东方卫视"我们在行动"大型真人秀栏目。节目在务川自治县官学村拍摄，结合当地贫困户从事的传统灰豆腐制作及养蜂产业，推广灰豆腐及蜂蜜产品，通过举牌拍卖的形式，募集社会爱心企业近 200 万元资金。不仅解决了贫困地区农产品的销售难问题，更促进了当地的产业发展，打响了产品知名度。当地贫困户在享受到产品收益的同时，也找到了增收致富的途径，有效激发了贫困户内生动力，变被动接受为主动争取，助推扶贫工作向"造血式"扶贫迈进。

注重援黔项目管理，让帮扶项目落地有声

古语云："不积跬步，无以至千里；不积小流，无以成江海。"上海援黔项目管理，是助推遵义如期完成脱贫攻坚任务的基础性工作，对两地开展东西部扶贫协作具有十分重要的意义。如何围绕打赢打好脱贫攻坚战总目标，精准聚焦贫困地区、贫困人口，努力提高项目精准度、增强项目有效性，实现"全面小康路上一个也不能少"的庄严承诺，体现中国特色社会主义制度优越性，是我们持续探索的重要课题。援黔项目管理到不到位，与关注项目进展深不深入密不可分。

为切实加强项目管理，秉持钱要花在刀刃上，用在贫困群众身上的理念，3 年来，我们走遍了上海对口帮扶遵义的 4 个国家重点贫困县、

5个贫困片区县，调研查勘了所有的上海帮扶项目，到贵州极贫乡镇之一的务川自治县石朝乡访贫问苦，实地调研了解群众的生产生活状况。坚持上海援黔项目的设计和投向与各地区建档立卡贫困人口脱贫的需求紧密结合，精准发力安排实施项目，提高资金使用精准度，强化利益联结机制建设，增强帮扶项目带动性，抓好项目全过程管理，实施新的项目资金管理办法，资金一次性拨付到县，实现拨付效率提升、监管规范性提升、聚焦精准度提升。通过实行市级每季例会、县级每月报表、援黔干部深入一线每周实地勘察等措施，维护项目计划严肃性、确保项目有序有效实施。在产业发展、基础设施建设等方面形成一批带动性好、经济效益佳、扶贫模式清晰的示范项目。例如，在习水县持续投入各类帮扶资金打造黔北麻羊全产业链发展模式，运用"龙头企业＋村集体＋贫困户"带动脱贫机制，在保种育种、生产加工、市场开拓等产业链各环节全面帮扶，带动习水麻羊产业链从无到有，从弱到强，逐步形成"生产基地＋中央厨房＋餐饮门店"产供销全产业链发展模式，带动1800多户农村群众发展产业增收致富。又如，在桐梓县全县7个深度贫困村，建设面积统一、设备统一、模式统一的标准化村级卫生室，借鉴上海先进的管理制度，改善深度贫困地区人民群众的就医条件，助力健康扶贫。

3年来，上海实施帮扶项目531个，每年90%以上的财政资金用于贫困村，实现受援县所有深度贫困村全覆盖，持续帮扶解决"两不愁三保障"中的突出问题，提升脱贫实效。

锤炼党性践行使命，让遵义变样前路宽舒

习近平总书记强调："我们党员干部都要有这样一个意识：只要还有一家一户乃至一个人没有解决基本生活问题，我们就不能安之若素；只要群众对幸福生活的憧憬还没有变成现实，我们就要毫不懈怠团结带领群众一起奋斗。"援黔三年，我始终坚持锤炼党性不松懈，接续奋斗

不畏难，努力践行总书记的谆谆教诲。我坚持在革命老区接受党性教育、国情教育、民族团结教育，学习两地重要会议和领导讲话精神，向脱贫攻坚中涌现的黄大发、刘孝刚等先进典型学习，学习老区人民艰苦奋斗、顽强拼搏的精神，学习遵义干部的长处和优点，传承好作风、好传统。倍加珍惜直接参与脱贫攻坚的人生最宝贵经历，将经历上升为经验，把经验上升为能力，始终保持良好的精神状态，带着信心、带着责任、带着感情，服务打赢脱贫攻坚战大局。

上海和遵义是两座英雄城市，脱贫攻坚把这两座城市紧密相连。作为桥梁和纽带，我对肩负的无上责任感到荣幸。现在回忆起当年赴遵工作的经历，我还深感自豪。都说上海速度一年一个样，遵义发展的速度也不遑多让。刚到遵义时的样子和离开时的样子，无论是基础设施还是人的精神面貌，我觉得都发生了很大变化。

让我记忆犹新的是，原来遵义的县城、乡镇中心范围都很小，从城镇到乡村距离很短，开车五六分钟就能从城镇中心到偏僻乡下，同时规划也比较散乱。现在完全不一样了。环境、道路、规划都好了很多，很多县城乡镇比以前整洁、有序了许多。我经常到遵义的县乡去调研，感受很明显。

最初扶贫下乡的时候，在贫困村访贫问苦过程中，面对那些贫困人口，感觉不少群众有些茫然，有种不知道该怎么办的心态。随着几年来脱贫攻坚工作的推进，他们不再茫然，原来话都不敢说的村民说话不胆怯了，原来不知道干什么的贫困户现在都有了发展产业摆脱贫困的愿望，他们真切感受到自己的幸福生活与党的好政策密不可分，由此进一步激发了村民们珍惜现在来之不易的好生活，从而树立起追求更加美好生活的自信，积极投身脱贫攻坚主战场，在脱贫致富的道路上不等不靠、自力更生、各显其能。

每年扶贫资金项目越来越难安排，扶贫地点也越来越远。在遵义工作三年，这些困难反而让我感到了喜悦："项目难安排，是因为不少地区已经脱贫走上了正轨；扶贫地点越来越远，说明脱贫工作没有覆盖的地方越来越少，这些都彰显了遵义的脱贫速度。"

遵义下辖的贫困县 2020 年实现整体脱贫摘帽，我觉得离不开中央脱贫攻坚的战略部署、习近平总书记提出的精准脱贫要求、沪遵两地党委政府的共同努力和遵义人民的辛劳付出，中国体制优势尽显，就如同2020年抗击疫情，全国一盘棋，一方有需要，八方来支援，合力打赢艰苦战役。我作为上海援黔干部，在这一历程中更深刻了解了国情，坚定了信心。

脱贫摘帽只是一个阶段的目标，未来遵义还需要继续发展，继续走自己的路。遵义良好的生态环境、丰富的资源禀赋、深厚的人文底蕴，决定了遵义要利用好红色资源，因地制宜发展自己的特色产业，同时也要把握好生态环境保护优先的根本导向，强化抓生态也是抓发展的理念，统筹推动生态环境保护和治理，让走生态优先、绿色可持续发展之路成为共同的价值追求，全力打造生态文明建设新高地。

三年援黔时光，我肩负着神圣使命，承载着上海重托，满怀着老区情谊，把自己当作遵义人，把遵义当作第二故乡，把遵义人民当作亲人，扎根基层、兢兢业业、无私奉献。我用心用情回答好"援黔为什么、在黔干什么、离黔留什么"，发扬长征精神、传承红色基因，全力助脱贫、不搞花架子，帮到点上、扶到根上，在艰苦条件下攻坚克难，精准发力，体现上海责任、留下上海感情。三年援外工作虽已结束，但厚实的经历财富和精神食粮将使我受益终生。黔北之行勠力同心，沪遵情谊山水相映，扶贫之花漫山遍野，红色血脉源远流淌。

（钱维华　王瑶　采访，钱维华　整理）

"精品蔬菜"搭起道真农民脱贫致富的幸福桥

周灵

贵州省遵义市道真自治县是全国仅有的两个仡佬族苗族自治县之一,属国家新阶段扶贫开发工作重点县,总人口约 35 万,其中有 6 万多建档立卡的贫困人口,并大多散落于 2157 平方公里的崇山峻岭间。山间角落,越往里越往上,群众的生存条件越艰苦。听着贫困户的苦难经历,我暗下决心,一定要帮大家找到一条脱贫增收的路。

蔬菜产业让农民赚到第一桶金

随着深入乡间地头的次数增多,我发现了贫困户所在的道真农村中的困境——自给自足的小农经济制约了产业发展的道路。一共有三大问题制约道真农村产业发展:一是农户组织化程度不高,品种散、小、乱;二是销售渠道不畅,农产品种出来卖不掉;三是技术水平落后,没有田间管理,基本靠天收。

一次偶然的机会,让我走上带领贫困户种菜卖菜的增收致富路。2017 年 2 月,因为暖冬,道真花椰菜上市时间正好与甘肃主产区发生冲突，导致大面积滞销。道真县委书记刘东明打电话给我，我正好回上海休假体检，临危受命寻找销售渠道，开拓上海市场。因为上海批发价格和道真持平，事情没有办成，我当时很不甘心，同时在想是不是卖给超市，价格能高一点？我意识到道真蔬菜量少、质优，要拓展销路，批发不是最好的选择，走终端市场才是出路。我虽然没这方面资源、人脉，但我通过互联网搜索，反复比对，生鲜类销售全国排名前十的 A 股上市公司"永辉超市"成了我的首选目标。几经周折，最终通过上海杨浦区永辉超市的推介，辗转联系到了贵州永辉超市，再通过贵州永辉，终于联系上了重庆永辉超市。我在上海、贵州、重庆之间来来回回跑了近十趟，最后用真诚打动了永辉超市华西区负责人："先给你们 2000 万元的供货额度试试看。"自此，我的"卖菜大业"开始起步。

在卖菜事业的征途上，有收获的幸福，也有一路的艰辛，卖菜远非"采摘下来，送过去就完了"那样简单。去往重庆的山路蜿蜒曲折，我至今还记得，第一次看着 9.6 米长的大卡车把 10 吨蔬菜送往重庆时的那一幕，心里百感交集。2017 年 5 月 15 日，第一车菜按计划抵达，一周以后，我打电话询问过程时发现问题很严重，菜出去以后就再也没人管，也没人问怎么收款。我联系超市负责人了解情况，超市负责人先是夸奖了菜口感不错，但紧接着就是一系列的问题：有较大损耗，没经过分拣，大小不均，部分有了黄斑霉斑……如果当时我不问，很可能这第一单也是最后一单。

卖菜的过程中经历了很多艰难，在产销对接时，才发现影响销量的源头不在于销售渠道，而是在于生产端种不好，种出来的菜虽然绿色生态、吃口好，但缺点也一样明显，卖相差、标准不一、无品牌标识。老百姓的观念根深蒂固，"我这里就是纯天然的东西，这所有的菜不管它长得好看不好看，长得大大小小都是好的，切烂煮熟都到肚子里，要让我种，就要帮我都卖掉。"从老百姓角度来讲，他们的理解没有错，以前他们种的菜都是自己吃的，吃不了的，有少量的就挑去镇上卖。现在要让他们知道市场需要什么，他们就应该提供什么。扶贫先扶智，管事先管人，我们扶贫干部要把老百姓的观念，从原来的自给自足转变到现在的为市场提供标准化产品上，按市场需要什么就种什么、什么赚钱就生产什么的思路走。

走出一条道真蔬菜精品路线

蔬菜种出来，卖出去只是万里长征的开始。刚开始我们还能靠打感情牌销售掉一部分，长时间还是要靠品质标准打天下。道真蔬菜口感质量很好，但没有规模和价格优势。山区没有工业，土壤和水质都是上等，道真土壤富含硒、锶等微量元素，蔬菜灌溉引流的是天然山泉，当地干部开玩笑："我们这儿蔬菜喝的水比大城市里人喝的水都好。"不过，农地被大山切割成细碎小块，难以规模化种植，产地和消费市场隔着千山万水，物流成本远高于山东、甘肃等蔬菜主产区。

怎么才能让道真蔬菜扬长避短？过去总想着走批发市场，想方设法压低价格。道真的菜要运到上海，仅运费加包装和损耗，成本就在每斤0.9元左右，传统的大众菜如白菜、莲花白等，远销只会倒贴。因此，上海市场只能走精品路线，种植经济附加值高的蔬菜，这就需要进行蔬菜品种调整，明确道真果蔬的定位，解决量小成本高的问题，从产地直通超市，把所有流通环节的增值部分都留在农户手里。

要想卖高价，就要"讲故事"。要让道真菜风行天下，必须要制定市场化标准操作流程，在生产环节上实行以销促产，在流通环节上统一产品标准、统一品牌标识，在产品安全认证上做"干净菜"的追溯系统。过去都说自己的菜好，好在哪儿？为什么好？口说无凭。现在我帮他们做了二维码追溯系统，消费者扫扫每个果蔬上的二维码，就能追溯源头，道真的"干净菜""放心菜"便有了客观认证。

对农户的技能培训也必不可少，以前培训是由县里统一组织，车子拉到县城，然后上七天课，不管底下听得懂听不懂，上面人在讲，下面人玩手机，农户基本上也是给面子来参加培训，形式大于内容，效果甚微。针对这些情况，我主动设计方案，亲自筛选学员，开班动员，安排两天理论培训，两天基地现场教学，剩余三天组织学员到重庆、成都考察市场，上课时上交手机，下课后建立微信群，极大地增强了学员的互动，同时通过直观感受，让学员了解到什么叫产品、什么叫品牌，别人成功的原因在哪里？这种形式非常有效地帮助了农户转变思想，让农户真正融入到市场经济里面。

在流通环节，我请来上海的知名企业帮忙，为道真果蔬设计商标。从分拣、包装、预冷、装车等一系列都要严格按照标准来。邀请一批批蔬菜专家前来指导，一次次安排骨干走进上海农科院、上海农产品批发市场、西郊国际、重庆永辉超市考察学习，持续提升种植、流通专业化水平，从田间到超市实现一条龙运营。

记得 2017 年，道真县第一次尝试销售蜜本南瓜，我们订了几吨南瓜用专车从道真运到上海，南瓜质量很好，但因为第一次尝试，南瓜的标准、分拣、运输、品控等环节问题层出不穷。问题来了，就要直面问题：标准化有问题，就专门立项，做农产品标准化项目，从南瓜开始，再逐步到其他品种；分拣有问题，就建立分拣中心，培训贫困户成为合格的分拣员，不仅让农户通过种南瓜挣钱，还通过分拣工作获得收入；运输有问题，就购买冷链车，或用专车集单，减少损耗；品控有问题，就加大职业农户培训力度，从道真到上海来学习好的方法。问题反复出现，就不断地解决问题，我们要打出道真蔬菜的品牌，就必须要保证标准和品质，因为以前大家没做过，很多地方还不完善，包括我自己，来道真之前也是五谷不分，所以就更需要带头学习、带头指导、亲自示范，分拣、包装、预冷、装车等一系列环节都要严格按照标准来。

发挥好产业扶贫的"造血"功能

现在很多人对扶贫的印象还停留在希望工程那个山区的大眼睛女孩身上，其实贫困地区已经并非如此落后，他们只是找不到"造血"的路径。一般人通常认为帮扶资金应该投入到基础设施建设上，有可看性。而我将帮扶资金中的 80% 用在了蔬菜产业，这是需要承担一定风险的。不同于建一栋楼、建一个设施那样可感可观，投到产业里的钱是看不见的。但我觉得值得，我要做的不是"输血"，而是"造血"。贫困户的特点是无思路、无资金、无技术、无任何抗风险能力，往往是最难被市场吸纳的弱劳动力。于是我以阳溪镇利民蔬菜合作社为试点，进行了重新改组。过去也有合作社，但一般是少数种植大户合作经营，跟普通农户没什么关系，更没法带动贫困户。我对阳溪社区利民蔬菜合作社大胆作了改制，合作社作为阳溪社区居委会下属股份制合作企业，由社区集体控股，贫困户以扶贫小额信用贷款"特惠贷"入股分红。合作社生产经营利润的 50% 用于贫困户分红，20% 用于集体经济提留，剩余三成五五对开，分别用于市场化运作和再生产投入。合作社通过土地流转鼓励贫困户参与标准化种植，与贫困户签订保底收购订单，并利用对口帮扶资金配套建设蔬菜冻库、包装流水线、农产品质检中心等产业配套。当时贫困户们反复确认："种出来东西没人收怎么办？卖不出去怎么办？拿不到钱怎么办？"我们的回答是："菜怎么卖你们不用考虑，我们一手交钱一手交货。"有了集体的担保，老百姓一算账，觉得收入不错，于是这种模式一下子在 7 个镇 13 个村推广开了。

张学翠一家五口，丈夫在外地打工，女儿在上初中，公公婆婆都已 80 多岁。她本人因为一次意外导致背部残疾，做不了重体力活。由于在家附近找不到工作，她曾远赴广东，在一家生产鞋面的小工厂打工 4 年。贫困户家庭抗风险能力极低，户均两亩多的土地是他们最重要的生产资料。面对村镇干部的种植动员，他们很难被说服：那些只谈预期而看不见眼前收入的事，实在太不可信了。生活经验让他们对外人画的"大饼"心怀警惕，张学翠家里老人是吃过亏的，以前有外地老板来搞经营，老人跟着他们种植作物，结果长出来了没人收购，全部烂在地里。最后，合作社保底收购方式让她动了心，观望了 3 个月，张学翠家拿出两亩地，跟着合作社种植辣椒。如今她家的收入包含 3 块：土地流转费用、卖菜的收入、她在冷链物流中心做分拣员的工资。这样，她每月收入有 2000 元左右，比在广东打工挣得多。

走零售的路线，不仅让蔬菜增值，中间的分拣和包装环节还能为农户创造就业机会。在分拣中心的工作人员里，和张学翠一样的贫困户还有很多。我们充分利用优惠保底政策，通过村集体合作社带领农户在市场的检验中学会技术和经营，适应市场经济。我们的村合作社就好比救生圈，先带着贫困户游一段，等他们学会了，把救生圈拿掉，他们就能自己游。

从种菜到"建模、育人"

对于道真自治县来说，我或许只是一个匆匆过客，三年援黔如白驹过隙，要完成一桩事情，时间很紧张。我觉得扶贫其实是考验两个结对地区间的磨合与互动，最核心也最艰难的部分，是要改变贫困户的思维和技能。蔬菜产业扶贫不在于多卖一车菜，而是通过一车菜转变老百姓的观念。我们扶贫要改进做法，在扶贫项目内容和方向上改进，是要带着他们做，而不是帮他们做。哪怕将来有企业离开或者扶贫干部离开都没关系，因为老百姓可以自己继续做下去。因此我把扶贫的目标定位为第一年"卖菜"，第二年"种菜"，第三年"建模"，通过构建"1+14+83"的产业发展模式，在县级层面成立1个国有公司牵头，负责统筹协调全县蔬菜信息和销售；在14个乡镇成立分公司组织销售，抽派具有营销意识的人员负责对接渠道、指导生产；在83个村培育集体经济，组成生产车间，专门负责生产。按照"县统筹，镇对接，村生产"的思路，固化产业架构，培养产业队伍，组织贫困户专心种菜，便于我回沪之后，县里还能继续依靠产业创造收益。

扶贫的关键在于培育致富带头人，需要有人来挑起产业扶贫的头，在农村这片广袤土地上扎扎实实沉下去。我不可能直面所有贫困户，我说话他们不一定理解，我的建议他们也不一定听，我的想法和思路都要依靠当地干部来传递，所以我通过带领和培养农村干部，以集体经济组织为抓手，由干部来带动农户和贫困户。集体经济可以层层整合零星农户的资源，提高农民的组织化制度，令种植销售这样的环节更具效率，但同时面临着管理和激励问题，成功的背后，是无数当地干部的勤劳付出。于是我提出一个乡村振兴"千百十计划"，为道真培育 1000 名职业农民、100 名农技骨干和蔬菜经纪人，建设 10 个千亩以上的标准化基地，解决全县产、供、销流程均缺乏本土人才的瓶颈问题。用 1 年时间，把队伍培养起来，把成熟的经验固化下来，让蔬菜产销的全产业链模式惠及道真的每一亩土地、每一户人家。

上海杨浦对口遵义市 3 个县，7000 多平方公里的地方，钱投下去就像石头扔进海里，花 1000 万来修路，只能做几条村镇小道，但一车车蔬菜卖出去了，一个产业就起来了，贫困户能从一颗颗蔬菜上找到钱，有进账。一定要把有限的资金用在刀刃上，聚焦重点，让扶贫效应最大化。在脱贫攻坚政策的"窗口期"，要充分利用好优惠政策，建立一套科学有效的现代农业产供销发展体系，尽可能多地把贫困户吸纳进来，增强"造血"能力才是最终目标。3 年来，我和当地干部一起指导农户从选一颗种子开始，从播种到起垄、施肥、采收、分类、包装、冷藏、物流，再到最后上架，全过程都是我亲自带着他们干。在离开道真前，我将全产业链的各环节标准制定成书，下发给农户，比如"果蔬采摘以后茎梗要留多少公分"等细节都确立一个标准，农户能够按照这种标准操作，适应市场需求。到目前为止，他们还是按照标准在做，这是可复制、可推广的精准扶贫机制。

三年的援黔经历让我深知，脱贫攻坚是一场硬仗，一刻也不能停顿放松。增强贫困地区"造血"功能，提高产业扶贫的持续有效性和巩固脱贫成果是当前工作的重中之重，全国上下都应该凝心聚力，努力克服疫情影响，集中力量完成目标。回到上海以后，在基层治理的岗位上，我也将继续发扬脱贫攻坚不怕苦的精神，坚定信心、顽强奋斗，坚持防疫抗疫与复工复产两手抓，继续关心对口帮扶地区发展，为贫困地区产业发展、市场拓展，提供项目、技术和品牌追溯等各方面的精准帮扶，为确保脱贫攻坚取得全胜贡献力量。

（余伟亮　邓睿沁　采访，余伟亮　整理）

对症下药开脱贫良方　因地制宜做大山园丁

李国文

2018 年 8 月，我作为上海市第二批增派援黔干部中的一员，从党的诞生之地上海，来到了党的转折之城遵义。2019 年 8 月，我又正式转入第三批援黔干部队伍，可以说是"接二连三"。根据组织要求，我被派往遵义市当时唯一的一个深度贫困县——正安县，也是当时遵义地区唯一没有脱贫的县，担任县委常委、副县长。正安县坐落在大娄山脉东麓，境内平均海拔较高，一定程度上限制了当地经济发展。2014 年以来，全县建档立卡贫困人口达到 3 万多户 12 万多人，贫困发生率为 21.3%。在脱贫攻坚最后验收的时刻，我将要在这里挂职 3 年。我告诉自己：要时刻抱着"把自己真正当作遵义人"的态度，决不能"走过场"一般虚度 3 年。

"组团式"产业扶贫：打造全生命周期扶贫模式

过去的扶贫思路通常认为贫困县有产品没市场，只要打开、扩大市场，将产品卖出去就能脱贫致富了。在这个扶贫 1.0 版本基础上，我聚焦深化供给侧结构性改革的扶贫 2.0 版本，从源头上为贫困县探索"适合市场的产品"。围绕"唱好三出戏"——产得出、运得出、销得出来做文章，打造全生命周期扶贫模式，首先就从"产得出"着手。

方竹生长于贵州省北部的大娄山脉，这种竹子外圆内方，经山泉滋润，鲜甜无渣，被正安当地人称为"笋中之王"。选择发展方竹产业，我主要看中了它的三个特征：一是产量供应足，年产量能达到 1.5 万吨；二是易实现标准化；三是能够弥补上海市场没有秋笋的空缺，实现精准供需。

刚开始打造方竹笋作为鲜笋产品的产业链时，我们发现方竹鲜笋超过 24 小时就会纤维化、木化。当地因为始终无法解决保鲜运输技术上的难题，以往都是就近销售，从未将方竹笋运出过大山，虽然也尝试通过冷链车运往上海，但都是刚抵达就变质了。什么原因呢？因为保鲜技术是一门系统性的工程，并不是有冷链车就可以了。为了从源头上解决问题，我们找来上海的冷链专家对保鲜技术进行探索，通过反复实验后得知方竹笋需要预冷。运上冷链车之前，第一件事就要将方竹笋放入冷库，在零下 18℃的条件下预冷 24 小时，再通过冷链车运输，就能够保鲜 3 到 4 天。这样就解决了技术上的问题。

2019 年 9 月，首批 10 吨标准化的方竹鲜笋从正安县分拣冷库中心出发，进入上海市场，分发到上蔬永辉、世纪联华、大润发等大型商超141 家门店和柜台，并同步上线到食行生鲜、淘菜猫等电商平台，线上线下联动销售，打破了上海市场长期没有秋笋的状况，销路非常好，第二批、第三批方竹鲜笋的订单情况也十分可观。

除了鲜笋，方竹笋在当地还有笋干和保鲜笋两种加工方法。为了延长方竹笋的产业链，打造更具多样性和竞争力的产品，我又开始探索符合市场化标准的笋干制品。

在调研中，我了解到以往当地制作笋干的方法是使用煤炭熏制，但是这种方法会导致含硫量超标，加工出来的笋干不符合严格的食品安全标准。为了产出含硫量不超标的笋干进入市场销售，我发动了自己的"朋友圈"，看看是否能利用上自己原来在杨浦区做园区招商工作时积累的资源。果不其然，我想到之前接触过的一家上海企业，使用乌克兰技术研发出一种柔性烘干设备，将铁皮石斛加工成一种叫作枫斗的中药材。"既然能烘干石斛，那能否烘干方竹笋呢？"我立马与这家企业的负责人沟通，介绍了基本情况，询问他们是否能够帮助提供可行性实验。一听是支持对口扶贫工作，对方十分愿意提供能力范围内的技术渠道。于是我将这种设备引入到当地，尝试用来加工方竹笋，果然可以实现笋干含硫量不超标，但是这种设备的维护成本较高。于是我又琢磨是否还有其他的办法。

无心插柳柳成荫，有一次我去方竹笋的主要产地正安县宝山村山里调研，看到了当地的烤烟房。烟草加工一度是当地的一项主要产业，为了产业发展，当地引进了由中国烟草进行技术改良的烤烟房，最大特点是燃料和烤房不直接接触。我就同宝山村的书记徐斌聊起来，问道："烟叶的含硫量超标吗？""肯定不超标，超标了卖不出去的。"于是我又问："能烘干烟叶，为什么不能烘方竹笋呢？"所以，创新不过是比别人多思考了一层，多往前跨了一步。经过各方面的技术革新，现在方竹笋干完全可以实现标准化的生产加工，作为正规商品进入市场流通。

通过引导上海的科技企业、供应链公司、电商平台和大型商超等"组团式"参与扶贫，建立市场化、可持续的、全产业链的"造血"机制，我们力争打造东西部扶贫协作的特色模式。截至2019年9月20日，正安县已向上海销售585吨方竹鲜笋、笋干、保鲜笋等产品，总价值1151万元，有效带动全县7个乡镇的5400户24095人脱贫致富。

产业扶贫联动消费扶贫：脱贫路上"闻鸡起舞"

"产得出、运得出"解决了，最后一出戏"销得出"更是至关重要的一环。消费扶贫是从2019年开始强调的概念，简单理解就是将遵义的特色农产品卖到上海市场去。但要在竞争激烈的上海市场中站稳脚跟并享有一席之地，就要打造可持续的、有长久竞争力的产品，让消费者为产品本身买单，而不仅仅因为献爱心去消费。

打造怎样的具有竞争力的产品投入上海市场呢？我们在当地展开了深入调研。整个贵州的地貌特色是"八山一水一田"，平地非常少，当地人将高山里的平地称为"坝"，土字旁加上宝贝的贝，意为非常珍贵，500亩以上的坝区正安县只有11个，发展规模化的种植业较为困难；而"一水"因为高原地势水流湍急，也无法利用其形成规模化的养殖。所以只能在"八山"上做文章，正安县的森林覆盖率超过农田两倍，发展林下经济具有巨大潜力和广阔市场。其中，养殖业的产值超过种植业又是农业现代化的重要标志，所以发展林下经济重点是发展林下养殖。

林下养殖养什么呢？起初我们考虑养猪，但林下养猪范围广、污染大，会对森林生态造成破坏，行不通。经多次调研后终于决定：养鸡！首先养鸡污染相对较小，一部分鸡粪可以通过鸡棚里的发酵床进行处理，另一部分鸡粪在鸡活动时散落在外，对森林有涵养的作用。另外鸡在外活动时会刨掉杂草，降低了火灾风险，起到了护林的作用。同时在销路方面，上海市场对于高品质的鸡需求大，偏好体型小的母鸡用来炖，而西南市场偏好体型大的公鸡用来炒，这样就可以充分利用两个市场的需求错位来有针对性地发展当地的养鸡产业。

决定发展林下养鸡后，我们经过多方协调，牵线搭桥，引入了上海的农业龙头企业——上海圣华副食品有限公司。这是一家集鸡苗孵化、肉禽养殖、屠宰加工、产品配送、销售于一体的综合型企业，在上海拥有年屠宰量1000万羽的现代化屠宰场，具有完善的家禽产业链及成熟的销售网络。听说是上海的大企业来养鸡，刚开始时县里并没有特别的感觉。养鸡，山区老太太都能养，不就是随便撒把玉米的事。我就解释道，养鸡和科学养鸡不一样，当养殖形成规模后，就需要科学的管理，需要一家企业，而不是一个农业合作社来经营，更不要瞧不起养鸡的企业，国内A股上市公司"温氏股份"就是养鸡起家，现在市值已近2000亿元。

为了打消村民们的顾虑，我们和圣华商定，在正安县谢坝乡先建好25个标准化养殖大棚，作为试验区，养给当地村民看，这下彻底颠覆了村民对于养鸡的传统思维。比如拿鸡苗的价格，圣华比当地便宜了

1/3，这就是规模效应。同样是养到 4 斤一样肉质的鸡，圣华只需 4 个月，当地却至少半年以上。我告诉村民，这就叫科学养鸡。圣华目前在谢坝乡的养殖点，更类似"直营店模式"，起到示范、引领和培训的作用。采用"龙头公司＋合作社＋贫困户"模式，让合作社采用类似"加盟"的模式，参与林下养鸡，让乡里 500 多户贫困户都能受益，户均增收 1000 元左右。除了到养殖基地打工，村民还能承包养殖基地，给企业代养，也可以领取鸡苗和饲料回家养殖。

林下鸡进沪这件事目前进行得非常顺利，各项数据喜人。2019 年 9 月，在我们上海援黔干部的协调努力下，拿到了贵州省第一张也是目前唯一一张活禽进沪许可备案证，意味着遵义地区的林下鸡可以直接点对点运进上海，在上海当地进行屠宰、加工和包装，满足了上海市场对于冷藏鸡的偏好，提高了林下鸡的同类竞争力。在发展林下养鸡的过程中，我们还实现了鸡的品种保护，丰富了上海市民的饭桌子，鼓了遵义地区贫困户的钱袋子，两地人民都过上好日子。

从 2019 年 10 月第一车鸡运到上海，到现在已经有 25000 羽林下鸡销往上海市场，销售额达到了 300 多万。我们也顺势推出了"半亩鸡"品牌，意为半亩地放养一只鸡，主打其生态好、品质高的特色。我们通过圣华打开销售渠道，同时也搭建新的渠道，杨浦区商贸集团现在已经开放了 13 个菜市场，为林下鸡开设消费扶贫专柜，还同京东到家、东方购物已经形成或正在沟通合作意向，后期还将进入第一食品的南京东路店和五角场万达店。根据订单估算，上海每年对半亩鸡的需求量将在 100 万羽以上，届时平均一天一车鸡运到上海，销售额会超过 1 个亿。

2019 年 11 月，第十次沪遵扶贫协作联席会议召开期间，在遵义市委书记、市长和上海市合作交流办党组书记、主任等领导的见证下，正安县和上海圣华集团签署了战略合作协议，共同打造黔北家禽生产交易新高地。2020 年，我们计划在当地建设现代化的孵化屠宰场、饲料厂、交易中心，将育雏、屠宰、加工、包装、销售本地化，实现上海市场和西南市场的齐头并进，把更长的产业链留在遵义。

思想脱贫：日子有奔头，生活有动力

经过一年多的探索和努力，在"组团式产业扶贫""产业扶贫联动消费扶贫"上，我觉得渐入佳境，林下鸡、方竹笋、野木瓜都走出了关键的一步。未来在茶产业、吉他产业等重点发展的产业上，我们都有进一步的推进计划。但要从根源上脱贫，最根本的还是要解决思想问题。不少未脱贫的村民，除了一些不可控的客观原因，最主要的原因还是克服不了思想上的惰性。如何帮助村民从思想上脱贫？就需要让他们看到真正的利好，看到活生生的勤劳致富的典型，激发贫困人口自我发展的内生动力，变"要我脱贫"为"我要脱贫"。

林下鸡养殖基地刚建成时，企业找来一对夫妻养鸡，每人每月4500元薪资，在当地已经是比较可观的水平了，但是这对夫妻没坚持多久就不做了。为什么？他们觉得不自由。村里经常有红白喜事，一张罗就是一周，天天敲锣打鼓吃吃喝喝，他们觉得挺快乐、挺开心，但是到基地工作了，就不能随心所欲，想走就走了。育雏又是个很辛苦的过程，就像养小孩，没法离开人，他们觉得受不了这个苦。但是谢良红夫妇就吃下了这个苦。他们也是乡里的建档立卡贫困户，两人都是四十多岁，因为要照顾上了年纪的父母无法外出打工，两个儿子一个读大学、一个读大专，开销大。家里原先靠种植烤烟谋生，但2018年后谢坝乡种植烤烟的土地板结，需要改良土壤调整产业结构，家里的增收渠道就断了。当时说要养鸡，夫妇俩也是将信将疑，但通过乡干部的走访宣传，积极动员，还是决定先来养殖基地试一试。

养鸡的过程十分辛苦，为了保证鸡棚内的温度维持在30℃左右，要时常给鸡棚里的炉子加煤。看到小鸡过度拥挤要及时疏散，还要耐心的给小鸡挨个烫爪子、烫嘴防止打架。为了让更多的村民学到科学的养殖技术，圣华集团还专门选派了一批技术员来到乡里，其中原籍就是正安县的汤治也在其中。汤治年轻的时候去上海务工，做了15年养鸡的工作，现在已经是企业里十分权威的技术员了。沪遵东西部扶贫协作让他能够带着先进的技术回乡，他也十分积极地参与到这项工作中来。在技术员的帮助下，谢良红夫妇学到不少养鸡技术，给鸡打疫苗、喂疫苗、看病，现在已经能够独立养殖一批相当数量的鸡苗了。每月9000元的收入，上海企业按月到点发工资，还缴纳社保、医保，谢良红夫妇的家庭状况改善了不少，脸上也有了笑模样。亲眼看到谢良红夫妇的变化，不少村民都动了心，纷纷去找他们了解情况。现在很多人愿意和我们合作，这是一个好的开端，真正有营收的、有竞争力的产业做起来了，就能让老百姓感受到日子是有奔头的。

2020年3月3日，经贵州省人民政府批准，全省24个县（区）退出贫困县。其中，在贵州省16个深度贫困县中，正安县以零误判、零漏评，群众满意度达到99.22%，率先实现了现行标准下农村贫困人口全部脱贫。正安县的脱贫"摘帽"，标志着上海对口支援的遵义市整体脱贫，同时也是遵义市在贵州省率先正式脱贫，意味着革命老区遵义彻底撕下了千百年来的贫困标签。作为一个真真切切参与了这场伟大"战斗"中的人，踏踏实实跨越了这个伟大节点的人，我感到无比荣耀和自豪。我相信，在第三批援黔干部的手中，沪遵扶贫协作一定会进入一个新的时期。

（马平川　瞿仕杰　采访，马平川　整理）

跨越千里　山海情深　全力以赴践行使命担当

陈凯

2018 年 8 月，经组织选派，我到贵州省遵义市凤冈县挂职，担任县委常委、县人民政府副县长，按照县政府领导的工作分工，分管东西部扶贫协作工作。能亲临一线参与脱贫攻坚，我既感到光荣而责任重大，又觉得是对我人生的一次重要历练，一次成长。凤冈是农业大县，工业基础薄弱，经济总量小，大多数农村人都选择外出务工，部分偏远山村基础设施薄弱，生活条件依然比较艰苦。但是，凤冈有着良好的生态优势，旅游资源丰富。近年来，凤冈始终聚焦"双有机"战略，即坚持"全产业有机、全产业链有机"，有力保障了农产品质量安全，凤冈有丰富的茶叶、大米、蜂蜜等优质农产品。

习近平总书记指出："实践锻炼不是去'镀金'，更不是去走过场等着提拔，如果那样，必然会身子去了心没去，还是与群众格格不入，那就是弄虚作假了。"我的挂职时间是三年，这是组织给予我锻炼的机会，也是对我的考验和信任，我想通过自己的努力，干出一份成绩，给组织交一份满意的答卷，这才对得起胸前的党徽、对得起自己的良心。

近两年来，在凤冈广大干部群众的支持下，各项工作有序推进，社会帮扶、产业合作、消费扶贫等领域更是完成了很多突破性的工作。

着力解决群众就业难题

习近平总书记指出："易地扶贫搬迁不仅要改善人居条件，更要实现可持续发展。"凤翔社区是凤冈县规模最大、最集中的易地扶贫搬迁安置点，共安置搬迁户 1505 户 6432 人，其中搬迁劳动力 3114 人。搬迁家庭大多是因病因残致贫，无经济收入来源，生活负担重，如何"搬得出，稳得住，能致富"是异地扶贫搬迁的关键难题。为有效解决搬迁群众就业难题，凤冈县利用上海市奉贤区帮扶机遇，在启动凤翔社区搬迁安置时，同步在该社区规划打造就业创业园，拟将企业引入搬迁安置点内，将"扶贫车间"建在搬迁户楼栋下，让贫困劳动力实现"家门口"上班，不仅有就业收入，而且能照顾家庭。

我到凤冈工作后，"扶贫车间"基础工程已基本完成，接下来就是引进企业。为了尽快完成企业入驻，我迅速组织县扶贫办、县人社局、县投促局等单位有关负责人召开座谈会，明确以奖补政策的方式引进企业，对符合奖补要求的入驻企业，一次性创业奖励补贴 3500 元，正常经营情况下可以享受 3 年每月最高 300 元的场租补贴等扶持政策，对符合规定条件的入驻企业办理最高 10 万元创业贴息贷款，对企业吸纳贫困劳动力稳定就业 3 个月以上的，对企业和贫困劳动力分别予以就业补贴。通过宣传动员，有 4 家手工密集型企业与创业园签订了协议，同时，为了节约企业资金，我们还利用一部分帮扶资金对扶贫车间进行了装修。

为了发动群众到"扶贫车间"上班，我和援黔干部、县扶贫办副主任李晓彦组织社区干部到凤翔社区挨家挨户宣传就业政策，并且了解到大多数搬迁群众没有文化、没有技术。为了提高搬迁群众的就业技能，我组织县扶贫办有关负责同志开会研究，决定用一部分帮扶资金在凤翔社区建设一个就业培训基地，为企业招工、群众就业搭建平台。经过两个月的施工建设，凤翔社区就业培训中心顺利建成，修建了培训教室，可用于厨师、家政服务员、电工、缝纫等工种实际操作培训。

为了提高群众就业率，培训中心与企业达成协议，对贫困劳动力特别是易地扶贫搬迁劳动力开展缝纫、车工等"订单式"培训。利用上海市奉贤区人社局帮扶资金，对刚进入或有意向进入园区"扶贫车间"就业的搬迁户，开展"订单式"车工培训，培训合格后到"扶贫车间"上班，实现培训与就业的无缝链接，促进其稳定就业。同时，培训中心可以为有意愿创业的培训学员提供创业场所。2019年，共开展了24期职业技能培训，共培训1148人，包括烹调师、电工、缝纫工、家政服务员等培训项目，其中为扶贫车间"订单式"培训4期143人，为乡镇敬老院"订单式"培训14人等。

2019年3月，我发现大多数群众由于技术及待遇的原因，就业不稳定，干了没多少时间就辞职了。通过深入企业摸排，我了解到，大多数农民工无法满足企业的用工需求。为了让企业找到合适的人才，让员工找到满意的企业，我和李晓彦积极与上海企业对接，争取奉贤区的扶贫资金支持，在就业培训中心建立了"沪遵劳务协作直通车"，建立了远程面试服务平台，为企业和群众带来双向选择和实时面试，切实改变了单向招聘模式，提高了就业率和劳务效率。

在培训中心的基础上，县人社局整合各类资源，建设了凤冈县人力资源市场，可容纳24家企业同时招聘，每月定期召开现场招聘会，每天发布最新招聘岗位，社区群众可以通过招聘信息寻求合适的就业岗位。

下一步，培训中心将继续做好技能培训服务，提升群众的就业技能，为凤冈积极培养职业技能型人才、新型职业农民，为乡村振兴建设贡献力量。

探索打造扶贫茶园新模式

习近平总书记强调："坚持社会动员，凝聚各方力量。脱贫攻坚，各方参与是合力。必须坚持充分发挥政府和社会两方面力量作用，构建专项扶贫、行业扶贫、社会扶贫互为补充的大扶贫格局，调动各方面积极性，引领市场、社会协同发力，形成全社会广泛参与脱贫攻坚格局。"消费扶贫就是社会各界通过消费来自贫困地区和贫困群众的产品与服务，帮助他们增收致富。

提到凤冈的物产，我印象最深的是这里的茶。刚到凤冈的第一天，我就被"凤冈锌硒茶"这个名称吸引了，这一独特的标签随处可见。如今，回想起第一次喝凤冈茶的感受，那股清香依然记忆犹新。

凤冈县产茶历史悠久，茶文化源远流长。长期以来，凤冈始终把茶产业作为富民强县的支柱产业和城市名片，先后荣获中国富锌富硒有机茶之乡、中国十大最美茶乡、全国十大生态产茶县等荣誉称号。"凤冈锌硒茶"公共品牌成功申报为中国驰名商标，先后荣获中国地理标志保护产品、贵州三大名茶等荣誉称号。

为了宣传凤冈茶叶，必须要懂茶道，我开始大量阅读茶叶的相关书籍，主动学习茶叶知识，虚心请教专业人才。我深入各产茶重点村实地走访茶农，深入各茶叶企业了解经营状况。通过调研我发现，凤冈茶叶销售市场主要在省内，省外市场主要集中在华北地区，品牌价值、知名度和市场占有率并不高。

为了当好凤冈茶叶的宣传员，我开始向身边的亲戚朋友和同事推荐凤冈茶，他们喝了凤冈茶后，给予了一致好评。为了让更多的上海市民饮一杯凤冈的干净茶、健康茶，我和李晓彦决定举办一次茶叶推介会来提高凤冈锌硒茶的知名度，我的这个想法得到了书记、县长的大力支持，并安排县茶叶发展中心等有关部门着手准备。接下来，我主动与奉贤区各部门和企业对接，了解上海市场的茶叶需求，发现上海的茶叶市场潜力巨大。

2019年1月，我组织县委宣传部、县投促局、县茶叶发展中心、县农投公司等单位召开座谈会，研究推介会筹备事宜，准备4月初在奉贤召开推介会。会上，有单位负责人反映，部分企业自主参与推介活动的意愿不高，这样的反映出乎我的意料，给了我当头一棒。为了解真实情况，我立即召集县内的各大茶叶企业召开座谈会，企业反映说因为县级层面的推介活动范围小，市场效益低，推介缺乏长期性和固定的消费群体，又由于经费问题，所以参加的积极性并不高。在那一段时间里，我开始学起了营销知识，每天都在寻思怎么做好推介，想方设法为茶叶企业的发展出谋划策。一天，从新闻报道中我了解到某国有企业通过茶园订购的帮扶模式定点帮扶某县，实现了良好的扶贫效益，这给了我很大的启发。于是我想到，是否也可以借鉴这种模式，立足奉贤区的帮扶优势，发动更多的上海企业家和干部职工参与茶园订购，将凤冈贫困群众的茶园卖到奉贤，这样既有利于推广凤冈茶叶又有利于群众增收。在我的牵线搭桥下，上海亿熙专业合作社、凤冈县农投公司和贵州美丽茶园公司合伙成立了山亩田公司，推出沪遵扶贫订制茶园项目，即通过山亩田公司集约化流转当地茶农的茶园，在这样的流转模式中，茶农获得流转费、生态农资并就近就业，实现增收致富，上海的茶园主则获得所认购茶园产出的茶青、生态茶旅体验、茶园管理服务等权益，这既能以同事、朋友为主线，逐渐拓宽销路，提高凤冈茶叶的知名度和影响力，也能通过茶园旅游体验带动凤冈旅游收入。

在奉贤区相关部门和企业的鼎力支持下，2019年3月16日，"凤冈锌硒茶推介会"在奉贤区成功举办，吸引200余家企业参加，现场认购茶园50余亩。经过推介，扶贫茶园订制项目迅速在奉贤"热"了起来，百余名企业家和多家单位积极投身该消费扶贫项目。茶园主签订了协议，相当于其在协议年限内对这块茶园具有使用权。但是如何让茶园主真正拥有这片茶园？山亩田公司承诺给茶园主办理林权证。在办理林权证的过程中，山亩田公司遇到了很多困难，但是在凤冈职能部门的努力下，在省扶贫基金会的大力支持下，最终为每一个茶园主办理了林权证，这在整个贵州省是第一次。

2019年7月18日，我在接受上海交通广播台采访的时候，推介了这个扶贫茶园订制项目，获得很大反响，好多听众主动咨询，希望参与这个扶贫项目，为脱贫攻坚尽一份力。陈奕主任是奉贤区选派的第三批援黔干部，7月份到凤冈，接替李晓彦同志的工作。他和我不同，他来之前就是茶叶"半专业"人士，到了凤冈后，为了更好地推广扶贫茶园项目，他邀请自己的亲戚朋友到凤冈实地察看茶园基地，还通过微信群在同事和朋友之间宣传，动员大家共同参与，目前，他已经发动了很多上海朋友参与扶贫茶园项目。

2019年11月14日，奉贤区委书记庄木弟率党政代表团考察凤冈，到沪遵订制茶园基地参观，详细了解这一扶贫协作新模式，给予了高度的评价，要求进行大力推广。现在，每一次回上海，我给大家讲得最多的就是凤冈的茶叶，也是在进一步大力宣传推介这个扶贫项目，希望更多人参与其中，共同助力消费扶贫，为贫困地区决胜全面小康献出自己的一份力量。

举办体育赛事助力旅游

凤冈是遵义的东大门，冬无严寒，夏无酷暑，生态优美，气候宜人，有九龙、长碛古寨、万佛峡谷等著名景点，其中茶海之心景区是凤冈最大的景点，有着"茶中有林、林中有茶、林茶相间"的茶海美景。

我是一名跑步爱好者，跑步这个习惯已经坚持了好多年。到凤冈工作后，仍坚持跑步。清晨的凤冈，空气清新，对于跑步爱好者来说完全是一种美的享受，这样的环境在大城市无法感受到。2018年12月，我到永安镇调研茶叶发展情况，看着窗外的万亩茶园，宽阔的跑道，心里暗想，要是每天能约凤冈跑团的跑友到这里跑步，那该多好。回来的路上，我决定邀请专业赛事方来凤冈举办一次马拉松，这既能提高我们凤冈的知名度，又能让更多的人知道凤冈茶叶，让凤冈拥有一次属于自己的马拉松，让大家在家门口也能跑马拉松。随即我将此事向县委和县政府的主要领导汇报，他们安排我全权负责做好此事。

接下来的日子里，我主动对接上海的马拉松专业赛事承办方，邀请他们对茶海之心进行实地考察，赛事承办方一致认为在永安茶海之心举办马拉松赛事是跑步爱好者的一次完美体验，双方进行了协商并很快达成赛事举办协议。但是，举办这样大型的体育赛事需要大量资金保障，而县级财力困难，赛事经费成为一大难题。为了解决资金难题，我多方筹措，积极争取奉贤区爱心企业家的爱心支持，最后在他们的帮助下解决了 80 万元的体育赛事经费。同时，为了将此次马拉松办成一次公益马拉松，让更多的社会爱心人士参与脱贫攻坚，遂决定在赛事中加入公益圆梦活动，让更多的贫困户获得来自社会各界的关爱。于是由县民政部门牵头，各乡镇具体负责，搜集基层贫困家庭的"梦想"，"一个微波炉、一个电视机、一个电冰箱"等等。

2019 年 5 月 26 日，以"公益助跑·圆梦凤冈"为主题的 2019 贵州凤冈·锌硒茶乡国际半程马拉松赛在永安茶海之心景区成功举办，吸引了 2000 多名国内外选手参赛，参赛选手积极参加公益圆梦行动，帮助了 150 余户困难群众，其中，我们邀请的奉贤区爱心跑团为 50 户贫困户圆了梦。通过举办马拉松，并且依托抖音、朋友圈、微信公众号的宣传，外地跑友知道了凤冈不仅有美丽的茶海之心茶园景区，还有优质清香的凤冈的锌硒茶，这为推广凤冈名片起到了很大的作用。

此次公益圆梦马拉松赛事被中央电视台进行了跟踪报道。接下来，凤冈将继续以市场化运作为抓手办好马拉松比赛，利用凤冈的生态优势，一年接着一年办，将其打造成独特的体育名片，不断提升凤冈茶叶和景色的知名度。

"携手一辈子，不搞一阵子"，跨越千里、山海情深，奉贤、凤冈的情谊必将在两地的互相交流中不断加深，凤冈的发展必将在奉贤的支持下实现更大的跨越，我们援黔干部也将在凤冈的土地上不断锻炼成长。

（李晓彦　陈奕　采访整理）

沪遵协同互促进　接续奋斗谱新篇

2019 年 7 月，我们上海市第三批援黔干部开始了为时 3 年的援黔征程。面对脱贫攻坚战全面收官、即将迎来建党 100 周年的重大节点，我们第三批援黔干部明确身上所肩负的使命与责任，全力投身到上海对口帮扶遵义这场接力赛中，紧紧围绕"中央要求、遵义所需、上海所能"的指示，立足遵义实际，谋划长远发展，推动沪遵扶贫协作结出丰硕成果，续写"山盟海誓"新篇章，助力红城遵义打好打赢脱贫攻坚战。

打好持久战，发展靠市场

作为上海市第三批援黔干部，我们来的时间段有着非常重大的历史背景，一个是 2020 年脱贫攻坚战要全面收官，一个是 2021 年建党 100 周年。这两件事实际是联系在一起的，我们援黔的这 3 年时间正处在这样一个具有特别意义的时间点。所以，我们也常常思考身上肩负的使命。

从 2013 年党中央明确上海市对口帮扶遵义市，一晃 8 个年头了，我们第三批所肩负的使命，与前两批相比不同之处在于，不仅要助力遵义打好脱贫攻坚战，还要在夺取收官全面胜利后继续走下去。3 月 6 日，习近平总书记在决战决胜脱贫攻坚座谈会上也专门讲到，脱贫攻坚战不是一个阶段性就能完成的任务，还要持续一段时间，进一步巩固成果。从总书记的教导中，我们更加理解了我们这一批干部身上肩负的使命和责任，就是"不负使命、完美冲刺、固本强基、衔接振兴"。

"不负使命"，就是党交给我们这批同志的东部发达地区帮助西部欠发达地区共同发展，一起进入全面小康这样一个国家战略布局下的历史使命，要继续肩负下去。"完美冲刺"是指 2020 年就要全面收官，到了冲刺攻坚年，尤其是在发生新冠肺炎疫情、防汛抗洪等情况下，怎么防止扶贫协作的成色不变，以 100% 的姿态完成最后的攻坚战。"固本强基"是指脱贫攻坚一定要产业稳，一定要把脱贫攻坚的成果很好地稳定下来，才能够为今后的发展奠定更好的基础。还有一个非常重要的任务就是"衔接振兴"，脱贫攻坚之后就是乡村振兴。总书记在有关讲话中也明确指出，完成脱贫攻坚后要向乡村振兴进行衔接。这跟我们国家的民族复兴、国家振兴是同频共振的。

到遵义后，我们觉得援黔这么大的一个系统工程，困难和小问题一直会有。如果没有问题，没有困难，也就不需要我们这些干部，我们来就是要解决问题。我们觉得脱贫攻坚既是一个需在 2020 年前完成"一达标两不愁三保障"量化指标的阶段性的攻坚战，更是一个时间较长、牵涉到方方面面的系统性的持久战。既然是一个持久战，那么，八年来，在沪遵协作中，包括前两批同志在内的上海方方面面做了非常多的工作，布下了很多产业的种子。我们现在怎样让前面阶段性攻坚战中的一些布局，能够持续地发挥系统性的效果？这是我们思考的更加深层次的问题。

针对这个问题，这一年来，我们更多时候是在思考防返贫、促进持续增收这个任务靠谁来完成？不可讳言的是在西部地区，市场和社会的力量相对来说比较薄弱。回顾我们国家包括上海改革开放的历程会发现，上海等东部地区的发展更多的"不是靠市长，而是靠市场"，这正是解决刚才所说的深层次问题的方法，也是需要我们着力的地方。

关于市场化的思路，我们经常和遵义的同志包括农民朋友进行沟通，我们发现，优质的产品和优价的商品还是有区别的。遵义这边有些同志认为好山好水一定会出好产品。事实上，经科技仪器检测，遵义的辣椒、茶、菌、鸡、鸭、牛、羊等微量元素的含量，有效营养成分的含量，确确实实比大工厂或者完全工业化生产出来的要好。那么，是不是只要有优质产品，就一定能在市场上换来好价钱？好东西是不是只要加强宣传就行了？还要考虑如果是商品的话，就要有商品的要素、渠道、品牌和宣传。商品再往上走的话，还有一个生产链的问题。如果商品不符合市场准入标准的话，很多检测出来的好产品，也未见得就是能够卖出优价的好商品。

还有营商的环境、商业的规则、产业发展的瓶颈等方面也要有市场的理念。在营商环境方面，一定要有诚信。在上海等东部发达地区，诚信的概念在商业环境中体现得更加充分，这也是市场的一个基本规则，营商环境归根到底还是"说了就要算，签了就得干"。在商业规则方面，一定要大家双方得益。我非常明确地和上海过来投资或者愿意来西部生根发芽的企业家讲，不想赚钱，你不要来；你如果做慈善、献爱心，我非常欢迎，但我不主张也不欢迎不求回报过来投资。我希望他们投资投下去了，根扎下来了，能够带动我们当地一起成长，大家实现共赢。在产业发展方面，我们也要根据自身的资源禀赋来看需要哪些产业，不是什么时髦就要什么。产业的发展，需要持续不断地投入。援黔 8 年来，上海拿出了真金白银真心实意在做帮扶，尤其在 2019 年减费降税、财政收入只有些微增长的情况下，上海 2020 年的援助资金比 2019 年大幅度增长，真是体现了上海市委市政府高度的政治责任感，传导到我们在一线的同志这里，也要把这种高度的政治责任感体现到援助工作中。所以我们对之前援建的项目进行了回头看，我只问 3 个问题：一是还在不在？ 2013 年以来的项目还在不在？二是变没变？原来设计的功能跟现在使用的功能相比有没有发生非常大的变化？三是好不好？那时候种下的种子现在是不是已经结果了？果子的成色怎么样？为当地的贫困群众带来了怎样的效果？根据回头看的情况，项目，基本都在；功能，大部分没变；效益，许多项目也在持续发挥。对此，我们觉得非常欣慰。

唱好三出戏，打好三张牌

一年以来，我们在脱贫项目上，也作了一些更深入的思考。在产业方面，主要从四个方面进行了探索，助力持续脱贫。

第一个方面是"三箭齐发组团帮，齐力唱好三出戏"。这是针对产业的稳固和可持续发展，在原有基础之上做的新探索。"三箭齐发"就是三种链贫带动的模式。第一个叫厂家基地直包型。比如由上海圣华公司等龙头企业根据自己需要的商品在遵义这边建立基地，企业自己过来通盘管理，然后通过若干方式反哺当地、带帮贫困农民。第二个是保价订单式。比如由上海禾文公司等龙头企业发出订单，通过遵义当地的合作社来种来养，然后签订数量、保底价和年限。如果市场价钱高了，收购价再往上浮；万一出现不符合市场预期的，也都由企业按照签订好的底价来收购，这样就帮当地群众在收入上托了底。第三个就是根据现在的形势提倡的电商直购式。比如由上海引进叮咚买菜、食行生鲜、拼多多等平台，将他们需要的，和我们这边有的，或者我们能够帮他们生产的链接起来。之后，他们直接和这边的农户发生关系，由当地中心站来负责收购，再在平台上卖。这样速度非常快，灵活性非常好，充分发挥了上海电商平台的优势。"组团帮"是指每一个模式不是只有一个龙头企业，而是由多个龙头企业来组成一个团，共同来帮扶。

"齐力唱好三出戏"是指大家一块唱好"产得出、运得出、卖得出"三出戏，这实际上是一条完整的产业链。原来的产业链是这样的逻辑：种了什么，想办法把它运出去，然后再去卖，是由种开始导引的链条模式。现在我们把它倒过来，从卖得出卖得好，来指导怎么运得出，怎么保鲜保质保量地运出去；然后以卖得好的标准，来指导怎么种和养。完全是以市场、以优价商品来指导产业链的重塑。还有"产得出"，比如切笋的工艺，切在哪里，切口怎样，都是有讲究的。2019 年我们做了一些技术的改进，包括研发鲜竹笋的保鲜技术，由运输业的龙头企业德邦物流帮助研发了保鲜保量的转运技术。同时，还专门设计了一个运输工具，不仅仅让鸡能够活着，而是相对比较健康舒适地活着运到上海。

第二个方面是贯彻"有、特、优"思想，打好"三张牌"。2019年5月，李强书记到遵义考察时提出，遵义今后农业产品的发展，要努力做到"人无我有，人有我特，人特我优"。我们把李强书记的要求化为实际行动，提出"瞄准三市场，打好三张牌"。

按照"人无我有"的思路，瞄准空白市场，打出先手牌。上海市场上只有冬春笋没有夏秋笋，但是遵义的正安和桐梓县恰恰有鲜的夏秋笋。2019年我们瞄准这个空白市场打出先手牌，果然取得了非常好的效果。2020年，桐梓和正安县已把笋当作一个产业大规模发展，已经有100万亩竹林了。

按照"人有我特"的思路，瞄准竞争市场，打出实力牌。2019年我们开始引进林下生态养殖的现代化农业龙头企业上海圣华集团，在正安注册成立公司，带资金、供鸡苗、教技术、保收购，养出一款遵义林下鸡，2019年牛刀小试10万羽，2020年要到100万羽，下个目标是要到500万羽。林下鸡在上海的土鸡市场极具冲击力，卖到了80块到100块钱一只。2019年我们请一些大的电商平台把赤水的冬笋引入到上海市场去，市场反响效果确实很好，当地收购价从3到5块一斤，涨到了15到18块钱一斤，当地百姓受益很大。

按照"人特我优"的思路，瞄准中高端市场，打出金招牌。遵义山地多，可耕地少，优质可耕地更少，在这种情况下，一定要想办法把附加在优特农产品身上的、好山好水的自然优势禀赋充分发挥出来，去对接上海的消费升级，对接群众要吃到更好食品的需求，从而打开中高端市场。我们在林下鸡的基础上，打出一个金品牌叫"半亩鸡"，也就是半亩林地才养一只鸡的意思，每10万只林下鸡里面大概也就1万只半亩鸡，是林下鸡中的"战斗鸡"。在上海的几个高端市场里面，你可能会见到真鸡；在一般的菜市场，偶尔才能看到半亩鸡的"倩影"。每只半亩鸡都有二维码可追溯，甚至可以通过视频来选鸡，第二天运到上海，进行生鲜宰杀，第三天就能到饭桌上。我们希望通过贯彻"有、特、优"的思路，走出遵义发展的可持续之路。

第三个方面是激发资源禀赋，做好红绿新篇章。遵义最大的优势还是它的自然资源的禀赋，红色是遵义的底色，绿色是遵义的肌理，怎么在红绿相宜、红绿相加上，来充分激发遵义的资源禀赋，做好红绿的新篇章呢？我们努力在探索推进。

文旅方面，我们引进驴妈妈、携程等上海的龙头企业来帮助当地规划、策划景区的运营，用模范点来带动整个业态的提升，用上海经营景区的理念来与遵义进行合作共赢。2020年7月14日，文旅部取消跨省旅行社组团的禁令，全国第一个跨省的团就是上航旅游组织到遵义的。

研学方面，2019年，奉贤区在务川县投资建成了务川—上海研学基地，我们已经对接上海东方绿舟和驴妈妈等，着力推进这个朝阳项目。务川离遵义会址、强渡乌江遗址都很近，还有丰富的自然和少数民族文化资源。在这个地方为上海、全国各地的孩子，打造一个开展爱党爱国的教育，进行民族文化的熏陶，历史文化的认知，祖国大好河山的浸润、游历的基地，对孩子的成长会有非常好的帮助。

第四个方面是在援建项目上面做了一些新的布局的调整。针对前面讲的深层次问题，怎样让布局实现持续可增值？如果没有一定的量，没有一定的市场，没有规模的效应，没有龙头带动的话，产业是不可持续的。我们提出所有的援建项目要按照三个1/3的标准来进一步聚焦到我们优势的产业项目上去。也就是"四有"的重点项目不能低于我们投资总量的1/3；民生保障类的项目大概就在1/3、不超过1/3；一般性的项目，一定要少于1/3。以这种布局来进一步凸显"四有"：第一是有龙头。就是发展的产业项目要有龙头企业。第二是有基础。项目是无中生有的，还是已有一定产业规模的，两种情况我们考量的标准是不一样的。第三是有效益。援黔八年了，经过时间检验和不断试验，应该知道或者说应该已经看到哪些产业是有效益的。第四是有链贫，这也是我们的基本要求，就是东西部扶贫协作的项目要链接建档立卡贫困户。"四有"项目是我们今后重点追求、重点打造的项目，甚至把原来一些不符合"四有"的项目，要想办法逐渐跟"四有"项目连起来，我们主动去改变，只有这样，产业才能够稳定可持续地发展。

经过调整，我们 2020 年项目的聚焦度比往年提高了 50% 多。也促进了 2020 年上半年在疫情的影响下，仍有 6 个多亿的消费扶贫产品进入到上海市场。

从身到心，让遵义人民感受上海的温度

在社会事业方面，我们重点从教育、卫生和社区治理三个领域着力助推遵义教育卫生发展，关心百姓身心健康。

在教育领域，一方面，我们更加全面地去对接。教育也是遵义今后脱贫攻坚的重点。上海的优势更多地体现在人才方面，而西部地区最需要的就是教育。原来的教育帮扶方式是点对点对接，或者说"组团式"教育帮扶，老师来了后巡回一圈，到学校辅导，然后有的老师在驻点学校驻扎一段时间，起到了非常好的效果。

2019 年，遵义对基础教育帮扶协作提出了新的要求，希望能够全面对接，以便更加稳固地进行教育帮扶。根据遵义人民的希望，我们 2020 年推出了一个"全覆盖"的教育帮扶方式：一校一课表。就是利用远程教育，让这些结对的学校与上海的学校一对一地商量，针对学校的特别要求，商量出一张远程课表。老师在上海，开展各具特色、贴紧各受援学校实际的一对一远程教育，用这样的方式实现我们教育帮扶的全覆盖、无死角、可持续。我们正在努力对接，希望 2020 年 9 月开学的时候，通过互联网络传输过来的上海的智力资源会不断地进入到遵义，进入到受援的 387 所中小学里面去。

在卫生领域，我们在前人的基础上，重点打造帮扶六个临床医学中心，上海的上海第一人民医院、上海中医药大学等几个医院或院校，根据各自的特色，帮助遵义的医院建立心血管、脑外、呼吸等临床医学中心。我们也希望能进一步推动遵义成为区域性的医疗中心，因为遵义还有自己的遵义医科大学，也是非常有名的一所大学，医学方面的力量还是比较强的，有能力有基础跟上海的医疗资源对接起来。

同时，我们也在准备启动义海基金，它的全称是义海健康专项基金。为什么要做这个基金？因为我们在医疗卫生上看到一个问题：现在"两不愁三保障"的"三保障"里面的大病不返贫的保障，这是国家层面做的，应该说这一块的短板是补上了，但是现实中还可能会出现一些"窟窿"，这个"窟窿"怎么办？这个要靠社会的力量来做。举个例子，有贫困户生病了，90% 都能报销，医疗费用不是问题，但是就医中要产生其他的一些费用，比如来回的车费、陪护人员的食宿、住院时产生的一些费用，这种进不了医保的费用可能也就一两万元，但是对于一个刚刚脱贫的农民来讲，他可能就因这些费用太贵放弃治疗了。这样的事情我们在这个地方也经常会碰到。还有疑难杂症，也没能进入到大病医保的名录里面。

　　为了解决这种问题，我们和遵义共同发起成立义海基金，"义"就是遵义的义，"海"就是上海的海，体现了山海情深、义气深重这样的概念。为什么叫义海基金？为什么我们一块来成立？其实起意来源于上海第一人民医院的蒋君涛同志援助遵义一个小女孩的故事。蒋君涛同志来遵义援助时，遇到了一个双性小女孩，这个小女孩因为是双性人而从小活得毫无尊严，家里也没办法帮她治，她自己也觉得这个样子没办法活出人的尊严来，非常自卑，整个人生几乎就废掉了。蒋君涛同志发现这个情况后，经过研究，感觉还是能治，然后就自己出钱，把这个小女孩接到上海去，上海第一人民医院不但全程免费，并且汇集了非常好的力量，集合了四五个科室的顶级专家，把这个女孩子成功地重塑女儿身。这一下子，一个蔫掉的或者说要死掉的苗苗就阳光起来了。蒋君涛同志的一丝善念，挽救了一个孩子的一生。蒋君涛同志救助了这个双性小女孩的故事让遵义这边的很多同志也非常感动。而类似于这个小女孩的情况，就是我们义海基金想要致力于解决的。上海的企业也已经积极响应，上海信托和另外一家叫筑登集团的爱心企业都进行了一些捐助；遵义当地的医务工作者和志愿者也纷纷响应；上海第一人民医院还和这个基金签订了绿色通道，经过这个通道的病患，医疗费用按照最低减免。现在这个基金已经开始运作了。

　　在社区治理上，我们的重点是放在了易地扶贫安置点上。贵州是将农民从大山里面搬出来、建立异地扶贫安置点最多的省，一共搬出来188万人，其中遵义就有近20万人，分布在227个易地扶贫安置点上，其中人相对比较集中的地方，实际上就是一个比较大型的社区了。这些群众从山门都没出去过的村民一下子成了市民，这样的一种生活上面的跨越，丝毫不亚于新中国成立初期"直过民族"的经历，一定会有大量的不适应，一定会有大量的问题需要解决。

习近平总书记提出来的，也是遵义市委强调的，第一步是搬得出，第二步是稳得住，第三步是能致富。那么稳得住靠什么？我们上海在这方面有丰富的经验，在提高社区基层治理水平方面，还是要发动大量的社会组织来带动。现在，在湄潭、务川等县市大型的易地搬迁居住社区里面，就活跃着来自上海的、也是我们重点鼓励的一些社会组织，他们来帮助搬迁居民尽快地适应集聚的社区生活，适应从山上到楼上的巨大转变，帮助大家能够尽快地从四里八乡集聚到一个社区，从原来互相不认识到慢慢熟悉。因为原来村里面都是靠血缘、宗族等等这些乡情，突然间这些都被抽出来了，大家聚到一块组建了一个新的集合体，在认同感、归属感上都有很大的不同。这个时候人与人之间出现了问题如果处理不好，就有可能是一个社会矛盾、社会隐患。我们一定要春风化雨，用我们已经成功的、行之有效的社会治理工作，建立社区的认同感，使居民成为社区新的主人，开始新的生活。在这方面，我们觉得上海有能力，也有义务和责任来助力他们开启新的人生。

转眼间，我们援黔已一年多了。在这一年间，我们21名上海援遵干部织好一张网，拧成一股绳，坚持以制度管人，靠事业凝聚人，打造温暖集体，贴心交流智慧，在援黔这项大事业中共同努力，共同成长。记得2019年出发时，我们说要从初心诞生之地，到伟大转折之城，去践行初心，助力脱贫攻坚。2020年3月，我们亲眼见证了遵义整体脱贫，我们初心的践行有了效果，深深感到欣慰和高兴。遵义正在经历新的伟大转折，由贫困向全面小康、向乡村振兴转折，作为这个过程的参与者、亲历者和推动者，我们的责任更重了。接下来两年，我们将继续按照上海市委书记李强同志提出来的"要努力当好脱贫攻坚的突击队，要搭建好密切党同人民群众联系的连心桥，跑好持续对口支援帮扶的接力赛，走好人生宝贵的历练路"的要求，不负使命，继续努力；希望刚才讲的三出戏，出出精彩，更加绚烂；希望建卡户、边缘户这些贫困群众的代称，能真正彻底成为历史；希望沪遵之间"需"和"能"互相促进、互相交织，让两地的合作、帮扶更加紧密，山海情谊更深！

（侯桂芳　许璇　沈洁　采访，沈洁　整理）

精准援滇的"上海答卷"

罗晓平

没有人是红土地的过客，脚下沾有多少泥土，心中就有多少真情，一个个肩负使命的援滇干部，就像一只只萤火虫的亮光，照亮了一条条通往大山深处的扶贫路。我是在上海市第九批对口援滇的最后一年，加入到对口援滇这支队伍里来的，担任了第九批、第十批、第十一批上海援滇干部联络组组长。可以说，我职业生涯的最后6年，是在对这片红土地的激情饱满中度过的，上海帮扶的这些州市我每年至少保证跑一趟，有些重点州市甚至要跑六七趟以上。如果说，援滇干部们在来云南之前更多的是组织的责任的话，那么真正置身云南之时更多的是使命，一种能为这片红土地上的同胞做多一点、再多一点的使命。如果不是年龄原因，我真的希望能再干下去，看着这里老百姓的日子一天天好起来，看到我们上海援滇兄弟们的帮扶结出更多的硕果。中国已全面脱贫，比联合国有关机构预测的提早了10年，要理解这个成绩何以造就，可以从对口援滇的上海方案中寻找答案。

24 年援滇是两地情谊的最好回答

作为贫困县数量全国第一、贫困人口全国第二的省份，云南脱贫攻坚的质量和步伐，关系着全国全面建成小康社会的进程。自 1996 年中央确定上海市对口帮扶云南省，到 2020 年，沪滇扶贫协作已走过 24 个春秋。24 年间，上海与云南之间的情谊从未间断过：高层互访从未间断，共召开了 23 次联席会议；干部人才选派从未间断，如今分布在云南各地州的已经是第十一批上海援滇干部；上海对云南的项目安排、资金投入也从未间断。在疫情影响下，2020 年上海财政压力非常大，但上海市主要领导表示，要优先保证帮扶资金，而且要按时拨付、能早不晚、一分不少。这些"从未间断"所折射出的正是沪滇两地各级党委、政府携手的决心、恒心始终如一，是扶贫协作目标和方向的坚守如磐。

可以说，在 1996 年中央确定上海对口帮扶云南之前，沪滇之间的情谊早已根深叶茂。尤其当年 6 万名上海知青告别故土，千里奔赴西双版纳等地，用双手创造了一个时代的缩影。当上海担下沪滇扶贫协作任务后，更是把此作为打赢打好脱贫攻坚战的政治责任、作为延续沪滇义重情深的历史责任扛在肩上，形成了"12345"工作格局。"1"是一个大局，新时代，习近平总书记继承和发展了邓小平在 1988 年提出的"两个大局"的重要论述，他明确指出，东西部扶贫协作和对口支援，是推动区域协调发展、协同发展、共同发展的大战略，是加强区域合作、优化产业布局、拓展对内对外开放新空间的大布局，是实现先富帮后富、最终实现共同富裕目标的大举措，必须长期坚持下去。"2"是"两服务、两统一"，"两服务"，即对口支援工作要"更好地服务于国家脱贫攻坚战这个大局，更好地服务于对口地区'十三五'的发展目标"；"两统一"，即对口支援的工作要统一纳入当地党委的领导下，对口支援项目资金安排要统一纳入当地"十三五"规划中。"3"是"三个结合"，上海坚持"中央要求、云南所需、上海所能"的"三结合"工作原则。"4"是"四为方针",即"民生为本、产业为重、规划为先、人才为要"的16字方针。"5"是五项主要任务,即开展产业合作、组织劳务协作、加强人才支援、加大资金支持和动员社会参与。在此基础上,上海还明确了"七大行动":产业扶贫行动、劳务协作行动、教育扶贫行动、健康扶贫行动、贫困乡村提升行动、携手奔小康行动、社会公益扶贫行动。

挂图作战的"国考"成绩单

2016年习近平总书记主持召开银川会议后不久,11月9日时任上海市委书记韩正和市长杨雄率队到云南考察调研,此后援滇工作进行了一系列的相关调整,沪滇扶贫协作的总体格局发生了深刻变革。也是在当年,国扶办推行了一项新的考核办法,即用台账管理每一项帮扶任务。国扶办先查看一个静态的计划,再到现场来比对是否实现了当年年初签定的内容。而受援地区的云南省领导不仅要跟上海市领导签字,还要跟中央签字,签的是什么?是军令状,这就是我们所说的一年一度的"国考"。"国考"的成绩是按照组别来打分的,考的既是云南,也是上海。"国考"之后的每一年,上海的成绩都是第一档——"好"。

在这样一个对口帮扶新形势下,我们在帮扶区域上实现了三轮拓展,区县结对从原先的"4+2",即4个对口帮扶州市加2个经济合作州市,扩大到"8+4"个州市,即文山、红河、普洱、迪庆、大理、楚雄、德宏、西双版纳8个州市开展重点扶贫协作,加保山、曲靖、临沧、丽江4个市的面上扶贫协作。2017年调整结对关系后,又增加了1个昆明市。昆明虽是云南省会,但还有3个国家深度贫困县,即东川、禄劝、寻甸,都是当年红军长征途经地,交通闭塞、资源匮乏、贫困程度深。把昆明纳入之后,上海的帮扶对象就变为13个州市、74个贫困县,比之前增长了约三倍。另外,中央决策让广东的东莞市和中山市共同帮扶昭通市,珠海市帮扶怒江州。所以,除了玉溪市没有贫困县，与广东对口的怒江州、昭通市加在一起，实现了对云南帮扶的全覆盖。与此同时，上海援滇的帮扶资金数额实现了四轮增长，从2016年到2020年增长了约10倍。

援滇24年来，干部一批又一批，工作一棒接一棒，项目一茬接一茬，在帮扶干部人数上实现了5轮增派，从最初的15名增加到2017年的45名，2018年年头、年中增加到75名、103名，2019年新一批干部轮换时派出122名，后来考虑到2020年是脱贫攻坚最后关头，又增派到目前的167名，增加了10倍。如今分布在云南各地的第十一批167名援滇干部，接下的是脱贫攻坚的最后一棒，他们将亲身经历并见证云南全面脱贫这个历史性时刻，意义非同寻常。这批干部一到任就与第十批不同，挂职的分布更广。在省级层面挂职的从原来省扶贫办，拓展到省商务厅、人社厅、审计厅，县级层面基本做到每个县一位常委副县长、一位扶贫办副主任。一开始，我们只是在深度贫困县选派一位科级干部在扶贫办挂职，但上海全市各区都自我加压，在每个对口县都加派了人手，有的在州里再增派一位副秘书长配合工作。最终，形成了在省、州、县，纵向一贯到底、横向辐射到边的工作网络。虽然，很多干部都不是做帮扶项目出身，但在援滇一线都迅速成长为农业农村经济等领域的行家能手。2019年是助力云南打赢脱贫攻坚战的关键一年，也是上海援滇干部轮换之年，我们成立了上海援滇干部联络组临时党委，有效将分散在各地州的干部凝聚起来，从大组到小组、从组长到组员确保以不同形式加强日常联系与监督，还开展立功竞赛，树立履职标杆，比作风、比实效、比质量。

总体来说，云南有8502个贫困村，3539个深度贫困村。截至2019年，上海217个部门街镇共结对帮扶云南353个贫困乡镇、538个贫困村；1534家企业、115个社会组织共结对帮扶2708个贫困村；176所学校、188所医院共结对帮扶193所学校、195所医院。仅2019年，上海15个区党政主要负责同志到云南结对县调研对接77次，其他局级干部480人次。这种对接的高密度是前所未有的，有的干部粗略统计过，双方往来团组的数字，以一个县一年接待60批次。保守估计，那么74个县至少4000批次。上海各行业、各领域、各方面来云南的团组也是达到数千批次、数万人次。不仅15个区的街道乡镇要对标对表,有实力的国企、民营组织和社会力量还挂牌督战。2020年我们更是聚焦5个未摘帽县和139个挂牌督战村,动员大量上海企业、社会组织与剩下的贫困村对接,确保攻下最后的贫困堡垒。

在脱贫攻坚收官战的关键时刻,我们各地的项目施工面临雨季的巨大挑战,很多工程都是大雨小干、小雨大干、不下雨拼命干,开工率几乎达到100%,这在往年同期是不可能的。我们驻昆办会议室的墙上,挂着一张醒目的项目推进表,我们建立"红、黄、绿"牌提示预警机制,挂图作战,对每一个州市、每一个贫困县、每一个项目实行每月督查考核,公示项目进度,以资金报账率为核心评估指标,已达标的亮绿灯,未完成亮红黄灯预警,通过了解情况、协助推进、深入调研查找问题症结,一个一个攻克解决。截至2020年7月底,年度帮扶项目完工率28.2%,报账率达43.5%,个别县超过90%,推动速度非常快,效果也很好,不少工作都是在原有基础上既传承发扬又推陈出新。

"上海方案"树立起援建项目的"上海品牌"

虽然上海每年拨付的帮扶资金很多,但一旦分散到对口的74个县的成百上千个贫困乡镇、村寨,就显得并不多了。如何把有限的资金资源,精准分拨到更多贫困地区,惠及更多贫困人口,是我们考虑的一个重要问题。

我们首先考虑的是破除瓶颈问题。针对贫困发生原因,如经济、生态、自然、人口、成本上的约束条件,一个一个有针对性地想办法破解脱贫中"卡脖子"的难题。比如围绕云南结构性缺水的问题,我们引入上海森汇科技的自然能提水工程,不用油、不用电,也不用太阳能和风能,把山底下的水提上去。起初我也对此存疑,亲眼所见后得知,原理是只要水源地有50公分以上的落差,就能把势能变成动能,将水不断地往山上引。2016 年，我们投入资金在大理剑川县马登镇的一个山坡底下，每天大概可提水 300 多立方，可灌溉一两千亩林地，而且比电力设备抽水的单位运行成本降低超过 90%，这样一来原来没有任何产出的林地就可以变成果林，转变为经济收入，一个村子就能因此脱贫。当地群众说："这个项目太棒了，不用电、不用油，就能让水往高处流。"截至 2020 年上半年，云南已建成 24 个自然提水工程，在建 23 个，解决了 7.05 万人的生活用水，5.4 万亩的农田灌溉用水，2020 年将扩大覆盖至 20.65 万人，其中建档立卡户 4.91 万人，保障了贫困地区的饮水安全。现各地纷纷推广，我们为当地结构性缺水提供了"上海方案"。

上海的帮扶资金是上海人民劳动创造的血汗钱，我们要竭尽所能把这些资金用在当地补短板、强弱项的刀刃上。具体是将有限的资金投向了当地产业发展、民生保障所急需的小微基础设施、产业配套设施上，修建了道路、厂房、冷库、圈舍、管网、水窖、大棚、厕所、路灯等，产权都归村集体所有，租用给龙头企业，壮大集体经济收入。比如文山州西畴县的一个村，在食用菌产业帮扶项目中，针对原来竹结构大棚容易倒塌的问题，投入钢结构大棚，每个大棚以 5000 元由村集体租用给农户，在收入中抵扣，共建成 100 多个大棚，村集体年收入 50 万元，农户年纯收入近 5 万余元，而且企业采购也有了一定规模。我们还硬化了村组道路，这样一来，每个贫困村就是一个孵化厂，一条村组道路就能使一个贫困村脱贫，仅 2019 年我们就硬化了村组道路近 1700 公里，打通了产业发展、群众脱贫的"最后一公里"。此外，我们还打造出德宏州"百花谷""百鸟寨"等 14 个美丽乡村示范点。

2020 年 1 月，曲靖市会泽县 10 万人口大军搬出大山，为了帮助当地解决教育、医疗等公共配套不足的燃眉之急问题，我们立即投入项目资金，配套建设了 1 所卫生服务中心、1 所学校，覆盖了周边 2 万人口。建设速度也非常快，4 月资金下达，月底去看的时候还在平整土地，5 月就已经建到 4 层楼了，2020 年下半年就能投入使用。当地人很惊讶于这种上海速度，对他们而言这是很难想象的，但又是一种新的激励。又比如在文山州麻栗坡县，有一些因当年参战致残人员，我们在投入资金帮助他们安装假肢的基础上，还增加了实施参保、无障碍改造和弹片取出手术等，受到社会各界的一致好评，云南省委书记陈豪批示充分肯定。大理州鹤庆县试点推广的智慧医疗项目，为大山深处的群众看病提供了便利，做到小病不出山、大病不出县；昆明市东川区的腾讯智慧校园项目，疫情期间推行在线教学、在线作业、在线指导等灵活多样的学习和教学方式，得到了当地群众的赞誉。2020 年投入的帮扶项目共有 773 个，遍布在云南的村村寨寨、田间地头，一个个上海项目就像一个个标杆，激活了农村基层的活力，也树立了援建项目的上海品牌，体现了上海的温度、上海的精神。

扶贫更要扶志、扶智、扶制

脱贫攻坚战中西部地区有 22 个省份，云南是难度最大、人口最多、贫困县也最多的省份之一。中央的领导同志曾讲，全国脱贫攻坚战最担心的就是云南，只要北边甘肃、南边云南完成了，全国就应没有大的问题了。截至 2019 年底，云南全省依然还有近 12 万户、超过 44 万的贫困人口，9 个国家挂牌督战县中上海结对的有宁蒗、会泽、广南、澜沧、屏边等 5 个县，还有会泽、广南、武定等 3 县的 139 个挂牌督战村，都是最难啃的"硬骨头"。因此，我们扶贫资金投入的同时，既要扶志，又要扶智，制度和机制也都要扶上去。

我们连续 3 年投入资金在劳务协作上，想尽办法鼓励更多的人就业。鼓励有头脑、懂市场、会技术的外出务工人员，回乡领办创办专业合作社。我们还联手市工商联、在沪企业联合会、复星集团、拼多多等大企业，指导、引导大量上海企业、社会组织与贫困村对接，因地制宜推进"五帮三带两转"，即"在智力技能上帮、务工就业上帮、扶弱济困上帮、消费扶贫上帮、设施配套上帮"；"带人、带物、带产业和转观念、转村容村貌"，指导返乡大学生、青年农民工、大学生村官和农村青年致富带头人通过电商创业就业。我们还帮助创设更多的公共服务岗位。2020 年受疫情影响，海外订单减少，外出务工人员返乡回流较多，我们动员上海帮扶的企业多吸纳一个贫困人口就业，我们就多给一些相应的补贴。

在人才交流方面，《人民日报》曾报道："一个曾在全市排名倒数的边疆县级医院，如今进入全市第一梯队，个别手术甚至达到省级水平，周边州市县区的群众慕名而来。"这正是上海市第十人民医院和临沧市双江县人民医院结对后，一批又一批的上海专家过来，做手术、搞培训、带骨干、建科室结出的硕果。类似的，上海就有28家三甲医院与云南28家县医院结对。其他领域包括教师、农技人员、致富带头人等各类人才，打造贫困县医院、学校的重点科室、学科，通过两地长期以来的交流培训、跟班带教、项目实施，那些先进的技术、理念、思想都可以在更多人的心底生根、发芽、开花、结果，最终会留下一支带不走的人才队伍，他们还会再去开枝散叶、星火燎原。

我们还以推动云南可持续自主发展为目标，引入龙头企业，为产业发展"造血"，影响当地干部群众接受新思想、新理念，对接高标准、高品质。比如云南的一些高原特色产业，没能形成规模化、集聚化和品牌化，也就是在市场培育的观念理念上存在不小的差距，我们跟他们共同朝这方面推进。比如形成从牧场到餐桌、从原产地到大市场的核心竞争力，广南高峰牛肉在叮咚买菜、盒马生鲜等平台成为爆款，消费者每天都要等着抢单。而高峰牛的选择也是有渊源的，一位在上海做餐饮的企业家，为了寻找中国本土优质黄牛的原产地，跑遍大半个中国，吃到第81头牛，即广南高峰牛后，说："我后面再也不吃了，这就是中国最好的牛！"高峰牛在广南地区老百姓普遍家养，散养在漫山遍野的绿草坡上，牛肉的品质非常好，未来前景很大，但没有形成集聚效应、规模效应。2020年，该企业与当地政府和以色列合作，投入4个亿，通过区块链技术，确保牛肉始终如一的品控。

我们还积极继续把一些行之有效的好制度深化下去。建立分类科学的台账目录体系制度，实行动态精细管理，对于劳务协作、产业合作、携手奔小康等各项数据口径、资料要求，推动两地主管部门精准对接，确保准确性、一致性、完整性，经得起检验。把制度下所搭建的平台继续做大做强，比如连续3年举行购买帮扶地区农产品，通过加大两地高规格、大渠道、大平台的产销对接力度，搭建资源库、渠道网，与拼多多签订战略合作协议，2019 年云南产品在拼多多的成交量销售额超过 12 亿元。与上海蔬菜集团等企业合作，先后建成了近 20 个直供上海的蔬菜外延基地，20 多万吨蔬菜进入上海市民"菜篮子"，让"云品"走向上海、走向华东、走向全国。

"三后时期"再攻坚

从理论上讲，全面脱贫实现之后，2020 年云南就没有绝对贫困人口了，消灭绝对贫困以后如何做到相对平衡、如何巩固脱贫成果将成为今后一个时期的重要任务。在"后脱贫攻坚时期、后十三五时期、后疫情时期"的援滇工作的着力点该转向何处，是我们不得不谋划先行一步、规划站前一步的时代课题。

我们立足当地资源禀赋，用上海的格局、视野和眼光重新度量，并逐步融入、结合、内化、更新，使其成为受援地自身的宝贵财富。拿桑蚕产业举例，云南的蚕丝最长可以拉长至 1500 米，远高于浙江的 1000 多米，产量多、品质好，可以送到欧洲做奢侈品，比如爱马仕的丝巾等，收入会非常可观。我们就用上海项目资金撬动桑蚕种养殖产业，在文山、普洱、临沧、楚雄、大理、德宏、保山 7 个州市、17 个贫困县新建桑园近 5.7 万亩，通过发展壮大一批龙头企业、一批专业合作社、一批职业农民，实现可持续项目带领群众脱贫后共同富裕。我们还充分尊重当地民风民情，打造居民身边永不落幕的展会。在保山、临沧、昆明等地区，集中打造了一批红色旅游、民俗文化旅游项目；楚雄州推出《彝乡之恋》宣传片和《云绣彝裳》彝族服饰音乐舞剧，"彝绣"还登上了纽约时装周大舞台，打开国际市场，带动 7 万绣娘实现家门口就业增收，形成年产值突破 1.5 亿元的彝绣产业链。

"扶上马、送一程"是消除绝对贫困后的上海选择。乡村振兴是乡村产业人才、文化、生态组织的全面振兴，推进全面脱贫与乡村振兴有效衔接，就要去探索建立解决相对贫困的长效机制。比如引导培育推广"公司＋合作社＋农户"模式，推动集体经济股份制改造、农副产品价格保险和就地深加工，提高了适应市场、抵御风险、长期发展的能力，如安信农保的"咖啡价格保险"、中国太保的"防贫保"项目获得全国脱贫攻坚创新奖。目前正是编制两地协作"十四五"规划的关键时期，我们要特别把握好乡村规划，配合有关部门把规划编制做深做细做实，提高云南发展的前瞻性和精细化程度。

2020年的疫情对云南的脱贫攻坚工作影响很大。脱贫主要依靠的农产品种养殖、加工行业不同程度上断链；旅游、酒店、餐饮等从业人员受冲击影响大，存在返贫风险；一些省外务工人员返乡回流，就业压力增加。要在这种情况下巩固脱贫成果，需要依托上海的技术、人才、信息、管理、市场等方面的优势，在产业发展、就业创业、人才培养、农特产品销售加工等方面加大合作，帮助当地发展一些新的产业，做强高原现代特色农业，加快推动农业农村的现代化。在2020年上海"五五购物节"，我们精选了云南4款产品，先期认购了1万余吨产品，并在全上海开设55个专店专柜常态销售。在上海东方卫视公益扶贫节目《我们在行动》中，邀请网红主播李佳琦现场带货实现销售额1200多万元，企业认购农产品销售额共计7000万元。这些市场订单，有效促进了产地生产的信心，更重要的是能在未来倒逼他们提升产品质量和产业转型升级的动能。

"迈开双腿走遍磅礴的乌蒙山川"——不仅要帮助上海对口帮扶云南的532万多名建档立卡群众摆脱贫困，还要助力74个贫困县摘帽、6820个贫困村出列；"汗水渗透红土留下永恒的诗篇"——不仅要让贫困群众收入增加，还要让同胞们有医看、有学上、有安全饮水等，有幸福的生活，有发展的动力。正如在与上海市委书记李强会谈时，云南省委书记陈豪说的那样，援滇工作真正体现了上海温度、上海力量。山把海揽进怀里，海将山记在心里，山海之恋并不是爱情故事，却记录了大爱无疆，记录了沪滇两地的情谊绵长。

（严爱云　黄金平　樊洁　黄啸　赵菲　采访，赵菲　整理）

扶贫路上的播种者

叶耿

2016 年 7 月东西部扶贫协作座谈会在银川召开以后，上海市委、市政府迅速行动、贯彻落实会议精神。同年 11 月时任市委书记韩正和市长杨雄、2017 年 8 月时任市长应勇，分别率领上海市党政代表团到云南省考察对接东西部扶贫协作工作，确定进一步加大对云南省贫困地区的帮扶力度，增派干部，加强力量。2017 年 7 月市委组织部发出了增派 33 名援滇干部的通知，其中 1 名需由市委农办、市农委选派。我就是在这样一个大背景下，作为增派的 33 名援滇干部之一，参加到了脱贫攻坚战中。

"前所未有"的扶贫协作

在我的人生旅途中，到援滇之前，一直在上海生活、学习、工作、成长。其间，也仅在 2003 年到云南旅游过一次，当时的印象就是风景不错。直到 2017 年 9 月 19 日，作为第十批援滇增派干部，我第二次踏上云南的土地，亲眼看见、亲耳听见云南的贫困现状后，我真切感到责任重大，暗暗下定决心奋力前行，迎接挑战。

云南省总面积 39.4 万平方公里，山区、半山区占 94%，有 25 个少数民族，其中不少是"直过民族"和人口稀少民族。2016 年全省经济总量只占全国的 2%，人均 GDP31265 元，农民人均可支配收入 9020 元，仅为全国平均水平的 72.9%。全省有 88 个贫困县，贫困人口 447.6 万，贫困县、贫困人口数量居全国第一，是当时全国唯一一个贫困人口超过 400 万的省份。全省贫困发生率是全国平均水平的三倍，16 个州（市）中 5 个州（市）贫困发生率在 15% 以上，129 个县（市、区）中 123 个有扶贫开发任务，有 27 个深度贫困县、3539 个深度贫困村。从全国来讲，云南贫困面最广，解决贫困的难度最为艰巨。

上海和云南在 1996 年正式建立结对帮扶关系。党的十八大以后，我们坚持"中央要求、云南需求、上海所能"相结合，不断加大对云南对口贫困地区的帮扶力度。2017 年以后沪滇扶贫协作发生了很大的变化，将协作重点全部放在了脱贫攻坚上。到 2017 年年底，上海援滇干部由 15 人扩编为 75 人，到 2018 年 8 月增至 110 人。对口帮扶州市由"4+2"到"8+4"即对文山、红河、普洱、迪庆、大理、楚雄、德宏、西双版纳 8 个少数民族自治州开展重点扶贫协作，将保山、曲靖、临沧、丽江 4 个市纳入面上扶贫协作。到 2017 年底拓展到 13 个州市（新增昆明）74 个贫困县全覆盖，工作模式由两地协商转向中央统筹，工作方式由多元探索向统筹聚力、由自选动作向标准动作靠拢，工作评价从"哥俩好"转为"严考核"。可以用"四个前所未有"概括那年的工作特点，即干部调整新增的力度前所未有、援滇项目资金的增幅前所未有、沪滇扶贫协作的范围前所未有、东西部扶贫协作考核的要求前所未有。

职责在肩，勇挑重担

我到云南后，因组织信任，被赋予了比较多的职务。主要担任了云南省扶贫办帮扶协作处副处长;昆明市东川区区委常委、副区长;上海市援滇干部联络组秘书长、上海市援滇干部联络组临时党委副书记、昆明联络小组组长、省直联络小组临时党支部书记等。这些不仅仅是简单的职务名称,而都是实实在在的工作和任务,更是一份份沉甸甸的责任。

我在省、市、县、联络组4个层面开展工作,既有党务又有行政,既有统筹协调又有决策部署,既有政策制定又有具体落实。要以不同身份联系国家扶贫办、省扶贫办、有关省级部门和13个州市,还要和上海的相关部门沟通协调,另外还有分散在各州市县的110位上海援滇干部需要联络。在东川区兼职时,还要联系昆明市和昆明市的3个贫困县区以及与其对口的上海市普陀区。各个方面都要联系沟通协调、上传下达、布置落实。虽然忙、累,但觉得很有意义,从中得到锻炼,取得收获。

在省扶贫办帮扶协作处,我主要分管沪滇扶贫协作工作。根据东西部扶贫协作工作的形势和要求在制度上加以明确,做到目标清晰,责任明确,有章可循。我参与研究起草制定了一系列文件,明确了东西部扶贫协作的实施办法、考核方式,把投资项目优惠政策和干部管理举措落在纸上、做到实处。同时,根据中央要求,在组织领导、人才交流、资金使用、产业合作、劳务协作、携手奔小康行动等6个方面结合实际提出具体要求,指导面上和各州市的工作。比如在资金使用和项目定立上,我们要求做到90%以上资金下沉贫困县、落在贫困村、绑定贫困户。资金向深度贫困地区、迪庆藏区倾斜。改变了原来大水漫灌的方式,强化到村到户到人精准帮扶措施,既帮助贫困户脱贫,又避免了变相发钱发物、养懒汉的情况发生。在劳务协作上,我们在省级层面主要通过建立州市统筹、部门协同、县乡组织、职校培训、定点安排、跟踪服务的劳务协作精准对接机制,促进贫困劳动力就业。我们专门与有关部门共同研究讨论出台了沪滇劳务协作的政策,实施后效果非常明显。

两年来我们编制了5批1678个扶贫项目。推进消费扶贫、云品入沪、沪企入滇、社会捐赠。牵头组织云南省参加"1017"上海市对口地区农产品展销会；发挥云南省中药材资源、品种和种植优势，支持道地药材和特色药材发展，带动贫困群众增收脱贫。计划在云南建立 100 个沪滇协作中草药种植示范基地，起名百草村，我回来之前，认定了首批 10 个基地。开展 74 个对口县农业产业调研，编制扶贫协作农业产业目录，为农业产业扶贫提供指导依据。实施"百千万"人才支援计划，选派云南百名干部人才赴上海挂职交流，安排千名干部人才参加专业培训，为当地扶贫脱贫工作的深入开展提供人力资源的支撑等。

云南省对当地扶贫办有要求，上海"后方"对我们联络组、援滇干部也有要求。作为联络组秘书长，要协助组长做好与"后方"的协调对接，发挥好各联络小组和援滇干部的作用，通过组织开展大调研、立功竞赛、干部培训、第三方审计、监督检查等，不断加强作风建设，提升工作能力，压实责任担当，完成上海交付的各项工作任务。我们下面有 13 个联络小组，100 多人分散在各州市的 74 个县里，管理起来不容易。为此，我们构建了"大组抓统筹、小组负总责、干部抓落实、昆办作保障"的工作机制，把整个干部队伍拧成一股绳。根据市委的要求，组建了联络组临时党委。每年召开项目启动会、年终总结会，所有干部会聚到昆明。每季度召开党委会议和小组长会议，通过小组长把会议精神和工作要求传递下去。平时，工作布置或是遇到困难问题，通过微信群联络，我们有大组、小组长以及各小组的微信群，可以及时联系到每一个人。我们也会时常用这种方式关心同志们的工作生活。云南 5 月到 10 月是雨季，特别危险，山间时常有落石，我们就会第一时间在大组群里发通知，提醒大家注意安全，尽量不要在雨季下乡。

此外，我还动员了上海的一些社会力量，参与沪滇扶贫协作。记得 2018 年 5 月，得知大理、丽江大蒜滞销烂在田里时，主动联系上海企业帮助销售，解农户燃眉之急。还协调上海、云南有关部门举办并选派 100 人到上海参加"新型农业经营主体带头人"培训，培育创业致富带头人。

"智志"双扶三件事

兼任东川区委常委、副区长后，我主要负责区里的东西部扶贫协作工作，其重点在于落实和具体推进。区里的工作相比省里更为基层、更为具体，要直接面对具体项目、面对贫困户。

东川区位于昆明市最北端，总人口 32 万人，是国家扶贫开发重点县（区），也是云南省确定的 27 个深度贫困县（区）之一，全区 8 个乡镇（街道）全部是贫困乡镇；146 个村（社区）有扶贫任务，129 个为贫困村（含 86 个深度贫困村），建档立卡贫困人口 30020 户 104360 人，是总人口的 1/3。东川区的脱贫任务和难度可谓艰巨。

我到东川工作后，先是深入乡村、企业、学校、部门调研，详细了解实际情况，思考如何结合东川这个深度贫困区的特点助推脱贫致富。当时，在总书记关于扶贫工作的重要论述的指引下，确定了在东川要做的"智志"双扶三件事：引产业、提教育、增就业。

产业帮扶要因地制宜。东川光照资源丰富。我们经过研究，决定将上海援滇资金 2000 万元用于效益好、收益长期稳定的光伏产业。光伏扶贫是国家提倡的一个精准扶贫项目，光伏发电可以利用荒山荒坡，将太阳能转变为电能，清洁环保。一次投入，可以产生至少 20 年的稳定收益。这个项目是沪滇扶贫协作中首次定立的光伏项目。目前已建成并网发电，收益用于诚信超市、公益性岗位、村集体经济，惠及建档立卡贫困户 1481 户。我还邀请上海农业首席专家团队到东川建立沪滇扶贫协作农业专家工作站，指导当地农业生产。结合东川小江河谷气候特点，引进甜瓜新品种，创立"东川冬蜜"新品牌，指导当地创业致富带头人试种和销售。在了解到东川最大种植产业甜杏因为授粉等技术问题连续 3 年出现严重减产，影响贫困户脱贫增收的情况后，主动联系上海专家现场指导给出技术解决方案，并争取到 45 万元资金开展甜杏提产增效项目，改进人工授粉，涉及授粉面积 1700 亩、种植户 628 户，其中，建档立卡贫困人口 379 户。产出后，预计每亩产值可达 1.2 万元。

让贫困地区的孩子接受良好的教育是扶贫开发的重要任务，也是阻断贫困代际传递的重要途径。通过调研发现，乡村学校零散，易地搬迁后，学生数量减少，每个学校都去提升软硬件是很不现实的。因此，我们提出打造重点中心学校，提升中心学校的教育信息化水平，通过教育资源共享，带动周边学校同步发展，缩小城乡教育资源差距，促进教育公平。当时我们选择了东川二中，争取到企业捐助教育扶贫资金 300 万元，用于改善教学设施，新建机器人实验室、改建录播室，安装 33 台多功能教学一体机，建设天文台，整体提高东川二中的教学水平。同时，资助易地搬迁点明月中学、阿旺中学、集义小学等三所中小学建设，使教育扶贫以城区为点，逐步辐射农村学校，带动乡镇学校教学质量的发展。为让农村孩子享受学前教育，争取企业捐助资金 100 万，新建一所乡村幼儿园。联系公益基金到东川开展学前儿童营养改善活动，提高和改善儿童身体素质，促进健康成长。

支持贫困劳动力转移就业，是最有效、最直接的脱贫方式。组织贫困群众外出务工，可以让他们在增收脱贫的同时，拓宽视野，增长知识，逐步转变观念和生活习惯，长期坚持还可以有效解决贫困的代际传递问题。经过多次调研，我们协调普陀区与东川区两地人社部门签订《劳务协作协议》，组织培训贫困劳动力 1500 人次，通过组织专场招聘等方式，与贫困劳动力成功签约 67 人，帮助转移贫困劳动力就业 2700 多人。

5+2，白加黑，足迹遍布 13 个州市

初到云南还是有些不适应。昆明海拔 2000 米左右，刚去时，晚上睡不好，要起来三四次。那里气候比较干燥，嘴唇、鼻子都会有血。饮食上，当地以吃辣为主，每个菜都放辣，而我胃不好，不是很习惯，所以早上就吃光面，午餐和晚餐把菜放在水里涮涮再吃。但我还是很快适

应了当地的环境和工作。

在云南工作，5+2，白加黑是经常的。到东川区任职后，我一般上半周把省里的事安排好，下半周到东川去，当地脱贫攻坚，双休日是不休息的。不在省里或不在区里时，就利用电话、微信等方式开展相对应的工作。到了区里，下乡调研、查看项目、听取汇报、布置任务等，一般都要干到深夜，凌晨才能休息。东川区的交通条件不好，虽是昆明下属的一个区，但距昆明主城区有160多公里。第一次去东川，从昆明市区到东川，"考斯特"整整开了四个多小时。我任职期间，那里的高速路还没有通，走的是盘山二级路。有一次进东川的二级路发生车祸，全线不通车，我们再折回，从更老的一条泥石旧路，一路颠到县城。高速通车后车程缩短到两个小时左右。

我知道面对全新的工作，唯有加强学习，深入基层、深入群众、深入实际、深入调研，才能将各方面的工作做好、做实。我利用各种时间，走上崎岖山路，翻山越岭，深入云南13个州市29个县区开展调查研究，了解掌握当地实际需求、项目情况、贫困户情况等一线资料，为领导决策、政策制定、项目落实提供建议和指导。刚到云南不久，去丽江、迪庆的深度贫困地区了解情况，短短几天，我穿的哥伦比亚徒步鞋就走坏了，当时也没地方买、没地方修，就用绳子扎一下继续走。到贫困户家走访，他们都很纯朴，临走时总会拉着我的手，要我留下吃饭，可能仅仅就是一个土豆，但也代表着他们的一份心意和一份感激。

功成不必在我，云南已是第二故乡

两年援滇，我走过了高山深谷、崎岖小路，体会到了边疆人民、山区人民的艰辛和勤劳，与贫困户、基层群众直面交流、接触，体会到他们的朴实，也让我感受到了共产党和共产党人的伟大。这个不是讲大道理，而是切身感受。

东川在2019年4月脱贫摘帽，10万人口实现脱贫，看到贫困户脱贫是我最开心的事。到 2020 年现行标准下的农村贫困人口全部脱贫，这是中国几千年来从未解决过的问题，世界上也没有一个国家能够做到。而在以习近平同志为核心的党中央坚强领导下，通过我们的努力，这个目标在逐渐实现。使贫困人口脱贫，过上"两不愁三保障"的幸福生活，让我深刻体会到党全心全意为人民服务的宗旨和习近平总书记人民至上的理念。

这次经历也留有一些遗憾。虽然参与了脱贫攻坚，并取得了阶段性的成果，但没能亲历见证脱贫攻坚全面胜利的那一刻就结束了援滇工作返沪。有些工作还没有完成，起了个头或是做了一半，心有牵挂。不过，"功成不必在我，功成必定有我"，即使已经回来，离开了脱贫攻坚的一线，离开了云南，我还是心系云南、心系脱贫事业，时常会和云南的同志联系，如有所需，会尽力提供帮助。

我离开云南、结束援滇工作回沪前一周还促成了丽江教育帮扶的项目，积极联系上海教育企业向丽江市 1 区 4 县捐赠价值 5520 万元的教学设备，并积极帮助丽江开展智慧校园系统建设。当时我去了丽江，参加了签约仪式，目前 3 所学校的捐赠项目已顺利完成，惠及 8000 余名学生，我甚感欣慰。当时心里不舍，就希望在走之前多做一些。

都说一次云南行，一生云南情。云南和上海"共饮一江水"，两地有着深厚的感情。如今，云南已经是我的第二故乡，只要有机会我一定会回去看看，看看我走过并为之奋斗过的地方。

（赵一苇　贾佳　采访整理）

保持思想情怀　坚持精准扶贫

边慧夏

习近平总书记在党的十九大报告中强调：坚决打赢脱贫攻坚战，让贫困人口和贫困地区同全国一道进入全面小康社会是我们党的庄严的承诺。脱贫攻坚是中国进入新时代面临的三大战役之一，"东西部帮扶，携手奔小康"更是只有在中国才能实现的政治安排和制度设计。"沪滇帮扶协作"是其中的一个缩影，每年百名干部千名专家从东海之滨到云岭之巅，扶贫人员舍小家顾大家，只为实现庄严诺言：不忘初心、牢记使命，脱贫攻坚、共奔小康！

初见大山的情怀

2018 年 8 月，我来到昆明市东川区担任区委常委、副区长。东川区是"天南铜都、制币之乡"。在自己的工作履历中，能与东川产生交集，到这片红土地进行锻炼和熏陶，能够参与到东川的脱贫攻坚战，既是机缘，也是人生幸事。到东川刚好碰上脱贫攻坚的"百日会战"（2018 年 9 月至 2019 年 1 月迎接第三方考核）、"60 日冲刺"（2019 年

3 月迎接省检）、"90 日补短板"（2019 年 6 月迎接国检），"开战就是决战、起步就是冲刺"成为我援滇工作生活的真实写照。脱贫攻坚这件大事点燃着所有人的激情，大家放弃了所有的双休日、节假日，2/3 的机关干部成为驻村先锋队坚守大山，直至国检完成。

2018 年底，东川区委常委、组织部长夏芳推荐我去磨盘村考察蜜蜂、毛驴养殖和鸡枞菌种植项目。初见包村干部高克强，黝黑的皮肤，充血的双眼，蓄着小胡子。他告诉我们昨晚和老百姓沟通农危房改造的事情（白天农民在外务工），几近通宵。我们在看产业项目途中，发现村子很干净，但仍有三三两两村民在修剪路边绿化和打扫道路，我问了一下，说是自发的。这里每个村民都会主动和高书记打招呼，他也会主动和村民打招呼，对每个在劳作的村民他都会说一句注意安全。夏部长似乎看出了我的疑虑，和我说高书记是主动要求包村扎根基层的，两年来引水修路、产业帮扶、提升环境，村里老百姓很感激他。还告诉我他曾发誓不脱贫不剃胡子。磨盘村有 2000 多亩杏林，但这两年挂果小而少，但也有农户种得很好的。于是我们决定到"甜杏大王"家了解丰产秘诀。两个小时的软磨硬泡，农户终于说出了他的种植"门道"：杏树丰产要待候，没有不劳而获的事情，要注意"人工授粉、树冠下施肥、干旱时浇水、霜冻时烧草木灰"等环节。磨盘村一行，我们决定先弄一片试验杏林，让"甜杏大王"作个讲座，并将甜杏提质增产项目作为"沪滇帮扶协作农业专家工作站"的重要课题之一。磨盘村一行给我最大的收获，是认识和接触了高书记的人和事。2019 年春天，区委决定调任高克强同志为农业局局长，消息传开，100 多位村民盖红手印请求挽留。

扶贫干部英雄吴国良，多少次过家门而不入，在扶贫工作中，把 32 岁的年轻生命献给了他深爱着的大山，短暂人生镌刻了《忠魂留青山》的不朽诗篇。

在东川，我感受到了当地人民的热情和质朴，感受到了脱贫带头人和扶贫干部，他们身上体现着勤劳和励志、情怀和坚持。

为搬出大山的三万人服务

东川区易地搬迁总人数达3万多人，搬迁对象主要集中在"一方水土养活不了一方人"的矿山采空区、塌陷区和地质灾害隐患区。搬出大山，搬掉贫困，搬来发展。东川区引入EPC（国际通用工程总承包产业的总称）模式，在城区起嘎、对门山、洗尾嘎3个大型安置点采取高层建筑及抗震9+1防设的模式进行建设，并从产业、就业、教育、卫生、社会保障等12个方面明确搬迁过程中及后期的具体措施，确保搬得出，稳得住，能就业，逐步能致富。我们援滇干部配合搬迁点建设，2019年投入资金建设集"蔬菜分拣加工、冷链、包装"等功能的扶贫车间，建设100亩标准化蔬菜种植示范基地，采取"企业＋合作社＋贫困户"模式带动1000多户种植蔬菜3000亩，解决50户150人就近就业；在起噶村建设近1000平方米的扶贫诚信超市，设置摊位40个，岗位80个，用于建档立卡户销售农副产品，惠及贫困户63户194人；投入资金用于对门山易地扶贫搬迁安置点铜润社区卫生服务站"地方病"诊疗功能提升，针对老百姓矽肺、心脏病、肾病、妇科病、牙科疾病等，配置诊疗设备和建设诊疗设施，惠及贫困户1265户5219人；2020年在集义村对门山安置点，建设农贸市场，总建设用地面积约22.3亩，内设摊位144个，供搬迁户售卖农产品或设立售卖点收集贫困户农产品进行销售，项目带动11个村集体增收，通过"公益岗位、销售增收、诚信超市"等，既方便搬迁群众生活，又惠及贫困户1170户4420人；在龙潭社区建设1万平方米冷库，惠及贫困户405户1183人，为区域发展农贸批发市场等商贸物流产业提供配套。

让东川"有冬有川"，补齐现代农业拼图

东川，总让人感到"无冬少川"。一年只有三季，冬季最低温不低于零度，没有冬天；年降水量不到 1000 毫升，气候干旱，总感觉"山多川少"。2018 年 10 月，在我们援滇干部的牵头下，上海农科院在东川建立了"农业专家工作站"。专家们发现地处东川小江干热河谷区的拖布卡镇格勒村、大树脚村具有"天然温室"的独特气候，常年高温少雨使这里栽种的水果糖分高、口感好，极其适宜热带水果、反季蔬菜及瓜果种植。专家们协同上海客户，以"公司＋科研机构＋合作社＋基地＋农户"模式实施了 15 亩大棚甜瓜试种。当年 12 月，甜瓜长势喜人，每个约 1.5 公斤，给东川的冬日带来勃勃生机。2019 年 1 月，甜瓜分批采摘以每公斤 10 元价格销往上海，30 吨获利约 30 万元。东川甜瓜个大、味甜、品质优，弥补了冬季上海甜瓜市场空白，专家们把它起名为"冬蜜一号"。瓜农们说"有了上海帮扶种植的冬蜜一号，东川至此不再无冬"。

2020 年，上海投入援滇资金在阿旺镇大石头村实施冬季芦笋种植，建设约 190 亩的大棚以及与之相配套的节水灌溉设施等项目，惠及建卡户 188 户 769 人；在阿旺镇岩头村实施冬桃、苹果种植项目，建设约 300 亩的冬桃和苹果种植基地以及相关的基础配套设施，惠及建卡户 261 户 1019 人。这些项目，有效利用了东川反季果蔬的价格优势。如夏季云南芦笋，由于冷链物流成本高，在上海市场比不过江浙一带芦笋，但冬天江浙一带不生产芦笋时，云南芦笋在上海就可以卖出好价格。这些项目，通过吸收就业、公益事业、诚信超市、壮大村集体经济等方式，极大提升了贫困户的整体收益。期望年年冬天，东川小江干热河谷区有更多的农户通过种植冬季果蔬脱贫致富，东川未来必将成为冬季时令果蔬的集散地。

无论是去东川南的李子沟还是去东川北的播卡村，老百姓都会告

诉我"东川的水，山下看得到、山上用不到"。在红河州石屏县的"援友"，向我推荐并联系了上海淼汇科技有限公司的"陆提水"，说他提供的势能提水技术能够帮助解决缺水问题，而且"不用油和电、不分冷和夜，能让水往高处流"，而且一次投入维修成本低。"陆提水"与沪滇两地干部一道走遍了东川的山梁凹子，遴选了水源稳定、落差明显的几个点位，并选定了梨坪村（日提水量 1000 立方米，扬程 886.5 米）和块河村（日提水量 720 立方米，扬程 764.5 米）两个点位实施首批项目。这一项目发挥水电站 23 米落差这一特殊的自然条件，可以充分利用水电站全年恒定的尾水，项目落地后可以成为云南省"提水最多、扬程最长"的一个自然能提水项目工程，也会给东川区的势能提水工程起到示范作用。2019 年，东川区投资 920 万元启动项目建设。5 月上旬，在东川雨季来临之前，我和梨坪村的干部以及东川的蔬菜种植专家，查看了推进中的提水项目。我们来到该提水项目的海拔 2100 米最高点，看着满山干旱光秃的土地，我们开始规划来年 300 亩的蔬菜育苗大棚建设和带动周边老百姓进行上千亩耕地有序种植的方案。2020 年，上海方面将投入 565 万元实施自然能提水配套工程，安装输配水主管、副管，安装用门井，布置安装蓄水池和水池等，以解决梨坪村、块河村 1000 余亩芒果、枇杷、核桃、无花果生产用水和灌溉问题，将惠及两个村贫困户 667 户 2502 人。我们相信，未来随着各种"提水"工程的布局和推进，东川的未来，必将"东山再起、川流不息"。

大山深处的"开花洋芋"开成上海的"网红"

李子沟村是我在东川挂包联系的 5 个村之一，位于乌蒙山区云南段最高峰牯牛山的半山腰（海拔 2600 米），也是东川区贫困发生率（近 80%）最高的地方。这里，远古彝寨与现代村居契合，美丽景色与贫瘠土地同框，纯真与沧桑同在，喧闹与寂寞并存。大自然在馈赠给人类美丽的同时，也对大山中的人们进行无情的考验。

2018年8月17日，到东川的第二天，我在"美食一条街"的一场拍卖会结识了李子沟村的"开花洋芋"，当时一个洋芋拍卖到1万元。这种洋芋蒸熟后会均匀裂开，犹如自然开放的美丽花朵，因而被称为"开花洋芋"。李子沟的开花洋芋因其生长的独特地理环境（周围有储量丰富的磷矿）和气候，形成了诸多与众不同的特性。由于高寒地区比较有利于薯块里面营养物质的积累，特别是淀粉含量要比低海拔地区种植出来的马铃薯的淀粉含量要高一些，因此，开花洋芋质地酥松，表皮粉糯，口感极佳。开花洋芋好吃第二个原因，是因为土壤里一些特殊的微量元素。2017年，在东川区和铜都街道的大力推广下，开花洋芋在东川区乃至昆明市都已经小有名气。"产品赋予了品牌才是商品"，有爱心企业和单位到李子沟村地头收购，价格也达到了每公斤五六块。但只可惜，在这样的地理环境下生长的正宗的开花洋芋在李子沟也仅有几百亩。收购量有限，不是所有的开花洋芋都卖出了这个价格。

借着沪滇合作的机缘，"云品入沪"拓宽了农特产品的销售。通过消费扶贫、开辟窗口、电商平台、农超对接等多个平台，不断扩大了开花洋芋在上海的知晓率和购买率。在普陀区宜川街道的牵头下，上海康品汇生鲜超市深入东川铜都八角地开展消费扶贫，签订销售订单助推开花洋芋进入上海市场。东川区与宜川街道慈善超市搭建稳定销售窗口，定点销售开花洋芋。上海市及普陀区开展的"对口帮扶地区农特产品展销会"，烤开花洋芋都有现身。普陀区各街道、企业，将开花洋芋作为扶贫产品进行推广销售。2018年，李子沟每户人家洋芋收入平均达到6000多元，比2017年增加了将近一半。2017年，李子沟村5个村民小组219户村民中绝大部分农户都住在土砖房里，但经过不懈的精准脱贫工作，到2018年底，他们全部搬进了混凝土钢筋结构的极具彝族特色的集中安置点，全村172户贫困户中有170户摘掉了贫困的帽子。

在社会各界的帮扶下，李子沟的开花洋芋形成了品牌，成为了产业，走出了"深闺"，走向了全国。央视《焦点访谈》先后三次作为产业扶贫的典型对李子沟进行了专题报道。李子沟是艰难的，李子沟也是幸运的。随着沪滇合作的深入，它的明天一定会更好。

期待"高山小精灵"酿出甜蜜的生活

我是在 2018 年"扶贫日"在上海徐汇区体育馆的展销会上认识的高玉凡，朴实的禄劝小伙子正在为打碎了 3/4 的陶瓷罐装蜂蜜发愁。在帮助他联系了经办方和宜川街道慈善超市的李大姐后，我向他讨教了一些关于中华土蜂蜜的产品特点、养殖技巧和市场价格。当得知它可以给老百姓带来将近 15% 的年收益时，我心中开始萌生了对蜜蜂养殖的兴趣。

2018 年底，99% 都是荒山的舍块乡完成了整乡搬迁，很多乡镇的老百姓也陆续搬出了大山。什么产业可以不怕荒山的陡峭，又不需要大量的劳力呢？这时候我想到了中华土蜂养殖。为此，我邀请高玉凡到东川区的舍块乡等地去考察，看看有没有适合中华土蜂生长的花源地。小伙子和东川农业局的干部跑了整整 3 天，遴选了 3 处可以养殖中华土蜂的荒山。2019 年，我们投入资金采购 1500 窝中华土蜂，其中铜都街道磨盘村、因民镇槽子街村、舍块乡团结村各养殖 500 箱。通过招标由企业提供养殖技术，采取订单保底收购，当年收益就惠及贫困户 860 户 3010 人。2020 年，我们又投入援滇资金在铜都街道李子沟村引入中蜂养殖，购买中华蜂 500 箱，预计能惠及贫困户 172 户670 人。

蜂蜜生产了，更需要的是形成长效的市场销售对接机制。2018 年，我们帮助昆明市一区两县贫困地区到上海销售的蜂蜜 2.6 吨 27.8 万元；2019 年，销售到上海的蜂蜜约 2 吨 20 万元。帮助他们分别与云南华芳农业有限公司（驻上海办事处）、上海云彩餐饮有限公司签订了购销合同。希望"高山小精灵"能够让更多的贫困户过上甜蜜的生活。

在云南，精彩的沪滇协作故事还会不断上演。我的《让东川"有冬有川"，补齐现代农业拼图》一文，得到中国扶贫、上观新闻、文汇报、伴公汀、云南网等省市级媒体的转载。2019 年 6 月，我和东川当地干部和作曲家创作了歌曲《云南扶贫故事》，并制作成 MV，荣获云南省委网信办组织的年度十佳（第二名）歌曲，旨在歌唱建设幸福家园，留下沪滇两地干部共建美丽乡村的永恒诗篇。

（边钰茹　赵菲　采访，边钰茹　整理）

壮乡苗岭遍开玉兰花

袁鹏彬

黄浦江畔亲人来，玉兰花开香文山。白玉兰，外形洁白、高雅，象征着友情的纯洁和真挚，象征着春日的暖阳和人们对美好事物的向往和追寻。这应该就是自 1996 年党中央、国务院决定实施东西部对口支援以来，上海市及上海市静安区、虹口区、松江区、浦东新区与文山壮族苗族自治州 8 县（市）建立全面的对口帮扶协作关系时的初衷和美好愿望。

坚定理想信念，打造坚强团队

2016 年 6 月，受组织选派，我由静安区赴云南省文山州参与东西部扶贫协作。文山州是我国比较特殊的一个地区，文山州党委政府用 6 个字来形容当地的特征，即"老少边山穷战"，我觉得非常形象。"老"指的是革命老区，文山州的红色历史比较长，全域属于左右江革命老区。"少"指的是少数民族众多，文山州的主体民族是壮族和苗族，包括汉、壮、苗、彝、回等 11 个世居民族。"边"指的是边区，文山州跟越南接壤，边界线长达 438 公里。"山"指的是山区，文山州的面积是3.15 万平方公里，其中山区和半山区的面积达到了 97% 以上。"穷"指的是贫穷，全州 7 个县 1 个市全部是国家级的贫困县，是云南省脱贫攻坚的一个主战场。"战"指的是原战区，从 20 世纪 50 年代援越抗法、60 年代援越抗美，特别是 70 年代末至 90 年代初自卫还击和边境防御作战，文山州一直处在支前参战的最前沿，为国家领土完整作出了巨大贡献和牺牲。1992 年才从"一切为了前线、一切为了胜利"转移到以经济建设为中心的轨道上来。"老少边穷山战"，这六个方面的特征深深影响着文山州的历史。我们到文山州对口帮扶有着崇高的使命感和责任感。

从 1996 年东西部扶贫协作开始，上海先后选派了十一批援文干部。我是第十批静安区选派的援文干部。之前的九批每一区派 1 人，文山联络小组实有 4 人。到了 2017 年下半年，根据中央和上海市委市政府的统一部署，浦东新区和松江区对口帮扶关系调整到其他州市，文山州全州由静安和虹口两个区对口帮扶，与此同时对口支援的干部人数也有所增加，整个文山联络小组增加到 8 位同志。因为当时扶贫协作的任务繁重，各方面的期待和要求也比较高，且涉及的是不同区域和不同类型的干部，如何建设坚强团队来扛起重任是摆在面前的考验。作为上海市驻文山联络小组组长，我始终把团队建设摆在首要位置，团结带领同志们齐心协力干好工作。主要通过三个方面带好队伍：

一是理想信念引领。文山州是一个精神高地，这里有着"等不是办法，干才有希望"的精神。这对于我们援滇干部具有非常强的现实指导意义。当我们来到这里实地学习后，我与联络组其他同志一道围绕"援文为什么、做什么、留下什么"的主题开展讨论，坚定在文山州干事创业、开展脱贫攻坚工作的使命感和责任感。

二是有效机制保障。我们在抵达文山州后及时修订了联络小组的议事决策制度。按照规定每个月至少召开一次沟通会，面对面地讨论决定小组的重大事项，讨论决定上海对口帮扶的具体工作、资金，还有项目安排。通过集体讨论决定好之后，再来分工协作，解决当地推动工作中遇到的难点和重点。与此同时，带领联络小组积极开展调查研究，加强与州委组织部、州发改委、扶贫办和商务局等部门沟通联系，坚持每年定期组织联络组开展扶贫协作调研。坚持实地调查研究，深入全州七县一市，全面了解州情、县情，掌握沪文扶贫协作项目推进情况。通过经常性调研，深入村村寨寨，走村入户访贫问苦。

三是顽强作风支撑。我们整个联络小组都严格遵守对口支援干部守则和相关管理规定，不搞变通、不打"擦边球"，严格在制度的范围内工作和生活，树立了上海干部的良好形象。我们深刻认识到，我们代表的不是个人，更多的是代表国家落实东西部协作职责，是国家大政方针的践行者和推动者；也代表着上海干部的形象，是两地合作协作的桥梁和纽带，必须时刻严格要求自己，始终慎言慎行、勤政廉政、履职尽责，不辜负组织的嘱托和群众的期待。

三年中，我们上海驻文小组获得一系列的荣誉：我本人获得上海市"五一"劳动奖章，文山联络小组获得沪滇扶贫协作立功竞赛先进集体称号，一人获得云岭楷模称号，一人获得立功竞赛先进个人称号，一人获得省扶贫先进个人称号，三人获得州扶贫先进个人称号。这些荣誉是上级指导单位和当地政府百姓对我们工作的认可与嘉奖。

聚焦劳务协作，就业一人脱贫一户

劳务协作是中央明确的对口帮扶的一个重要内容，同时也是为了增强当地的自我"造血"能力。仅靠国家救济只是解决一时之需，解决根本问题还是在于发展。文山州当地有一个共识叫"就业一人，脱贫一户。"意思是说家里面只要有一个人长期在外面务工，家里各方面都会得到提高改善，不会是贫困户的。可是当地很多人并不愿意外出务工，首先是他们的就业观念的问题，其次是文化程度不高或是汉语掌握得不熟练，也有的是家庭因素，家里长辈不愿意孩子出去，即便有愿意出来的也面临技能单一、不好找工作的问题。也正是我刚才提到的这些因素，造成了文山州当地很多群众不愿意外出务工。

我认为个人能力的提升仅仅依靠培训远还不够，更重要的是走出大山到城市里去历练，如此一来，个人的各方面能力素质才能得到提升，家庭的收入才会得到提高。三年来，我始终把解决贫困人口就业作为扶贫协作的重要内容，通过市场化运作的方式，发挥上海在信息、技术和市场等方面优势，切实提高两地劳务协作水平，并且通过健全完善两地劳务协作机制，协调两地职能部门加强合作对接，明确双方加强劳务协作的具体举措，有力推动了劳务协作工作。在劳务协作方面措施很多，我想重点介绍两个项目：

"云嫂"家政培训项目。通过市场调研，我们发现上海家政服务市场需求特别大，而且对于劳动技能的要求和门槛相对来说低一点，文山州人力资源丰富，可以在这方面进行探索。我们找准切入点，和上海市妇联、上海现代服务业联合会、上海家政服务行业协会等单位一同展开合作。

2017年底，文山州争取到沪文劳务协作对口帮扶资金，用于"云嫂"培训项目，涵盖家政服务、母婴护理、养老护理3个工种的教学。我们发挥上海市场优势，采取"送教上门"方式，将上海的师资和云南文山州当地的卫校师资相结合，学习的是上海家政行业的培训教材，以"上海家政行业标准"进行统一培训。培训项目的趋势是专业化、职业化，让年轻的家政从业人员在上海能够"留得下、安得心、服务好"。文山州的家政人才通过培训后，不单单是来到上海就业，也"就近就业、区域就业"。自2018年5月15日首期"云嫂"培训项目开班以来，共组织3期341名学员进行培训，其中有建档立卡贫困劳动力147人。

此外，我们通过上海家协（家政服务行业协会）提供了如养老照护，母婴护理，月子会所等就业岗位。2018年7月31日，我们组织了一批"云嫂"学员到上海就业，总共有21名学员，3个月转正后，工资达到了4500—8000元。这批学员中有一个令我印象深刻的男孩子，他叫刘星，是位"00后"。他所学的是中医专业，曾在云南文山州中医院实习。通过视频面试，他用自己的专业知识吸引了上海"爱照护"养老机构的关注，成为了一名护理员。照护长对刘星的评价很高，觉得从云南来的这个孩子比上海孩子能吃苦，不娇惯，真正做到了把老人当成自己的爷爷奶奶一样去照顾。因此，刘星还被评选为明星家政服务人员。这是我觉得在劳务协作方面做得比较成功的一个项目。

职教扶贫助学项目。近几年，通过贫困地区脱贫攻坚的实践充分证明，"职教一人、就业一人、脱贫一户"，是见效最快、成效最显著的扶贫方式。我们依托当地政府，选择文山州的职业技术学院，通过引进上海的人力资源公司和当地的职教园区进行合作。上海的资金、师资力量和品牌都输入到当地。经过我们介入之后，学生培养的质量、就业能力得到了极大的提升。在我们的协调推动之下，上海豪格玛劳务派遣有限公司在文山州建立了"沪文劳务合作上海豪格玛文山工作站"，以人力资源公司模式运作，聚焦适龄劳动年龄段非在校生群体的就业问题，尽力通过引导性、技能性等培训方式，提高劳动者就业技能水平，助推文山籍劳动力多渠道、多形式地向长三角地区有序转移就业。推动上海大众联合发展有限公司与文山州达成劳动力转移就业合作关系，在文山州职教园区建立了"定点人才技能培养基地"，有针对性地培养劳动者的专业技能。更令我们感到欣慰的是，经过我们培训的学生到东部地区来就业，适应性强，到岗就可以上手工作。该项目充分发挥了上海的资金、师资，上海市场的优势，和当地人力资源结合起来，形成了一个市场化运作的方式来推动劳务协作。我认为在劳务协作方面是具有创新性的。

推动两地经贸合作，激发当地内生动力

同样，产业的帮扶合作也是东西部扶贫协作非常重要的内容。这是帮助当地提升自我"造血"能力，解决当地产业发展的一个根本性的措施。三年来，我们坚持"输血"与"造血"相结合，立足文山州的区位、资源和政策等优势，积极协调开展产业扶持、文旅推介、产销结合等多种帮扶工作，努力做好"文品入沪"和"沪企入文"两篇文章，想方设法推动两地经贸往来。在"文品入沪"方面，我们坚持"请进来"

与"走出去"并举，宣传推介文山富集的资源禀赋、多彩的民族文化和优质的农副产品等，努力把文山产品推向上海大市场。

云南省文山州砚山县地处云南高原，具有得天独厚的蔬菜种植优势，它海拔1400—1600米，昼夜温差大，又属于珠江水系分水岭，不会发生重大的洪涝灾害，为优质蔬菜的生长奠定了基础。同时云南省文山州砚山县也是上海静安区的对口扶贫地区。在决定打造连接文山州田间地头到上海市民餐桌的现代农业产业基地，充分用好上海大市场、大流通的优势前，我们经过充分的市场调研，发现如果走大宗交易，云南的蔬菜竞争不过山东和安徽等地区。这些地方距离上海近，物流成本低，效率更高。从云南过来路途比较远，更需要选择发展绿色蔬菜和高端蔬菜，比如水果西红柿、水果黄瓜、水果青椒等这样的高附加值产品，可以真正发挥彩云之南的生态优势，消化一定的物流成本，提高文山蔬菜的市场竞争力。在鼓起文山群众"钱袋子"的同时，也丰富上海市民的"菜篮子"，做到双赢才能长久。

但进驻上海市场伊始，文山当地企业（云南中康食品有限公司）就面临着销售渠道陌生、品牌知名度不高等方面的困境。为了帮助企业的优质产品打开销路，我利用自身优势，深入市场，当起了中康蔬菜的"推销员"，为中康先后带来了上蔬集团、静扶实业、市商务委等多个优质资源。

2017年，上海蔬菜集团率先与中康公司签订外延（扶贫）蔬菜生产基地合作协议。2017年10月下旬，首批来自中康公司扶贫基地的销售团队入驻西郊国际和江桥市场，在为期一月时间内，我们先后组织了20多个品种（菜心、番茄、小葱等）来沪试销，并筛选出12个有市场竞争力的蔬菜品种，当年就销售了100多吨。2018年1月开始，进入正式批量阶段，销售量又翻了好几倍。

更值得一提的是，2018年4月27日，中共中央政治局委员、上海市委书记李强还专程到了咱们文山州砚山县的蔬菜基地进行现场考察，对项目给予了高度肯定。如今，通过各平台的有力推广，砚山县乃至整个文山州的蔬果销售面逐步覆盖到上海批发市场、菜市场、超市和扶贫专柜等场所，文山高原特色产品在上海的知名度、美誉度和经济效益得到不断提升。2019年，中康在上海地区蔬菜销量达1155吨，销售额为867万元。同年4月30日，云南省政府宣布，文山州砚山县达到脱贫标准，"摘帽"成功。

文山州广南县高峰牛入沪。文山州的广南高峰牛是世界四大雪花牛品种之一，外形比较特殊，颈部有个驼峰。自然长成，肉质鲜美细嫩，高峰中蕴藏雪花牛肉。广南当地的少数民族群众，历史上就一直有养牛的传统，世世代代养牛，家家户户养牛，但肉牛产品开发滞后，屠宰和精深加工刚刚起步，面临产业化、市场化、品牌化水平不高的瓶颈问题。我们通过沪滇产业合作机制，打通了养殖、运输、屠宰、加工、配送各个环节，吸引上海的企业在当地去搞养殖基地，搞市场流通和品牌建设。每天为上海市民提供当天屠宰、新鲜直供的牛肉。

2018年，上海牛旭食品公司与文山州人民政府达成协议，计划投资1.2亿元建设牧场、人工草地、扩繁场、育肥场等项目。通过牛旭项目的实施，创建规模化、专业化、绿色化、组织化、市场化水平高的"一县一业"牛肉示范产业基地，以整合闲置土地，采购文山黄牛，订单收购饲草，聘用贫困户务工四个方面为抓手，带领农民（建档立卡贫困户）共同致富的同时，做大做强做优主导产业，构建完善的产业体系、生产体系和经营体系，把小农户引入"一县一业"发展大格局，以打破散、小、弱的格局。

如今，文山州的其他一些高原特色单品也在逐步推广，比如乌骨鸡、石斛、绿壳鸡蛋等，逐步进入上海市场。这对当地的经济发展，特别是对当地老百姓增产增收是很好的一种方式。

三年文山行，已经写入了我的人生，注入了我的生命，在文山深切体悟无私奉献的精神和"等不是办法，干才有希望"的精神，必将支撑自己尽职尽责做好今后的工作。

（郭晓静 蒋妍 陈超 采访，蒋妍 陈超 陈童 整理）

坚持"大扶贫" 援滇传佳音

林晓东

2016 年 6 月 20 日，带着组织的嘱托，带着黄浦人民的期盼，我们上海第十批援滇干部踏上了赴云南对口帮扶的征程。当时我已经超过了规定年龄，但组织上考虑到我在金融办工作，有招商引资的工作经验，还是派我去了。我支援的地方是普洱，担任普洱市人民政府副秘书长，也是普洱扶贫小组的小组长。普洱位于云南西南部，是云南最大的一个州市。全市范围内有拉祜族、傣族、佤族、彝族、哈尼族等多个民族，少数民族人口占比达 61.2%，汉族在当地则属于"少数"民族。但是因为主体民族不突出，所以普洱称"市"，不能作为少数民族自治州。云南省的民族工作做得比较好，当地少数民族和汉族之间比较融洽，工作上、生活上和汉族比较接近，因此我们到了以后能比较快适应。

上海与普洱市帮扶协作始于 1996 年，那时普洱市称思茅地区。经过 20 多年的对口帮扶，普洱经历了一个比较快的发展阶段，市区范围的生活水平大有改善。原来我们都觉得去对口扶贫的地方是很贫穷、落后的，但是住在普洱市里，大家并没有觉得普洱如想象中那么贫穷和落后，不过县里、乡里各方面仍落后很多。普洱 10 个县（区）均属于滇西边境片区县，9 个还未脱贫。刚开始，黄浦区对口帮扶普洱市的澜沧县、孟连县。2017 年下半年加强了帮扶力度，开展东西部扶贫协作，又增加了江城县、西盟县和景谷县，至此黄浦区对口帮扶县达到了 5 个，其中江城和澜沧是深度贫困县。

整村帮扶示范工程

每年年初，我们都要安排对口帮扶的项目，村里的道路、路灯等基础设施的建设都要排计划。这几年，项目数量年年在增加，帮扶力度也不断在提升。资金量每年增加，一年比一年力度大。

我们在澜沧县有一个云山村整村的帮扶项目，时任上海市委副书记、市长应勇专门到云南考察深度贫困情况，在普洱就看了云山村。云山村是当地的一个深度贫困村，村里没有路，都是泥土。房子都是草房，走进去漆黑一片，只有很暗的蜡烛灯，家徒四壁什么都没有，只在地上支着一口锅，下面一直烧着火。房间里没有床，村民们平时就睡在泥地上。应勇市长看到这些很难过，感慨改革开放那么多年了，老百姓还是生活在这样的环境中。后来我们集中资金用于这个村的帮扶，澜沧县里还配套了其他资金对这个村进行彻底改造，建造道路、房屋、下水道、房前屋后生产配套设施（猪圈、牛圈等），组织村民种植核桃、茨竹、魔芋等经济作物，开展猪、牛养殖，村里还组织了生产合作社，组织村民互帮互助。这个项目作为东西部扶贫协作的示范工程，取得了很好的成绩。

2019 年应勇市长又去了云南，没有去云山村，但我们专门做了项目介绍给他看，他对帮扶的成效很满意。产业扶贫一般见效没有那么快，而这个项目我们当年开工、当年完成、隔年就见效，是我们对口帮扶中集中优势力量取得比较明显成效的一个例子。

"金融＋产业"模式

当前扶贫攻坚已经进入到了一个关键阶段，金融扶贫发挥着十分重要的作用。传统的金融扶贫集中于政府投资的基础设施和农村安居房的建设，因而对资金需求很大，市场有一定波动的产业经济却涉足不多。我们积极配合普洱市相关部门推动与上海安信农业保险公司合作推进政策性农产品价格保险，从2016年8月起，在普洱市宁洱县进行咖啡价格保险试点，全县共完成咖啡价格保险15132.8亩，完成目标的100.89%，其中建档立卡户6171.5亩，达到了全覆盖，受到了咖农和龙头企业的欢迎。这次咖啡价格保险就是以"保险＋贫困户"的形式，设置咖啡保险价格，在市场价格低于保险价格时由保险公司赔付咖农，最大限度地减少了市场价格波动带来的损失。

2017年，在充分调研的基础上，我们进一步拓展金融扶贫的覆盖面，推出金融扶贫2.0版。橡胶是普洱地区产业扶贫的重要支柱产业，普洱市2016年橡胶种植面积为157.54万亩，产业覆盖人数达到21.2万人，橡胶产业的发展吸纳了大量农村剩余劳动力。2012年后受国际、国内形势影响，天然橡胶价格长期跌破成本线，农户增产不增收、割胶不赚钱的现象时有发生，对橡胶产业助推脱贫攻坚造成了极大压力。5月，我们在西盟县、宁洱县、江城县、孟连县四县开展天然橡胶价格保险试点。项目采用"保险＋期货＋扶贫"新模式，通过开发天然橡胶期货价格指数扶贫保险，为农户提供市场风险保障，与期货公司签订场外合作协议在期货市场对冲风险，探索了一条风险管理和分散的完整路径，打造风险管理新模式，保障项目稳健运行。总保费规模322万元，共承保橡胶4.4万亩（折合3533吨），为试点地区胶农提供16545元/吨的价格托底保障，提高胶农生产积极性，促进橡胶产业健康发展。项目共赔付501.4万元，帮扶建档立卡贫困户1600余户，户均赔款达3133元，赔款不经过第三方，直接到投保农户及建档立卡贫困户账户，真正实现了精准脱贫。

结合普洱"素质型"贫困，贫困县无支柱产业的情况，我们努力提升当地"造血"功能。经我们多方联系、搭建平台，上海黄浦区投入产业资金数千万元，帮助孟连、澜沧两县建起了咖啡基地和咖啡豆加工厂，援助孟连县建起了饲料加工厂，扶持建设滇沪合作澜沧种猪分厂，帮助澜沧县惠民茶场进行技术改造，建成茶园、优质咖啡生产示范基地、石斛基地、火龙果基地等产业项目。同时，加强上海和普洱产业合作。2018年6月21日至26日，在上海大世界举办"上海黄浦云南普洱扶贫协作文化活动周"。活动内容主要包括开幕式，云南普洱上海招商推介会，普洱绿色旅游、健康生活目的地推介日，普洱茶推介日，普洱精品咖啡推介日，普洱绿色食品推介日，"天赐普洱·世界茶源"非物质文化遗产推介日等系列主题活动。6月21日下午，在拉祜纳·云南时尚餐厅举行云南普洱上海招商推介会。借助上海大市场、大平台，展示普洱绚丽多彩的民族文化，打通普洱资源与上海市场对接通道，培育壮大普洱特色优势产业，将资源优势转化为经济优势，携手打赢打好精准脱贫攻坚战。我们感觉这也是很好的一种尝试。

教育和医疗扶持

扶贫先扶智，教育需先行。孩子是国家的未来，是家庭的希望，一个地区，一个村寨、一个家庭的脱贫首先必须是从娃娃抓起的。贫困地区的教育质量低，工作条件差，教师知识结构老化，年轻的老师来了又走了，这些问题都是贫困地区脱贫致富的拦路虎。2015年11月29日，中央颁布《中共中央国务院关于打赢脱贫攻坚战的决定》，《决定》提出的目标是，到2020年，稳定实现农村贫困人口不愁吃、不愁穿，义务教育、基本医疗和住房安全有保障。

根据"两不愁三保障"的要求，我们从提高教育质量入手，把上海黄浦区好的教育资源与普洱的教育相对接。2016年11月，在区教育局的大力支持下，黄浦区教育专家团赴普洱开展了为期一周的校长和骨干教师的培训，区教育党工委高度重视，根据澜沧县和孟连县教育培训的需求，从教育系统内精心挑选出一批业务能力强、教学管理经验丰富的优秀校长和教师赴澜沧县和孟连县开展教师培训工作。培训团成员结合澜沧县和孟连县教育实际，对接广大教师的现实教学需求，围绕"学校教育管理""学校德育管理""初中物理课程教学""初中化学课程教学"4个方面认真地准备讲义和PPT，对培训课题质量认真把关，通过学校初审、试听、个别交流的形式，对讲课内容进行反复修改和完善，最终形成切合澜沧县和孟连县教学实际的讲课提纲。在讲课过程中，由于两地教育水平差距较大，有的老师不时提出一些问题。针对老师们的诸多疑问，培训团专家们及时调整了授课内容，力争能够更加贴近澜沧县和孟连县教育的实际情况，更加贴近解答澜沧县和孟连县教师的疑虑困惑，通过互动让培训效果更佳。专家们开展的讲座内容丰富，在展现上海市先进教育特色的基础上，结合了对口县城边疆教育现状，提出了符合当地教育实际的相关教育理念，令在座老师们耳目一新，受益匪浅，深受澜沧县和孟连县教师们的欢迎。很多当地老师认为此次授课内容对自己的教育观念产生了很大的影响。培训期间，培训团还与澜沧县教育局和孟连县教育局分别开了两次座谈会。培训专家们都与当地教育局领导就培训的情况进行了细致的分析与深入的沟通，为如何提高当地的教育质量献计献策。在此基础上，我们每年在帮扶项目中都把校长、教师进修培训项目放在重要位置，先后有80余名普洱的中小学校长、教师赴黄浦区进修、学习，跟班锻炼，把黄浦区好的教学理念和方法带回普洱，为普洱培养了一支带不走的教师队伍。

医疗方面的对口帮扶，当地也是很急需的。因为看病难，当地"因残致贫"的情况不少。除了缺乏医护人员，卫生室、所，医院也很缺少。针对这个问题，这几年我们积极补医疗基础设施的短板，建成"白玉兰"村级卫生室73个、医技楼2幢，扩建乡镇卫生院2所，改善了当地就医条件。我们对儿童先天性心脏病的治疗，是从我的"挂靠村"里一个小孩子开始的。我下乡到这个村里时，看到一名兔唇患儿，于是咨询黄浦区合作交流办，寻求区内颌面部整形方面的帮助力量。区合作交流办联系到第九人民医院的副院长，了解到该患儿的兔唇有可能是先天性心脏病引起的，要治疗兔唇就要先治疗心脏病。于是我们又通过区合作交流办、区政协与上海市浦东儿童医学中心联系，落实专家、商议治疗方案，后来儿童医学中心和景谷结对帮扶就明确下来了。除了景谷县，我们还对澜沧县等周边几个县当地儿童先天性心脏病做筛查和排摸，鼓励县里贫困户患儿到普洱市里来治疗，由上海派医生到市里给患儿进行专项治疗和手术，这是实实在在为当地老百姓做好事。

牵线搭桥　助力脱贫

在对口帮扶过程中，我们积极探索引入社会力量，形成以政府引导，企业出资，社会各方参与和监督的帮扶工作机制，让更多的贫困人群享受到社会的温暖和关爱。

2017年新学期伊始，澜沧县特殊学校的孩子们收到了一份特殊的开学礼物，由上海宏天教育奖励基金捐赠的崭新的床上用品整整齐齐地放在了学生们的宿舍中。根据澜沧县教育局反映的贫困学生缺乏棉被过冬的问题，以及向对口帮扶的上海市黄浦区提出协助解决的请求，在我的积极协调下，由上海兴全基金管理有限公司全额出资，上海宏天教育奖励基金、杉树公益基金会具体运作，在学校开学之际，为澜沧县11个乡镇、51所学校捐赠价值近150万元的学生床上用品，受益学生近万人。在此基础上，县教育部门结合学校的宿舍卫生习惯的养成教育，提高学生文明素质，改善了校容校貌。我还利用回沪出差、探亲的机会，拜访一些企业和部门，积极争取他们到普洱来参观考察、奉献爱心。在我的牵线搭桥下，赛生医药（中国）有限公司向普洱市捐款50万元，用于改善澜沧和孟连两县的卫生设施，保乐力加（中国）销售有限公司向普洱市贫困学生捐赠了200套学习用品，上海集成电路设计孵化基地高管和部分企业代表在基地负责人的率领下，赴西盟县和澜沧县开展扶贫和捐赠助学活动。通过努力，越来越多的爱心企业投入到对口帮扶的队伍中来，帮扶工作的环境得到了改善，成效得到了提高。

在动员社会力量投身对口帮扶的同时，我立足当地实际，积极穿针引线，搭建交流平台，努力促进黄浦与普洱在经济发展、社会事业、人力资源发展等方面的合作交流。联系区相关职能部门赴普洱就加强教育扶贫、健康扶贫、探索引导社会力量参与对口支援工作进行调研，推进精准扶贫、产业对接、人才培训以及劳务合作落到实处。黄浦区四套班子领导先后对东西部扶贫协作和对口帮扶的普洱市澜沧县、孟连县和西盟县的脱贫攻坚工作以及黄浦区对口帮扶项目落实情况进行考察，签订帮扶协作协议；黄浦区商务委组织新世界集团、豫园集团、淮海集团、上海第一食品有限公司、上海新天地旅业集团等企业赴普洱考察高原特色农副土特产。通过两地政府和企业的交流，增强了了解，建立了工作对接机制，推进沪企入滇、云品入沪等工作。我们为普洱当地产品进入上海市场搭建平台，在上海举办的中华老字号博览会黄浦展区设立普洱专区，推介普洱产品。2018 年 8 月黄浦区委书记、区长杲云率黄浦区党政代表团一行到普洱市开展扶贫对接工作，更为做好黄浦区与普洱市东西协作、合力攻坚奏响了最强音。

（胡永隽　张立云　采访，胡永隽　整理）

在脱贫攻坚一线的岁月

江怀

记得 2016 年 4 月，青浦区需要派 3 名处级援助干部，当时 3 个援助岗位我都报名了，最后组织决定派我到云南，挂任云南省红河州扶贫办副主任，我成为上海市第十批援滇干部的一员。6 月 20 日，上海市第十批援滇干部一行 14 人正式出发（共 15 人，领队罗晓平同志已先期到昆明），踏上了为期 3 年的援滇征程。

初战滇南，面对压力引发思考

2016 年 6 月 20 日中午，上海第十批援滇干部到达昆明。一出机场，映入我眼帘的是湛蓝的天空、翠绿的植被与盛开的花朵，大自然的景色美不胜收，让我对这片土地充满了期待。第二天，上海市陪送团和云南省扶贫办的同志带着我们一行三人（另外两名是徐汇区和长宁区的援滇干部）驱车三个半小时来到红河州政府所在地——蒙自。由于行程紧张，我们第十批援滇干部与第九批援滇干部的交接时间不到半天。

2015 年底，习近平总书记在中央扶贫开发工作会议上首次提出了

"脱贫攻坚战"的概念，要求到 2020 年底全部贫困县摘帽、贫困户脱贫，全国人民一起迈入小康社会。刚到云南的时候，可能中央精神落到基层还有一个过程，我感到工作还没那么紧张，但到了当年的七八月份，工作压力骤增，云南各级党委政府将脱贫攻坚摆在了工作第一位，我们的工作节奏一下子加快了。当时我所在的红河州，青浦对应援建的是红河州下辖的元阳县和绿春县，元阳县共有 40 多万人口，贫困人口就达 12 万之多；绿春县有 20 多万人口，贫困人口也有 8 万人之多。除了巨大的贫困人口基数外，我们还面临着环境不熟、语言不通、道路交通状况差等难题，当时我们感受到了前所未有的压力。

如何接好接力棒，开展好精准扶贫工作？当时我们红河联络小组的同志们也是经过了一番苦思。大家一致认为，脱贫攻坚工作是一场脑力和脚力的角逐，我们既要吃透上级精神，转变观念，又要广泛深入调研，在实践中发现问题、解决问题。所以当时我们红河州工作小组做了两件事，第一就是认真学习，学习吃透习近平总书记关于脱贫攻坚工作的一系列重要讲话精神，同时也研读了上海援外工作的一系列制度汇编，帮助我们从全局角度提高认识，为打开工作局面理出了一些头绪。第二就是开展深入调研。我们先到七个对口支援的贫困县进行走访调研，走深山、入农户，深入了解当地经济社会发展、民俗民情、扶贫开发等情况。

记得当时我们来到屏边苗族自治县的一个彝族寨子，走访了一户当地村民。母子二人居住在两间破旧不堪的屋子里，其中一间堆满杂物的屋子当作厨房，母亲就住在里面，而另一间屋子里一边养着牲口，一边放着一张床，儿子就住在这间。我震撼于这样恶劣的生存环境，而这也只是云南众多贫困人口生存现状的一个缩影。在短短半年时间里面，我们完成了全州 13 个县市的走访调研，其中 7 个贫困县至少去过两次，青浦对口的元阳、绿春，去的次数就更多了。通过调研，我们发现当地贫困人口中少数民族占多数，而受到生活习性、语言习惯等的限制，当地的脱贫攻坚任务非常艰巨。

紧抓机遇，助力红河脱贫攻坚

我们的工作重点是用好援助资金，用高质量的项目示范引导发展产业、带动就业，还要充分动员上海大后方，全社会参与红河的脱贫攻坚。援滇干部红河联络小组的同志们在充分调研的基础上，认为最有效的稳定脱贫还是要靠发展产业，为此我们根据沪滇两地领导对我们援滇工作的要求，最大程度地结合当地实际，重点从推进项目援建、加强两地政府沟通、扩宽社会面参与等方面着手，全面加大对红河脱贫攻坚的支持力度。

2016年雨季，红河州南部山区下雨天数多、雨量大，受天气影响，元阳县和绿春县对口帮扶建设的项目迟迟无法开工。天气的客观限制无法改变，但工作的进度不能一拖再拖。我和县里同志再三商量，决定先做好施工前的各项准备工作，确保雨季一结束就全面动工。在有序推进当年度项目的同时，我要求两县同志提前做好2017年的项目建设申报工作，跨前一步，尽早谋划。

作为一名援滇干部，我一直认为除了要做好当地的援建工作外，我们更应该充当好青浦、红河两地沟通桥梁的角色。2016年9月，红河州委书记姚国华同志率领红河党政代表团访问青浦。这一次的访问我认为是推动两地深入合作、帮助红河州加快脱贫攻坚工作速度的一次绝好机会。针对元阳和绿春提出的合作交流意向，我积极与青浦农业园区、教育局和卫计委对接，成功引进了自在源农业科技公司在元阳投资1000亩梯田蛙稻米项目，帮助绿春选派了20名医生、教师代表到青浦进行顶岗进修。我记得当时青浦区发改委也派人来红河讲学，在当地干部中引发了巨大反响。

扶贫工作是一项长期艰巨的任务，脱贫攻坚更是一场硬战，光靠我们这些援滇干部（包括其他省市和中央的）和当地干部的参与，肯定是人单力薄，只有铺开这项工作，凝聚更多的优势资源，才能推进得更为顺畅。当时元阳和绿春除了面临经济发展缓慢的问题之外，当地的教育资源也是极度紧缺。我们红河州联络小组铆足了劲，在两地之间牵线搭桥，与青浦的一些社会组织、企业等各界力量都建立起长期合作的关系，为元阳和绿春当地的贫困学校和学生合计捐赠了 60 万元物资，通过一对一结对的方式帮助当地 666 名学子解决了上学难题，竭尽所能地帮助当地政府解决教育问题。

我在红河州工作了一年左右时间，虽不长，但也与这片土地结下了深厚情谊，这是我援滇工作的第一站，也为我接下来在德宏的工作奠定了扎实基础。

开拓滇西，从红河转战德宏

2016 年年底，州里传来消息，我要从红河州调到德宏州。这其实与当时中央对扶贫工作政策的调整有着极大关系。2016 年 7 月，习近平总书记在宁夏召开东西部扶贫协作座谈会，中央对东西部扶贫协作工作提出了更高的要求。当年 10 月 9 日、10 日，时任上海市委书记韩正，上海市委副书记、市长杨雄率领上海市党政代表团到云南调研脱贫攻坚工作，决定将上海对口援建的州市从之前的"4+2"（对口支援 4 个，经济合作 2 个）增加到"8+4"（对口支援 8 个，经济合作 4 个），其中青浦对口支援的州从红河调整为德宏，并与梁河县结对携手奔小康。

11 月 16 日晚，市合作交流办领导（受市委组织部委托）在昆明震庄宾馆宣布相关人员工作调整，其中我为上海市援滇干部德宏临时联络小组组长，驻蒙自，负责青浦援建德宏的前方工作。我就背起行囊一个人跑到芒市，开始了一段"领着上海的薪水，挂着红河的职务，干着德宏的活儿"的独特经历。

刚到德宏，当地干部就跟我介绍，德宏州有 50 多万山区人口，而下辖的 3 个县 2 个市中，芒市、梁河县、盈江县、陇川县都是滇西边境山区的贫困县，其中梁河县还是国家扶贫开发的重点县。说实话，到了德宏，我感觉肩上扶贫工作的担子更重了。相较于已有对口支援 20 年、接受援建工作经验丰富的红河州，德宏的援建工作可以说是一张白纸，这也意味着一切都要从零开始。

这其中发生的一个小插曲我至今记忆深刻。记得当时我们援建项目之一就是要改善当地的居住设施。当地傣族多建造竹楼居住，下层四面空旷，上层房屋墙体多为竹篾，屋顶铺设茅草，式样近似一顶大帐篷。为了抵御灾害天气带来的影响，我们计划在原先房屋架构基础之上再建造一层屋顶（相当于吊顶）。但在走访当地居民征求意见时，大部分人都持反对意见，这也让我们很意外。后来通过与当地原住民的深入交流后，才了解到建造竹楼的用意。云南每年雨量集中，天气闷热，常发洪水，这样的房屋构造，一利洪水通过，二防潮湿，三能散热通风，如果加盖屋顶的话，只会造成房屋更加闷热潮湿，显然不适合当地的居住环境，而后我们也迅速调整了工作方案。这虽然只是工作中的一个插曲，但也让我意识到，我们的扶贫工作不能大水漫灌，一定要充分考虑当地的环境、民俗风情等，下足绣花功夫，开展好精准扶贫。

来到德宏之后，我仔细查阅了当地的贫困户建档情况，发现在 24000 多户贫困家庭中，光残疾人家庭就有 3000 余户。如果说脱贫攻坚是扶持当地贫困人口的话，那么处于弱势地位的残疾人家庭就更应是扶贫的重中之重。经过与当地干部的交流，我们了解到德宏州其实已经有多年残疾人养殖蜜蜂和胡蜂的成功经验，这也启发了我，何不尝试通过培植养蜂产业来扶持残疾人贫困家庭呢？为此，我在 2017 年春节过后与青浦区残疾人联合会对接，得到陆惠星理事长的大力支持，通过与德宏州残联多次沟通并反复论证，最后决定通过技能培训和资助养殖的方式来发展家庭养蜂经济，帮助残疾人贫困家庭实现增收。这个项目当时主要在芒市、盈江县实施。在项目实施一年后的某一次走访中，当地一户贫困残疾人家庭告诉我们，除去一家老小的日常开销，通过养蜂取得的家庭年收入达到 6 万元之多，这大大改善了他们的经济状况，而这样的成绩也极大提振了我们脱贫工作的信心。

再接再厉，打响德宏脱贫攻坚战

2017 年 9 月 20 日，根据上海市委、云南省委安排，德宏州委明确我挂职德宏州政府副秘书长、金红同志挂职梁河县委常委、副县长，同时上海市委组织部宣布成立上海援滇干部德宏联络小组，任命我为组长。至此，青浦与德宏东西部扶贫协作结对前方工作机构正式成立。

在此之前，上海市就增加了芒市、陇川、盈江的援建项目，实际上是将青浦对口支援县（市）扩大至四个。由于金红同志刚到，我就担负起芒市、陇川、盈江三县的对口支援工作。我请当时的州分管扶贫工作的领导一起到三县市实地察看、论证拟申报项目。现在来看，大家认为遴选项目的效果都很好，比如芒市的芒良、陇川的曼崩、盈江的大、小浪速的项目，好多青浦的同志都去看过。

到了 2018 年 1 月，上级又向陇川、盈江各派了一个干部，我增挂了芒市市委常委、副市长，我的工作重心也转移到了芒市。近两年的工作实践，使我认识到，要真正帮助当地稳定脱贫摘帽，产业发展是必经之路。在开展芒市的脱贫攻坚战中，我们发现芒市镇的回贤村有着绝佳的生态资源，但当地村民历来主要以经营采石场为主要收入来源，依旧维持着"靠山吃山，靠水吃水"的观念，这样的经济发展现状不但不可持续，更是对生态环境造成了极大的破坏。在当地政府依法关闭采石场后还引起多次集体上访。面对这样的困境，我们坚决贯彻习近平总书记"绿水青山就是金山银山"的发展理念，希望通过发展生态旅游项目助力当地脱贫工作。当时项目报到州里，被州领导否定了。我认为这个项目有典型意义，找州领导详细汇报，争取到州里同意。我们使用对口支援资金在当地建设了生态停车场、自行车环线、景区游步道等，帮助解决当地发展旅游产业急需解决的"瓶颈"问题。后期通过招商引资，引进云南省的一家旅游公司到当地投资 2000 余万元。昔日山体裸露、尘土飞扬的回贤已成为当地的旅游新热点。回贤村的项目，在当时看来，是助力当地脱贫的一个载体，但从长远看，它从根本上改变了当地的经济发展模式，对于乡村建设也是意义重大，在不久的将来，回贤村也将迈出乡村振兴的步伐。

我总觉得东西部扶贫协作应该是双方互利的，否则是不可持续的。一直以来上海人都很注重食物食材的品质，而云南的土地肥沃、空气清新，如果能通过政府引导，建立一定的带贫机制，让云南当地的优质农产品进入上海市场，一方面能满足上海市民的需求，另一方面作为生产者的云南农民肯定也能从中获益，这无疑是一个双赢的举措。基于此，我们探索推行"芒市龙头企业＋合作社＋农户＋上海市场"的模式，将芒市宏聚公司的冬季蔬菜引入上海市场，让上海市民的消费通过若干环节后最终惠及德宏当地建档立卡贫困户，这个机制现在还在发挥作用。

情牵两地，携手致富奔小康

两地的党委、政府一直十分关心当地的脱贫攻坚工作。我记得2017年时任青浦区委副书记、区长夏科家，2018年青浦区委书记赵惠琴，2019年青浦区委副书记、区长余旭峰，3位领导都来访德宏调研脱贫攻坚工作，并带来了许多"干货"。赵书记牵头了一批企业与当地深度贫困村结对，企业领导任结对贫困村"荣誉村主任"，把携手奔小康的措施落细落实。余区长明确除了市级统筹外，加大力度扶持一批预期效果好的扶贫项目。

领导重视，我们前方的同志也干得起劲，除了踏踏实实把援助资金项目选好、干好，我们还把练塘茭白、上海的水产品引入德宏种植、养殖，把德宏优质牛肉通过相关企业带到长三角地区，引导企业到德宏招工培训，把上海乃至长三角地区社会慈善组织引入德宏扶贫济困，促成德宏成为青浦干部疗休养目的地之一。可以说只要是合法的、有利于德宏州贫困户脱贫的事，我们都尽力去做。在沪滇两地政府和干部的共同努力下，2018 年，芒市成为云南省首批摘帽县之一。2019 年，陇川县、盈江县也成功摘帽！

　　青浦助力当地脱贫攻坚的成绩得到了当地政府和群众的认可，在云南省 15 个州市东西部扶贫协作考核中，德宏州稳居 A 档（全省第二名）。在此期间，2017 年红河联络小组荣获上海市总工会颁发的工人先锋号、2018 年德宏联络小组被评为云南省先进集体，2019 年我个人也被评为云南省脱贫攻坚先进个人。但我深知，我们做得还远远不够，脱贫对象越到后面越是"硬骨头"，巩固脱贫攻坚成果的任务也很艰巨，还需援滇干部们下更大的力气去推进。

　　2019 年 7 月 20 日，在云南省脱贫攻坚一线奋斗了 37 个月后，我回到了青浦，但德宏还没有完全消灭绝对贫困人口，我们还有八位青浦的干部在接力战斗。一次援滇行，一世云南情。虽然离开了云南，但我仍然关注着那里的山、那里的水，关注着那里的扶贫工作，也在继续为东西部扶贫协作倾注力量。我坚信，在沪滇两地的共同努力下，云南一定能打赢这场脱贫攻坚战，顺利实现全面小康！

（朱莉　陈晓洁　采访整理）

梦回香格里拉——让我魂牵梦绕的迪庆

王忠民

"君住长江头，我住长江尾。"一条长江水把上海和迪庆紧紧相连，凝成了两地浓浓的深厚情谊。我们是 2016 年 6 月到的迪庆，2019 年 7 月回上海，待在迪庆的时间是整整 37 个月。现在回来也已经有近一年的时间了，在这期间，我有时做梦还会梦见自己依然身处香格里拉。睡梦中，我看到那些农户，那些我走过的路，那些熟悉的村庄、雪山、湖泊，还有那一张张熟悉的脸庞。虽然说是短短的 3 年，却留下了深刻的记忆。

只有"东西"碰撞，才能迸发火花

说起迪庆大家可能不太熟悉，但它有个闻名遐迩的别称，就是那个神奇的香格里拉。迪庆——准确叫法应该是云南省迪庆藏族自治州，也是云南省内唯一一个藏族自治州，平均海拔超过 3300 米，是一个集边疆、少数民族、高原、贫困于一体的地区。面积是上海的 4 倍左右，人口是 41 万，藏族人口大概占总人口的 35%，还有傈僳族、白族、苗族、普米族，怒族等，汉族人口只占到10%左右，绝大部分是少数民族。这里同时也是云南脱贫攻坚战的主战场。

不到云南，不知山河之壮丽。蓝天白云、雪山草地、青山绿水、黝黑淳朴的笑脸，这是迪庆藏区给我们的第一印象。刚到迪庆，这里巍峨的山，蔚蓝的天让人那么心驰神往。但在这美丽的景色下，我最大的感受却是"贫穷"两个字，它的"贫穷"有很多的客观的因素。当地的老百姓其实缺少的东西非常多，让我真正看到了东西部之间的差异。在他们身上一个是物质财富的缺乏，一个是精神财富的缺乏。在精神层面，他们有他们的宗教信仰和生活方式，他们的一些追求跟沿海发达地区有所不同。但从市场经济角度来说，他们缺乏一种理念，缺少一些信息。迪庆有很多好的东西，比如说一些农副产品，还有很多非物质文化遗产，就需要我们帮他们带出大山、走出大山。

我曾经走访过一家农户。他家有三个小孩，前两个年龄大一点的孩子之前零零星星地打过工，如今都辍学在家，最小的孩子还抱在怀里。这家农户的女主人如今还怀着第四个孩子。由于家中贫困，父母又忽视教育的重要性，导致前两个孩子过早辍学，每天只能在山里放羊养鸡。这对孩子来说，他们延续了上一代人的生活方式，把上一代的贫困又传到了下一代。让我印象深刻的还有山上的一户人家。他们家只有一个独生女，初中没毕业，17岁时已远嫁到湖南。我们援滇干部千方百计地劝她回来参加考试，可她却说已身怀二胎，最后只能作罢。这些情况让我们几个援滇干部看在眼里，急在心里。同时我们又觉得教育观念上的差异如此之大，促使我们更加坚定信念让他们早日脱贫。

东西部的差异既有思维上也有身体上的。从平地来到高原，强烈的高原反应造成了我们援滇干部长期失眠的情况。那个时候，我们每天晚上只睡三四个小时，之后便怎么也睡不着，我知道自己的大脑一直处于缺氧的状态。此外，这里强烈的紫外线对一个东部沿海城市长大的人来说是极其不习惯的。时间一长，我们几个援滇干部头发变少了，皮肤变黑了，人也瘦了，而我的体重也从140斤掉到了119斤。高原物资保障相对匮乏，饮食别具高原特色。藏族的生活习惯是早上喝点酥油茶。初到迪庆，为了尽快适应当地的生活，我嘱咐在上海的妻子为我寄来了一些上海的糕点。早上起来，一口糕点一点粥就成为了我的早饭。

我想，在迪庆的工作生活是"缺氧不缺精神"。只有经历了思维的碰撞，才会有火花的盛宴。我既然到了这里，就代表着上海、代表着宝山的干部形象，肩负着援滇干部的责任。只有用心履行好在迪庆的职责，才能为宝山对口扶贫工作尽一分力量。

思想"脱贫"了，生活才会改善

习近平总书记说："扶贫先扶志，扶贫必扶智。"我们去时正值脱贫攻坚的关键期，因此要积极地融入当地工作。迪庆群众很多都是藏族，不太会说汉语，我们起初和他们交流都通过比划，而他们回馈我的始终是脸上洋溢着的温暖笑容。迪庆的道路也基本傍山而建，一侧便是悬崖绝壁，另一侧往往是滚石塌方，每每下乡走访，似乎总是漫长而危险。

记得第一次下乡是在 2016 年 6 月底，和我一同下乡的还有两位来自上海闵行区、嘉定区的同志。我们 3 人同坐一辆车。U 字形的山路可谓是波折不断，险象环生。坐在颠簸的车中，前方面对的是曲折崎岖的山路，后方面临的是随时可能塌方的万丈深渊。在经过一个转弯口时，车辆实在转不过弯来，驾驶员让我们下车推一推。那天我们从州里到县里花了四五个小时，从县里到乡里又花了两三个小时。直到晚上六七点左右才到了第一户贫困户家中。贫困户家中的情景对我产生了极大的冲击，面对四壁透风的板房、破旧不堪的棉被、神情茫然的农户时，我深深明白到脱贫攻坚绝不是一句口号，责任感在心中油然而生。

随着下乡工作的深入，我们援滇干部早已把塌方、泥石流、断道，甚至地震，当作家常便饭。脱贫路上，有无数的艰难险阻，有苦有泪，有成功的喜悦，有失败的困惑，但更多是必胜的信念。秉持着援滇干部的优良传统，投身这场战役，我深感使命光荣，我和另外两位在迪庆的援滇干部一起，用双脚丈量迪庆的两县一市，火塘的烟火气、草甸的牛粪味、阳光的刺疼感伴随着我们走村入户。随着工作的深入，我们对当地贫困的原因有了更深的理解，除了自然环境和发展历史的原因外，更深层次的还在于思想理念没有转变。

在迪庆工作的三年来，我们在基础设施上不断投入，比如说为当地群众修路、造学校和医院。我们加大了产业方面的投入。通过产业扶贫，把当地的松茸、野生菌等特产作为他们的"活招牌"，把他们的特色产品带出大山。

为了更好地开展产业扶持，我们把黄海制药厂、云南白药的专家请上了山，由公司提供种苗，并对当地农户进行技术指导。刚开始，进展并不顺利。农户们对专家提出的专业施肥意见相当抵触，他们始终坚持自己的老一套"施肥法"，无论专家如何劝解都无济于事，因此造成了中间管理环节薄弱。到了第二年，我们开展五味子项目。五味子是一种农产品，而迪庆县的气候条件非常适合五味子的生长。这个项目要求农户负责提供土地和田间管理，五味子成熟后再由公司进行统一保底收购，保证了农户收入的稳定性。我们请农业专家做了一个调研报告，把种苗发给了农户，并把种植技术传授给了农户。刚开始，专家们把刚长出的苗剪掉了一小部分，为的是来年能结出更多的果。但是不少农户就觉得把苗都剪光，多少都会影响到最后结果的量。但是经过时间的证明，农户摒弃了老一套的种植理念，逐渐接受了专家的科学意见。通过云南和上海的通力合作，那里的人民群众日子一天天好了起来。我们也一定能够全面打赢脱贫攻坚战，让迪庆群众过上好日子。

牵线搭桥寻机遇，为"娘家人"送来"亲戚"

我常说，迪庆就是我的第二故乡，这里的人就像是我的"亲戚"。迪庆州是国家确定的"三区三州"深度贫困地区，社会经济与东部地区有较大的差异，民族文化、宗教等方面虽有着悠久灿烂的历史，但在产业扶贫劳务输出方面都还尚在起步阶段。凭借规划工作的丰富经验，我参与了"三区三州"深度贫困地块的规划编制，将上海对口支援"十三五"规划的项目库与迪庆州"三区三州"规划有效衔接，在全州层面推广"四模块"管理模式，让州、县、乡三级管理人员能够有效地把控项目。此外，我还协调同济大学帮助编制城市规划，结合维西县的地理情况、人口、民族特色等多方面的实际情况，多次深入实地，以恢复原生态水系为切入口，以拓展老城区功能、发展新城区功能为主线，形成了一整套规划理念，在维西的干部群众中引起了良好的社会效应。如今，维西的 10 个乡镇，44 个贫困村，维西县医院，维西县 6 所学校，都在上海找到了"亲戚"。

在迪庆，我走遍了 29 个乡镇，所有村居也都探了个遍。我总觉得只有自己走村入户，才能真正了解"亲戚"的需求，把扶贫工作做到位，做到老百姓心坎上。我也时常在思考，我们要怎么做才能让这些农户适应市场经济，让他们在"扶智"和"扶志"中脱贫。因此，我也经常和他们说，来到上海是为让他们打开眼界，了解市场经济，并不是要赚多少钱回去。

2018 年 10 月 17 日是国家扶贫日。那时我心里就想着让上海这个"娘家人"出出力，拉一把我的这些"亲戚"。因此，我们想方设法，组织迪庆的企业到上海开展高原农特产品的展销。三年来，我们援滇干部牵线搭桥，积极支持当地产业发展，不断协调迪庆与上海两地商品交流，推动上海的人才、资金、信息、社会管理方面逐步嫁接到迪庆的各个领域，尽力让迪庆经济社会发展更上一个台阶。同时，当地政府也鼓励青年外出到上海工作，为当地群众增加就业机会，增加收入。

另外，在劳务输出上我们也做了不少工作。我曾经带了 17 个人回上海应聘工作。宝山工业园区提供了数十个工作岗位，为他们集体安排住宿、餐食，工资也比普通职工更高。此外，我们还为他们提供一些培训，提高他们的生活技能。虽然他们在组织纪律、气候环境等方面还有点不适应，但是对整个市场经济的运作有了更新一层的认识。

后来，我也渐渐明白了有些事情急不得，也慢不得。就像刚刚过去的时候，我们千方百计地急着想让当地脱贫，但是实际上这需要一个过程，当地居民的一些生活理念需要慢慢地做一些改变。

呵护一颗颗"童心"，收获一次次感动

平日里，我是一个喜欢和孩子们打交道的人。面对迪庆儿童先天性心脏病发病率较高的情况，我们援滇干部协调上海志愿者基金会、复旦大学儿科医院开展"关爱香格里拉困难先心病儿童特别行动"，筛查学生近2万名，为90多名儿童在上海做了免费手术，有效地减轻了患儿家庭的医疗压力，避免了一些并不富裕家庭因病致贫。在社会热心企业和爱心人士的帮助下，这些患儿在上海完成了手术，并全免手术费用。

其中有个叫庆庆的藏族男孩，他生活在香格里拉的一个偏远山村，从小患有先天性心脏疾病，那时才12岁。这个事给我留下了很多遗憾，每每想起，我心里始终无法释怀。在庆庆两岁的时候，在当地被诊断出先天性心脏病，并认为是没有办法治愈的。得知这件事后，我向正在云南调研的宝山区区委书记汪泓作了汇报。在汪书记的关怀下，庆庆在上海复旦大学附属儿科医院做了心脏手术。其实，庆庆的母亲内心很纠结，她知道自己儿子的病非常危险，但是还是抱了一丝希望。在医生会诊后，医生觉得还是有点希望的，因此庆庆就来到了上海。

我记得那个时候我正好在上海，庆庆和我说他特别想去迪士尼玩，但是医生却告知因为病情不适合外出。庆庆看到和他同来上海的小朋友都去了，心里多少有些遗憾。我就答应他："等你好了，我一定带你去！"庆庆的手术被安排在2月份，他的手术还是挺成功的。手术结束后，我还到重症监护室看过他两回。虽然身处重症监护室，但庆庆乐观、勇敢精神给我留下了很深的印象。那时他还对我说："前两天我妈说我小命不保，你看我这两天不是蛮好的！"看着庆庆一天天机灵起来，大家心里面都特别高兴。

到了3月份，我已经回到香格里拉。回去没多久，突然收到基金会的同志发来的消息，说庆庆小朋友状况不好。我心想之前医生也还挺有把握的，应该问题不大。3月底，庆庆的妈妈打电话给我，电话那头，庆庆的妈妈难掩悲伤之情，说小朋友要不行了。突然的噩耗，我脑子里轰的一声，一片空白，特别的无奈，一个本来即将鲜活起来的生命就这样骤然消失了……

庆庆的妈妈是位小学教师，爸爸是一名伐木工人。在孩子病逝后，他们向上海的援滇同志和医护人员道谢后，便默默离开了医院。庆庆妈妈说："不想因为这个原因影响到别的孩子的治疗，影响其他孩子家长的情绪。"夫妻俩的朴实无华、真诚善良，让我无比动容。虽然悲伤万分，但从未对我们有过怨言，再见面时说的只有一声谢谢。庆庆，为你点上一盏酥油灯，寄托上无尽的遗憾和怀念，一切安好！

当我离滇返沪时，我所在的维西县已经基本成功实现脱贫摘帽，但是脱贫只是迈向幸福生活的第一步，也是新生活、新奋斗的起点。正所谓"长风破浪会有时，直挂云帆济沧海"，这场人类历史上史无前例的伟大战役进入决胜收官，相信在党中央的坚强领导下，有省、市、县各级奋战在脱贫一线的广大党员干部，有舍小家为大家的对口帮扶干部，我们必将取得最终的全面胜利。

作为一名扶贫干部，能够参与这场规模浩大的"战役"我觉得很自豪。有生之年能够完成这样一份工作，是我的荣誉。我相信，只要我们拿出干劲儿，求真务实，稳扎稳打，一定能实现全民小康的中国梦。梦中的香格里拉，遥远而又熟悉的地方，我心中永远的净土，祝福你！扎西德勒！

（王悦　朱小青　采访整理）

援滇三地　见证脱贫

蔡俊春

我出生在崇明农家，对农村充满感情，为响应党和国家的脱贫攻坚召唤，我克服了父母年事已高要人照顾、妻子工作繁重分身乏术、儿子即将高考压力大等种种困难，在家人的支持下，怀揣着对广大群众的感情，于 2016 年 6 月 20 日奔赴云岭大地，开始了三年的异地挂职征程。

三年三地　抓好沪滇扶贫协作

2016 年 6 月，我到达云南，当时崇明对口帮扶云南省普洱市，我挂职任普洱市发改委党组成员、副主任。脱贫攻坚工作艰巨，刚到普洱，还没来得及适应新环境，我就立即开展工作。在短短两个月时间里，跑遍了普洱市的 1 区 9 县，脚步遍布两千多公里的蜿蜒山路，通过走访调研，对沪滇扶贫协作资金项目做了全面的现场踏勘，对项目支持当地脱贫攻坚的效益和联接机制作了详细掌握和评估，为下一步做好沪滇项目推进指导奠定了基础。为了完成崇明对口的景东县、镇沅县沪滇协作项目，7 次赴现场调研指导、督促检查，确保项目如期按质顺利实施，并做好了计划外项目的推进落实。我积极为普洱市产业规划"引智引力"牵头，参与普洱市领军企业的评选策划，效果良好。在我的推介推广下，普洱市 500 多万元特色农产品成功销售，为普洱农民增收致富出了一把力。

随着上海与云南结对面的扩大，2017 年 1 月，崇明结对关系由普洱市转为大理州。同年 10 月，我转任大理州扶贫办副主任，大理州巍山县委常委、副县长。上海市崇明区对口帮扶大理州 4 个县分计划内援助资金和计划外援助资金，其中，计划内援助资金涉及 26 个基础设施、产业扶持、人才支持等项目。我与新驻派的其他 3 位同志共同努力，围绕沪滇协作考核要求，对标对表，完成了所有沪滇项目的开工实施。协调联络两地合作交流往来 14 次，利用崇明生态农业优势，组织农业技术人员培训 759 人次。如今，稻田养蟹、稻田养鳖技术已经在大理推广，有效助推了当地贫困户脱贫。同时，我们还组织崇明各乡镇商会进行社会力量帮扶，共获得捐赠资金 37 万元，企业家认养贫困儿童 20 多名。

2018 年，上海与云南的结对关系再度进行调整，变为了全面覆盖。同年 1 月，我被任命为临沧市政府副秘书长，临翔区委常委、区人民政府副区长，上海第十批援滇干部联络组临沧联络小组组长。作为一名"老同志"，我带领临沧联络小组其他 7 位同志，尤其是 1 月份新选派的四名新同志，通过建章立制、定期组织学习、一对一以老带新等方法，让大家尽快进入角色。同时，利用"五个尽快""五项主要工作""团队建设五注重"的工作提示等，大家很快拧成一股绳，扎实推进各项工作。2018 年实施 2017 年、2018 年两年的扶贫项目，其中：2017 年上海统筹帮扶资金涉及帮扶项目共 27 个，帮扶项目完成率100%；2018 年上海统筹帮扶资金涉及帮扶项目共 73 个，当年帮扶项目完成率 90%。

三次面临着适应新岗位、新角色、新环境和新要求，也面临着各级领导新的重托和广大群众新的期待，我始终把学习作为转变角色、提高素质、融入地方的有效途径。我认真学习有关三地的历史、地理、人文、民俗、经济、社会等知识，并积极深入基层、深入群众，向基层干部群众学习，使自己尽快实现从"外来人"到"本地人"的角色转变。我带领联络小组全体同志围绕精准扶贫和精准脱贫，依托崇明区委区政府的后方支持，在上海援滇干部联络组和挂职单位党委（党组）领导下，在市（州）、区（县）相关部门的支持下，积极工作，努力奉献，扎实推进，较好完成了各项工作任务。

集中资金　开展产业扶贫

临翔区在项目制定上，总体来说还是比较科学的，能够集中力量做事情。而在脱贫攻坚中，产业扶贫是重中之重，是实现稳定脱贫的根本之策。所以，我们采取了企业通过直接与农户对接、通过建设基地与农户对接、通过合作社与农户对接等方式带动农户来发展产业致富。

其中，2017、2018年每年的援助资金全部集中在最贫困的蚂蚁堆乡遮奈村和糯恩村。其中64%用于基础设施建设，包括道路修建、污水处理等以改善村容村貌，36%用于投资建设鸡舍等设施，归村集体所有，采用"公司＋基地＋农户"的山地鸡养殖合作模式。在这一模式中，农户流转土地集中到村集体，由村集体以土地出租形式与企业共建的模式建设山地鸡基地，企业免费提供鸡苗给贫困户饲养，并与农户签订养殖协议，在规定时限内企业每只鸡给予支付7元，其中5元支付养殖户，1元支付村集体，1元支付养殖基地租金。整个生产经营过程由企业负责，并且企业在技术、销售渠道、资金等方面为农户提供支持，保障农副产品的销售量和农户稳定的收益，农户负责按合同规定的要求种养殖并向公司提供稳定的、可预期的、符合合同的农副产品。流转土地上原来茶树的收入仍归当地老百姓，养鸡出栏之后在年底对全体村民进行分红。实现企业、村集体、农户共同受益的科学运转体制。山地鸡养殖放在我们东部地区来说，可谓是平常，但对于当地老百姓来说，这已经是非常大的企业，极大带动了当地的经济效益。2019年，临沧将1000万元资金全部投给3个村，然后由村集体入股投资一个肉制品加工厂，现在已经形成了一条完整的"养殖—加工—销售"产业链，之后每年村集体都能实现分红，进而产生资金红利。

围绕精准扶贫、精准脱贫要求，我们始终坚持把产业扶贫作为脱贫攻坚的重要抓手，立足本地资源和基础条件，按照"一乡一业、一村一品"做好产业发展规划布局，并在临翔区取得了一定效果：订单农业得到大力发展，通过做大做强农业龙头企业，采取"面对面"与农户签订协议，"一对一"开展技术培训，在贫困乡镇规划发展"三豆两瓜一萝卜"（即长寿仁豌豆、蚕豆、荷兰豆、蜜本南瓜、冬瓜、小萝卜）订单农业2.627万亩，实现产值4178.95万元；做优了特色产业，大力发展壮大茶叶、核桃、坚果、烤烟、油菜、畜牧、甘蔗、咖啡、蔬菜等传统产业，大力培育金线莲、雪胆、火鸡果、鹌鹑等特色产业；做强了农业品牌，重点打造了凤翔"四通酱菜"、忙畔"肉牛"、蚂蚁堆"核桃"、章驮"生态鸡"、南美"坡脚茶"等农产品特色品牌；科学规划了农业产业布局，通过发展规模化养殖在蚂蚁堆乡建立生猪养殖示范基地，通过做大传统种植业在蚂蚁堆乡遮奈村、糯恩村建设蔬菜基地，通过加大科技扶贫力度培训农业技术人才，确保贫困家庭劳动力至少掌握一门致富技能。

"挂包帮　转走访"　走进百姓心里

"党建＋扶贫"双推进模式就是党委政府直接投入帮扶资金，实施各类扶贫项目，将技术、人才和市场优势与当地的资源优势紧密结合，用投资拉动产业发展、用产业发展带动就业增长，促使基础设施更加完善，居民生活水平提高，贫困地区产业发展，有效巩固基层政权建设。

当时，我所挂职的临翔区建立区乡村"三级书记"抓扶贫的工作机制，对区脱贫攻坚工作指挥部进行调整充实，并全面落实"挂包帮转走访"的工作机制。因为当地的地域关系、交通发展程度以及老的基础设施条件的不同，乡镇与乡镇之间贫富差距还是比较大的，甚至在思想观念以及生活方式等各方面也存在较大的差距。针对特别贫困的乡镇，开始实施地毯式的结对帮扶，进而实现全部乡镇的脱贫摘帽、整个区县的脱贫摘帽。

在临沧挂职期间，我包了一个村民小组，还有一家建档立卡贫困户。因为距离远，而且交通不便，到那个村子要好几个小时。有一次，我们去村里实地走访，正好遇到当地"赶集"的日子，村民们在本就不宽敞的乡村小路上摆摊作为集市。汽车过不去，我们只好走路穿过集市，然后再转汽车、摩托车到达村民小组。这一路的沿途所见，让我更加真真切切感受到他们的落后和贫困，曲折的盘山公路，还时常面临视线不佳、石头挡路等问题。由于当时云南还没开始垃圾分类甚至对垃圾处理还极不重视，村里到处都是垃圾，而村民用的还是旱厕。走进农户家里，真的可以用"家徒四壁"来形容，所谓的床只是用一张木板搭建，几乎没有其他家具。

面对这种情景，我们有针对性地解决了村民饮水、通电、通网、通有线电视等各项硬件设施问题，还做了帮助其改善家庭卫生、庭院美化等工作，并且在帮助的时候进行相关教育引导，将好的习惯保持下去，进而改善整个村的村容村貌。做到数据上的脱贫摘帽、提高收入、实现"两不愁三保障"还远远不够，还要实现老百姓思想上的"脱贫"，改变他们的等靠要思想、不好的生活习惯，我们在当地也设立一些教育班，有一些成效。但当地还有些村落是从原始社会直接过渡到社会主义社会，要想真正拔除这些人思想上的"穷根"，改变他们的思想，真正实现脱贫，则可能还需要一个比较长的过程。

讲到挂包帮到村民小组的挂职干部，其工作真的是很辛苦，对于每项工作都要"面面俱到"，甚至有时候要直接住在村里，而且很多节假日也都是在工作中度过的。据我的了解，临沧当地大约有30位左右的同志因为过劳或交通意外等负伤或去世，可谓为中国消除贫困付出了巨大的努力和代价。

"和崇明结对'结对'了"

由于崇明的经济实力在上海各区中比较靠后，再加上刚开始帮扶主要是经济方面的帮扶，所以，临沧对于和崇明结对实现脱贫攻坚还是抱有一些担心和质疑的。但随着后来两地领导的互访交流，临沧领导也感受到我们崇明帮扶的真情实意，而且在实地调研考察的过程中发现崇明的资源禀赋和临沧有很多相似之处：都是以发展农业为主。当时，临沧市委书记杨浩东到崇明考察后很感慨："看来，我们和崇明'结对'是'结对'了！崇明的现代农业有很多值得我们学习的地方。"在参观调研过程中，看到我们的水产养殖、农村生活污水处理、生活垃圾分类、河道整治、道路养护等，觉得任何一样都值得借鉴学习，进而推进他们的现代农业发展。

2019年底至2020年初，通过双方领导的沟通交流，临沧开始引进崇明的特色养殖业。在区农委的努力下，将小龙虾、清水蟹引入临沧，这也是我们两地产业合作的一大亮点。其中，清水蟹的养殖主要是在双江县，在引进过程中，区农委领导还带领上海河蟹协会会长黄春多次到现场指导，目前来讲，螃蟹养殖已经完全成功，小龙虾也已经在市场投放销售。刚开始我们还担心小龙虾在临沧不会有市场，结果却供不应求，因为小龙虾正好迎合了当地少数民族的夜宵文化，深受当地人民的喜爱。而且，小龙虾也为当地实现了增收，现在小龙虾正在通过沧源这一实验基地向周边地区进行辐射。

之前，我们崇明每年都会派种植业、养殖业相关专家前去指导培训，2019年开始进行拓展实现产品的引进，助推了临沧当地生态产业的发展。现在小龙虾、清水蟹、白草莓等已经试验成功，接下来要考虑的是如何扩大市场销路并将其进行推广，真正实现当地百姓的脱贫致富。当然，在这一过程中，也要考虑到因地制宜，直接的"拿来主义"可能会适得其反。但我们相信，我们可以找到崇明和临沧更多的契合点。

三年期间，不断变换的工作、生活环境，独立艰苦的工作、生活状态，磨练了我吃苦耐劳的意志品质，锻炼了我独立思考、自己处理问题的能力，提升了统筹协调各项工作、联络沟通各方的水平，与少数民族干部群众的情谊愈发深厚，而我也在 2019 年获得全国脱贫攻坚的提名奖。

到目前为止临沧八个县区逐个实现脱贫摘帽，我们援滇干部临沧联络小组也获得 2018 年云南脱贫奖。可以说，我们见证了临沧市八个县区整个的脱贫摘帽的全过程，而这项工作也可以说是史无前例的。当举所有之力进行脱贫攻坚并实现这一目标时，我脑海里总是浮现一幕幕工作人员临危不惧、勇冲向前的情景，一步一步走访实地调研落实各项工作的画面……心里总是充满无限感慨。

习近平总书记说，小康路上一个都不能掉队。2020 年实现脱贫攻坚任务艰巨，但有国家的精准部署，有支援干部和云南领导干部及人民永远在"脱贫攻坚"路上的韧劲，我相信，2020 年全面建成小康社会定能不负众望！

（龚雨婷　郭艳艳　采访，龚雨婷　整理）

结缘彩云之南　奉献云岭大地

司徒行喆

　　我有幸成为上海市第十批援滇干部中的一员，于 2017 年 9 月 20 日奔赴云岭大地，开始了两年的异地挂职征程，先任云南省楚雄州大姚县委常委、副县长；四个月后，随着上海对云南扶贫力度的不断加大，杨浦区东西部扶贫的云南对口地区由楚雄州转到丽江市，我的挂职地也从楚雄大姚辗转到丽江宁蒗，任云南省丽江市宁蒗县委常委、副县长。特别是在宁蒗，我工作时间更长一点，大概有超过一年半的时间。我们工作过的楚雄彝族自治州和丽江市的宁蒗彝族自治县，都是以彝族为主的少数民族地区。给我留下深刻印象的，除了与海拔一样升高的扶贫工作难度之外，还有和彝族同胞结下的不解之缘。

"包村"攻坚，推进扶贫项目落地

　　2018 年 1 月，我从楚雄大姚辗转到丽江宁蒗，从低海拔的上海到海拔 1800 米的楚雄，再到海拔 2400 米的丽江。虽然在赴云南之前，市委和区委分别对我们进行了培训和谈话，我有了一定的思想准备，但起初高原反应还是比较厉害，在当地组织部门和县里领导的关心和帮助下，我适应了新的工作环境，能够肩负起扶贫攻坚的使命，风尘仆仆，哪里需要，就在哪里。尽管工作环境和工作范围与我之前的工作相比有很大的不同，但我竭尽所能把工作做细、做实、做好，帮助这些地方早日脱贫摘帽。

我所在的宁蒗县有"小凉山"之称，地处青藏高原东南部，是一个集"山区、民族、偏远、贫困"为一体的国家级贫困县，也是云南省丽江市贫困程度最深的一个县，是国家新一轮扶贫开发工作重点县。相对封闭的自然环境，交通、教育等基础设施滞后，起步晚、发展缓慢等先天因素制约，使得宁蒗仍然存在着区域性整体贫困的问题。

我们宁蒗县的每一位处级干部都要"包村"，按照"两不愁三保障"的要求，经常要带着任务走乡入户。这和我们一般认为的，到上海居民区走一走、看一看，完全是两个概念。云南这边的一个贫困村，一般有几十到几百平方公里，一个行政村由10—15个自然村组成，而这些自然村都散落在山顶、山腰和山脚下，村与村之间有时感觉就在眼前，但车子开过去却需要花费几个小时，而且路途也比较危险。比如：有几段道路经常会塌方；有的道路非常狭窄，我们车子的轮胎要有一半露在山路以外在悬崖上才能通过。要在这样的山路上平安往返，必须由经验非常丰富的驾驶员驾车才能够到达。在一次次走乡入户的过程中，给我留下最深刻印象的，是2018年11月下旬到宁蒗县拉伯乡格瓦村的一次下乡，为克服艰苦的条件，尽量不添麻烦，我带上睡袋就去了。

格瓦村是距离宁蒗县城最远、贫困程度最深的村之一，下乡一次单程近3个小时。我是格瓦村的包村领导，为推进上海项目在格瓦村的落地，在宁蒗工作的一年半间已不记得往返了多少次。全村包括12个自然村，土地面积57.57平方公里，差不多有大半个杨浦区那么大，主要民族有傈僳族、普米族、摩梭族。

这次下乡的主要任务是检查2018年脱贫的96户贫困户住房建设的状况。在村委会，我和拉伯乡领导、驻村队员、村干部一起梳理贫困户情况。白天走访贫困户，拿着梳理的名单一户一户走，主体房建得怎么样了，是不是安全稳固、遮风避雨，卫生间太阳能搞了没有，圈舍院坝围墙大门是否齐备，能不能如期完工，还有没有什么问题，这些都要一一查看、交谈、记录。晚上和同志们围着火塘一边烤火吃饭，一边梳理情况商量对策。

由于居住分散，很多时候半天才能走 3—5 户人家，从村委会到自然村的路大多没有硬化，晴通雨阻，十多公里驱车要"颠"上一个多小时。还有很多农户住在山顶、山脚、山腰，不通车，就只能靠走了。那是真的没有路，有一次只能一脚一脚踩在泥沟里走，两边都是荆棘，村支书在前面提醒我小心别抓到荆棘，话音刚落我脚下一滑还是一手抓了上去……下乡回来，我在宿舍里用针挑着满手的刺时，脑海里还在想着当地百姓的生活环境，如果我们的工作能为百姓脱贫出一份力就是最大的欣慰。

在调研住房建设时，有部分贫困户住房由于动工比较晚、缺少劳动力，建设进度比较慢，我看在眼里急在心里。我连夜协调，决定使用杨浦区人社局与格瓦村携手奔小康的项目资金，组织一批工程队进村帮助农户建房，确保贫困户能够在 12 月份前修好房子入住。

一周的驻村工作只是我两年以来在云南东西部扶贫工作的一个缩影。在调研住房建设的过程中，通过与当地村民面对面的交流，我深刻地体会到，实现"两不愁三保障"的要求，帮助这些贫困村彻底摘掉穷帽，就要扶持当地产业，保障他们的经济收入。此外，宁蒗县脱贫攻坚需要各方面的提升，城乡人居环境亟待改变，针对规划杂、建设乱、环境脏、基础差，垃圾靠冲刷、污水靠蒸发的现状。我一直在思考怎么才能改变这样的现状。我结合县城"一水两污"规划需求，积极牵线协调，联系了杨浦区企业上海中海龙智城科技有限公司，通过其云南经销商楚雄辛彝农业投资有限公司，向宁蒗县捐赠 4 台 ZHL 一体化智能污水处理设备，总价值 262 万元，并且将资源向丽江市其他区县乃至云南省其他州市的贫困县开放，也改善了周边地区的居住环境。

找准脱贫"金钥匙"，做好产业扶贫这篇大文章

我们脱贫的标准就是"两不愁三保障"，其中"两不愁"指的是稳定实现农村贫困人口不愁吃、不愁穿。要实现这个目标，关键还是在于提高贫困人口的经济收入。在这一块我主要做了两个方面的工作：一是选好产品，积极推广；二是搭建平台，解决销路。

我到了宁蒗工作后，首先做的就是选择合适的产品。因为上海对口云南帮扶涉及的县市很多，而它们的一些产品又有一些同质化，一般都是鸡、水果、蔬菜这样一些东西。经过了一段时间的了解和熟悉，我选择了一个产品就是"2700"牌蜂蜜苹果，也是当地已经有了一定基础的一个产业。它是宁蒗大学生鲁权带着同学、合伙人，回到家乡创业，带领当地贫困户（果农）创立的一个高品质苹果品牌。它的种植基地位于云南省丽江市宁蒗彝族自治县新营盘乡药草坪村委会苍蒲塘村民小组，种植区域海拔为2700—2900米，故命名为"2700"牌蜂蜜苹果。宁蒗虽然贫穷，但独特的高原环境造就了苹果产业，这里海拔高、昼夜温差大、紫外线强，日照时间长，因而苹果病虫害少、糖分高、口感好、营养丰富，是真正的高原、生态、无公害、绿色、有机、健康高营养的水果产品，深受人们喜爱，有着小凉山苹果的美誉。苹果的品质好，各方面生态也做得到位，创业大学生又有市场意识。这些都为"2700"牌蜂蜜苹果在上海的热销打下了坚实的基础。

有了好的产品就取得了成功的一半，接下来我就把工作重心移到了销售这个环节。我积极与上海项目进行对接，把产品销售的立足点放在上海，组织展销会，取得了非常不错的销售成绩。2018年10月17日是我国第5个扶贫日，也是第26个国际消除贫困日，为了深入贯彻落实中央和省市关于脱贫攻坚工作的总体要求，扎实开展好扶贫日系列活动，生动展现脱贫攻坚工作实效，由上海市杨浦区人社局、殷行街道、云南省宁蒗县主办的"2018年'扬帆启航'大型招聘会暨云南·丽

江·宁蒗 2700 蜂蜜苹果上海推介会"，在杨浦区文化馆举行。宁蒗恒泰农业发展有限公司董事长鲁权介绍了他带给上海人民的宁蒗 "2700" 牌蜂蜜苹果。杨浦商贸集团副总经理王德强给发布会带来了华联超市等数十家经销商。最终，展销会促成了 "2700" 牌蜂蜜苹果与上海华联超市、易果生鲜、鑫荣懋等平台累计签约 1600 吨，金额 1408 万元，一度使此种苹果脱销，有效帮助了当地村民脱贫增收。

虽然远在云南，但我深知上海市委、市政府和杨浦区委、区政府是站在我们身后、坚定支持着我们的大后方。宁蒗县全县 15 个乡镇 91 个村，其中 82 个贫困村、61 个深度贫困村，贫困面广、贫困程度深，区里面也是广泛动员各方力量来进行结对帮扶。一方面，我原来所在的单位区人社局，包了一部分村。另一方面，我们区里边的几个群众组织，包括妇联女企业家协会，团区委青企协的企业，统战部工商联的一些民营企业，还有我们区的 6 家国企集团进行兜底，实现了深度贫困村 100% 签约，超额完成上海市携手奔小康工作对深度贫困村结对一半以上的要求。在搭建销售平台这一块，我也是充分利用了上海的市场优势，帮助当地滞销的农产品拓宽销售的渠道。

2018 年新蒜上市以来，国内蒜价一路下跌，丽江市宁蒗县虽然不是大蒜主要产区，受近几年蒜价高涨影响，包括宁蒗县西布河乡碧源村的一些村扶贫工作队，将种植大蒜作为脱贫项目进行推荐。结果到了 2020 年上市时节，几百吨蒜无人问津，这不仅直接造成贫困户的损失，也对政府扶贫工作的公信力造成了不良影响。当地工作队长多方联系销售源，我也第一时间将情况汇报给杨浦区领导。区领导也非常重视，一个星期之内，组成了由杨浦商贸集团副总王德强带队的精干团队，来丽江考察，解决大蒜滞销的问题。他们来到丽江的第二天就不顾舟车劳顿，连续驱车三个多小时山路，直奔宁蒗县西布河乡碧源村。前往碧源村的山路非常难走，都是没有经过硬化的泥土路，一路颠簸让考察团的同志在路上就吐了三四回。但为了尽快解决大蒜滞销的问题，他们还是第一时间就直接赶到宁蒗县西布河乡碧源村，实地走访农户、深入田间地头，查看成批积压大蒜，并与驻村工作组和村委会座谈。在了解碧源村大蒜种植和销售情况后，最终决定以 3.2 元 / 公斤高于市场价的收购价，收购 100 吨大蒜。合同的正式签订解决了碧源村大蒜滞销问题，也给予了碧源村贫困农户战胜眼前困难的极大信心。

不仅如此，杨浦商贸集团将丽江大蒜引入集团下属的 30 多家菜市场分销渠道，加快滞销大蒜的销售步伐；同时发挥集团优势，联合有关食品厂家，发展大蒜科学检测和精深加工，通过制造蒜酱、醋蒜、真空鲜蒜等特色产品，打造大蒜产品的全产业链模式经济，从而大力推进农业精准扶贫工程，带领丽江当地贫困居民脱贫致富，为打赢脱贫攻坚战、全面建成小康社会贡献了一份力量。

多方联系促合作，深化沪滇教育对口帮扶协助

脱贫攻坚是一项系统性工程，仅仅解决了收入问题还不足以帮助贫困户彻底脱贫。真正实现脱贫，就要阻断贫困的代际传递，依靠教育拔穷根。

为进一步深化沪滇教育对口帮扶协助，积极推进云南当地"两后生"招生入学工作，我多方沟通协调联系，促成了上海市环境学校校长佘润申一行、上海市工商信息学校校长方德明一行、上海市杨浦区育鹰学校到宁蒗县进行调研。

上海市环境学校与宁蒗县教育局商谈了建档立卡学生（"两后生"）招生事宜，并开展了 2018 建档立卡学生的招生宣传动员及具体录取工作，与宁蒗县中等职业技术学校签订了校际合作交流协议。

上海工商信息学校本着"以强带弱、资源共享、紧密合作"的原则，与宁蒗县职业高级中学签订了《职业教育东西协作结对帮扶协议》，在招生录取、奖助帮扶、实训就业、师资培训、学习交流等方面开展教育扶贫合作。通过专题报告、参与管理、经验交流会等形式，帮助宁蒗职高不断提高管理水平，逐步形成管理制度化、规范化、科学化和精细化，系统培养技术技能型人才，促进学生全面发展。上海市杨浦区育鹰学校与宁蒗彝族自治县小凉山学校结成帮扶对子。之后，育鹰学

校科研室主任吴兴海和信息技术骨干老师俞伟哲，专程来到宁蒗县开展前期调研工作。小凉山学校是宁蒗县委政府推进教育脱贫的扶智工程，于 2018 年 9 月份投入使用，是可容纳 96 个班级 4000 多名学生的标准化、民族化、园林化九年一贯制学校。育鹰学校调研组悉心指导学生课程，与小凉山学校老师进行教研活动，研究探讨了远程教学设施配置，走访了山区贫困学生家庭。通过走访和调研，在校园文化、课程建设、教学研究、德育实践、教育信息化等方面与小凉山学校展开了全方位合作交流，将杨浦先进的教育理念和经验乘着西部开发之风飞入秀丽、聪慧的宁蒗彝族自治县小凉山学校，助飞民族复兴、强盛梦早日实现。

两年的援滇工作经历，让我对国家脱贫攻坚任务的艰巨性和全面建成小康社会的必然性有了更加深刻体会。

首先，党的脱贫政策真正使当地百姓得到了实惠。每到一户农户，他们纷纷感谢党的好政策、上海帮扶项目，帮助他们增加收入、改善生活。在农村，造房子是大事，在每家每户看到的是农户的笑脸和已经建好、正在建设的新房子。

其次，贫困户改变现状、脱贫出列的意愿强烈。在调研住房建设时，有部分贫困户住房由于动工比较晚、缺少劳力，可能无法按照既定的时间节点修好房子入住，我们和他们商量是不是暂时不纳入脱贫出列，但农户脱贫的积极性很高，表示还是想办法能够如期脱贫。经过与驻村工作队、村委会、乡党委政府协商，决定组织一批工程队进村帮助农户建房，加快工程进度。

再次，有担当敢作为的干部队伍是打赢脱贫攻坚战的强大助力。类似这样的走村入户，驻村队员、乡村干部每个月要来 1—2 次，驻村队员的"挂包帮"时间是两年，他们长期远离都市、远离家人，奋战在脱贫攻坚一线，这里就是战场。宁蒗县 91 个村，只要有贫困人口，就有来自中央、云南省、丽江市、宁蒗县各个单位的驻村工作队员。在云南当地，节假日双休日不休息已经成为脱贫攻坚工作的常态，我感受到的是高度的政治站位和强烈的责任担当。

习近平总书记指出，2020 年是我国决胜全面建成小康社会、决战脱贫攻坚之年。在党和国家的大力推动下，在一批又一批扶贫干部的不懈努力下，"两不愁三保障"作为脱贫的硬指标，2020年如期脱贫一定能够实现，全面建成小康社会的宏伟目标一定能够实现。

（陈小春　王睿祺　采访，陈小春　整理）

新"知青"的扶贫路

孙长城

2017年9月至2019年7月，我作为上海市第十批增派援滇干部到西双版纳州和勐腊县挂职。在这两年中，每到清明节我会特地到当地的知青公墓献花，凡是有知青墓的地方我都会去看看，并叮嘱当地一定要照看好。对于友边知青，我心怀敬意，他们在自己十几岁最好的年华响应国家"上山下乡"的号召，奔赴远离家乡2000多公里的西双版纳，在那战天斗地、艰苦拼搏、无私奉献。

援滇干部年龄平均在40岁左右，是工作的黄金期，在国家提出"精准扶贫"战略下来到西双版纳，我们其实就是新一代、新一批的知青。半个多世纪后从上海再启程的我们，更要继承前辈知青的精神，不忘使命初心，打赢脱贫攻坚战，充分展现"海纳百川、追求卓越、开明睿智、大气谦和"的上海城市精神。

援滇心路，一波三折

早在2016年4月，我就申请过援藏，但没去成。所以在2017年9

月我在得知上海市要选派第十批增派援滇干部时（当时松江是增派一人）就毫不犹豫地报了名。当时我是广富林街道里面最年轻的班子成员，家庭负担也比较小，这个时候出去可能是我最好的时间阶段，也是一次很好的接受锻炼和考验的机会。报名援滇时我的心态很坦然，对组织部也是这么说的："去就去，没有什么瞻前顾后的。没选上呢，也很正常，因为我在广富林工作的时间还不是很长，我会继续做好自己的工作。"

现在回想起来，自己到了版纳后有一段时间因为工作压力和精神压力，心态有了转变和波动。2017 年，在上海市对各个区东西部扶贫协作工作考核中，松江区成绩排在第三档。第一档是优秀，第二档良好，第三档一般。松江区委、区政府的压力大，我们的压力更大。一天 24小时中，我除了七八个小时在床上，剩下的十几个小时，有可能都是乘车去村寨做调研，促项目。当地山多、雨多、塌方多，山路弯弯绕，一到雨季，随时都会塌方，坐着的车子有可能就处在了悬崖边上，所以我养成了上车就睡觉的习惯，一方面是山路实在颠簸，另一方面是睁着眼睛确实害怕得不得了。

到了 2018 年 4 月，区委、区政府把我和挂职担任西双版纳州政府副秘书长、勐海县常务副县长的沈伟从云南叫回来，组织部彭部长和我们谈话，明确指出了 2018 年扶贫协作和对口支援工作的要求，并告诉我们区委、区政府乃至整个松江都是我们坚强的后盾，让我们在那里放开拳脚"大干一场"，同时区里会再增派四位同志。增派的同志 4 月底就到位了，那时我们也就不担心了，要人有人，要支持有支持，需要什么政策扶持，区里也会结合实际情况尽己所能。

从东海之滨到云岭之巅，从现代化的城市到民族风情的村寨，从国家改革开放的前沿阵地到西南边陲的深度贫困地区，我的心路从一开始的新奇、稀奇，到之后的疲累和迷茫，再到最后的重整旗鼓再出发，思想认识一直在不断提升中。我们肩负的使命和责任让我从未感觉到自己离中央关心的问题这么近，和中央的心联系得这么紧。工作中我一直秉承功成不必在我，但是功成必定要有我的信念。2018 年，松江在全市东西部扶贫协作考核中名列第二，西双版纳更是在全省考核中拿下了第一名。2019 年 4 月勐腊县顺利脱贫摘帽，西双版纳州在云南省率先实现了整州脱贫的目标。

盯下去，成果涌上来

勐腊县面积 7000 多平方公里，和上海市面积相近，有约 11 个松江大。人口 29 万，森林覆盖率在 88% 以上。到了西双版纳我们忽略了城市的繁华，看到的只是贫困，关心的只有脱贫。我们看到了什么呢？是他们的杆栏式房屋，人畜混住，下面架空层养猪养羊，上面垫砖头铺木板就是床；是房间里没有衣架，在木板上拴两根绳子，把春夏秋冬的衣服全挂在那儿。这就是当地贫困户的生活。

我们也看到了农村路不通，黑漆漆没路灯。学校里老师住在改建的集装箱里，学生宿舍拥挤且窗户玻璃破碎，五六岁的小孩子住校没有热水澡可洗。卫生条件差的镇里，连一个持证上岗的职业医师都没有。看到这些我们自然而然地就是想要帮助他们。在勐伴镇，我联络了一个社会组织，给一个村小学捐了 270 套生活用品。石湖荡镇企业代表团给中心小学捐了 12 万元采购了 6 套热水器，解决了学生洗热水澡的问题。但这些也仅仅是我们能做的力所能及的部分。

2017—2019 年，松江区在勐腊县实施援建项目 104 个。在诸多项目推进中，我火气最大的一次是勐腊县瑶区瑶族乡沙仁村王四新寨的基础设施和民居建设。该项目 2017 年 7 月已经动工，但由于雨季、施工队人手不齐等诸多因素，到了年底房子都没建好，2018 年 2 月我们过好年回去，他们的项目还没有进展。当时老百姓的房子已经拆掉，就在橡胶地里搭了木头棚子当房子，连遮风挡雨都谈不上，更别说安全性。养猪、喂鸡、烧饭、睡觉、存放农具，都在那个 10 平方米不到的小棚子里。2018 年 3 月，我召集乡镇书记、乡长、县政府督查室人员和施工人员开会。会上我说："你们这些干部和施工方都摸摸自己的良心问问，这些老百姓什么时候才能搬进新房？要是你们的父母、亲戚住在小棚子里，你会是什么样的感受？你还是共产党员、人民的公仆么？"我的话说得很难听，从那时起人家就说上海来的干部不好糊弄，要求很严格。

从勐腊县城到王四新寨的施工现场有 50 公里，单程需要两个小时，为了督促项目的进展，我和施工方说每周我都会来现场看一下，数一下施工人数是否齐全，如果人数不齐，就扣施工队的钱。而且我还会不定时来，有可能礼拜一去过，礼拜三还会再去。此外我让施工方写承诺书，他们承诺到 2018 年 10 月底之前盖好房子，如果完不成，就直接在工程总价中扣款 30%。当时和我一起工作的还有来自泗泾的援滇干部秦家喜，每次去工地不是我就是他，唯一有一次我们两个都有事没去，我就安排了县扶贫办一位副主任专门去了一趟。我当时就是盯着、逼着他们干。后来项目总算在承诺的时间节点完成，村民赶在年底前搬进了新居。村民的居住环境发生了翻天覆地的变化，各家各户前都有一个可以放东西、种花草的小棚子，村里还建了公共厕所、带顶棚的篮球场。

和王四新寨项目形成鲜明对比的是勐腊县磨憨镇磨龙村回绕村小组的建设，这个项目进展很快，2018 年 4 月资金到位，2018 年 12 月村民就搬进了新房，仅用时 8 个月，充分体现了"松江速度"。回绕村小组是个拉祜族寨子，全村 44 户 185 人中，建档立卡贫困户有 42 户 175人。在实施脱贫攻坚以前，村民大多住在墙不避风、瓦不遮雨的杆栏式木板房里，加上交通不便、信息闭塞等，回绕村是个远近闻名的深度贫困村。2018 年松江投入资金建房子、修路、搞产业。如今贫困户从旧屋搬进了崭新的红砖水泥房。寨子的道路通了，路灯亮了，产业活了，村民活动场所也配齐了。44 户人家的精神面貌和生活变化也可谓脱胎换骨。以前从不和陌生人说话的拉祜人和远道而来的松江区领导有说有笑；家家户户在新居门前放一双拖鞋，进屋先脱鞋，他们已然养成了现代化的生活习惯。

橡胶保险为胶农撑起"保护伞"

勐腊县，是西双版纳州橡胶种植地最多的县，全县从事橡胶生产的人口超过一半，是名副其实的橡胶大县。天然橡胶是国家战略物资，也是促进农户脱贫增收的支柱产业。但是每年干胶价格波动比较大，割胶也很辛苦，凌晨一两点就得去割，否则天亮了胶树里的胶水就不滴了。在橡胶价格低时，割胶会亏本，胶农生活难以维系，一些植胶区出现弃管弃割甚至毁胶改种情况。

针对勐腊县天然橡胶产业的这种现状，为了更好地进行引导和扶持，我们充分利用市场机制，发挥政府作用，整合保险、期货等金融资源，探索出了一种新的扶贫模式——保险＋期货＋龙头企业。由区财政和永安期货股份有限公司分别投资，西双版纳景阳有限公司与试点区域农户签订天然橡胶收购协议，为1116户胶农（其中建档立卡贫困户331户）购买干胶价格保险，以上海期货交易所公布的天然橡胶期货价格作为保险目标价格设定和保险理赔的依据，一旦天然橡胶价格下跌至低于保险的目标价格，保险公司即进行赔付。2018年参保的胶农一共获得了160余万元的理赔金。这样的精准扶贫项目，实现了产业带动脱贫，既切合当地的实情，扶持了当地产业发展，又改变了原来传统的扶贫模式，由以前的"输血"模式变成如今自我"造血"模式，保证了天然橡胶产业的健康发展。同时也让胶农获得了实实在在的收益，充分调动了胶农种植的积极性。一棵棵上了保险的橡胶树让他们看到了希望，树立了信心。

如何切断代际贫困传递

百年大计，教育为本。我是从农村出来的，如果不是靠读书，哪会有今天。所以说无论走到哪里，教育都是根本，更是阻断当地贫困代际传递的有效方法。我们秉承"扶贫先扶智"，重视当地干部人才的培养，松江区和勐腊县签订了《干部人才培训交流合作框架协议》，2017—2019 年松江区累计接收党政干部挂职 20 余人次，培训各级领导干部 200 余人次。我们也重视当地的学生教育。我非常感谢松江区工商联主席、上海寰泰投资发展有限公司董事长南存飞，他省下儿子结婚的 100 万元在勐腊县成立了"寰泰教育基金"。我们计划用 4 到 5 年的时间，在当地树立爱学习的氛围。怎么树立呢？初中考到县一中（当地最好的高中）的会给一定奖励，目的是鼓励初中好好学习。高中考大学，当时定的是考上文化类一本，教师集体、学生各奖励 5000 元。另外艺体类的考生也会得到奖励。为什么要定这个标准？因为每年当地考上文化类一本的是个位数，有些年份甚至是零。通过这样的一种激励方式，老师、学生才会有干劲，能养成爱读书爱学习的氛围。我一直认为一个大学生，可以让一个家庭脱贫。他不仅可以影响一个家庭，也能影响到周边的人，影响一个村子，一个寨子，让人们觉得读书有用，这就是功德无量的事情。

除读书外，断穷根的另外一条行之有效的便捷路就是劳动力转移就业。劳务协作是工作中的一个难点，基层干部磨破嘴皮子都很难动员当地人来沪工作，因为他们觉得外面再好不如自家的草屋好。上海市给每个区有考核指标，要求松江区动员不少于 150 人的贫困劳动力来上海工作。为了完成这项任务，我把所有乡镇的分管领导召集起来，跟他们讲这是政治任务，没有讨价还价的余地，这不光是上海的要求，也是云南省委、省政府的要求，更是中央的要求，每个乡镇都要不折不扣地完成。我要让大家认识到出去工作，能够开阔视野，它跟读书一样，也能带动一家一村。一人就业，全家脱贫，到上海工作后，能学到知识和技能，回到家乡就懂得了怎么把家弄好，怎么把生意做好。2018 年，仅勐腊县就组织化转移输出农村劳动力来松务工 5 批次 124 人，其中建档立卡贫困劳动力 106 人。

扶贫，是付出更是收获

作为挂职干部，我同样也承担了"挂包帮"的职责和任务。挂钩负责象明乡曼林村委会和勐伴镇金厂河村小组 3 户贫困户，先后 20 余次深入挂钩村委会和挂钩户，督促协调各挂包帮单位职责落实，积极促成广富林街道党工委与曼林村委会党建结对，圆满完成贫困村和贫困户退出任务。在勐腊县 10 个乡（镇）、19 个贫困村，200 余个（次）村寨中都留下了我的足迹。

扶贫工作虽辛苦，但收获更多。我接受了一次国情教育的洗礼。到那里之后我才真正体验到了云南的生活，知道了普通老百姓的所思所想，明白了少数民族的所思所想；才懂得胸怀大局怀的是什么样的大局，它不仅是我们松江 604 平方公里，更是中国的 960 万平方公里，不仅是汉族，还包括 55 个少数民族。这是一种全面、客观、丰富多彩的国情教育。两年的援滇工作虽然短暂，但将对我今后的工作和生活留下深刻的印记。

另一个收获就是自己能力的提升和经历的增加。援滇以前我没有从事过脱贫攻坚工作，来到西双版纳后，为了帮助当地脱贫，我知道了当地种什么长什么，清楚了怎样做能给老百姓带来实实在在的收益。在经济建设、产业合作、劳务协作等方面都有了比较充分的学习和认识，为自己的成长增添了厚重的一笔。我对"经历"一词也有了新的理解：经历就是经验加历练，只有"经风雨、见世面"才能实现"壮筋骨、长才干"。如果现在再问我当时的选择，我的答案一定是鲜明而肯定的，那就是"无怨无悔"！

（梁潇　靳美艳　采访，靳美艳　整理）

立足上海优势　提高援疆成效

姜爱锋

根据组织选派，我于 2013 年 8 月 22 日进疆，担任前方指挥部党委副书记、副总指挥，年底又被任命为上海市人民政府驻新疆办事处主任。2013 年的工作任务是与第七批的同志们做好压茬交接，熟悉援疆工作情况，制订 2014 年的工作计划。按照分工，我分管规划建设和人才民生工作。同时，作为办事处主任，支持常务副主任的日常工作，负责办事处的重要工作，做好办事处和指挥部的衔接。2015 年 5 月份，按照新的分工，不再分管人才民生工作，10 月份开始分管产业援疆。回想三年来在疆的工作和生活，感触颇多。

第八批援疆干部进疆的社会环境背景

出发前，市委书记韩正要求我们必须保证每一位援疆干部人才在疆的绝对安全。同时大家要切实做到四个安全，即"政治安全、人身安全、资金安全、项目安全"。市长杨雄在我们指挥部的专题报告上批示，要求上海市公安局到喀什现场指导我们的安保工作、帮助我们做好安保方案，要求市财政局对必要的安保措施给予充分的财力保障。正值来参加喀交会的市委副书记应勇在登机离开之前一再关照我们指挥部班子，必须在确保援疆干部人才绝对安全的条件下开展援疆工作。根据市领导的指示精神，上海后方的各相关部门有力出力、有钱出钱，为我们在喀什的生活和工作安全采取了一系列的人防、物防和技防措施。

我们指挥部班子多次深入研究讨论如何采取各种有效措施，确保绝对安全。比较幸运的是，我们的班长张仁良总指挥经验丰富、并且已经在喀什工作两年多，在稳定军心中起到了重要作用。根据研究，结合喀什社会稳定实际，我们提出了"准军事化管理"的意见，并据此制订了一系列相应的管理规定。作为纪律，总指挥带头遵守，每一名援疆干部人才不得例外。

其中，最为典型的就是不得随便外出和晚点名制度。作为援疆干部，任何时间未经批准不得离开所居住的院子。有工作需要的话，必须事先做好安排，并且在外出路途过程中需要全程乘车，不得在马路上走动。一级响应期间，原则上不外出。每天晚上 10 点钟开始晚点名，每个人主动报告自己所在位置。这样，所有援疆干部人才的活动范围就被大大压缩了，安全风险降低了，但是生活和工作的空间也压缩了，生活和工作的方式跟在上海完全不一样了。我们第八批援疆同志就是在这样的社会背景下来到喀什，也正是这样的背景决定了我们开展援疆工作的方式，以及队伍管理的方式。当然，这样特殊的环境也锻炼了我们，让我们更快地成长，更努力地做好援疆工作。

结合地方需求、发挥上海优势做出援疆工作成效

2013 年 9 月的全国援疆工作会议上明确提出民生和人才工作是这一批的工作重点。那就是切实改善新疆广大百姓的民生，让群众得实惠；重点建设受援地的人才队伍，培养一批带不走的当地人才。为此，我们将前一批的社会事业组改名为人才民生组，重点在医疗卫生、教

育、文化、人才培养、科技和社会事业方面集中资源，发挥上海的优势精准发力。几年来，正如上海领导所期望的那样，我们一直在这些方面走在了全国的前列。

医疗卫生方面，在上海市领导高度重视下，借助于上海的优质医疗资源，以喀什地区第二人民医院成功创建三甲医院为代表，依托新型医疗联合体的建立和三降一提高工作为基础的"组团式"医疗援疆新模式得到了中组部和国家卫计委的全面认可，并在新疆和西藏推广。

教育方面，通过职教联盟、双语培训中心的建设，以及"影子校长"等一系列计划的实施，"组团式"教育援疆的新模式呼之欲出。

文化方面，在第七批文化援疆做出突出成绩的基础上，我们提出将先进的现代世俗文化引入喀什，丰富当地人的业余文化生活。送节目、帮助电视台编节目、借助专业力量排片子成了我们的主要工作。《喀什我最牛》《飘着金子的河》《阿曼尼莎汗》歌舞剧等一批代表性作品让我们这一批的文化工作精彩纷呈。

人才培养方面，有计划地培养教育和医疗人才，形成了一支骨干老师和医生队伍。结合项目带动培训了很多当地急需的专业人才。已经持续十多年的"银龄行动"为当地带来急需人才。

规划工作方面，上海的规划专家组、规划团队在给新疆带来规划理念的同时，成为上海援疆的独特亮点。在前一批完成一系列城乡规划编制的基础上，进一步深入培养当地人员的规划为先的理念，着力打造当地的规划管理体系、培养各方面的规划人才。

富民安居方面，我们从一开始就提出以"入住率"为目标的理念，通过加大配套设施的投入和建设，使得上海的安居房建设工作成为整个自治区的典范。通过试点推广庭院经济，助力扶贫帮困。

制度建设和观念引入方面，通过"交钥匙"项目的建设引入先进的代建模式，在"交支票"项目中通过强化财务的管理引入严格的预算管理模式。通过一个个援疆项目的实施，我们把上海先进的制度和理念引入当地，潜移默化地影响当地的干部和群众。这项工作是最难做，同时也是我们最想做的、最重要的事情。

千方百计调动一切资源发展产业、
带动就业，聚焦精准扶贫

客观地说，以上提到的各项工作都走在了全国的前列，但我们的产业援疆，特别是在喀什地区四县与上海有关的产业显得相对落后。这一部分工作目前仍然是我们的唯一的"短板"，需要在下一阶段的工作中千方百计调动一切资源，做好补短板工作。

我个人认为，造成上海产业援疆进展缓慢的主要因素，一方面是上海地区产业能级比较高，与喀什地区目前的发展现状难以对接；另一方面是当地的营商环境仍然不尽如人意，还需要进一步改善。

严格遵守市场规律，务实地扶持有市场生命力、可持续发展的企业是基本思路。结合当地资源、发挥上海优势是做好产业援疆工作的根本出路。产业的培育和发展需要耐心。几年来，我们一直重点在打造当地特色农产品生产销售、发展文化旅游和聚焦产业园区建设等方面不断发力。虽然工作成效没有像其他方面工作那样走在全国的前列，但是，我们始终认为已经走在了正确的道路上，必须有定力、持续发力，一段时间以后必有所成。在目前情况下，精准发力、聚焦扶贫主要着力在这些方面。

准确定位，将办事处和指挥部
有机地融合为一体

在 2013 年底宣布任命我为办事处主任的同时，组织部文件明确了办事处和指挥部合署办公，接着就是在喀什的指挥部里为办事处揭牌。2014 年 6 月，根据市合作交流办的明确意见，办事处整体搬迁到喀什，原来乌鲁木齐的办公地点处改为联络点。办事处的功能就是服务援疆工作，服务援疆干部人才，服务当地经济发展。

客观地说，经过近三年来合署办公的磨合，办事处的工作定位越来越清晰。首先，办事处必须融入指挥部当中去。作为指挥部的一部分，接受指挥部的统一领导，与指挥部工作步调一致。其次，切实做好援疆服务工作。援疆工作有需要，援疆干部人才有需求，办事处必须全力保障好。然后，充分调动办事处的资源优势，积极参与援疆中心工作。在指挥部的统一安排下，全面负责好各方面援疆人员在乌鲁木齐和北疆的接待服务工作；做好克拉玛依分指挥部的后期保障。积极参与产业援疆工作，利用办事处的资源力争在产业援疆工作中发挥应有的作用。当然，办事处还必须按照后方合作交流办的要求完成好所有日常任务。

同时，指挥部也需要跨前一步，主动领导和接纳办事处。积极安排好办事处人员在喀什指挥部的工作和生活，关心好他们各方面的待遇，尽可能为他们营造一个良好的工作和生活环境。这样指挥部和办事处的同志们就能够心往一处想、劲往一处使，齐心合力做好援疆工作。

援疆工作的感受和心路历程：
三年援疆路、一生新疆情

说实话，当组织部门找我谈话的时候，我感觉非常突然和意外，确实没有一点思想准备。尽管这样我仍毫不犹豫地表态：坚决服从组织安排，没有什么不可克服的困难。不久，就要结束援疆使命回到上海，也要面临新的工作安排。我觉得就像来的时候一样，坚决服从组织安排，不改初心，是我们应该有的心态。

坦率地说，当初我心里最放心不下的还是儿子。马上要升初一的孩子正处于逆反期。他妈妈的话听不进，在学校里成绩和表现也不怎么样，平时在家里只有我还能管得住他。在他成长的最关键阶段一下子要离开三年多，实在不能让人放心。夫人虽然支持我，但觉得很突然，心里没有底。于是，我通过各种方式加强交流，第一时间请他们到喀什来，亲身体验我的生活和工作环境，让他们逐步接受这个生活的转变。然后，坚持每天晚上跟儿子通一个电话，每个周末视频聊天，让家人感觉到我虽然身处万里以外，心却始终与他们在一起。三年来，儿子也不断地健康成长，个子长高了，人长大了，学习也进步了。良好的生活和学习习惯基本形成，达到了我对他提出的共同进步的目标。

从接到援疆命令以来，我始终想着以积极的心态，主动接受生活和工作环境变化。抓住机会，不断提高充实自己。首先，锻炼身体，强壮自己。到了喀什以后，我有了更多的时间、更好的条件来有规律地锻炼身体，这是我一直以来最喜欢的事情之一。其次，利用一切机会加强学习，不断充实自己。同时，主动学习伊斯兰文化，深入了解喀什的地理历史人文风情。最后，就是借助于特殊的社会环境不断磨炼意志，使心理素质更坚强，政治上更加成熟。

虽然我们的工作和生活环境受到比较大的限制，但是我还是利用一切机会与当地的干部群众多交流，特别是那些正常工作之外的日常接触。有时候是应他们的要求，帮助他们解决一些生活中的困难；有时候是利用节假日跟他们一起坐一坐，聊一聊，有时候是接受要求参加他们日常生活中的一些活动。此外，我还主动与喀什大学的一名维吾尔族学生结对子，经常一起交流。接触当地、了解当地、理解当地，然后融入当地。做好交流、交往、交融也是我们的援疆工作的重要组成部分。

援疆人心中的"四个大"

杨元飞

2014年10月，根据组织安排，我从上海团市委调至上海援疆前方指挥部工作，担任副总指挥，常驻新疆喀什开展援疆工作。其后，自治区政府又任命我为喀什地区行署副专员，援疆和地方工作双肩挑，我成了一个名副其实的"新疆人"。记得当年进疆的时候，我曾在朋友圈里写下："那些未曾谋面的人们，都是我将要同行的伙伴；那些未曾到达的地方，都是我将要怀念的故乡。"转眼两年过去了，这段话变成了现实。在新疆，我结识了来自各个民族的朋友，而喀什，也成了我每天挂在嘴上、念在心里的家乡。这段援疆岁月，让我收获的还不仅如此，用一位前辈的话来讲，援疆的日子相当于重新读了一次大学。要说个中滋味，我想用"四个大"来概括。

稳定是最大的大局

天山不平，天下不宁。在新疆，稳定就是最大的大局。

初到新疆时，我有一个深刻的体会：这些年新疆的发展很快、变化很大，老百姓的生活在持续改善，与我想象的状况有很大反差。特别是新一轮对口支援工作启动以来，各援助省市充分发挥优势、调动资源，广大援疆干部人才主动融入、扎实工作，与当地各族干部群众一道，有力推动了受援地的经济社会发展，新疆迎来了发展速度最快、人民群众得到实惠最多的时期之一。然而，在这些成绩背后，却有一个问题始终无法回避：为什么在新疆取得大发展，各方面工作都普遍加强的情况下，社会稳定的形势仍然不容乐观呢？问题的背后，隐含着一对深层次的关系：发展与稳定。如何看待新疆的发展与稳定，对于理解当前阶段的新疆工作和援疆工作具有特殊意义。

一段时间里，新疆的主要矛盾被理解为发展问题，认为新疆虽然在人口构成、文化传统、宗教信仰等方面与其他省市存在差异，但面临的最大挑战仍然是"人民日益增长的物质文化需要同落后的社会生产之间的矛盾"。基于这种判断，发展被认为是新疆的第一要务，包括稳定在内的众多问题，都希望通过发展这把"万能钥匙"来解决。多年下来，新疆的各项事业大踏步前进，发展的成绩有目共睹，但原本期望随之而来的稳定形势却依然严峻。事实证明，在新疆，发展并不能自然而然地带来稳定，单纯用发展问题来代替稳定问题，是行不通的。

为什么会出现这种情况？原因来自新疆特殊的区情。与其他省份相比，新疆面临的情况、所处的环境更加复杂。在这里，民族问题、宗教问题作为一种历史现象而长期存在，语言文字、生活习惯、宗教信仰等方面的差异带来各民族间迥然不同的文化观、历史观和价值观。再加上新疆特殊的地理位置和周边环境，在"三股势力"和"双泛"思潮的渗透与挑拨下，民族问题、宗教问题很容易演化为分裂问题、稳定问题。这些现实情况，谁都不可否认，因为这就是当前阶段的新疆基本区情，也是研判新疆问题、理清新疆矛盾的基本前提。所以，新疆的发展不能理解为一般意义上的发展，而应该是建立在稳定前提下的发展。没有社会稳定，发展就不会有良好环境，各族人民群众就不能安居乐业，新疆就不得安宁。作为一名援疆干部，就是要从稳定这个大局出发，处理好发展与稳定的关系，既要围绕发展促稳定，把发展作为建设小康社会的普遍真理，又要围绕稳定谋发展，把稳定作为服务新疆特殊区情的现实需要，为从根本上解决影响新疆发展与稳定的深层次矛盾作出应有的贡献。

民心是最大的政治

天下之道，在顺民心。在新疆，民心就是最大的政治。

"十二五"期间，上海的援疆资金位居 19 个援疆省市之首。这其中，有 80% 的资金用于基层，用于改善民生。为什么都用到民生领域？这里有个基本的逻辑：只有改善了民生，才能争取到民心。那么问题来了：是不是民生改善了，就一定能够争取到人心呢？从我所了解的援疆工作来看，答案并不总是肯定的。

改善民生固然是争取民心的重要条件，却不是充分条件。给钱、修路、盖房等援疆工作，的确可以在一定程度上改善民生，但这只是做了"表"的部分。人心不是放在表面上、口头上的，而是放在内心里、认同里的。要想让各族群众发自内心地认可援疆工作，既要让他们真真切切感受到生活的改善，又要让他们原原本本理解援疆的目的所在，从而通过援疆工作调动、整合起全疆各族人民创造美好生活的共同愿景，让援疆成为"大家事""自己事"。而要想达到这个目的，仅仅寄希望于投几个项目、建几排房子、做几场宣讲是不够的，必须推动工作由"表"及"里"，既要交钥匙、交支票，又要交朋友、交真心，把援疆工作做成群众工作，让援建项目真正深入百姓生活，走进群众内心。

俗话说得好：亲戚越走越亲，感情越走越近。做援疆工作，就是要处理好民生与民心的关系，既要通过对口支援改善民生，又要通过交往交流交融争取民心，把受援群众当作亲人，把受援地当作家乡，在负责把项目干好的同时，用真心把朋友交好。为此，每一个援疆干部都要有"仁爱之心"，要发自内心地爱这片土地，爱这里生活的各族人民。其次，每一个援疆干部都要有"友爱之情"，要善于运用群众语言，善于掌握群众心理，带头用真诚的交往、主动的交流和换位的交融，消减与少数民族群众之间的语言障碍、文化隔阂、信仰差异，要让老百姓真真实实地参与到援疆工作中来，通过点点滴滴、长长久久的努力，让友爱、理解和包容广泛传播，让受援群众真正理解援疆工作的目的，真正认可援疆干部的作风，真正认同党和国家的民族宗教政策。最后也是最重要的，每一个援疆干部都要有"关爱之举"，多关心群众冷暖，多满足群众需求，扎扎实实地把援疆工作做好，让每个援建项目都能接地气、谋民生、落实处，成为民族团结工程，而不是虚有其表、好大喜功。只有这样，才能让"三个离不开""五个认同"不仅体现在理念上、口号上，更能体现在将心比心、感同身受上，体现在并肩奋斗的战友情谊上，体现在一起爱生活、一起爱新疆、一起爱祖国的朴素情感上，把新疆建设得更好，成为各族百姓共同热爱、共同珍视的美好家园。

担当是最大的责任

天下兴亡，匹夫有责。在新疆，担当就是最大的责任。

不来新疆，不知道新疆干部有多辛苦，新疆工作有多复杂。本来以为，上海干部的工作强度是比较大的，但跟新疆干部的工作强度相比，某种程度上来说，后者有过之而无不及。在这里，基本没有"节假日"的概念，"5+2"是常态，"白＋黑"是自然。新疆干部不仅要承担更多的稳定与发展责任，还要参与"访惠聚"工作组（也称作"驻村"工作组）、应急响应等很多其他省市干部闻所未闻的工作。拿"访惠聚"工作组来说，要用一年的时间深入到最基层，在乡村一线与各族群众同生活、同劳动，还要做好宣讲政策、带动发展、改善生态等多项工作。这一年的时间，没有特殊情况不能回家、不能请假外出，必须全身心投入工作之中。有时我们常说援疆干部背井离乡、工作辛苦，但跟这些驻村干部相比，他们的工作环境其实更加艰苦。

有人可能会问："既然这么苦，干嘛还要做下去？干脆辞职算了。"是啊，辞了职就不用驻村、不用加班、不用提心吊胆了，但我们想想，如果每一个新疆干部都这样想、这样做，那新疆的工作谁来承担，新疆的稳定谁来保障，国家的安宁谁来守护？从我所认识的新疆干部来看，他们都用实际行动选择了担当，选择了承担责任、直面矛盾、解决问题，用汗水抑或鲜血创造了经得起实践、人民、历史检验的实绩。

新疆的现实经历告诉我，要做好一件事情，责任与能力二者缺一不可，但相对而言，责任更加重要。一个人能力再强，如果他不愿意负责，就不能创造价值；相反，一个人如果愿意承担责任，即使能力稍逊一筹，也能创造出最大价值。某种意义上来说，责任心不是由能力决定的，但它却可以反过来影响能力。有了责任心，没有能力可以逐渐培养；没有责任心，再有能力也是无济于事，再细小的事情也可能酿成大祸。对于援疆干部而言，我们肩负的是国家意志与人民重托，面对的是复杂环境与生死考验，如果没有担当意识，如果不愿承担责任，就不可能承受得起思乡之苦、离家之愁，就不可能面对得了工作之难、生活之险。因此，要做好援疆工作，就是要把培养担当意识、锻炼担当意识、提升担当意识作为落实援疆责任的手段，把援疆工作与学习锻炼紧密结合起来，处理好责任与能力的关系，使其内化为心中有责，外化为勇于担责，面对问题不回避，面对困难不退缩，努力让援疆经历成为人生岁月里最全面的锻炼、最难忘的回忆。

团队是最大的资源

同舟共济，天下无敌。在新疆，团队就是最大的资源。

我在援疆指挥部分管教育、卫生、文化、科技、人力、社会领域援疆和项目计划、资金管理、决算审计、媒体宣传、纪检监督等工作。在地区行署，我还分管旅游、教育、卫生计生、食品药品监督、档案、科技、知识产权等十余个块面的工作。每天，落实各项要求、参加各种会议、接待各方来宾就已经把我的时间几乎全部占去，怎样才能在有限的时间里把各方面工作都做好做实呢？我的秘诀就是依靠团队的力量。

援疆的历练告诉我，在世界上，任何一个人的力量都是渺小的，只有融入团队，与团队一起奋斗，才有可能在实现集体价值的同时实现个人价值的最大化。援疆干部来自不同的单位和部门，经历多样，个性也有所差别。如果大家每个人都单打独斗，即使个人能力再强，也难以形成合力，不能发挥出集体力量。如果大家作为一个整体，相互包容，相互补台，齐心协力，团结协作，就能最大限度地激发出集体智慧，体现出上海干部的整体水平。当然，这里所说的团队，并不仅限于"前方"的指挥部和行署的同事，还应包括"后方"的上海各委办局、各单位甚至全社会的各方力量。因此，每一个援疆干部都要在工作和生活中努力提升合作意识，处理好集体与个人的关系，注重团队建设，多比工作比成绩，少比荣誉比待遇；援疆队伍要营造"上下一条心、工作一盘棋"的良好氛围，对外一个声音，对内一个步调，形成坚强的战斗堡垒；援疆工作也要善于合作，处理好与当地、与后方的关系，整合起多方力量，为工作创造出更大的平台和更广阔的空间，为援疆事业作出新的更大的贡献。

还有一年我就要结束援疆历程了，或许在未来的日子里，我还会有更多新的感悟与收获。我一直认为，在一个人相对年轻的时候，能够有机会到新疆学习锻炼，是值得一生珍惜的宝贵财富。记得之前曾去塔中出差，途径沙漠公路入口，道路两边用粗大的字体写着一副对联："只有荒凉的沙漠，没有荒凉的人生。"我想用这句话纪念我的援疆岁月。

（方城　费维照　采访，方城　整理）

七年援疆路 终生难忘情

夏红军

回望来路，我与新疆结缘、与援疆结缘，是在 2004 年 8 月。彼时，上海市党政代表团到阿克苏学习考察，我与第四批援疆干部联络组组长金士华进行对接，自此就在市政府合作交流办对口支援处，长期联系、服务援疆工作。

2010 年中央新一轮援疆工作启动后，我主动请缨，投身援疆一线，来到喀什这片热土，第七批期满后又连任第八批，成为当时上海历批次援疆中第一位、也是唯一一位连续干满两批次的援疆干部。七年援疆路，在喀什这所大学校、大课堂、大熔炉里，我历练着、成长着、进步着，苦与乐并行、得与失并存、受益匪浅、无怨无悔。

规划引领，先行先试打基础

与之前的援疆工作不同，新一轮对口援疆工作是包括人才、技术、管理、资金等在内的全方位援疆，"要将先进的观念理念和新疆的实际相结合""要把援疆建设的目标与当地经济社会发展的目标统一起来"。

起点高，要求更高。2010年3月第一次全国对口支援新疆工作会议召开，要求各支援省市要由主要负责同志带队到受援地区调查研究，形成初步工作方案，组织力量编制好对口支援总体规划和专项规划。

中央有要求，上海有行动。上海市委、市政府高度重视援疆工作，在筹办世博会的关键时刻，安排分管副市长胡延照率市有关部门负责同志于4月7日到新疆喀什地区调研考察，与自治区、地区和四个对口县党委、政府进行对接，共同研究支援四县的工作方案。

援疆规划的编制尤为关键。6月6日，在市政府副秘书长、市对口支援新疆工作前方指挥部总指挥陈靖的带领下，我与其他12位委办局选派的同志，以及市发展改革设计研究院、市投资咨询公司、市城市规划设计研究院、市建筑科学设计研究院、市教育基建管理中心、第十人民医院等单位的专业人员，组成了22人的上海市援疆规划调研组先期入疆，到喀什对口四县开展了长达1个月的调查研究，为全面援疆、科学援疆把脉定向，找准结合点。

规划调研组抱着高度的政治责任感、强烈的事业心和满腔的激情热情，围绕编制"1+X"规划体系（即一个上海市"十二五"对口支援喀什地区四县的总体规划，加若干个专项规划）反复讨论研究，逐条逐句逐字斟酌、修改、完善，有时甚至通宵达旦。记得有天从上午10点开始，一直讨论到次日早晨六七点才结束，中途除了吃饭，连续作战不休息。在这期间，韩正市长率上海市代表团于6月27日至7月2日参加第六届"中国新疆喀什·中亚南亚商品交易会"，看望规划调研组全体成员，听取了援疆规划调研组工作汇报。6月28日，韩正市长为上海市对口支援新疆工作前方指挥部揭牌，标志着新一轮上海援疆工作全面启动。

"十二五"援疆综合规划的确定，特别是民生为本、产业为重、规划为先、人才为要"四为"方针的确立，为上海援疆工作开好局、迈好步、顺利推进，打下了坚实基础。关于援疆方针的确定，还有一个故事。规划组当时只提了"民生为本、产业为重、规划为先"，11月10日俞正声书记率团到喀什考察后，认为人才支持非常必要，提出加一条"人才为要"，形成了16字的"四为"援疆总方针，并延伸、贯彻到整个上海的援外工作中，进一步细化量化、"项目化"。

8月22日，第七批125名上海援疆干部人才进疆。对口四县党委、政府对上海期望很大，在征询他们最迫切需要上海做什么时，答复就一个："什么都不缺，缺的就是资金"，提出很多援建项目。如何落实好上海市委、市政府的要求，把四县党委、政府领导的"自选动作"与中央和自治区党委、政府的"规定动作"结合起来，如何按照援疆规划和方针开好局、迈好步，成为当时面临的最紧迫课题。指挥部研究决定先行试点，开展示范性探索。

8月进疆，12月项目确定实施。短短4个月时间，我们与四县党委、政府进行多次沟通、协商、研究，十多次修改、完善规划方案，力求统筹兼顾长远发展与当前急需、硬件建设与软件支持、人才智力扶持与经济合作。在四县上报的项目中，首选安居房、学校、医院等民生项目；其次，是工业园区标准厂房，筑巢引凤发展当地产业，帮助就近就业；再次，是对综合规划和城乡总体规划进行修编或重新规划。按此标准遴选出的首批79个试点项目，既注重项目的可行性、推广性和引导性，又注重援疆规律探索和项目资金管理经验积累，对后续形成上海特色的援疆工作规划体系提供了实践支撑。

2011年在市对口支援与合作交流工作领导小组会议上，俞正声书记和韩正市长对援疆项目计划给予了充分肯定，认为援疆项目充分体现了民生为本的要求，都是解决民生的好项目。

建章立制，实心实干谋长远

规划是龙头，计划是统领，项目是抓手，资金是保障。中央明确支援省（市）的对口支援资金量，按照地方财政一般预算收入（扣除部分有专门用途的收入项目）的0.3%—0.6%测算。2011年对口支援资金基数按照支援省（市）2009年地方财政一般预算收入执行数并预计增长10%的比例确定。2012年至2015年，上年地方财政一般预算收入增长率高于 8% 的，当年对口支援资金量按 8% 递增；低于 8% 的，按照实际增长率递增；负增长的，除发生特大自然灾害以外，按上年对口支援资金量安排。作为第七批综合计划组项目主管、第八批计划财务组组长，如何把援疆资金用好，发挥最大效益，做到市委、市政府提出的"三个满意"（即中央满意、受援地区和上海市委、市政府、人民群众满意），确保"四个安全"（即政治安全、项目安全、资金安全、人身安全），我深感使命光荣、责任重大。

为了推动援疆工作有序开展，每年 9 月份，指挥部就启动下一年度援疆项目计划编制，做到谋划在先，部署在前，让四县党委、政府和分指挥部有足够的时间反复调研，科学地遴选出项目，把规划变计划、计划变项目、项目变成果，使规划蓝图逐一成为现实。在参与编制"十二五"援疆综合规划的基础上，我又主导编制了"十三五"援疆综合规划。

喀什地区具有"五口通八国、一路连欧亚"的区位优势，上海对口的莎车、泽普、叶城和巴楚四县地域辽阔。莎车县离指挥部最近，距离也有 190 公里。上海援助的项目分布在对口四县近 7 万平方公里的农牧区，点多、面广、线长、量大。七年多来，我走遍了对口四县的 80 多个乡镇，行程有 20 多万公里，与当地干部群众交朋友，建立联系，了解掌握当地的民情、社情、实情、真情。

在援疆资金的安排上，四县组织实施项目的资金以"交支票"为主，"交钥匙"项目的资金只占 6% 左右，管理难度非常大。为了做到"当年任务当年完成、当批使命当批实现"的目标，我们"交支票"不交责任，在工作中边探索边实践、边总结边完善，形成了"制度+机制+科技+人才"的项目管理模式。

坚持制度管理。7 年内，《上海市援疆项目管理暂行办法》《上海市对口支援新疆资金使用管理实施细则（试行）》《关于进一步加强四县交支票项目和资金管理的指导意见》《上海产业援疆促进就业专项资金管理办法（试行）》，以及人力资源开发项目资金资助、规划编制项目管理等一系列规章制度先后起草出台，并结合管理实际和中央要求，及时修订完善，明确"交支票"和"交钥匙"项目的责任主体，管理职责，规范项目从计划申报、前期准备到竣工验收，资金从申请、拨付到使用等全过程管理操作流程，推动援疆项目和资金规范化、制度化、常态化管理。2011年，我受国家发改委和自治区援疆办邀请，作为19个对口援疆省市的代表，全程参与国家发改委的援疆项目管理办法的起草工作。

坚持共同管理。指挥部牵头，建立与地区行署、对口四县政府共同参加的"4+2"项目推进联席会议制度，通过定期召开项目推进联席会议和现场观摩学习会，协调解决问题，总结推广经验，营造了共商共管和对口四县"比、学、赶、帮、超"的良好氛围。与地区发改、审计、财政、纪委等部门，以及指挥部各专业组，组织开展联合调研督导或专项检查，及时掌握四县项目计划执行情况，定期研判形势，合力推进项目建设。项目进度实行"月报"制度，每月向地委、行署和四县党委、政府以及主要领导通报项目实施进展情况，形成合力，齐抓共管。指导对口四县政府会同分指挥部成立援疆项目工作领导小组，建立项目推进工作例会制度，主要领导挂帅抓，分管领导亲自抓，援疆干部协助抓；实施目标管理，落实责任单位，明确专人负责，制定实施进度，定期通报信息，使项目推进有专人、每月信息有专报、检查考核有专项，有力地保证了项目的顺利实施。

坚持科技管理。从2010年援疆开始，浦发银行就在喀什设立分行，我们借助浦发银行集团网银，建立了援疆资金三级账户、专户管理、网银授权、封闭管理模式。四县财政局、地区和四县相关职能部门分别在浦东发展银行喀什分行分别开设专用账户，保证援疆资金专款专用、专户存储、封闭运行。运用网银技术，对账户进行实时网上远程监管，将项目资金管理插上了科技的翅膀。

坚持人才管理。推行一项目一援疆干部"责任人"、一项目"一个身份证"、一项目账户"一个管理密钥"。将援疆项目与援疆干部挂钩，实行一人联系一项目，对项目的规划设计、招投标程序和建设进行全过程实时跟踪、指导、监管，及时掌握动态信息，协调解决遇到的问题，及时核拨项目资金，督导项目验收审计，对督促推进项目实施起到很大的作用。将援疆项目编号，实行"身份证"管理，最大限度地保证了资金安全规范运行，使项目与资金一一对应，严格按计划、按合同、按进度拨付和使用，做到项目资金与项目计划相匹配，项目进度与资金拨付相一致，杜绝了项目资金超进度拨付、滞留不拨付、挤占、挪用等现象的发生。将援疆资金三级账户密钥，授权给四县分指挥长和项目联系人（援疆干部），进行分级审核、核拨资金，与县政府共同管理，确保了资金管理安全。七年中，协调上海市和地区审计部门，建立了上海、喀什地区和对口四县"两地三方"援疆项目审计合作机制。按照审计管理权限和援疆项目"属地化"原则，对所有援疆项目逐一进行审计分工，保证项目竣工财务决算审计全覆盖。

"上海标准"建起了安全"防火墙""防洪坝"，7年多来，援疆资金到位率和援疆项目开工率均实现100%。援疆项目资金90%以上用到对口四县，80%以上用到民生项目。累计援建的798个援疆项目，使近21万户约100万农牧民搬入安居房，200多万各民族群众直接受益，百姓的就医、就学、出行等生产生活条件得到明显改善。

倾情奉献，无怨无悔顾大家

初到喀什时，我们人生地不熟。上海与山东、广东援疆指挥部各自一个层面，在地委宾馆的一幢三层客房楼合署办公、居住。办公空间紧张，我们就在自己的卧房里处理公务。下乡调研没有车，对当地饮食、气候还在适应阶段……为了改变这个状况，指挥部领导积极争取后方和地委主要领导的支持，将上海对口支援都江堰指挥部的六辆车调拨过来，四县分指挥部各一辆，指挥部两辆。

我与行署刘夏宁副专员、地委王纯幸秘书长协调落实办公场所。经过反复协商，2010年10月，在年久失修、无人居住的原地委领导住宅楼中腾出了六间给指挥部。为了能尽快进驻办公，我同地委办公室同志一同开现场会，制定改造装修方案，落实建筑施工监理队伍。大家加班加点工作，仅花费一个月时间就完成了改造任务。同时，我克服交通不便、物资短缺、采购手续繁杂等困难，配齐了桌椅、电脑等办公基本设备，开通了电话、网络等，为大家打造了一个良好的工作场所。

11月12日，俞正声书记率上海市党政代表团到喀什考察时，在自治区领导的陪同下进行了实地察看。2011年1月1日，清晨寒风中的场景我至今记忆犹新：在陈靖总指挥和闵师林、唐海龙副总指挥带领下，全体援疆干部和大学生志愿者高唱着《国歌》和《团结就是力量》正式进驻办公。中央、上海和新疆等各级媒体都作了报道。

有了办公室后，下一步就是解决吃饭、开会问题。当时机管局派来了四位厨师，但指挥部没有自己的厨房，只好安排厨师到当时唯一有独立办公住宿大楼的莎车分指挥部工作。后来，指挥部同志下县调研，最喜欢去莎车县，因为那里可以吃到红烧肉、糖醋排骨等"上海味道"，能一饱口福。记得有一次闵师林副总指挥带队到莎车县检查指导工作，恰逢晚餐时间，当两大碗红烧肉、糖醋排骨端上圆桌后，大家早已迫不及待，转了一圈餐盘就见了底，连汤汁都没剩下。

当时大家最想吃的，就是浓油赤酱的上海红烧肉。如有同志从上海来喀什，最想捎带的，也是红烧肉。有一次，一位援疆干部的朋友来喀，特地带上了他老母亲做的红烧肉。因乌鲁木齐冬天有雾，他不得不改签航班，转机时弄丢了红烧肉。得知"噩耗"，这位一向温文尔雅的援友带着泣声感叹了一句："猪肉丢了，猪头还来干什么。"可见援友们对家乡味道的渴望，对改善生活、改善伙食的渴望。

于是，我又找地委办协商，在旁边的空地上搭建了一个简易食堂。有了办公室、有了食堂、有了会议室（也是餐厅），指挥部的服务保障才算相对健全。

2012年3月，随着广东省、深圳市指挥部自建援疆楼启动，我们也启动了上海援疆楼建设。大楼开业运行的任务由我负责。我边学边做，请来锦江酒店管理公司和瑞金宾馆的同志，帮忙进行开业指导、配置设备、培训人员。2013年1月，为抢工期和家具设备进场，我带领大学生志愿者张文梁一道，在气温零下二十几度的严寒天，每天坚守工地十多个小时，将2300多件的家具等物品，两次卸装、运输、搬运并配发到新大楼房间内，进行拆包通风透气。当时春节将至，指挥部人员相继休假返沪，外来务工人员也陆续回家过节，我们只能找当地搬运工。运物资用的是 17 吨卡车，开不进市内、更进不了地委宾馆大院，只能把物资先卸到会展中心，再找南疆部队军车一车一车地拉进来。席梦思、沙发等都是成品，不能拆分，电梯又没有开通，都要靠手提肩扛才能搬到五层楼上，难度可想而知。

1 月 30 日工地全部停工后，我们才回上海，此时离过节就剩几天时间了。为了指挥部能顺利提前搬迁，正月十五一过，我又先于大部队提前回到喀什，做开工前的准备，组织家具等设备技术人员进场安装。我尽了我应尽的力，做了我该做的事，为援友们提供一个舒适的环境工作、学习、生活。

2013 年 5 月 1 日，指挥部正式入驻援疆楼。七年多来，我不忘初心，时刻牢记市委、市政府的临行嘱托，为国家、舍小家，把国家使命、政治责任、组织要求看得更重，把个人名利得失看得很轻。2013年，当三年半的援疆任务胜利结束即将凯旋时，面对工作需要、组织认可和当地召唤，选择是"回"还是"留"？我想起当兵时经常讲的一句话，"革命战士一块砖，哪里需要哪里搬"，毅然决然地服从组织安排，留下来一干又是三年半。

当我的女儿一年一年长大了，在青春成长阶段最需要父亲陪伴、最需要父亲关爱、最需要父亲教导的时候；当我的女儿在面临最重要的中考和高考，最需要关心、最需要力量、最需要支持的时候；当我的女儿遇到困难，需要父亲伸出援手、需要照顾的时候，我却在万里之外的喀什，只能用迟到的电话、迟到的言语给女儿一点安慰。

2012 年，当住房热水器进水管突然破裂，屋内大量进水，引起民事纠纷被上告到法院，需要当家人出庭应对维权时，我只能远程关注，给家属一点安慰。2012 年年底，岳父病情逐渐加重，多次发病危通知书，最需要儿女关心照顾尽孝时，我直到 12 月 30 日晚上才匆匆赶回到他身边，见了最后一面。此时老人家看着我泪流满面，不能再言语，两个小时后就静静地离我们而去。也许老人家就在等着见最后一面，也许老人家有千言万语想与我谈谈、要嘱托、要交待，但这一切都晚了。最后，他带着无奈、带着遗憾，永远离开了他最放心不下、最舍不得的亲人们走了。当 2015 年 8 月我年近 70 岁的母亲不幸摔倒，手臂骨折，生活无法自理，需要家人照料时……七年中，遇到这些问题、这些困难时，都是爱人一人默默承担了起来，承担起了这个家的千斤重担，在身后支持着我，让我在前线安心工作。

七年中，我用自己的行动践行了进疆前立下的真心支疆、倾情援疆、奉献新疆的誓言，也收获了各级组织的肯定和赞誉：我先后被评为全国对口支援新疆工作先进个人，荣立二等功、三等功各一次，连续五年被评为优秀公务员，还分别被授予新疆自治区第七批、第八批省市优秀援疆干部，上海市五一劳动奖章、上海市合作交流系统创先争优优秀共产党员称号、上海市立功竞赛优秀建设者称号，被评为第七届、第八届"中国新疆喀什·中亚南亚商品交易会"先进个人。我的家庭还被评为上海市五好文明家庭，夫人程红荣获贤内助的光荣称号。我带领的计划财务组 2014 年荣获上海市立功竞赛先进集体、2016 年被授予上海市工人先锋号。

有位援疆友人曾写过这样一首诗：

不是每一朵花都能盛开在雪山上——雪莲做到了；

不是每一棵树都能屹立在大漠戈壁上——胡杨做到了；

不是每一个人都能来援疆——我们做到了。

七年身在天山行，梦中寻亲人，我无怨无悔。

七年援疆路、终生不忘情，我自豪骄傲。

（李晔　周文吉　采访，周文吉　整理）

我们　他们

史家明

与其他地方的对口支援工作相比，援疆工作有所不同；与前几批援疆工作相比，我们第九批一行又有一些不一样。

最重要的不同之处，是我们必须紧紧围绕习近平总书记确定的"社会稳定、长治久安"总目标开展工作。2016 年年底我们进疆时，新疆工作的局面跟以前相比，已经有了比较大的改观。我们在两地党委政府的领导下，做了我们应该做的。脱贫攻坚、对口支援，最后都取得了鼓舞人心的成绩。而这一切的重要动力来源是"他们"、主要贡献者也是"他们"，要紧紧依靠当地干部群众，这是我三年援疆体会最深的一点。

紧紧依靠他们
当地干部群众才是主力军

援疆工作要做好，有两个重要前提。一是要准确学习领会和把握中央、上海、新疆的党委政府对援疆工作的要求。我们的工作任务，就是要贯彻好中央和两地党委政府关于援疆工作的一系列重要方针政策和工作要求。二是要充分认识到援疆工作是新疆整体工作的一个部分。习近平总书记在 2014 年到新疆实地调研指导后，中央明确了新疆工作的总目标是社会稳定和长治久安。援疆工作不能另起炉灶，一定要围绕新疆工作的总目标开展。

我们这三年，重中之重的一项任务，是和当地干部群众一起，按照中央和两地党委、政府的要求，把脱贫攻坚这项工作做好。中央对援疆资金有"两个 80%"的要求，上海实际上是"两个 90%"：援疆资金 90% 以上用于民生事业，90% 以上用于基层，也就是我们对口支援的四个县以及县下面的乡和村的各项建设。习近平总书记强调，民族团结是发展进步的基石，所以我们的援疆资金和工作精力，一致向"雪中送炭"的项目倾斜，向能够直接帮助当地老百姓脱贫、享受到改革开放成果的项目倾斜，向能够增进两地民族交流互助的项目倾斜。在脱贫攻坚的历程中，我们上海作为支援方，只不过是做了一些力所能及的工作，起到决定性作用的，还是当地的干部群众。

为了实现新疆的长治久安、社会稳定，自治区采取了很多符合南疆特点的政策、措施。自治区的机关干部到喀什的县、乡，最终是到村里，组成工作队，帮助基层党组织和自治组织开展工作。这些从北疆支援南疆的干部，虽然不能算"援疆干部"，但他们付出的代价、作出的贡献，远远比我们内地过去的援疆干部要大得多。有的干部三十来岁，夫妻双双接到任务，赴南疆、到村里。孩子没法带，只能托给老人，他们自己则深入南疆的乡村，帮助当地群众特别是维吾尔族群众脱贫致富，帮助别人家的孩子学习。他们在村子里跟老百姓同吃同住，日子过得艰苦，我们看了以后都很感动。其实，不管是自治区层面的，还是喀什地区层面的、各个县层面的，这些当地干部都是按照自治区党委政府的要求，深入到乡、村一线，做扶贫工作、做当地群众的思想工作。他们长期回不了家，工作环境也比较复杂，"压力山大"。一部分同志积劳成疾，倒在了第一线。和他们相比，我们这些干部真的只是做了一点点工作。当地的干部是我们学习的榜样，新疆工作能够取得来之不易的成绩，他们是主力军。

我们援疆干部与当地干部群众是完全平等的。我们绝不能居高临下，而要真正沉下身子，虚心向当地干部群众学习。别看人家学历没我们高，但他们在艰苦的环境中受的磨砺比我们多，他们做民族群众工作的经验、他们的热情、他们的胆量、他们的魄力，我们都比不上。当地有些老百姓一户只有一间房，支援的干部就跟老百姓睡在一起。回想一下我们援疆干部的工作生活条件，与当地干部的比起来，还是要好一些。

他们撑着我们
离不开后方的重视和支持

第九批援疆工作达到了预期的效果，离不开后方的重视和支持。这三年当中，时任上海市委书记李强亲自率队到新疆，在喀什现场指导我们援疆工作，还与当地党委政府进一步沟通交流，了解新疆方面对我们上海援疆工作的需求。上海市委、市政府的领导回来后，按照中央的要求，结合当地的需求和上海的优势，对援疆工作作出了深入的安排和部署。这对我们进一步设计好援疆项目，更加合理地利用好援疆资金，至关重要。李强书记特别关心援疆资金的规范使用。我们第九批援疆干部按照市委主要领导的要求，在市委、市政府分管领导的指导下，在之前形成的制度的基础上，进一步完善了援疆项目和资金的管理办法，目的就是确保援疆项目和资金能够切实符合中央的要求和当地的需求，把好钢用在刀刃上，直接作用于脱贫攻坚、两地干部群众的交流和民族团结工作。

上海市委、市政府每年都要召开好几次关于对口支援的工作会议，领导都亲自参加，定夺每年的支援项目和工作计划。参与援疆的四个区的党委政府，主要领导每年也都会到对口的喀什地区下面四个县，深入一线了解当地的需求，更好地完成市委、市政府交办的对口支援任务。他们为我们前方指挥部开展工作披荆斩棘，创造了良好的基础。强大的后方不仅仅满足于完成"必修课"，他们一旦发现对口四县一些急迫的需求，还会上马"选修课"，做一些"附加题"，额外再安排一些资源和力量进行支持。比如当地的贫困县和我们这边的对口区结对，贫困乡和我们区里的镇结对，薄弱的学校、医院和我们派出区的学校、医院结对。这样的结对，让当地老百姓的获得感特别强，并且对于我们深化援疆工作，特别是形成一支我们一直期望的"带不走的队伍"，贡献相当大。

我一直强调，不要光看到前方指挥部的同志在工作，我们所有的派出单位、对口四个区，他们也是没日没夜地在帮我们前线做好援疆工作，提供他们所能提供的一切。所以，援疆工作绝对不仅仅是前方指挥部的事情，而是整个上海的一项重要工作，是上海对中央部署要求的一个承诺。上海援疆工作已经形成了一整套比较完善的机制和做法，对我们在前方能够顺顺利利地做好工作，是重要支撑和强力保障。

另外，上海的社会力量、民间力量，也为援疆工作加持了很大的能量。上海人有先富帮后富的情怀，老百姓对于援疆很有热情。我们只要创造一些机会，他们就会主动自觉地参与进来。前方指挥部跟当地党委政府一起研究和制定了旅游援疆的相关政策，旅游包机就是我们上海第九批援疆工作的一个亮点。对于大美新疆，上海的老百姓一直心存向往。以前对新疆不够了解，觉得新疆不够安全，去的人比较少。我们就通过各种渠道，向上海的老百姓介绍新疆这几年的整体安全形势，并设计了一些符合他们需求的、让他们放心的旅游线路。东航也提供了大量支持，这几年上海到新疆的旅游包机近 100 架次，近 1 万名上海游客领略了新疆特别是喀什的大好河山。有意思的是，这些游客绝大多数都背着一个"扶贫小背包"。来新疆后，他们会特意去往学校、乡村，和当地孩子们一起搞些活动，在游玩的同时自发扶贫。我们的旅游援疆，同时也做成了扶贫援疆。

援疆工作就是要结合两地的实际，寻找到一些比较好的发力点。我们指挥部要做的，一是明确新疆的需求，特别是喀什地区的需求，二是挖掘后方的企业包括一些民营企业的特长，为两者拉拉线、搭搭桥。"适销对路"的项目不仅更容易推进，两地的老百姓也能受益更多。

我们从他们身上收获许多

从我们援疆干部的角度讲，三年的工作是一种奉献，更是一种学习和提高。都说不到新疆，不知道祖国之大。我们上海干部不到新疆，就很难体会到边疆干部群众工作生活条件的艰苦。他们为了国家统一、民族团结，付出了比我们内地干部更多的努力、更大的代价。我们为当地作了一些贡献，但不要觉得我们就立功了。对我们的人生而言，援疆真是一次难得的学习历练机会，我们从当地的干部和群众身上，学到了太多宝贵的品质。

别的不说，就以援疆医生为例。我们市里三甲医院派出的援疆医生，都是年轻骨干医生。他们到喀什后，马上从一名骨干医生变成了当地医院的科室主任。不仅要干好自己的业务工作，还要带领科室的同志提高水平，在当地做好师傅。我特别强调，援疆医生最重要的，不是自己在那边做手术，而是带教当地的医生，让当地的医生能够做更多、更难、更复杂的手术。我们19个援疆省市都对口支援了当地的医院，如果要比武，不是让援疆的医生出来比，而应该让援疆医生带出来的徒弟比武，这才能够体现援疆工作是否取得长效。我们的援疆医生在喀什一年半，遇到了许多疑难杂症，做了比在上海多得多的手术。好几位援疆医生回来后真心实意地跟我说，在当地治病救人既是一种奉献，更是一种成长。

另外，对于党的民族政策、宗教政策，我们只有到了新疆才有了更切实的理解和领会。在上海，对于民族工作、宗教工作，我们可能只是学习了解了一些政策。我们刚进疆的时候，正是一个比较特殊的时期，那时候要想跟在上海一样，拉着家人的手在街上散个步，简直是一种奢望。聚焦总目标以后，新疆的工作迈入了一个新的阶段。新疆当地的领导一直强调，没有任何一个干部与"实现社会稳定和长治久安总目标"这项工作没有关系，所有人对社会稳定和长治久安这项工作都有责任。

我们上海的很多干部没有参与维稳工作的直接经验，但在新疆，几乎所有的干部都参与到了确保长治久安的许多具体工作中。在那边24小时值班，对单位发生的一切突发情况都要及时响应，责任很大。比如突然遇到地震，应该怎样指挥、怎样应对？这是一个考验。从事稳定工作、民族工作，我们援疆干部在这方面得到了很大的锻炼。

给我留下另一个深刻印象的，是新疆当地的干部非常勤奋、任劳任怨。他们兢兢业业，几乎放弃了所有的休息日。2018年春节是我们进疆后的第一个春节，我清楚地记得，七天长假，当地的干部只休息一天，其他时间全部扑在村子里面。平时周六周日，他们开会也非常频繁。所以我们在新疆，经常不知道今天是星期几，因为我们也一样，地委、行署，包括地方上有什么工作要完成，就不分什么工作日还是休息日。当地的干部经常说，一个星期能够休息一天就太好了。我们在上海，还有公休，法定节假日基本上都能保障，而新疆当地的干部休息日非常之少。前面提到过一些干部倒在了一线，实际上同他们长期高负荷的工作不无关系。

对于怎样在少数民族同志占绝对多数的喀什地区，把中央的大政方针贯彻落实下去，新疆当地干部抓落实的劲头，一些具体的工作方法，也让我们受益匪浅。当地曾有一个要求，中央的会议不过夜。比方说，中央开了会，然后自治区就开会，接着地区开会，县开会，乡开会，一天中全部开完。后来有了视频会议系统，他们又进行优化，会议一竿子到底。自治区有很多会议一竿子就开到村里，驻村工作队的队长、村支部书记、村委会主任一起来参加。这对我们是很大的启发和触动。面对不同的群众，我们要研究和制定不同的工作方法，最终目的是使得我们党的方针政策能够落地、生根、发芽，能够取得预期效果，我觉得这一点非常重要。

当地干部也不把我们当客人，都把我们当自己人。特别是当地的领导，非常善于挖掘援疆干部的潜能。他们会结合援疆干部的专业特点、工作履历，请我们做很多好像是属于援疆工作范畴以外的工作，当然我们也很乐意。比方说，我是长期搞规划的，虽然援疆工作并没有要求对当地规划进行帮助，但是喀什地委书记非常重视这块工作，他得知我的工作经历后，在研究部署相关工作时，会请我一起帮他出谋划策，十分尊重我的意见，让我深受感动。对援疆干部来说，这是自身价值的充分实现，对喀什地区的工作来说，也是一种良好的推进。

写给他们的信

说实话，三年援疆，最辛苦的人是我们的家属，我们援疆干部都觉得对不起自己的家属。我们刚到新疆的时候，上海已经使用 4G 网络了，新疆还没有开放 4G。我们三年当中有近两年的时间，手机只有 2G 网络，网速很慢，我们都难得才和家属联系一次。

第九批援疆干部的家属这三年间也遇到了不少困难，我们的派出单位对他们都非常关心，有了什么状况第一时间施以援手。后方单位对我们援疆干部子女的就学就医都给予了很多无微不至的关怀，让我们铭记在心。

我任总指挥的时候，只要援疆干部有子女在后方读书的，特别是读中学和小学的，我都会给他们的校长写一封信，向校长报告一下，你们学校的某一个学生，他的父亲正在参与我们上海市第九批援疆工作，他家里只有妈妈在照顾这个孩子，希望学校能够给予更多的关爱。后方学校对我们的这封信都做出了积极回应，他们会增加家访，平时在学校里对孩子的关注度也有所提升，孩子出现什么情况，学校会更及时地向家长反馈。总之，后方对我们有求必应。我们无所求，他们也会主动帮我们做很多事情。

离援疆结束还有两三个月时，我们指挥部又给所有干部的派出单位写了一封信，给所有干部的家属写了一封信，倡议派出单位和家属在这最后两三个月时间里，与我们指挥部党委和班子一起做好干部的管理工作，特别是在安全和纪律方面，我们要共同努力，防止在最后的两三个月掉链子。我回来以后，当时的市教卫党委书记沈炜同志对我说，接到你们这封信以后，我们马上就去布置落实了，让所有的学校跟派出老师联系，让所有的医院跟派出医生联系。最后那段时间，指挥部压力很大，我们要保证大家都平安归来。我们一方面靠干部的自觉，另一方面通过写信的方式，争取派出单位和家属的支持，前后方共同努力，确保收官工作顺利进行。最后几天我就搬个小板凳坐在门口，看谁晚上 10：30 还没有回来，不回来我就要问清楚是什么原因。我们都有严格的纪律，一切按照规章制度执行，便能规避很多风险。我们出发的时候，市领导千叮咛万嘱咐，出色完成援疆任务的同时，这支队伍怎么带出去的，就要怎么带回来。为了实现这个目标，前后方同心协力，我们的队伍最终胜利凯旋。

总之，对于援疆工作，我最想讲的体会是，不要光看到我们援疆干部的付出，还要看到我们的收获；不要光看到我们取得的成绩，还要看到当地干部群众才是脱贫攻坚的主力军；不要光看到我们前方的工作，还要看到上海后方的支援保障；不要光看到上海对新疆的支援，还要看到新疆对上海的支持。

我们不仅收获了友谊，更重要的，我们从当地干部群众身上学到了很多东西。我们得到了后方市委市政府、派出单位无微不至的关心关怀，解除了后顾之忧。援疆工作也绝不是单方面的，内地在对新疆给予支援的同时，新疆对内地的支持也非常巨大。例如西气东输，为上海送了多少天然气、为上海的节能减排贡献了多少力量？新疆的干部群众努力维护民族团结、祖国统一、边疆安定，为我们聚精会神建设社会主义、推进事业发展提供了多少保障？我想说，援疆工作起到决定因素的不是我们，而是中央的政策、中央的支持，以及当地干部群众坚持不懈的奋斗。

（侯桂芳　胡迎　采访，胡迎　整理）

这里有我的亲人

胡章萍

在我的人生历程当中，援疆工作的三年是极不平凡的三年，是让我留下深刻记忆的三年。喀什作为祖国边陲的西部小城市，如果不是因为援疆的话，我想我对它并不会有太深刻的印象，但是三年援疆，把我和这个西部边陲小城紧紧联系在了一起，也构成了我工作生涯当中可以认真记述一笔的人生经历。

把上海人民的真情厚意带到这里

2018 年之后，我担任援疆前方指挥部副总指挥，具体负责援疆项目的安排。如何把项目安排好，把援疆资金统筹规划好，让新疆人民、喀什人民感受到上海人民的一腔真情厚意，是我要考虑的主要问题。我原来对资金和项目管理并不熟悉，于是从头开始学，学习的内容涉及资金管理、项目管理、财务管理等知识，这对我来说是一个挑战，也是一个锻炼。在这段时间里，各项计划基本都达到了预期目标，项目基本都如期完成，达到了最佳效果，从这点来看是很不容易的，这也是援疆干部一起统筹各方力量推进落实的结果。

中央一直要求援疆省份和受援地之间要加强互动，我们加强和新疆的交流交往，增进两地人民之间的友谊，是凝聚人心、增进国家民族感情、维护国家统一的重要举措。2019年，在经费安排方面特意加大了投入，占援疆总资金的3%以上，之所以要安排这么多的资金，既是为了突出在这方面工作的开展力度，也是希望通过交流交往项目的推进，更好地落实中央提出的要求。

在促进两地交流交往方面我们做了很多工作，推进了很多项目，也得到了上海后方的大力支持，有些项目成为了上海援疆的品牌项目，在当地有很大的影响。比如我们通过"手拉手"项目，积极组织新疆当地的中小学生到上海开展暑期夏令营活动，一般一年组织200位学生，人员数量还是比较多的。上海的浦东、静安、闵行、宝山4个区对口喀什4个县，我们的援疆干部一般在对口地区任教育局副局长，与上海共青团系统的干部和教育系统的干部共同协调推进这件事。这些参加夏令营活动的学生回去之后都成了两地友谊的传播使者。我们去县里看望他们的时候，很多学生都说去上海后开了眼界，感觉到祖国非常强大，表示要好好学习，将来报效祖国。我觉得这是非常好的爱国主义教育，这个项目我们一直坚持下来了，逐步发展成了品牌项目。

我们还积极组织援疆农产品展销，比如春季博览会、秋季博览会，将喀什的农产品推介到上海来参加农博会，各个区也组织自己的展销会。这两年我们大力打造指挥部的品牌项目，叫"双线九进"，帮助上海对口援建四县的特色农产品打开销路，助力精准扶贫。"双线"是指线上和线下，"九进"是指进商圈、进社区、进菜场、进机关、进学校、进企业等。通过这个品牌项目，把喀什的特色农产品进行宣传和展示展销，有效带动农产品销量。应该说，这也是一个非常有影响力的品牌。

再比如推进包机旅游项目，组织上海游客到新疆去旅游。新疆是一个旅游资源非常丰富的地区，尤其是喀什的旅游非常有特色。俗话说，北疆看风景，南疆看风情，所谓风情就是指维吾尔族的民族特色风情。喀什有两个5A级景区：喀什古城和泽普县的金胡杨景区。喀什对游客有很大的吸引力，前几年因为安全形势，大家去新疆还是有点顾虑，这几年情况已经大为改善，为喀什旅游工作的推进打下了坚实的基础。我们把组织上海游客到喀什旅游作为重点工作去推进，特别打造包机旅游。我们做的第一件事就是开通东航在上海和喀什之间的直航。上海和喀什距离很远，原来上海到喀什都要到乌鲁木齐经停，全程需要 8 个小时，但是如果直航喀什的话，只需 5 个小时，这个航程大家还是可以接受的。经过努力，在上海市里相关部门的支持下，我们和东航达成了直航协议，每个星期都有直航的飞机到喀什。在此基础上，旅游包机工作有了很大进展，2019 年有 60 架次旅游包机。上海市民对喀什旅游给予了非常大的支持，我们也在组织两地客源方面开展精细化的服务，从接站到行程安排，到景点布置，包括沿途的安全保卫，都下了不少功夫，使游客游玩之后都觉得非常值得，这就体现了上海精细化管理的工作特点。由于做了大量工作，包机旅游很受欢迎，大家的旅游感受度很好。

授之以鱼，更要授之以渔

我们积极推进教育援疆和卫生援疆，组织上海的专家帮助喀什大学、喀什职业技术学院，还有对口四个县的中小学。卫生也是上海援疆的特色领域，这几年我们将喀什第二人民医院打造成为南疆的医疗高地，还把医疗资源向四个县辐射，我们称为南疆医疗联合体。四所县医院和喀什第二人民医院之间建立双向转诊关系，疑难杂症到第二人民医院进行会诊，医生加强对疑难杂症的指导，由此构建医疗联合体。上海四个对口区派医生到四个县医院开展医疗工作，这些医生在当地口碑非常好，他们在当地医院担任"双岗科主任"的职务，当地的医生是科主任，我们的医生也是科主任，但是我们更多的是负责教学科研，从业务方面加强交流和指导。他们做过的很多手术在南疆都是第一例，填补了当地的医学空白。很多人慕名而来，到医院来找援疆的上海医生看病，这既是对上海医生的肯定，更是对上海医疗能力和水平的肯定。援疆教师和医生发挥着"传帮带"作用，不仅仅是教书和看病，还要做导师进行传道授业解惑，提高当地的教学水平和科研能力，这才是最主要的。客观上来讲，我们的老师和医生都起到了"授人以渔"的作用，为当地培养了很多人才。

把群众当亲人，把喀什当故乡

组织干部到基层去，深入了解当地的情况，是做好援疆工作的一项重要内容。从我们这一批援疆干部开始，更加强调要和当地干部群众同吃、同住、同学习、同劳动，这是增进民族交往的重要举措。我们把增进交流交往和加强干部队伍凝聚力结合在一起，推进干部下乡"结亲"，增进民族感情。在和当地群众"结亲"的过程中，援疆干部既感受到了民族团结的重要性，也认识到了援疆工作的重要性，这种教育是直接的、来自一线的，很有成效。

我们推动干部与当地贫困户"结亲"，一个月至少上门走访一次，带上米、面、油等慰问品，有的干部也带上自己捐赠的鞋子、文具等物品。我在上海的校友会给了我大力支持，捐赠了文化用品，还捐了一笔钱。我把书包、文具盒等文化用品捐给了"结亲"所在村的小学，那笔钱捐给了村委会，把村里的大院和文化室进行了改造，当地老百姓非常感激我们。开展这些力所能及的工作，对我们来说也是一个受教育的过程。我联系的贫困户中有一户家庭的孩子，大学毕业后想回到当地教书，这样离家可以近一点，于是我请县里的干部帮助协调，最终她的愿望得以实现。虽然这对我是一件小事，但是对她来说，既解决了工作，又能照顾家庭，是一辈子的大事。这个学生我也只是跟她见了一次面，因为平时她不在家里。大学毕业的时候她给我写了一封信，虽然汉字写得歪歪扭扭的，但是字里行间充满着诚挚的感情。

融入当地干部群众，和当地干部群众交朋友，是做好援疆工作的重要保证。我们一直讲一句话："要把喀什当成是我们的第二故乡，要把喀什的干部群众当成我们的亲人。"这句话没有半点虚言，你不把这当成自己的第二故乡，不把这里的干部群众当成亲人，就走不进他们心里，更不要说是融入了，工作开展也很难。就以"结亲"为例，民族团结一家亲，在新疆是一项非常重要的工作，看起来很简单，认几门"亲戚"，定期到他们家里看一看，但这背后体现的是民族感情、民族融合。我认为，这项工作做好了，新疆的稳定工作基本上就做好了。到老百姓家里去，要坐到他们炕上，跟他们一起吃饭，跟他们一起劳动，需要心连心。

喀什的干部中，95% 以上是少数民族，他们是干部队伍的主体，很多援疆项目都需要依靠当地干部去推进。要和当地干部融入，必须要把他们当亲人。我们开玩笑说，在新疆要学会吃羊肉，你如果吃不了，或者不喜欢吃，那你肯定待不下去。因此，要加强民族融合，融入当地干部群众，要在生活习惯、工作习惯等方面要真心实意地融入他们。我一直说，和当地干部交往，要有距离，不可能一点距离都没有，但是又不能没有距离，要辩证地看问题，准确把握好分寸。

援疆干部都是好样的

在喀什所有的援疆干部当中，上海的队伍是规模最大，人员来源和队伍结构也最为多样化。我的首要任务是保证这支队伍在三年时间里的安全，不能发生意外。"安全地进去、平安地回来，不要让一个人掉队"，这是领导对我左叮咛右叮咛的重托，对我来说是沉甸甸的责任。说实话，面对这份责任，我心理上还是有很大压力的。如何确保这支队伍的政治安全、人身安全，让每个干部都能经受住"两个安全"的考验，一直贯穿在我三年援疆工作的始终。为了做好这"两个安全"，我们也想了很多的办法。第一是强调讲纪律讲规矩。在各种场合，无论是开党委会还是党支部会，都要求干部遵守援疆的一系列规章制度，把纪律和规矩挺在前面，让每个干部都知道底线和红线在哪里。应该说，上海的干部整体素质比较高，在遵守规章制度方面交出了一份满意的答卷，都是好样的。第二是加强关心关怀，凝聚人心。干部如果出现任何困难，我们尽量做到第一时间掌握，向后方报告，争取后方的关心，我们在前方也做好相应的排解工作。组织开展支部活动、工会活动，既帮助大家解决了困难，又把大家紧紧地联系在了一起，凝聚了人心，让大家感受到兄弟情、战友情。可以毫不夸张地说，上海的援疆干部在喀什四个指挥部当中，凝聚力是最强的。我们没有出现过一起因为内部不团结、对指挥部有意见而导致的内部纷争，这是让我感到很欣慰的。

干部管理方面，我们着重抓好谈心谈话制度，这个谈心谈话不等同于一般的谈心谈话那样严肃，更多的是援疆兄弟之间的交流。我建立了"茶室谈心制度"，因为平时没有工作日和休息日之分，也没有上班和下班之分，一般就见缝插针开展党支部工作。平时开支委会，或者开支部会议，我们几个就在屋子里，一边喝茶一边说事儿。一般情况下，我先把正事谈完，完成工作任务和支部学习任务。其次就是问问组里面谁家里有没有什么特殊情况，老婆孩子有什么事情，家里老人有什么事情。第三就是问问大家最近在关心什么，喜好什么。当然，在工作当中比如项目推进当中如果遇到什么事情，最近遇到什么事，在工作上遇到什么难题，需要支部做哪些协调，也包含在这三件事里。这个制度我从进入新疆一直坚持到离开，在我的带动之下，其他支部也学习了这种做法，我觉得效果非常好。喝茶聊天本来就是一种舒缓心情的方式，再把它和工作结合在一起，即使比较严肃正统的工作谈话，也会变得更轻松，更容易接近，同时也通过这种方式更好地沟通交流，畅所欲言，我把它称为"茶室谈心"。这种方式可以让大家没有拘束，敞开心扉，很多事情都通过这种方式了解，我认为这是非常好的工作机制。

在确保援疆干部安全方面，上海历来有非常好的行之有效的制度，我的前任打下了很好的基础。比如，规定所有干部不许私自外出，外出必须履行请假手续，这些都是援疆干部一直以来明确的管理要求。除此之外，干部到任何地方开展工作，必须要有工作计划，履行好报批程序。原来只要跟我报告一下就可以了，但是后来我要求大家提前报工作方案，我们要了解他们具体的工作安排。我们对干部的人身安全要求非常严格，这些措施都是在前任给我们留下了很好的经验和做法的基础上采取的。我们的干部在几年中表现比较好，一方面是指挥部做了大量的管理工作，另一方面是干部总体素质比较高，大家互相配合，当然也包括后方单位的支持，是我们共同努力的结果。有句话说"军功章里有我的一半，也有你的一半"，如果把后方的单位和家人看作娘家的话，这个军功章的一半是他们。所以我非常感谢每个干部背后的家庭和我们的派出单位，还有几个主管部门对我们的大力支持，没有他们在后方的支持，我们在前方的工作是难以推进的。

总体来说，援疆三年，收获大于付出，我非常珍惜这三年，既收获了经验，也收获了友谊。虽然也有些付出，但是这些付出是非常值得的，是我人生中非常难得、非常宝贵的经历。

（曾瑜华　采访整理）

积极推动喀什教卫文化事业发展

王从春

2018 年 9 月，我作为上海援疆前方指挥部的副总指挥来到喀什，分管教育、卫生、文化、科技和社会援疆工作。上海对口支援喀什十多年来，前几批的同志在这里打下了非常好的基础，各方面有了显著的发展。以前虽然多次到过新疆，但这次怀着不同的心情，带着责任和使命。来了之后经过一番深入调研，我感到要把这里建设好，促进经济社会发展和长治久安，除了可以做一些具体的项目以外，更多要从长远去考虑，以问题为导向，做一些长远规划。在教育领域，目前最主要的问题是师资队伍的问题。在卫生领域，公共卫生服务水平有待改善。在社会援疆领域，需要将各个层面的援疆项目和资源进行系统归集，发挥最大效用。通过我们项目的引领，能够给当地建立起一套标准和体系。当我们离开的时候，应该留下的是好的规划、好的体制机制、好的运行模式，培养起一支政治过硬、业务精湛的干部队伍。这支队伍，是喀什能够可持续发展的长久保障。

"1+4+N"，教育援疆大组团

　　做好教育工作具有战略意义。喀什当前面临着三大任务：一是脱贫攻坚；二是推动社会进步和发展；三是维护社会稳定。在脱贫攻坚方面，"两不愁三保障"对教育有明确的要求。在推动社会进步和发展方面，通过教育使新疆青少年健康成长、学有所成、学有所为，能够走向社会、充分就业，能够使脱贫攻坚的成果得以持续。在维护社会稳定方面，教育决定了一代人的成长，喀什的未来、新疆的未来关键在于教育，要培养新疆青少年具有中华民族大家庭的意识、国家意识，都需要通过教育来实现。

　　我对当前的喀什教育有一个基本判断，一是随着 2020 年全面脱贫任务的实现，喀什教育将实现从老百姓"有学上"到"上好学"的转变。全面提升教育质量，实现均衡发展将成为喀什教育的主要任务。二是基于国家通用语言文字的课程和考试评价体系初步形成。三是能够利用现代教育理念，配合现代化教育基础设施，来进一步提升当地教育的现代化水平。四是初步实现转型升级，在教育体制机制改革、教育基础性制度安排以及教育基础设施建设、师资队伍建设等方面取得了一定的进展，形成了与南疆社会经济发展相适应的科学完整的教育体系。从我们上海教育援疆工作的角度来说，一方面是配合做好当地教育转型的重点工作，帮助开展普通话教育的改革，加强教师普通话培训，提供普通话教学的方法、软件和工具。开展学生普通话教育活动，提高普通话学习效果。另一方面是根据喀什不同学段、类型教育的现状和特点，推进重点改革。我们在基础教育"小组团"的基础上，推进"大组团"。2019 年 4 月，以上海师范大学附属喀什中学（原喀什六中）和上海师范大学喀什教师培养培训基地的揭牌为标志，正式组建"1+4+N"援疆教育集团联盟。"1"，就是发挥上海师范大学附属喀什中学的核心作用，为集团学校共同发展提供支撑和服务。"4"，就是由泽普、巴楚、叶城和莎车 4 县 12 所学校分别打造教育集团，使上海 4 区集中力量帮助 4 县提升教育质量，整体提升集团核心学校办学水平，成为喀什地区优质教育品牌。"N"，就是以点带面连成片，使优质资源和先进办学模式辐射到更多乡村学校，获得优质教育资源。组建这个联盟，目的是整体协调上海市教委各部门、上海师大和 4 个对口区的援疆教育资源，依托上海前方指挥部、地区行署以及喀什 4 县的支撑，构建纵向贯通、横向衔接的集团运作机制。

喀什中等职业教育目前是采取兜底招生的办法，就是说只要到了年龄，不管考多少分，都能进来。有的农村孩子不会说普通话，进来第一年就是学汉语，再学技能。喀什中职教育的目的，就是让适龄的孩子有一个可以读书、学语言、学技能、规范行为的地方。中职学校里面也有一些学校相对会好一点，比如卫生学校就很吃香，孩子们也愿意去读，医生这个职业在当地是很崇高的。

上海长期以来支持喀什职业教育，我们合作共建学校，建实训中心，进行课程建设和改革，沪喀职教联盟已经成为上海职业教育援疆的品牌项目。在前几年工作的基础上，我们重点帮助组建喀什高等职业技术学院，为喀什地区打造现代职业教育体系奠定了基础。我们以上海城建学院为主牵头，联合上海八所院校，向喀什高职学院派出管理干部和教师，进一步帮助他们全面提升教育管理、学科建设和师资队伍水平，逐步开设中高贯通、中本贯通专业，为使喀什地区的应用型人才的培养能够形成体系，为喀什培养更多满足经济社会发展需要的合格的建设者和人才。

"红柳花开"，援疆教师的引领与示范

2020 年，在喀什有上海援疆教师 272 人，基础教育阶段约 250 人，我们把他们安排在教育集团联盟的核心校集中使用。他们一方面要顶岗授课，另一方面我们希望他们用上海的理念、方法和经验与当地的教师

合作交流，互相学习，共同打造一批示范学校，把教师教育、学科教研的工作体系建立起来，形成喀什教育内生动力。这支队伍从最初50多人到现在的约250人，不断发展壮大，越来越多的上海教师舍小家为大家，胸怀教育理想来到5000公里以外的西部边陲，家庭和个人都付出了很多，克服了很多困难。我几乎每隔一两周就去看望他们，了解他们的生活和工作，倾听他们的想法，很受感动。大家在度过一段适应期，了解当地教育现状以后，激发出了强烈的责任感、使命感和干事创业的激情。我们这么多年就是依靠一批又一批的援疆教师坚守岗位、钻研教学、开拓进取，才有了上海教育援疆如今的成绩。

可以举三个典型来谈谈。一个是上海师范大学附属喀什中学高考成绩连续多年位居喀什地区维吾尔族学校的第一名，其中有一个全部由上海援疆教师担任教学任务的班级，叫"玉兰班"，这个班的各项成绩均名列前茅。另一个是莎车县的援疆体育教师姜楠，原来是国家橄榄球队的队员，来到莎车后组织起了一支学生橄榄球队，吸引了很多孩子来玩橄榄球，丰富了学生的课余生活，还锻炼了身体。还有一个是"小胡杨"项目，最初来源于上海对口巴楚县的静安援疆教师开展的一个校外教育的项目。喀什的校外教育非常缺乏，我印象中学校里除了上课读书以外，开展课外科技艺术活动遇到了师资、课程和资源等各种困难，难以有效开展。援疆教师就帮助当地把校外教育的体系打造起来，逐渐形成了"小胡杨"的校外教育品牌。经过几年的努力，这个项目已经辐射到巴楚县100个乡镇和村，有些地区非常偏远，老师们送项目、送教材、送课件、送培训。我觉得这项工作非常的不容易，又非常的有意义。

新疆的持续发展终究还是要靠当地的力量，所以教育援疆重中之重的工作，就是要培养一支带不走的师资队伍。在这方面我们开展了大量的工作，上海的后方也给予了大力支持。2018年实施万名教师援疆计划后，上海选派的援疆教师到喀什4县开展嵌入式帮扶工作。有的根据自身工作经验和特长，承担条线管理工作；有的兼任学科教研员或教研组长，承担学科建设重任；有的通过示范带教、师徒结对、培训讲座等形式，对教师开展专业培训；有的开展基于信息技术环境下的校本研修工作。这些"传帮带"措施的落实，一定程度上更新了当地教师的教学理念，提高了学科教学能力，促进了教师在专业思想、专业知识、专业能力等方面的发展。我们初步建立了校际结对机制，上海对口4区有近80所学校和喀什地区75所学校结成互助共建关系，覆盖所有学段和职业学校。各区每年定期组织相关专家赴受援学校开展培训讲座。在当地还有一个"红柳花开"的项目，这个项目是巴楚县的上海援疆教师，为了规范偏远中小学教学行为，提高普通话教育质量所组建的一支专业教研团队，他们的足迹遍布巴楚12个乡镇100多所学校，开展学科教材教法培训、规范备课上课培训、新教师入职培训和学校教育教学管理培训等，为当地教育工作形成了一整套制度和体系，起到了非常好的示范带头作用，充分体现了我们上海援疆教师的风采。

上海还长期派驻10位高校教师支援喀什大学的建设，多年来，这10位老师在学科建设、学生培养和教育教学等方面发挥了很好的示范引领作用。在喀什大学，上海集中帮扶了两个学院，一个土木工程学院，最近我听说他们在SCI上成功发表了论文，这可能是喀什大学历史上的第一次，可喜可贺。另一个是艺术学院。

健康喀什　文化喀什

通过上海医疗援疆多年努力，我们成功把喀什地区第二人民医院（以下简称"喀什二院"）打造成了三甲医院。目前沪喀共同确立了建设南疆医学高地的目标，全面落实了两地医院对接科室的工作机制，就是上海的一家三甲医院对口支持喀什二院的一个科室。通过援疆医生和远程医疗等合作，喀什二院的学科建设和重点科室的水平有了很大提高，已成为南疆乃至新疆一所知名医院。

我们也着力培养当地的医生队伍。2020年在教育部和上海的支持下，我们启动了喀什地区医学研究生的培养工作。第一批有38名喀什当地的医生赴复旦大学、上海交通大学、同济大学等高校开展研究生学习。上海已经连续三年招收喀什应届高中毕业生，前往上海健康医学院开展全科医生的学习，为我们喀什医疗卫生高层次人才的培养持续发力。

南疆地域广阔，广大农村地区还是比较落后的，需要我们去改变老百姓的健康观念，改变生活习惯，过上文明科学健康的生活。除了要进一步提升医疗水平外，还要推动喀什地区公共卫生体系建设。为此我们提出了"三降一提高"的目标。所谓"三降"就是降低传染病的发病率、降低婴幼儿的死亡率和降低孕产妇的死亡率；"一提高"就是提高预期寿命。这是公共卫生领域的一个重要指标，直接反映了公共卫生事业的发展水平。我们把资源、经费、人员和重点项目向乡村卫生院倾斜，开展"最美村医"的培养和评选，使基层的公共卫生工作者能够得到更多的关注和尊重。经过努力，上海的对口四县的指标在整个喀什地区都是领先的，大大提升了老百姓的幸福感。有些经验和做法、规范和制度已经在喀什地区得到了推广。

支持喀什大学艺术学院的发展，基于三个方面的思考。一是文化建设在喀什地区的社会稳定和发展中具有很重要的作用。通过上海的帮助，挖掘、整理和提升一批文化上的东西，然后进行科学体系的建设，培养一批能够弘扬中华文化和打造当地文化特色的优秀人才。二是上海的艺术家和教师在新疆、在喀什接受多元文化的碰撞后，能够形成新的艺术灵感，会对个人的职业发展有很大帮助。三是打通喀什高职学院和喀什中职的艺术教育培养路径，形成人才培养机制。我们制订了上海文化援疆的三年行动计划，针对喀什文化的特点，对基层公共文化阵地、文化品牌、专业文化院团、青少年校园文化和文旅结合等工作进行了全面规划，制订了文化领域与上海的多层次交流交往工作计划。我们邀请沪喀两地艺术院团深度互访交流。组织两地学生来到帕米尔高原，走进西部边陲，探访祖国边防线，开展国防教育。喀什的孩子也来到上海开展文化科普活动。我们感到通过这些工作，让孩子们了解科学、了解自然、品味文化、提升审美、破除迷信。

社会援疆就是在政府主导下，鼓励吸引更多的社会力量来参与援疆工作。我认为这不仅是一些具体的物质上的支持，更多的是希望能够形成全社会认识和支持援疆工作，关心新疆发展的良好氛围。我们希望把平台搭好，整合社会援疆资源，形成若干个大的项目，体现上海人民的热情和支持。2018年我们成立了上海志愿服务"小胡杨"社会援疆专项基金，分别开展"点亮计划""温暖计划""圆梦计划"，为喀什地区贫困家庭青少年募集配好桌椅和台灯，募集以御寒衣服和鞋子为主的生活用品，为学校和农村青少年活动室募集体育用品、音响和图书等文化用品。

没有后方的支持，我们一事无成；没有前方的支持，我们寸步难行。上海教育援疆取得的一些成绩，得力于党中央、自治区和地委行署领导对教育援疆工作的正确领导；离不开上海市委、市政府，市教卫工作党委、市教委的正确领导，离不开各区教育部门的大力支持，也离不开上海各级各类学校领导和各方面专家学者的支持。

展望未来，新疆的发展不可能永远靠中央的转移支付和各省市的"输血"，关键还是要靠自身的"造血"。有了合理的产业布局和优秀的市场主体，年轻人就有了在这里有干事创业的机会。我们把教育和卫生搞好了，孩子们能够获得优质的教育，老人们能够享有优质的医疗，人才就愿意留下来了。

喀什作为"一带一路"的核心节点城市，作为面向中亚的"桥头堡"，要发挥好它引领辐射中亚地区的作用。发挥中国教育影响力，讲好中国教育故事，提供中国教育的解决方案，在中亚周边国家产生积极的影响，我觉得这方面还是大有可为的。

（丁健　汪思翔　采访，汪思翔　整理）

精准扶贫　助力莎车打赢脱贫攻坚战

虞刚杰

上海第九批援疆的 3 年，正值脱贫攻坚发起全面总攻的 3 年。根据中央和上海市安排，浦东新区对口支援莎车县。莎车县是新疆人口最多的县，也是国家级深度贫困县。全县共有深度贫困乡镇 21 个、深度贫困村 264 个、贫困村 77 个，建档立卡贫困户 5.97 万户 24.16 万人。浦东新区区委、区政府对援疆工作高度重视，明确要求把助力莎车打赢脱贫攻坚战作为一项重要的政治任务，推动援疆工作当标杆、作示范、走前列。

3 年来，上海援疆莎车分指挥部认真贯彻中央和沪疆两地党委政府的部署，围绕新疆社会稳定和长治久安的总目标，按照"两不愁三保障"的标准，坚持因地制宜、注重实效，助力莎车打赢脱贫攻坚战。先后投入的援疆资金占上海援疆资金总量的 40%，实施援疆项目 97 个，为实现"到 2020 年全面完成脱贫摘帽任务"的目标奠定了坚实的基础。

我们按照"六个精准"的要求，从产业、教育、医疗等方面，实施精准帮扶，特别是把扩大就业作为脱贫的重要渠道，在建立三级就业网络体系、发展劳动密集型产业、促进一二三产业联动发展等方面持续用力，以产业促就业，以就业促脱贫，努力使贫困户实现一人就业，全家脱贫。

推动农业带动就业

莎车县是农业大县。我们针对莎车农业效益较低的实际情况，利用自身优势条件，通过产业化运作，在农业带动就业上挖潜力、做文章。

莎车县的气候非常适合发展温室大棚种植蔬菜，有温室大棚 10763 座，但是由于缺乏种植技术，种出来的蔬菜产量低、品质不高，导致销售难、效益低下。因此许多温室大棚利用率较低，还有部分温室大棚由于年久失修，处于闲置状态。为此，我们发挥上海浦莎投资发展有限公司在农业生产和管理方面的优势，进行市场化运作，努力盘活温室大棚，带动农民就业增收。

2018 年 3 月，上海浦莎投资发展有限公司先在伊什库力乡进行试点，与乡政府达成协议，对该乡 112 座集中连片闲置温室大棚进行分阶段集中流转，建立蔬菜生产基地。大棚流转后，产权归属不变，由公司向农民或村集体支付租金。村民在掌握种植技术后可收回大棚自己种植，公司继续提供技术支持并帮助农产品销售。公司出资进行滴灌铺设和设施维修，科学安排种植茬次，实行全年种植，降低生产成本，提高蔬菜品质和产量。农产品全部由上海浦莎投资发展有限公司负责销售，一部分在新疆当地销售，另一部分销往上海等内地市场。

公司还优先聘用种植基地周边村的贫困户，每座大棚配备务工人员一名，进行统一管理，并聘请上海孙桥农业园区的技术人员手把手教农民各类蔬菜的现代种植技术。以前农民自己在大棚种植，一年只有几千元的收入，在大棚就业后，每人每月平均工资 1800 元，年收入超过 2 万元，许多贫困户实现了一人就业、全家脱贫。比如，2018 年，伊什库力乡村民努尔尼沙·阿布拉，将自家大棚租了出去，到家门口的农业基地去上班，除了大棚的租金外，他每个月还有 1800 元收入。"农民田头当工人"的转变，让他一下摘掉贫困户的帽子。

伊什库力乡试点成功后，2019 年 3 月，公司与乌达力克乡、拍克其乡又签订了200座温室大棚流转协议。公司还为其他乡镇大棚种植提供技术支持，计划年内通过提供优质种苗、开展技术培训、助力农产品销售等途径，带动5000座左右的大棚种植。

莎车县有大片的盐碱地，因为不能种蔬菜一直荒着。在上海援疆前方指挥部的支持下，我们引入中科院上海植物逆境生物学研究中心，在盐碱地上种出了"网红农产品"——藜麦，为调整农业产业结构、开辟贫困户脱贫致富新途径进行了积极探索。

2019年初，中科院上海植物逆境生物学研究中心租赁了阿瓦提村的900亩盐碱地试种藜麦，包括6个主要引进品种、12个自主杂交品系、1200份藜麦种子资源。为了带动当地贫困户脱贫致富，还聘用了20名村民参与种植、管理，使他们既能拿到工资又能学习种植技术。藜麦试种获得了成功，下一步还将继续扩大种植面积。

除了农业外，针对当地畜牧业以传统和粗放饲养为主、繁殖率低、效益不高的现状，我们拓展畜牧业产业链，拓宽增收渠道。

我们投入资金在米夏镇夏玛勒巴格村建设一座500亩的集畜禽交易、屠宰加工、饲草料加工、冷链物流等为一体的大型活畜交易区，直接带动就业100余人，并带动畜牧养殖、畜产品加工、仓储等相关产业发展。投入资金在伊什库力、英阿瓦提、永安等乡镇（管委会）建设1万亩草料基地，可满足1万头牛羊牲畜越冬饲草料，解决了莎车乃至南疆养殖饲草料外购成本高的问题，直接带动就业500余人，在季节性用工高峰期可达千人。

我们还积极打造辐射带动型的扶贫产业园，完善园区设施，发挥种苗培育、技术培训、农产品加工、休闲观光的功能，对5000名贫困人员进行育苗和种植技术培训，带动350名贫困人员稳定就业。支持对近10万亩低质低产巴旦木进行品种改良嫁接，推动组建800人的养护队，对林果业进行管理服务，并邀请各地专家来莎车开展技术指导，提高种植水平。

加大招商增加就业

就业靠产业，产业靠招商。三年中，我们援疆团队兼具另一个身份——招商团队。我们会同县相关部门，通过外出招商、展会招商、定点招商、以商招商等多种方式，进一步加大招商力度。

我们的招商行动得到了浦东新区区委、区政府和许多企业的大力支持。每次回浦东，我们都会在相关部门的陪同下，拜访一家家企业，与企业进行对接，宣传莎车投资政策。上海闽龙实业有限公司、浦东农发集团、外高桥集团等企业积极响应，到莎车进行投资。其实，闽龙公司很早就在新疆泽普地区投资建厂。在浦东新区工商联、合作交流办的协调推动下，2018年10月，由闽龙公司投资设立的新疆小蜂农创新发展有限公司正式落户莎车。公司注册资金1200万元，主要从事巴旦木深加工、每日坚果生产等。莎车县是全国唯一的巴旦木主产区，全县种植面积90.3万亩/年，涉及大多数农户。小蜂农公司成立后，提高了巴旦木的附加值，促进了当地种植户增收。这家企业当年就投入了生产，首期安排100户贫困户人员就业，带动了贫困户脱贫。

同时，我们将招商的视野跳出浦东、跳出上海，面向全国，组织人员到浙江、江苏、广东等地开展招商，重点引进农产品加工、电子元器件组装、纺织服装等劳动密集型企业，着力扩大就业数量。深圳市优思达科技有限公司，是一家专注于移动终端和智能硬件设计与销售的企业，年销售额15亿元左右。经过近半年的互访、沟通、谈判、签约，该公司在莎车设立了子公司——新疆优思达科技有限公司，落户于县工业园区，投资5亿元，组建手机组装事业部、SMT贴片和检测事业部、模具和注塑事业部、按键制造事业部、电池制造事业部等，项目建成后将解决当地五六千人的就业问题。

除了加强招商外，我们还做好安商稳商工作，优化企业服务，帮助企业解决员工招录、物流运输、配套设施建设等实际困难，支持企业不断发展壮大，促进以商招商。2017 年，我们从江西省引进了瑞丰纺织公司。当年，这家公司就完成 5000 万双袜子的产量，为当地解决 300 多人的就业问题。这家公司的负责人对我们的服务非常认可，还介绍了不少企业到莎车来投资。2018 年，通过瑞丰纺织的引荐，我们又引进了一家年产 60 万双鞋的项目，实现用工 250 人。

3 年来，我们实施筑巢引凤，建成 16 栋园区厂房和 59 座乡村扶贫车间，总面积 14 万平方米，并制定莎车产业援疆促进就业扶持政策。累计接待企业或考察团 300 多批，168 家疆内外企业落地。华侨制衣、旷童电子、优思达电子、和谐农业等一大批企业落户莎车，解决 3.3 万人的就业问题，还涌现出雄鹰纺织、雅诺电子等用工规模上千人的企业，落户企业数和解决就业数在喀什地区位居前列。

发展服务业挖掘就业

我们针对农民生产生活需求，完善乡村配套设施建设，发展乡村服务业，挖潜就业岗位，引导农民就业创业。

我们投入援疆资金在米夏镇二村建设以樱桃采摘体验为主题的乡村旅游点，在樱桃采摘期间日均接待量超过 5000 人次，每户樱桃销售日均超 1000 元，该村被评为自治区级乡村旅游样板示范村。同时，扶持樱桃园合作社发展，形成"公司 + 合作社 + 农户"发展模式，提供樱桃园保安、保洁等就业岗位，带动 80 户贫困户 200 多人就业。完善喀尔苏乡阿恰贝西村等"6 乡 7 村"乡村旅游基础设施建设，对农家乐进行提升改造。支持古勒巴格镇农贸市场（莎车夜市）建设，引入 77 名贫困户人员摆设摊位经营，提供餐饮服务等就业岗位，带动 400 多名贫困人员就业。

我们还积极发展便民服务业，扩大三产就业容量。在 17 个乡镇 55 个贫困村建设惠民超市，每家超市单体建筑 50 平方米，配备货架等基本经营设施，低租或免租给贫困户，用于经营日用品、农机、种子等。

同时，以村"十小店铺"为依托，为465个村（社区）"靓发屋"统一购买热水器、消毒柜、洗头床、理发柜椅等美容美发设备，优先考虑有技能的贫困户经营，带动就业近1000人。

我们还大力发展农村电商业，拓展就业创业渠道。推进县电子商务园区建设，乐义蜂蜜、疆莎农业、上海怡乐畅购等十余家企业入驻。园区设置O2O体验店，引进维汉互译电子网络平台，对各级站点负责人和农村待业青年免费提供电子商务培训创业平台。推动建立32个乡村电子商务服务站，配备110辆电瓶车，实现网货进村入户。先后组织各类电子商务培训讲座70期8000余人次，其中贫困户2700人次，带动创业就业1200余人。

莎车县旅游资源非常丰富，但旅游基础设施薄弱，配套不完善，宣传还不够。为此，我们对县域旅游发展进行了规划，加强文化旅游设施建设，完善湿地公园、莎车历史文化旅游景区、喀尔苏沙漠等路栈道、旅游厕所、停车场等设施。

2017年9月，莎车机场通航。我们以此为契机，加快旅游发展。在上海援疆前方指挥部的统一部署下，莎车分指挥部先行先试，9月17日，首架旅游包机落地莎车，175名上海游客开始了8天7夜的南疆之旅。在首航成功的基础上，我们推出了"浦东号"扶贫包机，推动包机旅游的常态化。3年来，莎车分指挥部共组织旅游包机80架次，既带动了当地消费，又促进了两地交往交流交融。正如莎车一位经营干果生意的店主阿迪力说的那样："旅行团来了，我们的生意热闹了。他们高高兴兴地来，我们高高兴兴地卖东西，我们的生意开始兴旺。"

保障和改善民生让"获得感"成色更足

3年来，我们完成6.4万户农牧民安居富民房建设任务，占上海援疆4县安居富民工程总量的45%。大力发展庭院经济，进行特色种植和养殖，增加农户收入。完善贫困村水、电路等基础设施，完成500余公里道路、57 座村民文化广场等建设，打造 9 个美丽乡村示范点，对 12 个乡镇 33 个村涉及约 6000 户进行排水管网和化粪池建设，对 21 个乡镇 384 个村涉及 1.9 万户进行厕所卫生标准化建设，村容村貌发生了显著变化。

扶贫先扶智。针对当地教育基础设施薄弱、教学条件较差等现状，我们在 3 个乡镇新建学校宿舍，新建和改扩建 5 所乡镇寄宿制学校，建成托木吾斯塘乡教学园区，进一步改善了当地教学条件。提高教学质量，教师是关键。我们依托莎车教师进修学校，每年对少数民族教师进行脱产培训，与上海市师资培训中心建立沪莎普通话远程培训网络学习平台，MHK（少数民族汉语水平等级考试）通过率和教学技能考核均在喀什地区名列前茅。我们还引入全国最大的互联网学习平台"沪江网"，实施"青椒计划"（青年教师培养计划）培训项目，通过网络链接优质教育资源，对莎车县 4000 余名教师开展慕课培训，提高教师教学能力。推进职校产教融合发展，汽车维修、焊接等专业达到疆内一流水平，结合当地实际，建设农产品保鲜与加工专业，职校毕业生就业率 99% 以上，深受用人单位欢迎。

着力防止因病致贫、因病返贫。我们以"三降一提高"（降低传染病发病率、孕产妇死亡率、婴儿死亡率，提高人均期望寿命）为抓手，运用"组团式"医疗援疆模式，加强公共卫生建设，提升当地医疗水平。莎车县 2018 年度传染病发病率较 2011 年下降 27.77%，孕产妇死亡率下降 62.28%，婴儿死亡率下降 16.17%。我们还推动县人民医院城南分院小儿脑瘫康复中心建设，创建远程会诊和培训中心等，推进医疗精准帮扶。同时实施医疗惠民工程，对全县 7000 余名 3—6 岁儿童进行泌尿系统结石筛查，对 112 名结石儿童进行了免费手术。

我们援疆团队还急群众所急，想方设法解决群众困难。比如，2019 年 3 月，莎车县一名学生麦麦提·艾力不慎摔伤，导致右侧腿骨骨折，被送到莎车县人民医院就诊。当得知治疗费用要近万元后，他和家人签下了自愿放弃手术的"知情同意书"。原来，麦麦提·艾力的父亲因结核病正在住院治疗，家中仅靠母亲一人务农的收入维持生计。援疆教师了解到麦麦提·艾力的家里情况后，携手援疆医生、援疆干部进行"接力帮扶"。援疆医生为他主刀顺利做完手术，并联系县人民医院进行医疗报销；援疆干部把他的母亲安排到乡村扶贫车间上岗就业。该学生家庭深受感动，连说"上海援疆亚克西"。这样的暖心接力，在援疆干部团队中并不是个例，我们也从中发现，援疆既要让当地贫困户有房住、有书读、有活干，还要让他们学会赚钱的本领，更要阻止代际贫困的传递，防止当地群众因病返贫。

援疆工作一棒接一棒。三年前，我们接过了援疆工作的接力棒。前段时间，我们又把接力棒进行了传递。我衷心祝愿莎车人民过上更加美好的生活，衷心祝愿伟大祖国更加繁荣昌盛。

（杨继东　谢晓烨　司春杰　采访整理）

援疆是有温度的

胡志宏

第九批对口支援泽普的干部人才总共有 76 人，全部由闵行区派出，从 2016 年 12 月进疆，一直到 2020 年 1 月回来，正好满 3 年。援疆期间，我担任喀什地区泽普县委副书记、泽普分指挥部指挥长，在那里不仅要抓援疆项目的推进和监管，还要带团队、抓管理，参与当地脱贫攻坚工作。要把自己有限的精力合理分配到每一项工作中，确保一个都不落下，压力还是很大的。

新疆占我国国土面积的 1/6，南疆北疆的差异很大，北疆拥有高山、草原和丰富的降水，南疆则以沙漠戈壁为主，其中喀什地区更是国家深度贫困地区。在当地人看来，我们代表的不仅是自己，更是闵行、上海，代表着国家对喀什地区脱贫攻坚工作的重视和关心，是中央关于民族团结、携手奔小康政策的具体体现，任何小问题都有可能影响援疆工作的成效和援疆队伍形象，所以我们对自己的政治纪律、工作作风和行为语言都有严格的要求。

由"送文化"到"种文化"

2017 年上半年，刚刚入疆的我们基本上处于边学习边融入边开展工作的阶段。因为这支援疆队伍来自区里的各个部门，很多同志之前没有接触过建设项目，更没有涉农民族地区工作的经验。对于一个项目从产生、立项、实施、验收、审计，到最后收尾的整个过程并不了解，对民族宗教政策和边疆地区的特点把握也极为有限。为了尽快熟悉工作内容，我们暂定了几位同志，针对涉及援疆项目政策、程序和当地相关政策制度进行研究和梳理，让他们在两周的时间内将相关内容梳理清晰、精深吃透，然后给大家上课教学。同时，我们团队还一起翻阅之前援疆队伍的项目记录和工作文章，共同学习讨论。这些便是我们接手工作的第一步。

等渐渐摸清工作路线之后，我们就开始思考，除了那些"看得见，摸得着"的建房、修路等硬件工程，还有哪些方面能够帮到当地、体现援疆作为？文化的感染力是潜移默化的，深入人心的，我们希望通过一些柔性暖心援助，让老百姓收获更多的幸福感和满足感。

这次援疆干部人才中有来自区文旅局的，于是我们就对接了泽普和闵行两地的文旅系统，根据当地所需、我们所能，提供相应的文化服务。从 2017 年起，区文旅局领导开始带队去泽普进行深入调研，分期分批派文化团队去演出交流。我们发现当地人对鼓乐最有兴致，每次到中学及下乡到村里演出时，都受到热烈欢迎。听当地文工团说，维吾尔族传统的民族乐器以弹拨乐器、拉弦乐器和吹奏乐器为主，鼓类的打击乐器种类较少。以前他们送文化下乡，还没开口唱老百姓就知道下一个节目是什么，形式比较单一。考虑到鼓乐积极高昂，代表一种正能量的传递，鼓身以大红色为主，代表着中国红，我们便决定要把鼓乐等内地文艺项目通过展演、培训、推广等方式留下来，同时也是民族团结的一种体现。

2018年，我们为当地购置了一整套鼓乐器，组建了一个鼓乐队，并且在8月安排了上海鼓鼓乐团的8名老师前往泽普，对泽普县文工团10名演员开展为期9天的鼓乐培训。维吾尔族人民能歌善舞，具有极高的音乐天赋，没过多久，团里的鼓乐队伍就基本成形，顺利完成了《盛世龙腾》《中华鼓韵》《金鼓喧天》《有朋自远方来》4个曲目的教学任务。两个月后，泽普县文工团在参加"'奋进新时代'2018年喀什地区专业文艺汇演"中，表演的《金鼓喧天》《有朋自远方来》节目，分别获得个人和集体一等奖的好成绩，《有朋自远方来》还入选喀什地区当年元旦文艺晚会节目。2019年8月，上海鼓鼓乐团再次奔赴泽普，这次10名师资专家在泽普县长驻60天，对泽普县文工团进行更加专业、更加严格的鼓乐培训，打造了一支泽普版"鼓鼓乐团"，并指导当地排演了多场特色节目。

搭建平台精准帮扶

援疆期间，我们做的最值得总结的一件事就是建立闵行—泽普"四结对"帮扶机制，即通过两地乡镇之间、学校之间、基层医疗机构之间以及村企之间的结对帮扶，形成助力受援地脱贫攻坚新模式。

这几年，虽然队伍在不断扩大，资金投入力度也在不断加强，但面对援疆工作庞大复杂的工作界面和需求，无论是人才、资金、项目终究是有限的。2017年，闵行区全部14个街镇与泽普县所有14个乡、镇、场实现结对帮扶全覆盖，闵行区各街镇相继到泽普县开展帮扶共建，援建党组织基层阵地、村民服务中心、农产品冷库、创业基地等30余个民生项目。这一举措不仅能发动整个闵行区的力量，形成帮扶合力，还能将援疆力量下沉汇聚，推动精准扶贫。

在教育领域，原先仅仅12名援疆教师，面对一个学校里上千名学生和带教对象，成效很难体现，工作开展起来难度很大。结对之后，闵行区各个对应的兄弟学校每年都会组织骨干教师，去泽普的学校开讲座、上示范课、分享学习经验等。尽管有时只待一个月，或者一个星期，但长期不间断的沟通交流，让两地学校彼此熟悉，知道帮扶学校的短板在哪里，这样能够更有针对性地对他们进行培训，而不是囫囵吞枣式地将闵行的先进教育理念和资源带到泽普。闵行区各个学校图书馆每年都会有一批图书淘汰下来，我们也收集起来捐给泽普当地的学校建立微型图书馆。三年期间，各个学校图书馆先后捐赠了十几万册图书，丰富了泽普县孩子们的课外读物。从 2017 年起，我们引入华东师范大学专家团队形成智力帮扶力量，一方面针对民族地区统编教材，开发适用于教师和学生的教学教案和培训大纲，另一方面通过移动学习平台，点对点培训提升民族教师的国语水平。

在卫生领域，泽普县人民医院、维吾尔医医院，以及各个乡卫生院均在闵行建立起一一结对的关系。泽普当地的医疗条件和闵行相比存在很大差距，缺乏专业的医务人员和医疗设备，因此很多疑难杂症在当地的乡卫生院无法诊断。我们在完成信息平台的搭建之后，着力开展远程诊疗，每个星期组织闵行的医生，对泽普当地医疗人员难以诊断的疾病进行会诊，开展远程读片，制订治疗方案。2019 年，为了确保这种结对机制能够持续发展下去，我们进一步提出购买服务的概念，通过购买服务的方式提高医疗质量和水平。

动员社会力量共同参与是我们对口支援工作的一个突破口，一个人可以带动一群人，一个企业可以号召一批企业。因此，我们在帮扶贫困乡村脱贫方面，极力促成上海的企业和泽普的贫困村结对共建。结对共建是一个由点铺开成面的过程，把原本有限的干部人才支援扩展为整个闵行区对泽普的支持。全面打通了援受双方之间的帮扶通道，企业、社会组织、个人参与串起了线，脱贫帮扶织成了网，使帮扶资源深入基层一线、医院学校等，更多聚焦基层和民生领域，扶贫工作更为精准有效。

民族团结一家亲

泽普县儿童福利院有 200 多名各年龄段的孤儿和困境儿童，最小的只有两三岁，最大的已经在读高中。我们定期走进儿童福利院了解情况，帮助解决困难。

从现在的情况来看，只要资金到位，孩子们不大会缺吃少穿，物质需求基本能得到满足，相比之下，他们更缺乏家一样的温暖。政府从吃和住给予了孩子们很好的保障，如果能再给予他们定期的陪伴，从生活上关心他们、爱护他们，那么他们感受到的爱会更深。同时，与孩子们陪伴互动交流，对于我们援疆干部人才而言，也是一种爱的体验和受教育的过程。

所以，我们做了一个规划，每隔一段时间组织大家去福利院看望孩子们。陪他们聊聊天、讲讲故事、做做游戏，有时候也辅导一些功课。同时根据每个孩子的年龄段，精心准备一些礼物，例如崭新的衣帽、绘本读物、玩具玩偶、糖果点心和文具用品等，这些从物质上来说是微不足道的，但是很暖心，参与的人，不管是各位干部人才还是孩子们，感触都很深。有一次，我们陪伴日活动临走的时候，一个孩子走过来抱住了我们一位来自建管委的干部，跟他说："我能不能叫你一声爸爸？"那位干部当时就感动得忍不住流泪，抱着孩子舍不得离开，其他人也被这个场面所感染，更加深了大家对援疆意义的理解。在我们心中始终有这样一个概念，援疆不是做了几个项目、投了多少钱这些冷冰冰的数字，援疆应该是有温度的。

2017 年 5 月，我们与泽普县阿依库勒乡阿依丁库勒村"组团式"结对认亲活动正式启动。分指挥部所有援疆干部人才全部参与结亲活动，同该村的 28 户贫困户结成"亲戚"之后，坚持月月联系，每两个月定期开展一次集体走访亲戚活动。大家还利用每年的端午节、古尔邦节、肉孜节、中秋节等节日，给结亲户送上米、面、油、牛奶等生活物资。随着访亲次数的增加，援疆干部同结亲户之间从陌生到熟悉，尽管语言交流有所限制，但彼此之间的距离越来越近。

2019 年 1 月 1 日上午，我们还同阿依丁库勒村全体村民开展"民族团结一家亲"暨"庆元旦"活动。迎着新年的第一次晨雾，大家一起进行了新年 3000 米乐跑。在长长的村道上，援疆干部同村民们一起奔跑着、欢笑着。

对于援疆干部而言，经常同当地的各族人民交流交融，能够让大家更深入地了解泽普最基层的村情和民族文化，开展结亲活动则让我们更加体会到"民族团结一家亲"的深刻内涵。参与援疆，不管去之前是什么样的目的、出发点，援疆过程对每个人都是一种历练，无论是提升工作能力，还是提高思想境界，都大有裨益。

率先实现脱贫摘帽

2018 年，泽普县完成了脱贫摘帽，成为这年新疆喀什地区第一个实现脱贫的贫困县，也是上海对口援疆的四个贫困县中第一个脱贫。这样的成绩离不开大家的努力，离不开泽普人民的信任和支持，离不开两地的互相协作与帮助。

3 年来，我们通过援疆资金和政策扶持，以产业带就业，以就业促增收，从发展当地种植业、畜牧业入手，提高当地民众的收入。多次派人前往长三角、珠三角招商引资、介绍政策，先后引进闽龙达、艾维农业等 40 多个项目，签约资金近 20 亿元，直接或间接带动就业超过 4000 人，帮助建档立卡贫困户 10249 户 39644 人达到脱贫标准。泽普县特色食品产业园、电子产业集群、卫星工厂集聚区等产业集群粗具规模，通过"龙头企业＋工厂＋农户"的脱贫模式，引导农民利用农村合作社、庭院经济、卫星工厂等方式进行农业种植和生产，形成了泽普特色的"卫星工厂""庭院经济"，就近就地解决就业。

在"双线九进（电商和实体双线联动，让产品进商圈、进社区、进菜场、进机关、进学校、进企业、进地铁、进宾馆、进银行）"商旅文三合一进社区"等活动的推动下，我们打造了消费扶贫的新模式。2017年至2019年，通过援疆途径签订农产品采购协议近2亿元，助推各类农产品销售近1.5万吨，帮助建档立卡户贫困人口近1万人解决农产品销售困难。另外，我们积极与上海有关旅游企业对接，大力推进"送客进喀"工作，带动当地的旅游业发展，助力当地脱贫攻坚，通过建立"企业＋合作社＋农户"的模式，开发了餐饮、观光服务等项目。随着沪泽、闵泽两地交流交往交融不断深入，我们先后选派泽普758名师生赴上海开展青少年"手拉手"夏令营活动，让孩子们体验多元化的上海，与闵行师生联谊交流；对接上海和闵行后方相关部门、组织、企业等赴泽普考察调研，3年中共有各类团队356批次3427人次进疆开展交流；组织各类干部人才赴上海学习培训12批次，培训总人次580人次；组织上海专家在疆组织当地培训30批次，培训总人次3976人次，有效推动了两地文化教育、医疗卫生、招商引资、产业科技等各领域的广泛合作。

三年的援疆生涯是毕生难忘的人生经历，以前在上海，我们过着相对优越的生活，到了新疆才知道，我们国家各地区之间发展还不平衡，还有很多地区需要各方的援助，也因此有一大批人将自己的青春热血奉献给了边远贫困地区。我记得有一位老干部跟我讲了这样一件事：附近边防线上的战士，长年累月驻扎在荒山，一眼望出去看不到一棵树。等到好不容易下山的时候，一些战士看到树会激动地抱着树哭。这个事情给我留下了非常深刻的印象，深感重担在肩，对于援疆责任和使命的理解也更深了些，对于个人的利益得失看得也淡一些了。

（赵龙芳　汤建英　徐晓彤　姚尧　采访，姚尧　整理）

一个无愧的援疆戍边人

胡广

"我在乎这里的每一个人，我在乎这里做的每一件事，我在乎这里的山山水水。"这就是我此次援疆工作的心声。2017 年至 2019 年这三年所收获的、所感悟到的，可能是在后方工作一辈子都难以体会到的东西。三年的经历将永远印刻在我的脑海中，使我不忘初心，牢记使命，始终保持昂扬向上、驰而不息的精神状态，跑好持续对口支援帮扶的"接力赛"。

时时刻刻面对挑战

2017 年 2 月 19 日，我带着使命，带着嘱托，带着期望，带着宝山区 25 名援疆兄弟（含喀什六中 3 人），来到祖国西北边陲美丽的新疆叶城，正式开始了为期三年的上海宝山对口支援新疆叶城的工作。我们进疆以后，先到乌鲁木齐集中培训，初步了解这里的政治、经济、社会、宗教、民族、历史等情况。"不到新疆，不知祖国之大"，这是我第一次来到新疆的感受，而后续的援疆生活让我深刻地认识到，这里的困难和挑战从来不会少。

刚到叶城的时候，正是冬季，整个城市没有一点绿色，叶城县 3.1 万平方公里，其中 3 万平方公里是茫茫昆仑山腹地，那里的平均海拔达到 4000 米以上，有些干部一下子不适应，出现了高原反应，缺氧呕吐。这里全是茫茫的沙漠和戈壁滩，非常荒凉，人烟稀少，我们去叶城的一路上没有遇到其他车辆，一眼望去寸草不生。进了叶城县城稍微好一点。初次到叶城，我感觉县城的建筑、灯光、道路非常的整齐，城市建筑规划方面做得出乎意料的不错，在这里能建造成这样的城市，也体现了国家对于援疆工作的重视和援疆的巨大成果。随着对于这个城市不断深入的了解，我感到这里的老百姓收入来源是一个严重的问题，这里的经济状况真的非常落后，经济发展非常艰难，住在这里的老百姓，是我国脱贫攻坚最难的一批对象。

叶城也是边境大县，有 102 公里边境线。"每一寸国土都是无价之宝"，我们援助叶城，自然就承担了确保叶城边境安全的重任。三年来，我们必须时刻守护祖国的边疆，确保每一寸土地不被分裂出去。三年中，我每次去边境的时候，每次看到中国的界碑，就有一种强烈的自豪感，爱国之情油然而生，捍卫祖国的领土完整也是我们援疆必须完成的任务。

"叶城"的维吾尔族语叫做喀格勒克，意思是"值得留下的地方"，因为叶城的山山水水非常的漂亮，去过的人都会喜欢上这里。叶城处于昆仑山下，昆仑山是万山之主，新疆的重要河流叶尔羌河起源于叶城的昆仑山山巅，是中国最长的内陆河塔里木河的主要支流，叶城因叶尔羌河而得名。昆仑山的山山水水很壮美，但山里同样存在着巨大的危险。那里的山路非常险恶，经常会遇到沙尘暴、泥石流、塌方，我们经常要从车里下来，清除道路上的石头、泥沙等路障，才能继续通行。印象特别深的是有一次与边防大队一同巡视边境，碰到了塌方和泥石流，那时正好下过雨，沙土与水混成泥浆，路面非常滑，整个道路只有 2—3 米宽，驾驶员垫了一些干的土，我们开车从路面冲了过去，冲过去的时候，轮子还在打滑，想想有点后怕，如果控制不好，可能就摔下悬崖了。

叶城的核桃

叶城只有 113 万亩的农田耕地，人均只有两亩地。一亩地的产出，平均在 1000 元左右，两亩地就是 2000 元。按照 2020 年脱贫标准，人均可支配收入需要达到 4000 元，而平原地带的农民，主要收入来源是种植林果，无论是种什么品种，一年产出基本在 2000 元左右。山里的牧民主要收入来源是放牧，一年放一头羊大约能赚 200 元，一年放 10 头羊才达到 2000 元年收入，更何况很多人根本买不起小羊。

叶城是农业大县，林果产业是叶城的主打产业，而核桃可谓是重中之重。叶城 113 万亩耕地中核桃的种植面积就达到了 58 万亩，占总耕地面积的一半。核桃一年的产量大概在 12 万—13 万吨，老百姓约 40% 的收入来自核桃。为此，县委对发展核桃产业极其重视，全权交代我负责相关工作。

由于核桃全身都是宝，可以吃干榨尽，核桃果实可以做核桃奶、核桃粉、核桃油、核桃休闲食品，核桃青皮可以提炼单宁酸，核桃壳可以制作活性炭、炭黑等，核桃木可以做工艺品、家具等，我深知核桃产业具有巨大的潜力，能够实实在在稳定增加老百姓的收入，为此我不遗余力。三年内，我花费大量的时间，针对核桃种植、加工、销售等全产业链的知识加强学习研究，还专程带队赴云南漾濞县核桃研究院和核桃企业考察学习。

我的工作主要是在核桃产业体制建设、核桃种植提质增效、核桃企业招商引资、核桃宣传销售渠道等方面动足脑筋。我们建立了"核桃办"，代表政府统一协调发展核桃产业，组织核桃种植加工销售全环节的企业成立社会组织"核桃协会"，发挥上海和新疆的科研院所作用，成立核桃科研机构"核桃研究院"。编制《叶城核桃产业一二三产融合发展规划》，协调组织上海农科院和新疆大学等科研院所，实施核桃产业质量标准化体系建设和"叶城核桃"区域公共品牌创建，三年内投入援疆资金实施林果管理项目，提高核桃品质。围绕增收致富打造农村电商，我们成功创建国家级电子商务进农村综合示范县，在自治区绩效评价中成绩位列第一，评为优秀。我们积极构建援受双方叶城农产品销售体系，扩建叶城县电商服务中心，新建展示厅，在宝山区开设叶城县特色农产品展销中心。我们组织"双线九进"活动近百场，线上线下对接十多家大型电商平台和十多家大型销售实体企业，大大拓宽了叶城农产品销售渠道。后来叶城核桃入选了"国家品牌计划—广告精准扶贫"项目，央视二台《生财有道》进行专题报道，打造的3A级景点的核桃七仙园获得"平均树龄最长的古核桃园""最大的古核桃（薄皮核桃）树"上海大世界基尼斯纪录称号。

叶城有"亲人"

"事成于和睦，力生于团结"。"民族团结一家亲活动"也是我积极参与的一项工作。我们指挥部与依提木孔乡14村36户建档立卡贫困户结为亲戚。我带领分指干部人才定期上门走访慰问亲戚，为他们解决生活上的难题，让他们切实感受到党和政府的关怀与温暖。

因为我是县领导，根据组织安排，我先后与七户维吾尔族老百姓"结亲"。其中一户是两个老人，令我印象深刻，子女都成家立业分户了。三年来，我每年要去他们家三四次，与他们真正成了亲戚。第一次去他们家的时候，相互不熟悉，他们的眼里是茫然的，只是应付式地与我打招呼。可是第二次去的时候，他们已经笑得很真诚，尤其是最后一次将要结束援疆工作时，我特地专程去了一次，与他们话别，老太太当时是激动地流下了眼泪，依依不舍。我与老太太结亲后，积极帮助他们家改善生活，记得第一次去的时候，老太太家里是泥土的厨灶，泥土做的棚，家徒四壁，只有泥土做的地坪和院墙，之后每次去的时候，家里的环境都不断改善。男主人，即老太太的老伴下腹部有一个巨大的疝气瘤，我带着医疗团队过去，在医疗方面帮助他们。但很遗憾，男主人在 2018 年年底去世了；老太太的儿子在村里没有稳定的收入，我通过协调，为他找了一份在美嘉乳业公司的工作，每月有稳定收入 1500 元。我们援疆干部各自都有结亲，每人都结亲多户。我们以"民族团结一家亲"活动为载体，把增进民族感情、促进团结体现到实际行动上、体现在生活细节中去，积极引导各族干部群众爱护民族团结，共同建设叶城这个美丽家园。

推进企业合作促发展

我在叶城的主要工作内容是将援疆资金转化成援疆项目，并把这些项目和资金管理、监督、落实好，当年任务当年毕。除此之外，我在县里面还担任领导职务，会承担一些党委和政府的相关工作，所以我们就是两方面的任务，一方面是援疆项目的推进落实，另一方面是县里面的一些分管工作，比如我分管过经济工作、城市建设工作、教育工作、园区工作等。在推进项目过程中，我们还为当地建立一些长效机制。我们一直说，授人以鱼不如授人以渔，我们带着上海、宝山的一些优势资源和理念，帮助当地建立长效机制，取得了一定的成效。

我们在线上线下销售、企业合作等方面下足功夫。我们到上海、广东等一些发达地区，与一些龙头企业对接，对接的过程非常艰难，因为叶城当地的基础差，在产品质量和品控方面很难达到要求。比如我到来伊份公司一共去了三次，多次与企业交流，宣传我们扶贫的重要意义，不断寻求他们的支持，来伊份董事长被我们援疆干部的精神感动，亲自接待我们，最终签订合同。

除了主动"走出去"，我们也不断促进自身提高，我们对叶城当地的企业提出了一些要求，要求他们提质增效、提高品控，能够符合外面企业和市场的要求，以促进更多的项目合作。同时，我们也请一些企业派出品控人员，入驻叶城，指导当地企业生产。我知道企业派驻需要成本，很多企业被援疆干部的精神感动，实际也是对当地企业产品潜力的认可，所以企业愿意派员到叶城现场考察和指导，帮助当地企业不断做强，同时也加强了双方合作。

致力解决当地民生保障问题

住房问题也是援疆工作的重点，为做好"两不愁三保障"，保障老百姓的安居，我们援疆干部必须走在脱贫攻坚的第一线。我深入到西合休、棋盘、乌夏巴什等偏远深山乡，实地走访了解安居房的建设情况，及时调整补贴户数和标准。我们一套安居富民房的补贴，一般户补贴1万元，建档立卡贫困户补贴2万元。3年来为3.52万户农牧民建设了安居房，全面完成了安居富民房这项任务。

先安居，而后乐业。我们2019年帮助叶城发展庭院经济，帮助他们在家建小果园、菜园，搭葡萄架，实现"三新"（新家园、新气象、新风尚）的生活。庭院经济、设施大棚、核桃密植园改造、飞防服务、农村电商、特色农产品销售，大量援疆资金投入到促进农民增收的项目中，帮他们走上了小康之路。更令人欣慰的是，在援疆项目助力脱贫攻坚的背景下，当地老百姓面朝黄土背朝天的生活方式得以改变。

就业脱贫是农民脱贫当中的长久之策，具有可持续性。洛克乡十村距离县城将近50公里，中间隔着无人居住的沙漠戈壁，当地大多数人不愿意离开家乡外出打工。叶城分指挥部通过扶持面向乡村的"卫星工厂"，把企业引进来，让农民在家门口实现就业。叶城女红是我专门策划的一项活动，主要目的是通过学国语，学技能，学基本的生产组织纪律，把农民工转变成产业工人，并给企业输送合格的产业工人。每个卫星工厂就业基本是50—100人之间，而且50%—70%是贫困户，这些农民基本（每个月）赚1500多元，一年有18000元，整个家庭就脱贫了。在我们援疆干部的努力下，如今叶城上海产业园入驻规模以上企业38家，在喀什地区排名第一。这些企业以及遍布乡村的近76家卫星工厂实现了13000多人的就业，为叶城县打赢脱贫攻坚战作出了有力的贡献。

"绿水青山就是金山银山"，有着"昆仑明珠"美誉的叶城正以自己独特的自然人文禀赋为这一划时代的论断做出了最好的印证。"兴旅业，谋发展"。找准旅游资源，事业就成功了一半。通过调研，我发现叶城县有两个世界级在平均海拔4000米的边境乡西合休乡援建的安居富民房游地标。一个是国道219线的新藏线，公路旅游线路；另一个就是世界第二高峰乔戈里峰，海拔8611米。这两个资源禀赋的世界级旅游地标奠定了我们叶城旅游发展的基础。帕提古·买买提是叶城县洛克乡61组的村民，家中有5口人，务农为生，4亩地种的全是小麦，年收入不到3000元，属于贫困户。通过一年的旅游接待，她已经会用简单的汉语交流。虽然家中仅帕提古一人就业，但越来越红火的旅游业，让她看到了未来的希望。截至2018年年底，叶城旅游人数达34万。越来越多的人认识了叶城，了解了南疆的风情；越来越多的当地村民百姓摆脱了贫困，走上了旅游致富的道路。

对于叶城人民医院的病患来说，上海医生就代表了希望，但我们只能解决当下的病人，后续的病人还需他们自己解决。把"输血"变成"造血"，抓紧培养出一批当地的优秀医务人员，是我们的当务之急。上海援疆医疗团队通过师徒结对带教的形式，有效提高当地医生的医疗技术水平。对于很多疑难杂症，我们都是召集组织疑难病例的讨论、规划，让当地的医生全程参与，进行自我提升学习。与此同时，我们通过援疆项目进一步把优质医疗资源向乡村延伸，解决当地老百姓看病难问题。我们这批援疆重点围绕着脱贫攻坚，很多项目是往更底下的基层建设，比如说棋盘乡、洛克乡卫生院的业务用房。通过村一级、乡一级医疗机构设施的改善，提升当地基层医疗就医环境。3年来新建一个卫生院，120个标准化村卫生室，为20个卫生院配备体检设备，组织下乡义诊30多次，在叶城实现了"大病不出县，常见病不出乡，小病不出村"的目标。

"行万里路，干千日活，结三生缘，留一世情。"在叶城工作生活的三年时光，我经受了最深刻的党性教育、最现实的国情教育、最生动的民族团结教育，同时也收获了珍贵的同志情、战友情。第九批援疆工作已到期结束，我珍惜这段人生经历，努力做到有山一样的崇高信仰、海一样的为民情怀、铁一样的责任担当、火一样的奋斗激情，努力当好脱贫攻坚的"突击队"，搭建好密切党同人民群众联系的"连心桥"。我将顺着这条"援疆"路，一如既往地关注叶城，做永远的"援疆人"！

（王华峰　姜瀚墨　采访，王华峰　整理）

三年大漠援疆行　一世巴楚同胞情

李永波

回想当初接到援疆报名通知的情形，其实有些突然。通知送达那天，我刚好在开行政办公会，当时我的第一反应就是既然组织号召，那么符合条件的同志都应该踊跃响应，我就在会上表态：我符合条件，我来带个头，第一个报名。

其实在这次援疆之前，我在 2012 年到 2013 年的时候，有过两年对口支援湖北的工作经验，这两年的经历让我深有感触：脚上沾有多少泥土，对农民就有多深的感情。对我而言，对口支援工作是人生最宝贵的一段经历，而新疆又是一个那么遥远而神秘的地方，怀揣着卫国戍边的情怀，我也愿意分享自己的三年时光，参与到国家的脱贫攻坚战中，贡献自己的绵薄之力，为当地做一些力所能及之事。

"白＋黑""5+2"　撸起袖子加油干

因为有过一次对口支援的经验，而且这也并非我第一次去新疆，所以临行前，我的内心平静而笃定，拎起行李拿起背包就出发了。

我还清楚记得，出发那天正值 2016 年圣诞节。经过几天在乌鲁木齐的培训，新年前我们乘坐飞机到达喀什机场的时候，天色渐暗，外面到处都是灰蒙蒙一片，没有绿色，尤其天气寒冷，机场大道上也没有人，空旷孤寂。这时候，不知道从什么地方飘来一片落叶，在路边转了几圈后停了下来，这片落叶像极了我当时的心情。直到那一瞬间，我才突然觉得有些莫名惆怅，但是转念一想，既来之则安之，为国戍边，需要这种苍茫寂寥，"吾辈岂是蓬蒿人"。当我们驱车三个多小时到达巴楚之后，当地各族人民如火的热情，一下驱散了我们内心的孤独感，也更加坚定了我们要为当地做实事的决心和信心。

我当时担任巴楚县分指挥部指挥长、巴楚县委副书记。既然做了指挥长，就要负起带队伍的责任，所以我们一到巴楚县，第一件事就是抓队伍建设。刚到的那段时间，我经常和大家进行思想沟通，开展一些活动、谈话，建立起大家对指挥部归属感，同时带着大家参观县里各方面的工作，让大家对县里也有了归属感。有了归属感，就为之后的工作开展奠定了基础。让我倍感欣慰的是，我们整个队伍的干部们素质都很高，能力也很强，大家心往一处想，劲往一处使，团结奋进，很快就适应了当地的工作。

这三年，我是采取"严、松、严"的管理方针。第一年管理特别严格，到了陌生的环境、开展陌生的工作，对我们的团队要求是特别高的，我认为"严管就是厚爱"。毫不夸张地说，我们那时候的工作节奏就是"5+2""白 + 黑"，经常周六、周日凌晨一两点还要去开会。这种工作状态，让你感受到在上海感受不到的工作氛围、工作压力和看不到的工作场景。援疆工作的第二年，我做了适当调整，多组织一些集体活动，丰富活动内容，让大家在紧张的工作之余身心得到放松，紧张情绪得到缓解。到了最后一年的收官阶段，又要进一步严格，做好最后半年的总结工作，为我们的三年援疆工作收好尾。可以说，这三年我们的援疆干部们确实为当地做了不少工作。

瓜香也怕巷子深　走出"深闺"成网红

　　如今说到巴楚，就不能不提巴楚留香瓜，这是第八批的援疆干部们发掘出来的宝贝，我们在他们的基础上又做了进一步的推广。这种瓜原先在当地叫"库克拜热"瓜，口感香脆，有着天然的香草味。但是因为种植技术落后、标准化程度低等原因，一直没能打开市场，我们第八批的同志们就开始想办法大力推广。首先要有一个叫得响的名字，基于此，"巴楚留香瓜"诞生了。

　　在推广巴楚留香瓜期间，我们第九批的援疆干部到达了巴楚，我们接过了第八批同志们的接力棒，从销售和种植两个角度继续深化和拓展巴楚留香瓜的推广工作。

　　"酒香也怕巷子深"，好的产品必须要想方设法向外推广。当时留香瓜已经小有名气，但还没达到让老百姓通过种瓜、卖瓜致富的程度，所以我当时就借鉴了现在的"直播经济"，不过那时还没有这个说法，我们就叫"线上销售"。因为巴楚地处偏僻，线下销售只能局限在当地，而线上销售就可以通过电商输送到全国各地的顾客身边，大大带动留香瓜的销量。

　　想要通过电商渠道进行销售，前提是要做好线上线下的宣传。我还记得，2017 年第一季的瓜要上市的时候，我就带着团队一起到了上海，进社区、进园区宣传我们的留香瓜。当时，我们找到了普陀区的一家创业产业园，因为年轻人是网络购物的主流群体，而且他们对于新鲜事物的接受度也更高，这是留香瓜走出巴楚、走向全国的关键一步。在常规介绍结束后，我给台下的听众讲了一个生动的小故事，告诉他们在买了瓜之后，如何做一个优雅的"吃瓜群众"：上班之前，先把留香瓜放到冰箱的冷藏室，经过一天的辛勤工作，终于到了下班的时间，记住，下班路上千万不要买哈根达斯。到了家，掏出钥匙打开房门，换好拖鞋，这时候就可以打开冰箱，取出心爱的留香瓜，用刀切成小片，用心品尝，你会发现，每一口都是哈根达斯！通过这种非常诙谐但又具有感染力的介绍，这些年轻人立马就对我们的留香瓜产生了浓厚的兴趣。当然光吸引年轻人还不行，我们还要和社区、菜市场联动，让留香瓜更加出名。通常来说家里边掌管买菜大权的，都是阿姨妈妈们，所以我们就进社区搭台，推广新疆农产品，专门针对阿姨妈妈们进行介绍，进一步把留香瓜打造成网红。

而在种植方面，我们提出一个概念——要标准化种植。我们在当地用援建资金搭建好大棚，邀请农业专家指导，推广"一蔓一瓜"——一根藤蔓上就长一只瓜，不要长十只五只，结果只有一只大的，其他都是小的，你看着瓜很多，农民很开心，其实没有一只瓜是符合商品瓜的标准。一开始，农民们不理解，他们觉得瓜长得越多越好，那就需要我们去给他们做思想工作，让农业专家给他们具体指导。经过实践后，农民们也发现，虽然一条蔓上留一只瓜，但它的市场价值比十只瓜要高出好几倍。慢慢地，当地的农民朋友们也都接受了我们这种标准化的种植方式。同时，我们还做了产品的溯源，就是给每一只瓜赋予一个标签，通过一个小条形码做一只有标签的瓜，可以清楚知道这只瓜是哪块田地种的。这对消费安全是一种保障，同时对消费者也是一种信心：新疆这么偏远的地方，都能做得这么规范、这么好！

经过这三年的线上线下宣传，现在留香瓜在上海已经颇有名气，一到要上市的时候，不少市民都会问水果店，时间到了，留香瓜有没有啊。同时，通过和淘宝等电商的合作，我们也做了一些网红爆品的宣传，效果也非常好，现在各大电商平台都会到巴楚当地去拿货，真正让巴楚留香瓜走向了全国。

"双线九进"树典型　直播带货销售俏

其实留香瓜只是我们帮助当地推荐巴楚农产品一个缩影，为了脱贫工作需要，我们还需要帮助贫困户销售其他农产品。为此，我们陆续开展了很多工作，通过线上各个平台来推广当地农产品，也会带领团队到各个城市去搭台汇演做线下推广。在这其中，我就发现了一个问题：我们推广民营产品的工作很分散，始终没有一个引领性的框架，那如果有了这样一个框架，我们好多工作都可以纳入到这个框架里，由此形成合力，那么这种合力应该怎么体现？我们的框架又该如何建立呢？为此我苦思冥想了好几天，但始终没有想到一个好点子。有一天凌晨两点多开完会，我躺在床上睡不着，突然之间就灵感迸发：我们线上线下可不可以合在一起呢？我们到各种场合进行宣传销售是不是也可以合在一起呢？一有想法，我就赶紧连夜写了一个报告，由此，就诞生了"双线九进"这样一个消费扶贫品牌活动。

"双线九进"的"双线"指的是线上线下联动，"九进"则是指进商圈、进社区、进菜场、进机关、进学校、进企业、进地铁、进宾馆、进银行等。当然，"九"是一个多种场合概念，不仅仅一定就是上面提到的九个场地。到各种场合进行农产品的推广宣传。有了这样一个思路和框架之后，我把自己的想法向前方指挥部作了汇报，同时开始马不停蹄地和巴楚分指的同志们一起落实这个活动。我们当时分成了好几支队伍，分头行动，进街道的进街道、进学校的进学校，干得如火如荼，声势非常浩大，当时各大媒体也是争相报道。如今，"双线九进"也已经成为上海援疆的一个品牌。2019年，在第七次全国对口支援新疆工作会议上，汪洋同志在提到上海援建工作的时候，就提到了"双线九进"。

除了通过"双线九进"帮助当地农产品在上海"全面出击"之外，我们当时还提出了一个概念，叫"网络带货"，就是现在非常火的"直播带货"。在2018年的时候，直播还都停留在唱歌跳舞，我们就想到能不能通过直播来带动当地农产品的销售呢？有了这个想法，我们一名援疆干部程畅就找到了当地一个切糕厂的老板，提议他可以试试看在手机上直播卖货。他一听，这个想法不错，就找了几个女员工，在手机上直播卖切糕。卖了一段时间，发现销量并不是特别好，这时候，我们又建议他，不如直播卖切糕的原材料——红枣、核桃，结果一下子就火爆。我记得当时创下了一个记录，几分钟之内就销售了十几万元。有了这个成功的先例，我们觉得线上销售这个做法大有可为，就开始号召当地其他的农产品商家也加入到"直播卖货"队伍中去。可以说，"直播带货"这个概念当时是在新疆乃至全国都是开了先河的。

其实不论是"双线九进"也好，"直播带货"也好，要带动当地经济发展，关键一点还要转变农民的思想理念。前面提到的切糕厂的老板，做直播带货很成功，但是我们也发现了一个问题，他经营的这个传统切糕都是很大一块，一顿吃不完，消费者购买之后，往往都是吃一半丢一半，造成了很大的浪费，这在某种程度上也影响了切糕的销量。所以我们就跟这个老板建议，能不能把切糕做得小一些，做成能够一次吃掉的大小，老板一听觉得可以，就改良了一下这个切糕的大小，做成了一个长条的形状。但我们觉得这还不够，就拿着几颗大白兔奶糖给他看，问他能不能做成这样？老板一看，这不是切糕，这变成切糖啦！看到老板有些顾虑，我们的援疆干部就一起给他做工作，让他试一试。结果一试，销量特别好。对于我们而言，这次的经历其实也是一个理念转变的过程，是意义深远的一件事情。

不屈不挠小胡杨　扶贫扶智亦扶志

正如我前面说的，要实现人的城市化、现代化的理念转变很重要，也很关键，那么如何做到这一点呢？我们当时就提出在扶贫的同时，要扶智扶志，要让当地老百姓自己形成脱贫的愿望。针对这方面的工作，我们其实是传承和发扬了第八批援疆同志们的智慧，沿着他们的脚步继续探索。

当时第八批的同志们可以说是开创了一个先河——在当地创办社区学校。通过在社区创办学校、开设微笑图书馆这一系列的举措，给当地小朋友们提供了一个学校之外的学习、活动场所，某种程度上改变了当地家庭教育相对匮乏的现状，取得了很好的效果。

在此基础上，我们一方面接过了第八批同志的接力棒，另一方面也觉得，仅仅做青少年的社区教育还不够，应该要做到全覆盖。尤其是在乡村的农民兄弟们，还有根深蒂固的农耕思想，需要把现代化生活方式和理念带给他们。这就需要我们通过相应的社区教育来帮助他们转变观念，实现现代化、社会化的蜕变。

正是在这样的考量下，"小胡杨"扶贫扶志扶智行动应运而生。为什么要叫"小胡杨"呢？首先，胡杨精神代表着蓬勃的生命力，我们都说胡杨千年不死，死而不倒，倒而不朽，这是一种不屈不挠、越艰难越坚强的精神，而我们就要做一棵棵的"小胡杨"，从小到大，苗壮生长，代代相传。"小胡杨"行动的本质内核其实就是"三扶五美好"，所谓"三扶"就是把扶志扶智和我们的扶贫工作结合在一起，"五美好"则是美好童年、美好少年、美好就业、美好心灵，以及实现美好生活。比如说美好童年，我们当时有一个社会机构捐建的乐高工作室，里面有许多乐高玩具，平时小朋友们都可以去玩。不仅如此，我们县城里的很多学校，也都会跟我们预约，分期分批带小学生到我们的社区学校来，看书、玩机器人、搭积木，活动开展得非常红火。除此之外，我们也组织"大篷车下乡"活动，到周末的时候，把我们微笑图书馆、社区学校里的绘本、玩具装在大篷车里，运到比较偏远的乡镇，让那些地方的孩子们也能够参与进来，享受快乐的童年。

针对成年人，我们也推出了一系列就业技能培训、心理咨询等活动。2017年春节的时候，我们联系了上海一家叫"洋铭数码"的科技公司，经过动员，他们捐献了30多万元的影视教育设备。我们就利用这些设备，专门教当地的百姓学习制作短视频，教他们怎么做直播等等。之后，我们还把上海的很多团队也都请到了巴楚设立工作室，比如说"白领驿家"就在我们那边有一个专门的工作室，每年都会带着团队到当地搞活动，和当地群众开展互动交流活动，我开玩笑和活动负责人说，我们巴楚就是"白领驿家"的一块飞地！

巴楚县城的"小胡杨"行动开展得如火如荼的同时，我们也开始积极向乡镇发展。我们依托村里面的小学、村委会这些组织把一棵棵"小胡杨"栽在了沙漠边，正所谓"星星之火可以燎原"，"小胡杨"们长大了，就变成了胡杨林，成了绿洲！

三年时间转瞬即逝，如今再回望，那三年真是翻天覆地的三年，是热火朝天的三年。可以说，巴楚县真的是一个月一个样，三个月大变样。而对我而言，这些变化让我欣喜、感动、自豪，让我坚信，这片土地值得我去守护、去热爱！

（林捷　范建英　黄骋泽　采访，范建英　黄骋泽　整理）

倾力援助"喀什二院"成为地区医疗中心

崔勇

"援疆对我来说是一种责任，更是心中的一种家国情怀。"2016年年底，当我得知上海市委组织部正在组建第九批援疆队时，第一时间就报了名。经过几轮的面试、体检等筛选，我如愿成为了一名援疆干部，并被任命为上海第九批援疆喀什地区第二人民医院（以下简称"喀什二院"）医疗队领队。2017年2月19日，我和上海第九批援疆干部人才一起奔赴新疆。从此，三年援疆激情岁月拉开了序幕。多年来，上海医疗队和喀什二院的员工在援助工作中凝聚起了深厚的友谊，医疗队务实的工作作风和精湛的医疗水平得到了当地人民的高度肯定和充分信任。

从"创三甲"转向"强三甲"

自2010年起，喀什二院在上海几批援疆医疗队援助下，医疗业务水平有了较大提升，从一所名不见经传的普通二级甲等医院锻造为在地区小有名声的医院。上海医疗队始终没有停下脚步，而是瞄准了更高的目标：要把喀什二院打造成一个有实力、高水平的三级甲等综合性医院。

为快速精准提升喀什二院的医疗水平，上海推出了"以院包科"的组团援助模式，充分发挥上海三甲医院学科优势，通过一对一组团方式派出骨干人才对口帮助喀什二院一个相关科室或提升学科水平。喀什二院在2014年底经评审考核成为三级甲等医院，并在2015年初正式挂牌。喀什地区也因此成为当时南疆地区唯一一个有两家三级甲等综合性医院的地州。

"创三甲以后，医院该怎么发展？"这是我初到喀什二院后一直在思考的问题。经过深入临床一线科室进行仔细调研后，我发现已成为三级甲等医院的喀什二院在硬件设备上已初具规模。但在软件方面，如医疗管理、学科建设、科研能力、人才结构和培养梯队等工作上与上海还存在不小的差距。

作为三甲医院，最重要的是做好学科建设和提高疑难疾病的诊治水平。喀什二院的医疗特色和学科优势还不足，特别是当地非常需要的新生儿科、妇产科、危急重症科等学科在整个地区缺乏优势。其次，就医务人员整体水平来说，百余名副高级以上医师，仅占全院员工的10%。在科研能力、临床技术及带教水平上，与上海三级甲等医院相比，仍存在明显的差距。

鉴于当时状况，我提出了要在前两批医疗队"创三甲"成果基础上再接再厉，围绕"强三甲"展开工作，即深化医院内涵建设，积极有效提升临床治疗水平，努力创建医疗特色和优势学科，重点培养新疆当地专业技术人才，为进一步发展夯实基础。

喀什地区多年来儿科医学发展薄弱、专业人才缺乏，新生儿及五岁以下儿童死亡率高，对优质儿科医疗资源需求迫在眉睫。2014年，王来栓作为儿科医院派出的首位专家，初来到喀什二院，映入眼帘的是简陋医疗条件：成立近60年的医院还没有新生儿科，一旦发现危重新生儿，须转运到1500公里外的乌鲁木齐，孩子折腾不起如此长路，许多家长无奈选择放弃。作为国家儿童医学中心的复旦大学附属儿科医院、上海交通大学医学院附属上海儿童医学中心等派出精兵强将，为喀什二院儿科注入强大力量，新生儿科从无到有，儿科诊治从弱到强，短短5

年发生了翻天覆地改变。如今的喀什二院新生儿科，窗明几净，10 台暖箱一一排列，其中两台是最先进的新生儿暖箱。在这里，上海医生率领团队完成了一项项不可能完成的任务，新生儿抢救成功率可维持在 95% 以上。

"围绕喀什地区儿童健康水平的难点痛点，下一个五年，上海还将发力。"复旦大学附属儿科医院党委书记徐虹表示，新成立的"复旦大学附属儿科医院—南疆儿科发展中心"，将集国家儿童医学中心力量，通过建设中心帮助南疆建立起儿科医学人才和队伍，让南疆更多儿童享受到高效、温馨、便捷的诊疗服务。

在上海援疆前方指挥部及上海九家三甲医院的大力支持下，我们制定了新一轮《"8+1"沪喀医学中心建设三年规划（2018—2020）》。希望通过 3 年援建，不断完善喀什二院专科体系和科教体系建设。围绕学科建设，喀什二院遴选出发展优势学科项目，如心血管疾病诊治中心、消化系统疾病诊治中心，力争达到国家临床重点专科的标准与基础水平。在上海第九批援疆医疗队的努力下，喀什二院不断推进学科发展，临床医疗水平得到快速提升，目前已形成 11 个自治区级临床重点专科，其中已有 10 个科室向亚学科拓展，有的学科已达到南疆领先水平。

喀什二院各项医疗指标稳步提高。2019 年与 2016 年统计数据相比，门急诊就诊人次增长 15.31%，手术例次增长 45.61%，三四级手术占比从 33.11% 上升至 50.59%，平均住院天数从 8.92 天下降至 8.43 天。临床治疗水平得到快速提升，喀什二院从以前许多科室一半床位闲置的状态变为一床难求，成为当地患者认可的好医院。此外，喀什二院通过电子病历应用等级六级评审，成为 ISO 15189 国际标准认可单位，并荣获 2017 年度全国卫生计生系统先进集体称号。

"授人以渔"打造一支带不走的医疗队

人才培养是医院发展中的一项重要工作，为贯彻"授人以渔"的理念，我们不遗余力地实施可持续发展的培养计划，制定了《喀什地区第二人民医院"援疆医疗队员传帮带导师带教制度"实施方案》，明确上海医疗队专家采取师带徒方式培养当地医生的人才培养模式，并建立目标考核制度。通过不断探索个性化、梯队化、持续化的带教方式，上海医疗队逐步实现了从"师傅做徒弟看"，到"师傅指导徒弟做"，再到"徒弟做师傅看"的升级。许多以前不能开展的手术和疑难杂症的诊治，当地医生现在都能独立开展，甚至在各类学术讲座与业务学习上，也已经从"师傅讲徒弟听"，转变为"徒弟讲师傅评"，从大家"不敢讲"到"争着讲"，极大激发了当地医生的求新求上的信心。

时间是急救的第一要素，与死神赛跑，是急诊医护人员经常面临的挑战。通过每月一项的专题整改活动从源头改变，扭转医护人员理念。渐渐地，"急诊速度"变快了，医疗队员根据上海经验，完善落实了八项急诊重症医学核心制度。再造急诊流程，让急诊真的"急"起来。

喀什二院 CCU 年均收治五六百名患者，以往如果发生心跳呼吸停止，抢救成功率比较低。但这一情况在上海援疆医疗队的帮助下得以改变。2017 年 11 月，"喀什地区第二人民医院—美国心脏协会心血管急救培训中心"（即"喀什二院急救培训中心"）正式落成启动。从此，喀什地区有了一条专业的生命急救绿色通道。在上海第九批援疆医疗队员、瑞金医院 AHA 心血管急救培训中心协调员、课程导师杨之涛的倾力带教下，第一批七名医护人员形成的"种子"队伍在喀什二院诞生。就在培训后不久，还抢救了一名因严重脓毒症而导致心跳停止的 80 岁高龄患者，这在以前是不敢想的。

与此同时，杨之涛带着这批"种子"将国际急救技术和理念播散至南疆地区更远的县市：喀什地区巴楚县、莎车县、塔什库尔干自治县以及和田地区、柯尔克孜自治州……以后，那些离喀什二院很远的患者也不怕因路途遥远而耽搁了，国际领先的急救知识送到了南疆百姓的身边。

在实际工作中，我全面负责医院的各项工作，尽力为团队营造良好的工作环境，充分发挥医疗队员的积极性，对当地医生要从技术培养上的"单一输血"，到激发内在潜能"快速造血"，带动喀什二院专科团队共同发展。

　　阿布都大叔48岁，10年前不幸摔倒导致左侧股骨颈骨折。因未及时治疗，一年后骨折部位骨不连，整个股骨颈吸收消失，骨折的腿比正常腿短10厘米，无法站立行走。不足40岁就丧失行走和劳动能力，整个家庭也因此而愈发贫困。10年间，他辗转多地求医无果。正当灰心之际，阿布都大叔在喀什二院微信公众号上看到骨科关节外科专业组介绍，慕名而来。为了帮助他摆脱终身残疾的命运，上海医疗队员彭晓春决定为其进行人工髋关节置换手术。手术顺利完成，10年来阿布都大叔第一次站起来靠自己的双脚走路。

　　医疗队员个人的力量是有限的，与其在援疆期间做几百台手术，不如把技术和理念传授给当地年轻医生更有意义。队员彭晓春牵头组建了规范化关节外科团队，选定了两位年轻医生作为精准"传帮带"弟子，制订了详细的"快速造血"培养计划，从术前、术中和术后全方位展开培训。两位年轻医生的医疗水平飞速提高，短短5个月已能够独立完成人工半髋关节置换术，12个月独立完成人工全髋关节置换术，术后48小时患者不扶拐独立行走，达到超快速康复水平。他们的进步之快可谓一日千里，骨科新星崭露头角，快速造血初见成效。就这样打造出了一支技术精湛、扎根喀什、切实造福百姓的专业骨科团队。这样的故事经常发生在医疗队员的工作中。

　　在3年援助期间，35位临床援疆医疗队员结对带教了76名科室骨干，有效提升了当地医疗骨干的业务水平。我们又推出了"首席专家制"，聘请上海医疗队专家、当地有高级职称或业务上有能力的骨干为首席专家，在门诊带教、参与会诊、指导抢救、主持或参与完成三四级疑难手术等方面充分发挥引领示范作用。上海医疗队员接诊人次达到4万多，主持抢救急重病人4000多余次，参与完成三四级手术有3000多台，也为当地开展了118项临床新技术和新项目，开展业务培训1200余次，参与指导各级各类科研项目申报共计431项。

　　在人才培养方面，先后选派3名"院长培养对象"和近200名专业技术人才赴上海三甲医院挂职进修；此外，促成了喀什二院成为上海健康医学院附属医院，上海健康医学院定向招收免费培养，3年间累计招录71名喀什籍医学生。值得一提的是，我们还探索性地进行上海高层次人才"组团式"援疆实践，于2017年5月在喀什二院成立了上海院士专家工作站，邀请上海张志愿等院士及14名知名专家先后进站工作，以带动和提升喀什二院的综合科研水平。

令人欣喜的是，经过三年带教，喀什二院已构建起领军人才、优秀人才、紧缺人才的梯度培养体系，临床科研水平也有明显提升。3年间，先后共成功举办了国家级、自治区级及地区级各类继续教育学习班107项。而在科研项目方面，喀什二院组织申报国家级、自治区级、地区级各类型科研项目共计354项，立项100余项。

从"援助医院"转向"服务社会"

全面提升喀什二院在医疗、科研、人才和管理等方面的同时，我们还注重发挥三甲医院的社会功能和医疗辐射功能。通过拓展援疆渠道、搭建沪疆平台、创新援疆形式等，我们邀请上海交通大学医学院附属第九人民医院（集团）108位专家赴喀什开展"医疗下基层，健康惠民生"系列活动，也和上海市医务工会联合组织上海知名医疗专家到喀什进行义诊，并先后开展了一系列惠民活动。

2019年7月，我们举办了一次规模空前的上海医疗人才"组团式"援疆医学论坛，来自上海和新疆各地的医药卫生界的专家和同道近千人汇聚一堂，分享交流学术最新成果。活动在前后一个多月时间里，相继举办了消化、呼吸、肿瘤等17个分论坛，累计受众3000余人次，通过丰富的内容与形式，持续开展广泛深入的学术交流系列活动，提升辐射效应，不断深化上海医疗人才"组团式"援疆内涵，加大了人员交往、文化交流力度，促进各民族交往交流交融，也极大提高了喀什二院的知名度和影响力。

此外，我们充分延伸医联体"组团式"模式，发挥喀什二院医疗联合龙头作用，实施以喀什二院为牵头单位的医联体专业人才分级培训项目，以提升基层医务人员的能力和水平。在我们第九批援疆医疗队的努力下，完成了来自医联体成员单位的46名医务人员进修培训。同时，我们也根据医联体成员单位需要，派遣专家去进行专业讲座、教学查房、病例讨论、手术演示和医疗巡诊等临床教学工作。3年间，第九批援疆医疗队员到县乡医院开展了400多场诊疗、巡诊活动，为喀什二院对口四县、乡等基层医院开展远程诊疗6207人次。此外，医疗队员先后50余次赴喀什各县及邻近地市进行帮扶指导、会诊及手术。

玉米提江（以下简称小玉米）在出生时就患有罕见的先天性心脏发育畸形，这种病在全球范围仅200多例，国内也仅有10例。看到当地医院医生为小玉米开出的"目前条件下没有进一步治疗的办法"的诊断通知单，小玉米的母亲几近绝望。巧的是，上海第九批援疆医疗队心外科医生冯亮到泽普县乡下入户走访时从这位母亲得知了小玉米的病情，让小玉米来到喀什二院会诊。

检查室里，来自上海儿童医学中心的张磊撩起小玉米衣服，只见"心脏就在肚子上蹦，一下又一下，你甚至都能看到心脏的形状！"冯亮和张磊当即决定依托互联网远程医学平台，邀请上海专家进行会诊。上海儿童医学中心刘锦纷和张海波教授会诊后拍板，由张磊将孩子带回上海儿童医学中心进行手术。2017年8月，小玉米在上海进行手术，专家运用3D打印技术，为他定制了特殊材料的胸骨"外壳"，保护他的心脏免受伤害。手术获成功，小玉米的母亲感激地流下了热泪，动情地说："是上海援疆医生给了儿子第二次生命。"

为发挥喀什二院地区医疗龙头作用，我们创建了疾病诊疗和健康管理的远程服务平台，建立了危重病人的转接绿色通道，在统一质控标准、确保医疗安全的前提下，逐步建立影像、病理、心电、检验等结果互认机制，解决了一直以来困扰南疆片区的看病住院上的难题。特别是我们构建起了联动上海市和自治区、地区、县、乡镇四级远程医疗网络，并逐步向村级延伸，让当地各族群众在家门口就能享受到优质医疗资源。2018年4月11日，喀什二院正通过远程会诊系统邀请复旦大学附属华山医院专家为一名慢阻肺患者进行远程会诊，恰逢中共中央政治局常委、国务院总理李克强同志视察华山医院远程会诊中心，李克强总理和喀什二院医务人员进行了亲切交流。

为进一步创新医疗援疆模式，做实喀什二院医疗联合体，探索南疆医院集团化的管理和发展，我积极协调，努力推进，特邀上海交通大学中国医院发展研究院到喀什二院开展"拓展医疗人才"组团式"援疆工作新模式——以喀什二院为龙头，共建区域医疗联合体"为主题的深度调研，解析医疗援疆工作思路和喀什二院发展瓶颈问题，并在调研基础上提出了契合援助实际、满足新疆需求的发展思路和发展规划，以高站位、宽视野、高标准的智慧为"十四五"对口援疆作了展望。

"一时援疆路，一世援疆情。"我们第九批39位医疗队员与当地人民结下了深厚的情谊，这段经历也是我一生当中不可磨灭的记忆。3年援疆工作，我们依托上海大后方支援，发挥资源优势，在打造重点学科、强化人才培养，全面提升喀什二院管理水平，积极推动喀什二院医疗卫生事业跨越式发展。

（秦艳　张天成　采访整理）

续植杨柳三千里　绘就新时代援疆多彩篇章

侯继军

我在 2019 年 12 月 23 日上午 10 点多钟，得知被选派为第十批上海援疆前方指挥部总指挥。当时尽管很突然，但我深知这是组织对我的厚爱与信任，因此没有任何的犹豫，便投入到紧张的进疆准备工作当中。三天后，我们出发飞赴喀什，当飞机飞过白雪皑皑的天山，我不禁感慨："雪没昆仑冰满川，浦江儿女越天山。续植杨柳三千里，誓引春风度玉关。"我把这首诗发给了同行的同志，以此激励我们不忘援疆工作的初心和使命。我们越天山，穿昆仑，肩负上海市委市政府和上海人民的重托，到祖国最西北的边陲，正式开始了三年的援疆之路。

温暖百姓的民生画卷

按照中组部的改革要求，援疆前方指挥部 18 名同志中有 13 人要到地方任职工作。人员配置的调整对我们的工作来说是一个巨大的挑战，而深入乡镇任职的同志面临的挑战和困难更多。因为很多同志出生成长于上海,没有过任何农村生活工作的经历。而在南疆的贫困县开展工作,语言上的沟通与交流是遇到的第一个问题。虽然在新形势下我们面临更多的挑战,但我们一定会牢记李强书记对援疆干部的要求:不辱使命、不负重托、勇于担当、积极作为,一定不辜负组织的厚望,把援疆工作做好,为喀什经济社会发展做出我们的贡献。

为了深入全面地了解喀什,我们花了一个多月的时间开展调研。通过这次调研,我们对喀什地区有了更多的了解,对上海援疆工作的意义有了更深的感受:2010 年上海开始对口支援新疆,从援建阿克苏,到援建喀什,这十年来,上海的援疆工作对当地的经济社会发展确确实实起到了巨大的推动作用。

在叶城县,我们看到整座城市漂亮、干净,尤其是雨后,感觉它就是一个江南的小城。叶城县的县委书记自豪地告诉我:"是上海同济城市规划设计研究院帮我们规划的,所以我们的城市就是漂亮,我们的绿化整整齐齐,因为我们不是瞎种树的,是按照园林设计来做城市规划的。"走在泽普县的梧桐大道上,阳光透过梧桐叶洒在道路上,仿佛夏日午后的衡山路或淮海路。来到莎车县,看到了我们上海援建的学校,很漂亮,里面有完备的设施,整齐的宿舍。来到巴楚县,我们看到昔日手握锄头的村民,现在坐在我们援建的厂房里面,穿着整齐的厂服,在做衣服,生产 USB 线,脸上洋溢着快乐。在四个县下面的一个个村庄里,我们看到漂亮且整齐划一的富民安居房,走进庭院,看到家家户户都有了沙发、卫生间、单独的厨房,房间地面也铺了地砖;和南方一样的庭院里,种满了各种蔬菜水果。走在村庄的道路上,每家门前都搭了葡萄架,种满了花草,充满生机活力。

在调研中,我看到了老百姓在物质和生活方式上的变化。老百姓原先坐在土炕上,现在坐在沙发上;原先睡在地上,现在睡在床铺上;以前不吃蔬菜,现在学会了种菜。老百姓的精神面貌也焕然一新,眼光中充满了热情和希望,尤其是小朋友们,普通话说得跟上海的小朋友一样流利,见到我们都非常热情地跟我们打招呼,有的小朋友还会给他们不太会说普通话的爸爸妈妈和爷爷奶奶当翻译。

今天，走在喀什的土地上，入眼皆变化、处处是新景，脱贫攻坚正成为融入每个人血液的使命与担当。这些变化的背后，凝聚着上海和喀什干部群众的心血和汗水，温暖着百姓的心窝。群众的钱包"鼓"起来，贫困群众收入持续较快增长；人居环境"美"起来，贫困户改厨、改厕、硬化庭院、煤改电，贫困家庭人居环境发生明显变化；心情"好"起来，人居环境大变样，群众心里亮堂堂，感党恩、听党话、跟党走的意识日渐浓厚，致富奔小康的信心空前高涨。我不由地感慨我们党的伟大，只有中国共产党领导脱贫攻坚，才能让南疆发生翻天覆地的变化。我也看到了这些年援疆工作对喀什地区的发展起到的巨大的推动作用，也增加了我的信心和决心，我们会沿着前人开创的援疆道路，一步一个脚印走下去，把他们已经做好的和正在做的工作，继续发扬光大。然后根据经济社会发展的一些变化，再实施一些更加针对当前需要的项目，让援疆工作在整个喀什地区经济社会新一轮的高质量发展当中发挥更大的作用。

脱贫攻坚的决战答卷

2020 年是全国脱贫攻坚决战决胜之年，新疆有 12 个县要"摘帽"，其中上海对口两个深度贫困县，分别是莎车县和叶城县。这两个县要脱贫的人口和家庭的数量，占到喀什地区脱贫人口、脱贫家庭总量的近 70%。同时，我们对口的泽普县和巴楚县还进行国家脱贫攻坚普查工作，这也是 2020 年脱贫攻坚的重要任务。那么，如何助力莎车和叶城"摘帽"，助力泽普和巴楚巩固脱贫攻坚成果？我们来了之后，主要采取了以下几个方面的措施。

第一个是民生脱贫。2020 年我们有 66 个项目是直接用于改善民生的。在我们 119 个项目当中占的比例是非常高的，占 55% 左右。2020 年我们着力在教育和医疗方面加大力度，例如，我们要在 4 个县再做一个基于大数据的人工智能辅助的精准医疗系统，与后方资源深度融合。

将健康医疗与脱贫攻坚、公益卫生事业紧密结合，不断提升贫困地区群众医疗保障获得感，缓解边疆人民群众看病难、看病烦的问题，增强当地各族人民群众的健康获得感，真正将党中央对各族人民群众的关爱，送到各族人民群众身边。

第二个是产业脱贫。喀什地区不仅大力发展樱桃、巴旦木、红枣、新梅和核桃等特色林果业，而且万寿菊、金银花、双膜瓜等特色种植业也蓬勃发展。我们坚持统筹规划，注重主导产业与特色产业相结合，长效产业与短平快产业相补充，长效主导产业管长远、稳增收，短平快产业保基本、促增收，实现贫困户增收可持续、能发展，全面提升产业扶贫"续航力"，努力将援疆产业做成精品产业、惠民产业。如今，以红枣、核桃等为主的喀什地区特色林果业已发展到582万亩，果品总产量达200万吨。莎车巴旦木、伽师瓜、英吉沙色买提杏、叶城核桃这些"喀什品牌"，正带着"瓜果之乡"的千年美誉和无数贫困群众的致富愿望，走向远方，进入城市的商超、百姓的餐桌。

第三个是就业脱贫。很多贫困家庭的劳动力劳动技能比较低，去工厂工作和外出打工是不可能的。我们拿出历年的结余资金，通过购买岗位帮助贫困户就业。2020年我们通过购买5000个岗位，针对建档立卡的贫困户创造了5000个就业岗位，以此帮助5000个家庭实现脱贫。

第四个是消费脱贫。上海援疆"双线九进"是按照上海援疆指挥部提出的喀什地区农产品市场运营策略，通过线上线下等多种渠道，把对口援建地区的农副产品，送进上海"社区、街道、机关单位、楼宇、学校、医院、地铁、菜场、酒店"，更好地让喀什产地老百姓特别是贫困户滞销产品销得出、有赚头。

南疆的瓜果干果都是极负盛名的，但是因为交通和销售渠道等因素，导致出现了销售不畅、产品档次低等问题。一方面我们引导当地农产品企业适应南方地区、适应上海的消费习惯，从卖原材料向卖产品、卖食品、卖休闲食品转变。例如，我们引导当地的农产品企业把核桃带皮炒熟做成小包装，一个小袋里面装上一到两个，把枣子跟核桃一起做成枣夹核桃，并且是按照食品级的要求去做。这样做出来后，不但价格翻番了，而且市场反响也很好。另一方面，我们充分利用大的销售平台，建立合作关系。例如与叮咚买菜、京东、苏宁等平台，跟重点援疆企业如闽龙达等签约，计划在 2020 年销售喀什地区 3.5 亿元的农副产品。

我们还充分发挥上海工会系统的作用，助力喀什农产品销售。2020 年 7 月，上海市总工会发了一个通知，要求各级工会加强对本市东西部扶贫协作和对口支援地区的精准对接，助力推进消费扶贫工作。我们上海援疆前方指挥部迅速行动，积极对接上海市总工会，将喀什地区近百种农副产品列入消费扶贫产品名录。新疆喀什地区农副产品进驻市总工会微信公众号"申工社"的"扶贫商城"栏目，个人直购、单位订购全部实现线上办理。这样，不但进一步拓宽了喀什地区农副产品销售渠道，促进喀什地区特色农产品优质优价顺畅销售，同时也创新了消费扶贫实践，有助于动员社会力量参与脱贫攻坚。2020 年上半年，在各个大口党委和各个区的大力支持下，在市总工会的大力帮助下，喀什地区的农产品中仅干果销售就获利 6000 万元。

此外，我们还在研究怎么通过援疆资金的补贴运费，把新疆的鲜果卖到上海去。喀什的鲜果非常有名，每年从 5 月份开始盛产樱桃、杏子、无花果、瓜、葡萄、苹果，但是由于路途遥远，部分水果保鲜困难比较大，因此我们计划通过补贴路费的方式把它销售到上海去，让上海人民能够吃到这么好的新鲜瓜果，也让新疆的瓜果能够进入上海市场，进入长三角市场，进入南方市场，扩大它的美誉度。

在工作机制方面，我们主要做了以下几个方面的安排：第一是重点关注项目推进和资金安全。我们从上海出发之前就在做这方面的准备，入疆后立即着手建立了一套非常有效的项目资金推进的机制，即项目双联系制度，以此实现每一个项目分指挥部和前方指挥部的双向联系。第二是每个月对所有项目进度进行汇总分析研判。我们采取两种方式，一个是分指挥部汇报项目进展情况，另外是建立资金拨付的监管平台，每一个项目资金使用到什么地步，拨付到什么地方，我们通过计算机系统来控制，例如通过浦发银行的系统，我们能清楚了解进度，分析汇总后进行通报。第三个是把进展情况和简报发给地委书记和县委书记，并实行挂图作战，将所有的项目进展情况通过图示的方式、可视化的方式展示出来，促使人人都关心项目进度，人人都来抓项目进度。第四个是建立月度调度制度。前方指挥部和各分指挥部通过视频会见调动每个分指挥部汇报进度情况的积极性，共同推进各项项目的开展，确保援疆项目顺利实施。

助力发展的未来彩卷

在"一带一路"和中巴经济走廊国家战略下，喀什成为新亚欧大陆桥经济带上重要节点城市，成为中国向西开放的门户。按照国家战略，喀什地区将努力建设成为向西开放的桥头堡和中国西部明珠，经济社会发展也将进入一个新的阶段。接下来，我们的援疆工作打算从以下几个方面着手，来助力喀什经济社会高质量发展。

首先是教育援疆。人口问题的重点是人口质量问题，人口质量的提升关键在教育。教育援疆要从硬件走向软件，不是光修学校就能实现。而是要通过提高这些学校的办学水平、老师教学的质量，来提高整个教育水平。尽管近年来喀什教育在各方援助下取得了长足发展，但仍然存在一些现实困难，需要我们花更大气力、投入更多资源进行全面帮扶，特别是要助力当地打造一支带不走的教师队伍，由"输血式"援疆转变为"造血式"援疆。

在加强基础教育的同时，我们还需要提升人口技能。人口技能的提升重点在于职业教育。喀什地区当前只有一所大学，即喀什大学，是所综合性大学。地委要求我们帮助他们在莎车建立一个理工类的大学，我们现在已经开始整体策划。其重点突出职业教育，走出一条为南疆培养应用型、技术型人才的特色教育之路。上海援疆教师作为开路先锋，应当真帮实干，极大地推动受援地与地方紧密联系，促使办学水平和教育质量不断提升。

其次是科技援疆。科技援疆作为对口援疆七大机制之一，在提升新疆自主创新能力、推动科技事业创新发展方面发挥着不可替代的重要作用。我们将依托上海新疆合作基地、喀什双创中心以及国家技术转移东部中心新疆分中心的资源集散和示范引领功能，广泛动员上海全市的科技力量，积极投身两地合作和脱贫攻坚的事业中，为喀什的繁荣稳定和群众美好生活作出更大贡献。例如通过远程医疗和人工智能来提高当地的医疗水平。我们最近在筹建喀什第二人民医院，要把它建设成为南疆最好的医院，不仅仅是为喀什地区服务，更为整个南疆地区服务。

最后是文化援疆。充分发挥文化艺术活动诉诸感情、形象直观、寓教于乐的独特优势，在喀什进一步广泛开展各类各具民族特色、地域特色的文化活动和项目，真正起到宣传文化让群众"入脑、入耳、入心"的作用。例如，我们最近引进了极限挑战节目组来到喀什，并设计了一档"极限挑战宝藏行·三区三州公益季"活动。该活动是一档"绿野先综"新概念式户外综艺，在三区三州之行中，传递生态环保新理念，展现野外奔放的自然与人文风貌。"极限男团"将从新疆喀什出发，在20天内途经天路秘境，领略大漠高原，探险茫茫沙漠，体验多彩民风，并通过社交平台发布短视频，以筹集旅行经费和资源。同时，他们还将拍摄沿途的风土人情主题照片，听取三区三州普通百姓的人生故事，将纪念照片集结成册，发布线上摄影展和旅行指南，记录中国扶贫路上的美丽瞬间。在上海市合作交流办、上海援疆前方指挥部的全程指导推动和上海东方卫视极限挑战摄制组的精心策划下，2020年7月4日至10日，大型综艺节目"极限挑战宝藏行·三区三州公益季"在上海市对口援建的巴楚县、叶城县及喀什古城进行拍摄，助力上海对口支援地区扶贫事业，宣传推介喀什人文景观、特色农产品、旅游景点和具有当地特质的扶贫项目。文化交流是最本质的交流，是深层次的、长远性的交流。厚重与多彩是喀什地区的文化特色，如何以现代文化"随风潜入夜，润物细无声"，为喀什地区的大发展做好准备，成为援疆援喀的重大课题。

"其作始也简，其将毕也必巨"。在决战脱贫攻坚的大背景下，援疆工作对于我们援疆干部来说，是考验，也是机遇。脱贫摘帽对于喀什来说不是终点，而是新奋斗的起点，我们既要为脱贫攻坚决胜跑好"最后一公里"，又要乘势而上开启全面建设美好喀什的新征程。作为一名援疆干部，我深感自豪，愿与同志们一起，在这片广袤的土地上用担当和作为绽放时代光芒，书写援疆多彩篇章！

（罗震光　陆常青　采访，周春燕　整理）

以担当作为努力打造上海援疆新品牌

张斌

喀什地区是新疆维吾尔自治区的五个地区之一，驻地喀什市，是中国最西端的一座城市，是古丝绸之路的交通要冲，拥有"一带一路"和"中巴经济走廊""五口通八国，一路连欧亚"的区位优势。2010年3月，上海开始对口支援新疆喀什地区莎车、泽普、叶城、巴楚四县。十多年来的持续援助与支持，上海已走出了一条富有上海特色、符合当地实际的上海援疆之路。作为上海援疆前方指挥部副总指挥、驻疆办主任，我参与了第九批、第十批上海援疆工作的决策和部署。我深切体会到，援疆的上海干部都有着敢闯敢干、勇于担当、不甘落后的"精气神"。虽然每位干部都有着不同的工作背景，但是他们都有一个共性，就是常念家国在心怀。每位援疆干部，都将自己融入永恒与深沉的无限奋斗之中，汇集成边疆永续发展的不竭动力。

谋局谋事谋人，全面助力新发展

2017年6月，习近平总书记主持召开深度贫困地区脱贫攻坚座谈会，就攻克坚中之坚、解决难中之难、坚决打赢脱贫攻坚战发表重要讲话。会后，中办、国办印发了《关于支持深度贫困地区脱贫攻坚的实施意见》，对"三区三州"深度贫困地区脱贫攻坚工作作出全面部署。而上海对口支援的喀什地区就属于"三区三州"里的新疆南疆四地州之一。这样，从2017年开始，上海的援疆工作开始紧紧围绕中央关于"三区三州"脱贫攻坚的中心任务展开，其中包含了产业发展、消费扶贫和促进就业等。工作机制的主导原则以发展和稳定为中心，向民生和基层倾斜，通过脱贫攻坚产业和就业发展来从根本上解决稳定问题。

上海援疆前方指挥部统筹协调指导、帮助支持叶城县、泽普县、巴楚县和莎车县，准确把握分指和县委、县政府的工作逻辑关系，通过统筹四个县的分指挥部，支持他们与县委、县政府一起围绕中心目标开展工作。我们始终围绕援疆总战略谋局造势、谋事聚势、谋人用势，努力提振援疆工作信心。

2019年7月14日至16日，第七次全国对口支援新疆工作会议在新疆和田召开。中共中央政治局常委、中央新疆工作协调小组组长汪洋在会上指出，对口援疆是国家战略，是实现新疆社会稳定与长治久安总目标的重要举措；要把援疆工作作为锻炼和培养干部的平台，健全考核评价机制，加大关心关爱力度，让真情奉献、敢于担当者有干劲、有舞台。这既是对我们援疆干部极大的鼓舞，更是对援疆干部奉献对口支援工作进一步明确了要求。

为了进一步发挥好援疆干部的作用，根据中央要求，从第十批援疆工作开始，所有援疆干部均担任实职，担起实责。我们18位援疆干部中，13位同志均以在地方任职为主，前方指挥部工作为辅，这些干部的考核主要是由地方任职单位考核。随之带来的是工作侧重点、时间精力的分配和考虑问题的角度的变化。管理体制的改变带来了运作机制的改变。以前当然也有兼职地方工作的情况，但基本上以前方指挥部工作为主，但现在不是了。援疆的战略是长期的，要探索提升空间。我们大的原则没有变，就是在两地党委政府的坚强领导下开展工作，现在更多的是要参与到他们的实际工作当中去。

谋局者运筹帷幄之中，决胜千里之外。作为上海援疆前方指挥部副总指挥，我更多地试图从喀什的实际情况出发来思考问题，更多地听取当地领导、干部和企业家的真实想法，再反过来促进我们援疆工作思路的形成，双方的交流会更多。交流的过程当中，摆的角度跟以前也不一样，视野要更宽一些，这就是上海所能与地方所需这两个维度都要能够充分地考虑到，而不是停留在纸上。

比如，在产业扶贫工作中，我们会先分析数据，了解情况，带着问题下基层调研，坚持问题导向。通过调研和企业家交流，我和企业家成为了朋友，他们也愿意说心里话，针对问题分析问题。2019年11月，我们将调研的范围确定在援疆政策框架下的典型企业，去了莎车、叶城和泽普县3个地方开展调研，每个地方精心选择15家不同行业的企业开展走访工作，4天时间行程有1000多公里。援疆企业在投资设立、开工、建设、投产、达产销售的过程当中，不同的阶段会产生不同的问题，我们有针对性地带着问题开展调研、整理材料并形成报告，地委书记李宁平同志进行了重要的批示。我觉得我们工作越是深入细致，越能够形成一些想法，企业讲的越多，我们获得的信息就越充分，政策的制定和实施就越接地气。正所谓找出毛病在什么地方，才能做到对症下药。

这里举三个例子。首先是消费扶贫。如何把消费扶贫做实做透，需要仔细思考如何把老百姓收在家里的物产变成产品，再能够变成商品进行销售。消费扶贫不是简单的用车送过去，而是一个过程，实际上就从种植、收成、加工一直到流通的全过程。消费扶贫的核心最后不是他销售了多少，而是钱回到老百姓口袋里有多少。

在巴楚，近年来，巴楚分指挥部与巴楚县政府合力打造"留香瓜"品牌，引导农户标准化种植，依托电子商务平台和上海援疆提供的市场渠道，打通农产品进城物流体系"最后一公里"，帮助新疆瓜农将产品远销内地市场，促进瓜农增收。在泽普，我们举办了"上海援疆泽普好味道"的直播销售，通过"消费扶贫爱心公益购网络直播"为泽普优质农产品代言，向广大网友宣传了淳朴的泽普人民用科学的田间管理和品质第一的种植理念造就的高品质有机农产品。

第二件事情就是产业扶贫、产业援疆。当地的工业体系比较弱，需要引入上海、长三角、全国各地的适合当地的产业。以前存在一种情况，就是产业入疆只为享受政策，获取利益。政策结束了，企业也就结束了，这不是我们产业扶贫的初衷。通过基层的深入调研制定政策，我们召开了农产品进上海的座谈会，从流通终端反映到仓储物流，再反映到生产端，全要素开展农产品深加工产业扶贫工作。

比如浦东企业闽龙达与莎车县开展农产品对接，采取产业落户的方式使精准扶贫事业在莎车县"落地生根，开花结果"。闽龙达优先包收建档立卡贫困户的桑葚、鲜杏、甜瓜、黑枸杞、巴旦木、核桃、红枣和苹果等农产品。2020年，闽龙达又与莎车县20个贫困村签订"企村"结对协议。基于莎车县是全国唯一的巴旦木主产区，全县种植面积近100万亩的优势，闽龙达新设立了"新疆小蜂农业创新发展有限公司"，公司注册资金1200万元，主要从事巴旦木深加工、蜂产品加工等。目前，企业已着手开展厂房装修、设备采购和人员招聘等工作，争取年底投入生产，首期将安排100户贫困户人员就业。

在叶城县，上海援疆叶城分指挥部对叶城核桃质量标准体系建设及品牌创建工作总牵头，积极协调新疆大学、新疆林科院、上海市农科院来叶城对接相关工作，成立了核桃产业化发展中心、新疆叶城核桃产业研究院，架起了一座核桃"产、学、研"连接的桥梁，填补了叶城核桃产业化发展的空白。

第三件事情是招商。我与几位县委书记进行了深入的沟通。首先，招商工作需要建立一所商务领域的专业军校，用市场经济的方式和规律来做经济工作。公开选拔经济条线的干部，有计划地开展专业培训，让专业人才成为经济工作的宝贵财富。同时，我们在思考如何引进年轻干部和创业者，通过吸收新鲜血液带动喀什产业和文化的发展，改善人口结构。不断推进干部人才事业与经济工作开展的深度融合，增强经济人才对高质量发展的支撑力、引领力。其次，实事求是是我们党的基本思想方法、工作方法。招商工作如何落地，需要统筹各个方面，不能光招不用，因此，可以成立类似于投资促进中心的事业单位，或者先成立投资促进有限公司，先运作起来，同时组建好相关的人才队伍，确保经济工作的顺利开展。

做深做实做细，追赶超越正当时

2019 年第七次全国对口支援新疆工作会议明确提出，要务实推进产业援疆，帮助受援地发展特色产业、绿色产业、拓展产品销售渠道，强化兵团向南发展产业支撑。要坚持民生优先，聚焦脱贫攻坚和扩大就业，资金项目更多向基层倾斜，解决群众最关心、最直接、最现实的利益问题。要着力促进各民族交往交流交融，支持内地与新疆各族群众多走动，推动新疆少数民族群众到内地交融发展。

要扎实做好文化教育援疆，深入推进文化润疆工程，构建各民族共有精神家园。按照党中央、国务院决策部署，上海制定了《关于本市深入开展消费扶贫助力打赢脱贫攻坚战的实施意见》。根据《实施意见》，我们在消费扶贫工作方面做了大量的工作。在渠道建立和拓展方面，我们做了三个层面的工作。一个是政府层面的签约，也就是通过非市场化途径进行签约。如各级工会可按照有关规定，组织职工到对口地区疗休养和开展工会活动；在同等条件下，优先签约采购对口地区产品。第二个层面以市场化为主的签约，如闽龙达、上海的丝路果香等援疆流通企业，跟当地的合作社、县里的公司进行签约。第三个层面的签约是拓宽叮咚买菜、京东云、拼多多等互联网平台跟本地政府的签约。成功签约代表着良好的起步，建立起了生产与销售间的"高速公路"，接下来就是建立好"高速公路"的管理体系。在这项工作中，政府起着政策制定和沟通协调的作用。

2020 年受新冠肺炎疫情的影响，政府和企业的压力陡增，这就要求指挥部要审时度势，充分吃透中央、上海的决策精神，充分契合喀什的实际，争取必要、果断的策略支持当地产业、就业的稳定发展。在流通方面，我们的做法是根据企业销售额给予相应的补贴，这是支持销售的重要环节。2020 年 5 月 27 日，我们举办了上海援疆消费扶贫喀什农产品销售签约及发车仪式，共签约特色农副产品采购协议 3.6 亿元，其中上海消费扶贫重点企业——上海闽龙达实业有限公司签约 1 亿元。现场发车的 5 车物资主要是产自莎车、叶城、泽普、巴楚四县的巴旦木、核桃、红枣等特色农产品，在当地取得了不错的反响。到七八月份，会有大量的水果上市，会有更高的销售量。

在产业就业方面，以泽普呼叫中心为例，我们以呼叫中心为基础做成喀什第一个服务外包企业——新疆智慧呼叫信息科技有限公司，形成服务外包园区——上海—新疆呼叫产业生产性服务业功能园。第一期已投入使用并提供座席数 515 席，可解决 800 人就业。第二期正在筹备中，计划提供席位 1565 席，可解决 1800 人就业。目前太平洋保险、物流汇、京东、中国移动、中国联通等 1478 家企业已入驻泽普智慧呼叫功能区。泽普智慧呼叫功能区的建成，成为泽普现代服务业发展新亮点，为助力喀什地区优化产业结构调整，提升就业质量增添新动能。

我们在统筹上海援疆前方指挥部关于就业和就业促进产业的政策资金之外，4 个县还有支持就业和投资的经费。但是按照政策，如果单位就业 100 人以上，就业人员要连续 3 个月在本单位工作才可以发放政策资金。2020 年由于新冠肺炎疫情的影响，很多单位停产停工，造成政策资金无法发放。我们马上召开办公会议进行讨论研究，核心问题就是要把就业和投资的政策门槛降低，把就业人数限定从 100 人降到 50 人，开工以后工作人员回到工作岗位视同一直续约，报后方合作交流办同意后，实施调整。

在文化援疆方面，主要是文化界从业人员的双向交流与合作，让中华民族的传统瑰宝在喀什润物细无声地生根，提升地区对整个中华文化的高度认同感；其次是通过组织旅游包机，引客入喀。通过大数据分析，2019 年到喀旅游的 1500 多万人次当中，除了新疆本地游客外，40% 来自上海，这些数据体现了上海工作的成效。上海的旅游包机、旅行社组织，以及我们闵行、宝山、静安、浦东 4 个区，做了大量的组织工作，提供了大力的后方支持。

组织上提供了援疆的工作舞台，使我们能够从万里之遥的黄浦江畔来到美丽豪迈的祖国西部边陲明珠喀什，参与党中央的重大决策部署即支持贫困地区脱贫攻坚工作中去，对每一个援疆干部来讲都是极大的鼓舞和鞭策。我们只有用只争朝夕的精神、实事求是的态度、久久为功的决心，投入到援疆事业中去，奉献自己的微薄之力，不负时代，不负韶华。我坚信，在党中央的坚强领导下，在广大各族干部群众的共同努力下，喀什这颗镶嵌在帕米尔高原的宝珠一定会更加闪耀。

（罗震光　陆常青　采访，周春燕　整理）

把青春书写在西藏的大地上

邬斌

2003 年，我刚大学毕业，作为首批大学生志愿服务西部计划的志愿者，在西藏服务了一年，对那片神奇的土地很有感情。2013 年，时隔十年，我选择踏上雪域高原，把青春书写在西藏的大地上。对我来说，援藏，付出就是收获，坚持就是胜利，团结就是力量。

选择：青春不想留遗憾

2013 年，我正好是 32 岁，如果在西藏再工作三年，到 35 岁，正好是法定的"青年"年龄的尾声，我希望抓住"青春的尾巴"，用三年时间在西藏再拼搏一次、奋斗一次，为我的人生留下一笔宝贵财富，使自己的青春不留遗憾。我告诉自己，年轻时就应该奋斗，奋斗才有机会，奋斗后才不会后悔。

让我坚定这一选择的还有另一个机缘巧合。2013 年五四青年节前夕，习近平总书记参加了北京大学的五四主题团日活动，还给北大考古文博学院的学生党员回信，总书记说"得其大者可以兼其小"，"青年时代，选择吃苦也就选择了收获，选择奉献也就选择了高尚"。年轻时候，多一些磨练，多一些挫折，甚至多一些摔打，都是有好处的，有利于走好一生的路。我是北大考古毕业的，本身又在做共青团的工作，听党话跟党走是一种自觉追求。这封回信点燃了我心中的一把火，让我更下定决心要抓住这个机会，去艰苦的地方锤炼自己。

上海援藏干部的选拔非常严格，真可谓"好中选优、优中选强"。最后得到通知时，内心既有欣喜，同时也还有点忐忑。忐忑倒不是因为担心当地的自然环境、生活条件，毕竟我有过在西藏的工作生活经历。我的忐忑在于这次进藏跟学生时代做志愿者还不一样，这次去就要担起上海援藏这块"金字招牌"。从第一批到第六批，上海援藏的接力棒每一棒都跑得非常好，跑出了自己的加速度，到我们这批可不能"掉链子"。

出发之前，市里为我们举办了为期一周的培训班，时任市委书记韩正同志在接见全体援外干部时的讲话，我至今记忆犹新。韩书记指出，援藏干部在开展工作的同时，将会经受一次深刻的党性教育、非常直接的国情教育、生动的民族团结教育，同时也是严峻的反分裂斗争教育。他还勉励我们："援藏是光荣，援藏是贡献，援藏是历练。"这些期许和要求，时时激励着我们，到了西藏我们在全体援藏干部中发起的第一个主题实践活动就叫"攻坚克难、服务为民，在雪域高原建功立业、历练人生"。除了市里安排的一些行前准备工作，我还去拜访了所有我能找到的"前任"秘书长。就像我前面说到的，对于这个未知的工作我还是有些忐忑的，如何做好这份工作，一定要先积累经验。拜访他们也的确让我学到了很多，在那边工作干什么、怎么干，有哪些行之有效的做法，其中的规律和机理是什么，等等，对这些有了些大致的初步认识。

同时我也做了大量的案头工作，比如系统梳理了前六批的援藏项目建设、队伍建设、两地交流交往中的一些经验和传统。在行前的团队建设准备会上与队员们做分享，尽可能帮助大家能尽快适应当地环境。现在回想起来，其实那时候我这个秘书长就"提前上任"了。所谓秘书长，就是个"大管家"，出发前我做的另一项工作就是选派厨师长，要保障大家在当地吃得习惯。我还以第七批援藏联络组的名义，给所有援藏干部家属写了一封信。"军功章上有我们的一半，也有你们的一半"，这是一句歌词，也是发自肺腑的话。我们在前方作贡献，家属们更是在后方作牺牲。保障好大后方，才能让我们上前线时更安心，心无旁骛地投身于当地建设中去。

险阻：一辈子的药三年里都吃完了

进藏以后，我发的第一条朋友圈是说"又回到了这片土地，还是有些泪眼婆娑，好像回到了第二故乡"。心情是激动的，但艰苦的现实也必须面对。

进日喀则的路上，就有援藏干部刚下车没走几步就晕倒在地；进藏第一天，就有兄弟因强烈的高原反应而嘴唇乌紫、步履艰难。刚进藏，秘书长事务性的工作非常多，要安排大家的住宿，和第六批干部做交接，刚抵达日喀则我马上就要进入工作状态。第一天还好，第二天晚上就开始嘴唇发紫、头重脚轻，一量血压，飙到了170——刚到西藏就给了我一个"下马威"。

援藏干部都是一岗双责，既要开展援藏工作，又要承担在当地的任职工作，对我们每个人都是双重的考验和挑战。我就有三个"没想到"，一是没想到去了以后的工作节奏会那么快，二是没想到工作任务会那么重，第三个没想到工作要求会那么高。

我在援藏联络组中担任秘书长工作，兼任宣传文秘部、接待保障部、公寓管理部三个部门的负责人以及市直干部第二小组的组长；在当地，担任日喀则市委副秘书长、市委办公室机关党委书记的工作，是一个"秘书＋管家"，要负责重大会议筹备、重要团组接待，还有大量的文稿起草、宣传文案等工作。援藏三年，差不多2/3的时间每天工作到晚上10点，若是有一些重要会议或者重要团组，常常要忙到半夜，曾经有过连续一个多礼拜加班到凌晨3点多的经历。

白天有大量的事务协调，很难静下心来做案头工作，基本上晚上6

点半以后是我在房间里动脑筋写稿子的时间。在西藏，写稿要比在平原困难很多，因为人始终处于一种缺氧的状态，所以我们写东西都是插着氧气管，来确保大脑正常供氧，否则写着写着就会发现头脑短路了。

2014年，一个加班的晚上，工作到12点多，我突然晕倒在卫生间里，大概两个多小时后才自己醒过来，醒来时已经两点多钟，我自己完全都不记得发生了什么，就发现身上、脚上好几处已经磕破了，大概是倒下的时候撞到了。

时隔10年之后，能明显感到西藏的生活工作条件比以前要好多了，但自然环境给人的生理带来的挑战还是一样。最头疼的是睡不好的问题，我们大部分干部都会失眠，2/3以上的人晚上都要靠吃安眠药入睡，有的人一片还不管用，得吃2—3片才能换来一个较好的睡眠。我们有干部笑说，一辈子的药都在那三年里吃完了。日喀则的自然环境有五大特点：缺氧、高寒、低气压、干燥、强辐射。从低海拔的上海到平均海拔4000米以上的日喀则，援藏干部不同程度出现头痛、胸闷、失眠、心率加快、呼吸困难、血压升高等症状。我总结援藏三年，有的人"红在脸上"，出现了明显的高原红；有的人"白在头上"，头发变白、脱落是常态；还有的人"肥在心上"，不少人心脏反流，甚至心脏肥大，我自己当时就有些轻微反流。但这都是援藏的一种印记。去援藏了以后，你也不能什么都留不下，在身体上面留点印记，说明你到过，你奋斗过、奉献过。我们当时这么安慰自己：那些无法将我们打倒的事情，只会让我们变得更加强大！

印记：要做点实实在在留得下的事

除了在身体上留点印记，更重要的是在工作中留下印记，援藏三年，必须得做点实实在在的留得下的事情。第七批队伍出发前，市里对我们提出了"民生为本、产业为重、规划为先、人才为要"的要求。到了当地，日喀则方面则对我们这批援藏提出了"集中力量办大事"的要求。特别是我们这一批的三年正值"三个恰逢",一是恰逢西藏大事喜事密集。2014年是援藏20周年,2015年中央召开了第六次西藏工作座谈会,同时西藏还迎来了自治区成立50周年大庆;从日喀则情况看,先后完成了"撤地建市"、拉日铁路通车。二是恰逢援藏工作政策转型。中组部和西藏自治区党委就援藏队伍管理出台了一系列新规定,对援藏干部的管理越来越规范,要求越来越高;上海相关政策也有转型,比如从我们这批开始实行"包县制",也就是上海一个区包干日喀则一个县,同时,市里对援藏项目和资金的管理也出台了新办法。三是恰逢援藏队伍结构调整。我们这批是上海前七批中人数最多的,还首次派出了"组团式"卫生援藏的专业技术干部和人才。

民生是最大的政治,在西藏,卫生和教育是最大的民生工程、民心工程。在卫生援藏方面,我们这批安排了资金用于日喀则市人民医院迁建工程,这不仅是上海援藏历批资金最大的项目,也是日喀则20多年来援藏资金单批投入最多的项目。到第八批上海援藏干部的时候,日喀则市人民医院已经成为西藏自治区的三甲医院。前几批援藏队员一直对当地患有先天性心脏病的儿童提供接力式的救助。我们去了之后调研发现,除了先心病以外,在当地儿童特别农牧区低龄儿童中,先天性髋关节脱位的病例比较多,我们立即想办法,争取到了上海的社会资源,发起了一个叫"格桑花之爱"的公益项目,到我们离开时已经资助了100多名患儿到上海做了手术。一个孩子就是一个家庭,救治了一个孩子就是帮助了一个家庭。

教育援藏也是上海援藏的"金字招牌"。上海援建的日喀则上海实验学校,在整个西藏自治区都是非常出名的。在西藏三年,这所学校的中考升学率都是整个自治区第一,高考升学率也保持在自治区前三甲。我们还建成了日喀则市的教师培训中心,举办西藏首届头脑奥林匹克大赛,特别是实施薄弱学科攻坚工程,我们援藏干部担任校长的几所学校,教育教学质量都有大幅提升。三年时间,我们虽是"过客",但坚决不当"看客",我们就是要多做些好事、实事。

文化旅游是西藏最大的资源,也是最大的优势。在西藏发展文化旅游产业,大有潜力。西藏要实现跨越式发展,必须从"靠天吃饭"转变为"吃文化饭""吃旅游饭"。基于这种情况,我们把文化旅游产业作为重中之重来抓。比如,借鉴上海现代农业发展的经验,在江孜县打造了红河谷现代农业示范区,探索了"两头在外"(食用菌、青稞等当地农特产品的种苗的研发和末端的市场销售是在上海)、"接二连三"(立足传统产业,借鉴上海农业发展经验,通过提升食用菌、青稞等高原特色农产品深加工等第二产业的标准化规范化水平,以及发展高原文化旅游休闲体验为主的第三产业,走出一条农业旅游共兴的发展新路)等经验。现在,这个园区已经成为一个观光休闲和体验园区,在这里可以开展自然教育、生态教育、农业教育,农产品附加值大大提高。再比如,我们以中国历史文化名城、英雄之城,同时也是西藏历史上第三大城市江孜县的宗山城堡、白居寺等真山真水为背景,打造出了西藏县级层面第一台大型原生态实景剧《江孜印迹》。这部实景剧的演员都是江孜当地百姓,在演出旺季每人月收入可达 3000 元,即使是 100 多名群众演员,只要晚上牵着牦牛在实景剧上"转一圈",每天也可以有 50 多元的收入。

上海对口的其他几个县也着力发展文旅产业,比如萨迦县着力打造萨迦古城,2015 年成功获评国家 4A 级旅游景区;定日县积极打造"珠峰旅游"IP,现在珠峰的知名度、品牌度越来越高;拉孜县的国家级非遗"堆谐"(西藏的一种传统歌舞艺术形式)文化先后登上了春晚和"亚信峰会"文艺演出的舞台;亚东县的文化旅游和城镇化建设一体推进,实现了从"靠天吃饭"到"吃文化饭""吃旅游饭"……

授之以鱼不如授之以渔,给当地留下更多的人才"钥匙"也很重要。3 年中,我们以"走出去""请进来"的形式,组织了 80 批 1500多名日喀则干部人才到上海学习培训或挂职锻炼,组织了上海近 200 名专家和专业技术骨干短期进藏工作,努力为当地培养一支"带不走"的人才队伍。

我也很高兴在我的岗位上留下了一些印记。比如编写了日喀则历史上首部党史大事记,举办了首次党史方志工作培训班,为当地电视台争取到第一辆现代化的广播电视转播车,协调上海公益机构资源为边远县建成了五所"再生电脑教室",等等。特别是作为一名团干部,我帮助日喀则团市委筹备成立了自治区首个地市级的青年创业协会，举办了第一次青年创业大赛，还吸引了上海的一些企业家去担任创业导师，辅导当地青年创业项目发展，提供资金和市场对接等。

情谊：一颗真心能换来百倍真情

在西藏三年，我们和当地的干部百姓结下了深厚的情谊。他们非常淳朴，也很真实，你给他们捧上一颗真心，他们会还你百倍真情。

援藏期间，正好遭遇尼泊尔8.1级大地震，也波及到离尼泊尔最近的日喀则，定日县就发生了5.9级地震以及随后的几十次余震，我们定日县的援藏干部把灾区当战场，视农牧民群众为亲人，展开了一场与时间赛跑的大救援。我们拉孜县虽然受灾不重，但接到了自治区党委和日喀则市委交办的灾区群众转移安置任务，援藏干部不怕苦、不叫苦、不言苦，将受灾的"后方"变为救灾的"前方"，连续一个多月，他们都吃住在集中安置点，住帐篷，吃方便面，皮肤晒得黝黑、开裂，乍一看，上海援藏干部跟当地受灾群众没有两样。

群众也对我们的援藏干部非常有感情。有一天，我受市委领导的委托，押运一批救灾物资，包括国旗、党旗和领袖画像，送到集中安置点。当地百姓听闻我们的到来，早早地手捧哈达来迎接我们。物资拿回去，老百姓自发就把国旗、党旗插在了帐篷的入口，把领袖的画像悬挂在室内，看得出他们对党和国家的感情是至深的。

三年援藏工作能顺利开展，离不开当地的干部群众对我们的支持和关心。我用于治疗高原性高血压的藏药，就是当地干部一次次送来的。我们刚到日喀则的时候，老百姓夹道欢迎；离开时，也有无数当地工作单位的干部群众手捧哈达来欢送我们，每位援藏干部身上挂的哈达都要把人淹没了。此情此景到现在都难以忘怀。为什么上海援藏在当地有这么好的口碑，这离不开我们一批又一批的上海援藏干部动真情、办实事。只要不来虚的，老百姓就会记得。

我们曾经建过一条路，叫日喀则体育支路，短短 600 米，看上去不算太起眼，但确是以上海最高标准、最好水平建设的，建成之后当地老百姓欢欣鼓舞，紧挨着配套建设的体育广场，更是成为日喀则市民"过林卡"（即户外郊游）的一个绝佳场所，藏族同胞在那边聚会、野餐，跳跳唱唱，其乐融融。我们第七批上海援藏干部发起了"援藏情·一家亲"民族团结活动，大多数援藏干部都结对助养了一位当地儿童福利院的孤儿。3 年里，我们暂别上海家中的孩子，却都结识和帮助了一个西藏的孩子。每个月，我们都会带他们去看一场电影，吃一次快餐，去超市买书籍、玩具和日用品。逢年过节，我们还会带他们来我们的援藏公寓，吃顿家常菜，多才多艺的孩子们会给我们载歌载舞。我们还结对了一所盲校，捐赠了一批藏语盲文打印机和藏语盲文读本。在自治区 50 周年大庆的时候，这些盲人孩子也来日喀则市区参加了演出，反响特别好。

远在西藏，要克服孤独感、思乡情，三年时间，也要防止中后期的精神懈怠，要"防松"和"提神"，离不开团队建设。最后一年收官年，我们制定了上海援藏干部队伍管理的《十项规定》，请假怎么请、用车怎么管、公寓每晚几点锁门等，规定得非常细。这个做法还被中组部领导专门批示表扬。在藏的每个月，我们都会举办进藏"满月"活动，搞学习讨论、文体活动、学藏语、唱藏歌。开设的援藏干部讲坛，每位干部都要上台去"说业务"，大家互相交流，也让自己不跟上海的经济社会发展脱节。

在西藏，我们把大家的业余生活安排得尽可能丰富。每年中秋节我们都有品牌活动，叫微党课演讲，第一年讲"高原情援藏梦"，第二年讲援藏 20 周年，第三年讲"如何当好一把手、如何当好副职"。平时，我们组织援藏干部登山，开展定点投篮、棋牌比赛，每个月还会过集体生日。"巍峨的珠峰呦闪耀着金光，神奇的雄鹰蓝天上翱翔，山宗河源呀啦圣洁的地方，我们离开了浦江，来到你身旁。真情援藏呦风雨沧桑，后藏大地谱写了华章，铮铮男儿呀啦情洒雅江，我们怀揣着梦想来到你身旁……"这首歌是我们援藏干部自己作词，请当地一名藏族艺术家谱曲的。第七批干部进藏前，恰逢党的十八大召开后不久，习近平总书记提出了"中国梦"的愿景，我们也是怀揣着一颗"援藏梦"，用"援藏梦"来谱写"中国梦"。我们就集体创作了这首原创歌曲，就叫《援藏梦》。通过这首歌，我们唱出了共同的心声：高原虽然缺氧，但梦想是生命的氧气。如今回到上海已经四年了，只要这首歌一响起，思绪就会被拉回到那三年激情燃烧的岁月中去。回眸那段岁月，扪心自问，在西藏苦吗？苦。但是苦也是三年，混也是三年，苦熬不如苦干，与其浑浑噩噩耗三年，还不如认认真真、扎扎实实地干三年，否则对不起组织，对不起家人，也对不起自己，那些苦就白吃了。

三年苦吃下来，换来了成绩，也换来了情谊。上海援藏干部始终对这片土地怀有一份特殊的感情，这份情谊会永远地延续下去。对我个人来讲，在西藏待了三年，好比读了三年党校，让我了解了国情、开阔了视野、增长了才干，更锤炼了党性。在西藏，可以说每天都在挑战生理极限，每天都在经受各种考验，每天也都有精神的震撼和心灵的净化。回首三年，当时这么艰苦的环境也坚持了下来了，并且还算干得不错，未来还有什么苦不能吃，还有什么困难克服不了？感恩西藏，感谢组织，让我在援藏的岁月中成长成熟，用三年奋斗来丰满一生。

（刘晶晶　陈航斌　采访，刘晶晶　整理）

建功高原　立业树人　不负使命

倪俊南

2016 年 6 月，上海市派出第八批援藏干部。我作为第八批援藏干部联络组组长，带着组织的重托，和全体援藏干部人才一起奔赴雪域高原。第八批共有三年期干部 54 人，一年期医生和老师 180 人，总计234 人。按照市委组织部的统计，上海前八批共派出 687 位援藏干部人才，我们占到了 1/3，创了"历史之最"。我的职责是全面负责上海市对口支援日喀则资金、项目及干部人才队伍管理工作。在藏期间，我担任日喀则市委副书记、常务副市长。

我曾于 2005 年短期出差进藏，2016 年再到西藏，真切感受到了翻天覆地的变化。2005 年时日喀则像个小县城，现在已经是一个现代化的城市了，当地的基础设施和对援藏干部的保障条件都已不可同日而语，这是日喀则干部群众和所有援藏干部人才共同努力的成果。现在接力棒传到了我们的手上，我们要接好这一棒。有三个问题一直在我们的脑海中萦绕："援藏为什么？在藏干什么？离藏留什么？"

干部队伍在高原接受锤炼

西藏条件艰苦，俗称"山上不长草，风吹石头跑，氧气吸不饱，四季穿棉袄"。我 2016 年曾到日喀则仲巴县仁多乡调研，当地海拔 4800 米以上，是我们对口扶贫的一个重点乡。我当天晚上住在那里，当时是 6 月份，还没有集中供暖，主要是靠牛粪取暖。当地昼夜温差大，晚上非常冷，再加上高原反应，到深夜我也睡不着。最后我把两条被子作为垫被，两条被子作为盖被，还是冻得发抖。当地一年四季就处在这样一种艰苦的环境中。有人说，在西藏躺着也是奉献，但真正到西藏工作就会发现，工作节奏并不比上海慢。近年来，国家对西藏投入越来越大，建设项目也越来越多，"5+2""白 + 黑"是常态，双休日、晚上开会很正常。每一批上海援藏干部都是带着明确的任务来到西藏的。习近平总书记在中央第六次西藏工作座谈会上指出：同全国其他地区一样，西藏和四省藏区已经进入全面建成小康社会决定性阶段。我们第八批援藏的头号任务就是贯彻落实中央第六次西藏工作座谈会精神，帮助日喀则打赢脱贫攻坚战，为决胜全面建成小康社会作出贡献。

干事创业，关键在人。把全体援藏干部人才凝聚成一个整体、一个过硬团队，是完成援藏使命的基础和前提。上海援藏干部人才分散在 5 个对口县和市区的 3 个集中居住点，只有一个由 12 名骨干组成的联络组作为临时管理机构，管理难度是比较大的。作为领队，带好队伍是我的第一职责，每一天都感到责任在肩，终日乾乾，夕惕若厉。进藏后，我首先做了三件事：一是凝聚人心、建设团队，强化全体上海援藏干部人才挂实职、干实事、求实效的使命意识。让大家有共同的心声，我们是代表上海老百姓来援藏的，要不负上海人民的嘱托，不负中央和市委的殷切希望，在西藏第一线打赢脱贫攻坚战役，为两个一百年目标的实现贡献自己的智慧和力量；到了日喀则，我们就是日喀则的干部，在当地党委和政府的领导下，既要完成上海的援建任务，也要扎实做好在当地的任职工作。二是做好全面交接，按照上海市委市政府的要求，管理好援藏资金和项目，积极参与当地脱贫攻坚任务，认认真真做精准扶贫这项工作。当然，交接的不仅是工作，还有援藏的精神和作风的传承，重点弘扬特别能吃苦、特别能战斗、特别能忍耐、特别能团结、特别能奉献的"老西藏精神"，要把上海的一些先进理念和管理办法，把我们作为上海干部积累的工作经验带到日喀则，帮助改变日喀则的面貌，促进当地经济社会发展。三是开展调查研究，明确三年援藏工作思路。着手修订上海"十三五"援藏规划，提出第八批援藏"1221"总体工作思路，就是把协助日喀则打赢脱贫攻坚战作为第一要务，着力做好医疗和教育两项"组团式"援藏工作，重点支持旅游和文化两大产业发展，加快建设日喀则经济开发区，为有序扎实推进工作提供基本遵循。

在团队建设管理中，我坚持三条原则：

第一是学习引领、制度建设、团队培养、以身作则。组织大家采取多种形式深入学习习近平总书记关于西藏工作的系列重要讲话精神，深刻领会"治国必治边、治边先稳藏"重要方略，结合"两学一做"、自治区"四讲四爱"和日喀则"深化五项教育、增进五个意识"，坚持开展"不忘初心、快乐援藏，不辱使命、建功高原"主题教育活动，让全体援藏干部人才切实提高政治站位，增强"四个意识"、坚定"四个自信"，不断增强做好对口支援工作的责任感和使命感。

在2017年中印洞朗对峙期间（洞朗位于上海对口支援的亚东县），上海援藏干部都坚守在工作岗位。我们第一时间带药品、补给品到对峙前线看望慰问部队官兵，亚东的援藏干部从头到尾参加了支援部队的协调工作；我们争取后方同意调整项目、追加资金，在洞朗地区抵边建设边境小康村，并多次到前线勘察选址。上海援藏干部积极参加庆祝十九大胜利召开、班禅大师时轮金刚灌顶法会、三月维稳月等重大活动及敏感节点的维稳工作，很多同志都买了睡袋在办公室值班住宿，坚决与分裂势力作斗争。有几位同志的表现令我印象深刻，比如普陀区的领队王庆滨，在洞朗对峙最紧张的时刻，为做好军事斗争准备，县里通知除了上海派的县医院院长，其他干部可以撤回日喀则市区，王庆滨打电话给我，表态说只要还有一个上海的援藏兄弟在亚东，他就留在亚东陪同，一周后危机得到了缓解，整个对峙期间我们在亚东的援藏干部没有撤退一步；来自浦东的陆剑涛，三月维稳月驻守在海拔 4000 多米的村子蹲点督导，高寒缺氧、风吹日晒，日喀则市委主要领导到村里检查，看他脸色黝黑，把他当成了藏族干部，事后多次表扬他的工作作风；还有松江的领队何劲峰，父亲癌症病危，他赶回上海看望，把父亲送回江苏老家，就返回了西藏，几天后他的父亲去世，作为儿子没有能够送最后一程；杨浦区的领队施忠民，援藏期间父亲患癌，母亲阿尔兹海默症发展到中期，爱人是警察，工作忙，还要照顾女儿，他把父亲送到福利院，把母亲送到精神卫生中心，坚持在西藏工作。这样的事例还有很多。我们这批干部，在西藏接受了最深刻的党性教育、最直接的国情教育、最生动的民族团结教育、最严峻的反分裂斗争教育，也在高原的坚守中加深了对"老西藏精神"、"两路"精神的理解。全体援藏干部人才主动适应特殊环境，自觉遵章守纪，缺氧不缺精神、艰苦不降标准，保持了较高的在藏率和在岗率，展现出了上海援藏干部良好的精神风貌和整体素质。

第二是将权力关进制度的笼子里。进藏伊始，我们就修订完善了16 项内部管理制度，通过制度管人管事管钱；在工作中严格执行财务、用车、请销假等纪律要求，开展审计自查，每年签订守纪承诺书。为了管好援藏项目，两次修订援藏五年规划，始终关注项目过程监管，每月召开联络组会议研究项目推进情况；创新监管方式，发挥第三方专业机构力量，聘请有资质、有实力的工程监理公司和财务审计人员，每月对上海援藏项目质量安全进度开展跟踪巡查，每季度对援藏项目资金分配、拨付、管理与使用开展审计督察；每年组织项目管理业务培训，召开交流推进会，保障上海援藏项目审批手续程序合规、资金规范高效使用、进度质量安全总体受控。援藏项目已经从"交钥匙"变为了"交支票"，但"交支票"不交责任，确保了项目的进度、质量。

第三是坚持严管与厚爱相结合。关心援藏干部人才在工作、生活中遇到的困难，定期和援藏干部谈心谈话。我始终讲一句话，保障大家在高原身体健康的钱，一分都不要省。上海市合作交流办也很支持，所以我们陆续安排修缮援藏公寓，添置制氧设备，五县联络小组和医疗、教育组团援藏队都自办了公寓食堂，改善生活条件。我们还组织开展了一系列凝聚力工程，比如组建临时工会，建设职工书屋，坚持每月集体庆生，定期组织文体活动，组织高海拔县援藏干部定期回市区轮休，节假日组织开展民俗文化考察，组织集体公益活动等等。通过这些团建活动不断增强援藏团队的凝聚力和向心力。

三年援藏，最让我提心吊胆的是大家的安全。2017年3月，徐汇区援藏干部钟北京出现不明原因的剧烈腹痛，当时日喀则没有高排数的CT，无法确诊病因，我问上海援藏医生最坏的情况是什么，医生提示有高原血栓造成小肠坏死的可能，于是决定连夜把钟北京送到拉萨的自治区人民医院，确实是小肠门静脉血栓，最后及时手术，切除了一米小肠，人终于抢救回来了。全体援藏干部人才都平安回到上海，这是我援藏三年最大的一个心愿。结束援藏回到上海那天，有人问我有什么感想，我说，只觉得肩上的重担终于卸下来了。

从立足当前精准扶贫到着眼长远精准规划

习近平总书记在2017年2月21日中央政治局第三十九次集体学习时强调，西藏、四省藏区、南疆四地州以及四川凉山、云南怒江、甘肃临夏等地是脱贫攻坚的重点区域，是确保如期实现脱贫攻坚目标的"硬骨头"，要坚持"输血"与"造血"并举，物质脱贫与精神脱贫并重，扶贫必扶志，扶贫先扶智，增强贫困地区和贫困人口的自我发展动力和能力。日喀则是西藏脱贫攻坚的主战场之一，贫困人口多，贫困面广。在工作中我们既要助力当地如期打赢脱贫攻坚战，确保2020年西藏同全国一道全面建成小康社会，也要谋长久之策、行固本之举，持续增强受援地经济社会发展的内生动力。上海援藏始终按照"中央要求、当地所需、上海所能"的原则，坚持"民生为本、产业为重、规划为先、人才为要"的方针。我们一开始碰到的主要困难是整个队伍里没有做过扶贫工作的干部，都是新手。我首先带头从调研做起，跑对口五县，跑各个乡镇，向当地干部请教，走访建档立卡户，了解农区、牧区实际情况，在学中干，在干中学，我把我们的经验总结为三个关键词。

第一是"精准"。做好扶贫，关键是要把相应的政策、项目、资金，真正落实到建档立卡户身上去。在日喀则，我们始终坚持将援藏资金重点向精准扶贫倾斜，重点投向产业扶贫、易地搬迁和边境小康村配套建设等领域。2017年、2018年、2019年对口五县用于扶贫的资金均占年度援藏资金的50%以上。在实践中，摸索总结了"完善配套扶贫、效益分红扶贫、创造就业扶贫、技能培训扶贫、金融杠杆扶贫、教育医疗扶贫"六大精准扶贫工作模式，充分激发脱贫攻坚的内生动力，着力提升扶贫成效的可持续性。根据日喀则当地的情况，根据每个县的情况，有什么特产，适合发展什么样的产业，甚至根据每一户贫困户的情况，因地制宜、量身定制落实政策。对口援助的五县都形成了具有本地特色的产业和产品。以江孜县为例，江孜素有"西藏粮仓"之称。在当地调研时，看到已经有不少温室大棚，但现代化程度不高，有很大改善空间。于是，我们探索建立援建资金、产业项目和建档立卡贫困户之间的利益联结机制，比如以江孜红河谷农业园区二期建设为代表的项目建设创造就业扶贫、以农牧激励资金项目为代表的就业奖励和效益分红扶贫、以农业园区"1+19+X"（1县19乡多点）辐射项目为代表的产业辐射带动扶贫、以建档立卡户脱贫绩效保险项目为代表的保险托底扶贫等多个利益联结机制，江孜红河谷农业园区目前已经在13个乡镇建成164座温室的蔬菜、食用菌和藏红花生产基地，带动了397名建档立卡贫困人员增收。这一"辐射型"精准扶贫新模式亦荣获"上海市精准扶贫十大典型案例"，并入选《精准扶贫上海实践案例集》。关于藏红花，2017年之前西藏并不出产"藏红花"，随着我们在江孜建成了西藏唯一的藏红花规模化种苗繁育基地，西藏不产藏红花的历史也被改变，藏红花从此真正姓"藏"，成为江孜的一大特色产业。通过3年努力，江孜藏红花和青稞产业、萨迦唐卡和藏香民族手工业、拉孜藏鸡养殖、亚东鲑鱼养殖、定日珠峰旅游配套等特色产业已初步形成，为县域经济持续健康发展打下基础。

第二是"有效"。有些产业或者项目的周期比较长，可能几年后才会有效果，而脱贫攻坚是在2020年底前要完成的任务，所以要科学合理地筛选。我们积极探索精准扶贫与产业发展有机结合的新机制，确保短期见效和长期发展的良性衔接。西藏最独特的资源就是旅游和文化资源，日喀则是一个重要的旅游目的地，珠峰就在日喀则。如何打好这张牌，通过文化旅游事业拉动经济增长？我们主要做好五件事。一是做好规划。帮助对口五县修订旅游和文化事业发展的规划。二是开拓客源。我们协调开通了东航上海—日喀则航线，现在一周两班，以后旅游旺季可以提升班次，把上海游客源源不断送来日喀则。在此基础上，还开创了日喀则市与对口支援省市联合办节的新模式，组织筹办第十四届珠峰文化旅游节及上海活动周，实现了日喀则珠峰文化旅游节第一次和上海合办。三是改善配套。我们在定日县打造"世界第三极"旅游品牌，但没有过硬的服务配套设施，于是建设了自来水厂提高供水质量、通过"厕所革命"加强卫生条件、在靠近珠峰大本营的扎西宗乡修建卫生院提升医疗服务能级，最终目标是希望能把日喀则的旅游服务水平向云南香格里拉看齐。四是大力宣传。很多人因为西藏缺氧，觉得只有夏天才能去西藏。我们到了西藏，意识到这个观念是不对的，现在供氧有保障，随时可以到西藏旅游。夏季是西藏的雨季，反而不容易看到"景"，最好的旅游季节是春秋时节。于是我们积极在上海宣传"一年四季游西藏"。五是积极引导。就是介绍各方力量共同参与日喀则旅游文化资源和特色农牧渔产品开发。比如，我们利用举办第十四届珠峰文化旅游节及上海活动周这个契机，与十余家上海知名企业签署投资意向协议，促成宝武、中铁、中冶、华建、锦江等大型央企国企到日喀则考察投资事宜。

第三是"长远"。开展对口支援，不仅要立足当前打赢脱贫攻坚战，还要着眼未来五年、十年甚至更长时间的发展。在日喀则，我们负责着手建设第一个自治区级的经济开发区，长远目标是建成我国面向南亚开放合作的重要平台、自治区改革创新的重要载体和日喀则高质量发展的重要引擎，为自治区和日喀则市贯彻落实国家"一带一路"战略和打造南亚陆路大通道提供战略实施平台。当然，建设一个经开区无法一蹴而就，需要一批又一批干部久久为功、持之以恒地推进，第八批援藏主要做的工作是规划和起步。经过反复论证，日喀则经开区最终选址在城区南部，规范控制面积 34 平方公里，产业布局为"4+3+X"，即南亚物流业、有机种养加业、科技制造业、民族手工业＋金融服务、商贸会展、其他专业服务＋其他重要推动行业。自 2016 年筹建启动，以上海援藏干部为主的筹委会克服人员少、资金缺、时间紧、任务重等诸多困难，坚持规划为先、统筹建设、产业兴园、高效管理，扎实推进了规划编制、征地拆迁、贷款融资、招商引资和项目建设等各项工作，取得了阶段性成效。2019 年 12 月，西藏自治区人民政府已经正式批复设立了自治区级的日喀则经济开发区。

医疗教育组团留下带不走的财富

相较其他援藏省市，上海的优势主要是人才、管理经验和市场意识。我觉得，西藏最缺两样东西，一是氧气，二是人才。为此，我们始终高度重视做好医疗和教育"组团式"援藏。"组团式"，就是成建制地派专业人才，组成一个团队，促进当地某一项工作的发展。

在医疗"组团式"援藏方面，我们在西藏开创了由上海市卫健委牵头，举全市医疗系统之力支持日喀则的"上海模式"。日喀则市人民医院用两年多的时间高质量完成"创三甲"任务，成为了日喀则市首家三级甲等综合性医院，也是西藏自治区单体投资最大、布局最合理、设备最先进的医院之一。"创三甲"成功的背后，凝结了上海市"组团式"医疗援藏工作队的辛勤努力与无私付出。我们的团队结合当地实际，开展 300 多项医疗新技术应用，其中有 50 项填补了自治区空白，通过团队带团队、专家带骨干、师傅带徒弟等方式倾囊授技，本地医务人员已经掌握了 100 多项技术，其中的红细胞单采技术治疗高原红细胞增多症为世界首创；申报了 1 个国家级医学继续教育项目和 154 项自治区、市两级科研课题，发表学术论文 60 多篇，其中 SCI 论文 19 篇，医疗科研工作走在了全自治区前列；提出了"以院包科"工作思路，协调中山医院等10家高水平医院对口帮扶日喀则市人民医院普外科等10个科室，打造了上海—日喀则临床医学诊疗中心；建立西藏首家医学科学院士专家工作站，开通医院远程影像诊疗中心，参照瑞金医院标准建成医师培训中心等等，全力帮助日喀则成为西藏西部的医学高地。我们还协调支持定日、萨迦、亚东和仲巴四县人民医院成功创建二乙医院。现在广大农牧民群众"小病不出县、中病甚至大病不出市"的目标已经基本实现。

在教育"组团式"援藏方面，我们也交出了可喜的成绩单。位于日喀则市南郊的日喀则市上海实验学校，在历届上海援藏干部的接力援建下，逐渐形成了"上海特色、西藏特点、以德为先、以人为本、追求卓越"的办学品质，成为西藏地区的"名校"。三年间，学校高考上线率连续达到100%，重点本科率和本科上线率稳居全区前列；中考连续多年稳居自治区第一，2019年中考平均分550分，拉开第二名50多分；小学学业水平考试从原来的第36名跃居前五。我们还牵头成立了"日喀则市义务教育优质均衡发展合作联盟"，搭建"1+5+X"（1市5县多校）远程联动平台，建成课堂教学、校园管理等应用系统和远程教研平台，将沪上名校名师名课的资源拿出来与西藏学校共享，实现沪藏实时智慧互联互通。依托两批74名援藏教师专业带教优势，通过干部结对、师徒结对、备课组融合、规范化教研等系列举措，培养自治区和市级骨干教师、学科带头人10名，辅导本地教师获得自治区赛课一等奖7名、市级赛课一等奖10名，成立4个名师工作室，创建雪语诗社、高原女足队等45个学生社团，为把学校建设成为全自治区示范性精品学校作出贡献。十年树木、百年树人，衷心希望在未来的某一天，西藏和沿海地区一样，也实现教育的均质化。

援藏是责任，更是崇高的事业。20多年来，上海援藏在雪域高原树立了高大的形象，这是一批一批援藏干部人才干出来的。我很自豪，我们第八批接好了接力棒，跑好了接力赛。作为援藏干部，付出很多，但得到的更多。所以我始终怀有一颗感恩的心，感恩组织的信任、培养，感恩全体援藏干部人才的理解、支持，感恩家人的付出、牺牲。三年援藏是我人生的宝贵财富，西藏已经成为刻进我灵魂的难忘记忆。一朝援藏行、一生西藏情，我为自己的援藏身份骄傲。这段经历，将始终激励我在人生的道路上奋勇前行。

（陈柏霖　董凌云　王琪龙　采访整理）

搭好沪藏交流桥梁　展现上海干部风采

赵睿

2016 年 6 月 19 日，我踏上西藏的土地，成为上海市第八批援藏干部的一员，市政府办公厅第一批援藏干部。三年援藏，先辈们用青春、热血和生命铸就的"老西藏精神"深深感动、激励着我们，也将伴随、鞭策我们把援藏经历转化为前进的动力，把家国情怀转化为工作热情，走好未来每一步。

迎接挑战　并肩快乐援藏

2016 年，市政府办公厅第一次选派干部参加援藏工作。当组织找我谈话时，尽管家里父母年迈，孩子处于"小升初"关键阶段，妻子工作压力也比较大。但我作了坚决表态：作为党员，我坚决服从，义不容辞。组织决定以后，我也没多想，一心想着把工作做好，认真参加培训，学习扶贫工作政策，熟悉援藏话语体系。

2016 年 6 月 19 日，抵达日喀则第一天，我的心情就像坐了过山车一样，经历了从冷到热的转变。"冷"是因为自然环境恶劣，按当地人的描述是，"山上不长草、风吹石头跑、夏天穿棉袄、氧气吸不饱"。"热"是在到了援藏公寓以后，感觉心又踏实了，发现所有的市直援藏干部集中居住，吃、住等基本生活需求都能得到满足，感受到组织的关怀，心里一下子热乎乎的。之后，在沪藏两地组织的关心下，我比较平稳顺利地进入和适应了角色。

刚开展工作的时候，确实面临着不少的困难和挑战。最先遇到的挑战就是自然环境上的，从平均海拔仅 4 米的上海到平均海拔 4000 米的日喀则，气候环境差异很大，对身体素质有一定要求，需要一段时间的适应，低压、缺氧、高寒对我来说是最大的生理挑战。但更大的挑战是工作上的：一是任务比较重。日喀则承担着经济发展、维护稳定等多项重要任务，当地领导很重视援藏干部，经常给我们压担子。二是扶贫工作经验不足。党中央对打赢脱贫攻坚战高度重视，习近平总书记更是亲自抓、亲自部署、亲自督战。我们这批援藏干部进藏之时，恰逢打赢脱贫攻坚战的关键时期，所以每个人都主动投身扶贫工作、积极贡献力量。作为市政府办公厅的援藏干部，我深知落实中央部署、打赢脱贫攻坚战的必要性和重要性，充分参与到扶贫方面的工作中去，比如组织撰写文稿、指导市府办干部驻村、协调对接金融产业扶贫等，是压力，更是动力。三是思乡之苦和对家庭的亏欠。网络技术的发达便利了我们和家人的联系，但有些事情始终无法通过技术手段解决。老人心脏手术、孩子升学压力、妻子既要工作又要顾家，这些事情我都在心里牵挂担忧着，但只能提供道义上的支持，而无法实际做点什么。但这些又反过来激励我把手头每件事做好。

遇到困难和挑战是正常的，作为市政府办公厅干部，习惯了抗压，习惯了不断去适应，习惯了作为最后一关"后墙不倒的角色"。迎接挑战、克服困难，一靠理想信念，不忘初心。进藏伊始，认真学习领会中央治藏方略、打赢脱贫攻坚战的战略部署和习近平总书记重要讲话精神，参加联络组"进藏为什么、在藏干什么、离藏留什么"学习大讨论，充分认识"全面建成小康社会，一个也不能少"的重大意义，准确把握援藏的职责使命。坚持了正确的大方向，人就不会跑偏，每次开会议事、每次下县调研、每次谈话交流，也都成了难得的学习机会。秉持着这样的信念，一步一个脚印，一件事接着一件事干，每天工作都很饱和，经常干到晚上，天天都很充实。二靠兄弟同心，其利断金。我们是首批平级进藏的上海干部，不少人都有多年的领导岗位经历，还有不少与西藏有着各种渊源的"传奇人物"，大家政治觉悟、理论素养和政策水平都很高，具体表现就是工作上手快、问题搞得清、关系拿捏准，这是我们这批援藏干部能在最短时间内克服挑战、进入角色、开展工作的最大优势。通过学习讨论、日常交流，大家相互启发、相互借鉴，从他们身上，我学到了很多。三靠积极乐观，苦中作乐。快乐援藏是我们这批援藏干部的工作理念之一。在藏工作身心虽然辛苦，没必要整天把"苦"字挂在嘴边、写在脸上、自我强化，倒不如苦中作乐，反倒心情舒畅、事业自成，我想这才能体现一个人的真性情和真功夫。平时茶余饭后聊聊天、散散步，节假日集体组织爬爬山，团队氛围融洽，个人身心愉悦，再苦再难也没什么大不了。

勇开先河　创新办节机制

2016 年 6 月，进藏两周之时，我们就接到了第一个大任务——第十四届珠峰文化旅游节的筹办，之前都是日喀则单独主办，2016 年日喀则正式提出与上海共同主办。办文化旅游节这项工作，我是之前没干过、一干干三年，尤其是第一年，参与上海援藏联络组主办；后面两年，参与协办工作。珠峰文化旅游节的组织筹办是一个非常庞大的系统工程。我随领队倪俊南、副领队赵亮等在 7 月初回沪，筹办时间只有两个月，经验缺、人手少、时间紧、任务重，就在这样一个情况下，我们也算是顶住了压力，凭着对事业的忠诚，凭着为上海争光的信念，一腔热血就干了起来。最后，我们不负众望，把第十四届珠峰文化旅游节办成了一个样板，收获了很多好评。我印象比较深的有几件事。

第一件是选定活动场地，让"不可能成为可能"。为了保证活动效果，我们决定选择一个场地集中举办开闭幕式、日喀则风情展、上演江孜印迹大型室内歌舞剧、举办招商引资会等活动。不办大型活动，不知道上海的演出展览场馆有多"火爆"。看中的一些场馆早在半年甚至一年前就被预订了；有档期的场馆又由于规模条件限制无法满足需要。关键时刻，时任市政府秘书长肖贵玉的大力支持给了我们希望，在他的亲自关心下，市机管局协调上展集团把"高大上"的世博中心提供给我们，解了燃眉之急，让我们在"山重水复"之际，看到了"柳暗花明"，就这样搞定了最不可能搞定的活动场地。我们下定决心，要在这片来之不易、演绎过精彩世博的福地，拼尽全力让"成功、精彩、难忘"再度呈现。

第二件是搭上了上海旅游节的顺风车。珠峰文化旅游节上海活动周恰逢 2016 年上海旅游节档期，在市旅游局支持下，我们将上海活动周作为一个板块整体纳入上海旅游节，开创了"节中节"的举办模式。借助上海旅游节国际化、市场化、专业化的平台，整合政府、社会、企业各方资源，为上海活动周的举办提供了强力支撑，取得了"双节""你中有我、我中有你"，相辅相成、交相辉映的效果。

第三件是西藏"民族风"密集展演。对很多人来说，西藏是个神秘的符号，大家对它充满好奇和向往。所以我们想一定要找到吸引观众的东西，而民族特色就是办好这次上海活动周的关键所在。日喀则方面安排了 100 多位民族歌舞演员参加相关演出，其中许多人都是第一次走出西藏。在确保他们克服醉氧影响、身体条件允许的情况下，我们尽可能多地安排他们演出，提供机会让他们充分展示才艺，我想这是对演员们和日喀则民间文艺最大的尊重，表演本身也是上海活动周最好的广告。为此，组织这些歌舞演员首次以"日喀则演出方阵"的形式，参与上海旅游节开幕大巡游，并与世界 20 多个国家和地区的艺人在上海城市地标进行演出和旅游推广。此外，还协调多方资源在陆家嘴金融城、世博源大舞台等地举办多场小型民族歌舞演出，吸引了大量上海市民的关注，获得了热烈反响。

第四件是"做得好也要说得好"。举办上海活动周的意义，不仅在于活动本身，更是以此为契机向上海、向全国、向世界展示西藏优秀民族文化和社会主义新西藏取得的伟大成就。为了做好宣传推介，依托上海有关主管部门，我们想了很多点子，张罗策划具体方案，充分调动各种资源，极大地拓宽了宣传渠道。我们充分发挥主流媒体及新媒体的作用，协调 SMG、《解放日报》等刊发公益广告，组织中新社、今日头条、香港卫视、香港《大公报》等媒体进行集中报道。申通德高也给了我们很大支持，活动周期间，上海地铁在全市 32 个核心站台所有电子屏全天滚动播放日喀则旅游宣传片和上海活动周宣传片，累计覆盖受众达 2600 万人次，创造了地铁公益广告播放新纪录。我们还协调东航在该公司全部约 650 架飞机上播放宣传视频、在航机杂志刊文宣传日喀则文旅资源和上海活动周，向国内外乘客宣传日喀则文旅资源和上海活动周。据统计，各类媒体关于活动周的宣传报道覆盖面达上亿人次。

宣传推介环节很多其实不是规定动作，但当时我们秉持着这样一种信念，虽然没办过文化节，但既然组织上交办了，我们就一定要把这件事情办好。办法总比困难多嘛，在上海这座城市，有这样大、这么好的平台，又有什么事情干不成呢？我们就是要开先河，"化不可能为可能"，这才是上海的特点、上海的水平、上海干部的职责所在！所有的事情我们都是"摸着石头过河"，我们打定主意不仅要"安全过河"，而且要"过得漂亮"。在市领导关心和各部门支持下，上海活动周作为珠峰文化旅游节"走出去，市场化"办节的一次探索，开启了日喀则与对口支援四省市轮流合作办节的新模式，也让当年的珠峰文化旅游节成为办节以来层次最高、规模最大的一次盛会。

在西藏，最不缺的就是感动

援藏三年，困难和挑战很多，感动也很多，甚至可以说感动无处不在。

2018 年，日喀则经历了 40 年来最大的一场雪，整整下了一天一夜，积雪非常深。有一天，我去拉萨开会，回来出火车站以后，在等车来接的时候往前走了几步，结果不小心摔了一跤，整个人仰面朝天，手臂和坐骨钻心地痛。当时冰天雪地，又是高海拔地区，我就有点担心。司机师傅到后赶紧把我送到医院做检查，所幸拍片子显示没啥大问题，但身上痛，想配外用药，可药房关门了。于是他又急忙开车载着我，在外面药店四处找药。那时候晚上大部分药店都关门了，我们跑了一家又一家，最后终于在一个小药店找到了需要的药。他精挑细选了两种治疗缓解软组织挫伤的药让我选，我想也不是特别严重，那就随便选一种就行，师傅说那咱们就选贵的药。他把我送回公寓以后，我想把药钱还给他，可他死活不要。想想我俩也没啥过多交情，这一路他忙前忙后，还自己掏钱为我买药，当时真的非常感动。当地藏汉各族干部群众非常朴实善良，对于我们这些援藏干部也是以心换心，真诚关心帮助我们，这是我印象特别深的一件事。

还有一件触动比较深的事情是家访。我们联系了热心企业捐资助学，选了两户家庭去做家访。让我感到意外的是，并不算远的距离，我们坐着越野车竟然马不停蹄开了四五个小时，主要是因为路况太差。从县城开到学生家里，只有土路，路又很窄，一边是山，另一边就是万丈深渊，非常险峻。当时我们一行七个人，学校的两位中层干部、两名学生及他们的班主任和我一同前去。班主任就提到因为学生的家实在分散，路程太长，之前从来没有家访过。学生家长远远看到我们，就迎了上来。到了家里以后，看到屋子和设施的情况，看到学生家长沧桑的面孔，感觉他们生活真的太不容易了，大家都受到了触动，也很想搭把手帮帮忙。除了企业捐资助学的专项钱款，我自己也资助学生，聊表心意。学生父母见到我们以后很激动，一直紧握着我们的手，不停表达感激，我说：你不要感谢我，要感谢共产党，感谢国家有这么好的机制能够帮到你们。离开的时候，学生家长一直送我们到村口，嘴里反复念着感谢共产党。在那个时候，我深切体会到了社会主义的制度优势和党在老百姓心中的地位，感受到作为一名党员的自豪与骄傲。

增强制度自信　满怀家国情怀

在西藏，除了遇到干事创业的舞台，收获满满的感动，我自身各方面也得到了提升。在担任日喀则市政府副秘书长期间，我先后协助过四位副市长，接触到经济、城建、社会各方面工作，这是非常难得的机会，对我来说也是很全面的岗位锻炼。作为上海干部，更应该抱着一种开放的心态和开放的胸怀去看待岗位、对待工作、服从组织安排，在服务国家战略、国家发展中实现个人成长、个人价值。援藏这段经历对我来说是很珍贵的缘分，能够做成事情，需要方方面面很多因素结合在一起，离不开组织的精心部署，离不开援藏兄弟的并肩作战，也离不开当地干部群众的认可和支持。

提到三年援藏时光，我迄今印象最深的一个词就是"家国情怀"。这也是我个人体会最深、感触最多的一个词。我们在上海工作时间长了，有时会有一种错觉，觉得国家（好像）都是周围这种经济水平和发展程度，虽然对西部地区也有一定的了解，但那并不是一手的、真实的、全面的。我是到日喀则工作以后，才有机会跑遍了这个西藏第二大城市18.2万平方公里所有土地上的18个县区，也跑到了西藏最偏远贫困的地方，也是在工作中逐渐建立起对西部地区相对真实客观的认知。

日喀则远离祖国内地，但处处让人感受到国家的脉动。当地有一个特点，每一个县乡、每一处角落、每一户人家，都飘扬着国旗。我们去慰问贫困老乡时，看到他们家也珍藏着一面国旗。老乡们是发自内心地感谢共产党，感谢国家。在纯净的蓝天白云映衬下，五星红旗显得特别耀眼夺目，特别鲜艳多彩。这真的能让人感受到国家的力量，感受到民族的团结，感受到援藏工作的意义。

因为工作关系，在日喀则我们也到过边境国门，对国家的认同感和民族自豪感油然而生。经历了中印洞朗对峙事件的前前后后，特别是跟随领队在对峙现场慰问一线官兵，我深深地感悟到"国家"两个字沉甸甸的分量，体会到什么叫团结的力量、集体的力量，什么叫有国才有家，也体会到国家强大有多好。

在启动援藏工作的这 20 多年里，上海援藏工作的内涵与外延不断更新、不断丰富，始终不变的是对"人"的重视。援藏干部们把先进的理念、拼搏的态度和一腔热忱带到了西藏，又把磨砺出的风骨和坚韧的精神带到新的岗位。

援藏就是一场接力赛，一棒接着一棒干。我们的事业、其他工作又何尝不是呢？结束援藏工作回来以后，无论在什么岗位，保持一颗平常心、感恩心和责任心，满怀激情、踏踏实实把每件事情做到最好，我想这就是对"老西藏精神"最本真的弘扬和传承。

（钱帅　蔡艺墅　采访，钱帅　整理）

厚植家国情怀　实现人生价值

石伯明

2016 年 6 月，我作为一名"超龄"援藏干部加入上海第八批援藏队伍中。作为一名党员，一想到可以去西藏奉献自己的光和热，我的心中就充满着热血和激情。但同时对于援藏工作具体要做什么，内心还是存在不确定。就这样，在 2016 年 6 月 18 日，我带着一腔热血，一些好奇，出发前往西藏。

治边稳藏的家国情怀

西藏是重要的国家安全屏障、生态安全屏障、战略资源储备基地、中华民族特色文化保护地和面向南亚开放的重要通道。习近平总书记提出"治国必治边，治边先稳藏"。治边稳藏是作为国家的一个边疆战略，也是我们援藏干部的主要任务。

我们援藏的地方叫日喀则。有一首歌叫《日喀则，我为你牵挂》，歌词的第一句话就是"海拔 3800，这里是我的家"。日喀则在西藏被称为"四个大地区"。第一，日喀则是西藏人口的大地区。西藏人口总共人口不到 300 万，日喀则将近 80 万，占整个西藏的 1/4。第二，日喀则是西藏农业的大地区。日喀则是藏文，汉语翻译过来就是土地肥美的家园。日喀则的青稞产量和农牧产量占到了全西藏的近 1/3。第三，日喀则又是西藏边境的大地区。日喀则国境线长达 1753 公里。第四，日喀则是文化宗教的大地区。日喀则是班禅大师的驻锡地，境内还有著名的珠穆朗玛峰和萨迦寺，是后藏文化的重要发源地。

在日喀则，我真正体会到了一种澎湃的家国情怀。这种家国情怀表现在以下几个方面。

第一是祖国统一、民族团结的情怀。2017 年发生了中国与印度的洞朗对峙事件。当我站在边境，仰望漫山遍野高山杜鹃簇拥下的五星红旗时，心里感慨万千，油然而生一种保卫边疆的情怀。"苟利国家生死以，岂因祸福避趋之"，当时我们亚东援藏小组有六七个同志，他们所处的位置正是洞朗对峙的前线。面对随时可能爆发的危险，所有同志都坚守岗位，做好了牺牲的准备。在日喀则，我作为副秘书长也为援藏同志储备了水和干粮，准备进入战备状态。

第二是改善民生、凝聚人心的情怀。江孜小组提出"不挖虫草"，建功高原不谋物质满足；"不捡牛粪"，践行宗旨不与民争利。援藏期间，我们全身心地投入了当地的一些改善民生的扶贫工作当中。援藏医生常常是一边插着氧气管，一边进行手术。3 年期间，援藏医生开展的手术将近 400 例，三四级以上的手术将近 300 例。

第三是加快经济发展、加强生态保护的情怀。由于自然环境的破坏，西藏很多流连忘返的美景已经不再出现。习近平总书记说绿水青山就是金山银山，我们援藏团队也深深体会到环境保护的重要性。我在日喀则时兼任了经济开发区的常务副主任和开发公司的董事长兼党委书记。在日喀则经济开发区的规划过程中，我们对环境保护这一块其实是非常看重的。在后期的建设中，我也曾经为了保护树木，跟当地主管部门和老百姓进行了比较深刻的交流。在日喀则种活一棵树是非常难的，高原地区曾经提出，种活一棵树奖励 10 万元这样的措施，所以，保护环境显得尤为重要。

第四是不忘初心使命、践行理想情操的情怀。说到援藏的理想情操，也必然先说说西藏的苦。有一句话叫"眼睛上天堂，身体下地狱，精神回故乡"。在西藏你一眼望进去，都是山清水秀，到处都是风景，感觉像是到了天堂一样。但同时，援藏需要克服高原之苦、离别之苦、思念之苦、工作之苦。只有每天晚上和家人朋友视频时，精神才仿佛回到了故乡。刚刚入藏时，我有过"四哭"的经历，为深夜时想起远方年迈的父母而哭，为2016年里约奥运会女排时隔12年再次夺冠而哭，为日喀则珠峰旅游文化节首次由入藏不久的上海援藏联络组成功主办而哭，为晕倒在珠峰旅游文化节闭幕舞台上的上海小演员而哭。援藏的生活确实是不容易。在西藏高原地区，平均心跳超过100，我们每天晚上都要带着氧气管睡觉。在这种比较艰苦的情况之下，我们更加需要坚定不忘初心的理想情操。在西藏的3年，我们亲身学习和实践了孔繁森同志那种"立党为公，无私奉献"的精神，我们亲身学习收获了"特别能吃苦、特别能战斗、特别能忍耐、特别能团结、特别能奉献"的"老西藏精神"，我们学会了在艰苦的环境工作和生活中去寻找快乐，以良好的心态、饱满的热情、昂扬的斗志去对待新的工作和人生。援藏期间，我们保持了较高的在藏率、在岗率。

建功高原的艰苦实践

在援藏期间，我担任日喀则市政府副秘书长，协助市委副书记、常务副市长倪俊南同志工作，兼任日喀则经济开发区常务副主任，日喀则经济开发有限公司党委书记、董事长，协调上海援藏团队围绕聚焦脱贫攻坚战，做好"组团式"援藏，支持文化、旅游产业发展，推进经济开发区建设，以及沪藏交往、交流、交融等工作。

在援藏过程当中我们有一些重点工作任务。首先是完成中央交办的助力脱贫攻坚、探索精准扶贫的任务。我们上海援藏队伍组织编制日喀则特色手工业、天然饮用水业和南亚物流业产业规划，对口支援五县，重点扶持打造了"五个一"：一朵花，江孜藏红花种植；一条鱼，亚东鲑鱼养殖；一只鸡，拉孜藏鸡养殖；一头猪，萨迦种猪养殖基地；一只羊，定日霍尔巴羊等特色产业；支持建设一个经济园区，日喀则经济开发区。在脱贫攻坚工作中，我们因地制宜探索精准扶贫的有效途径，在实践中总结了完善配套扶贫、效益分红扶贫、创造就业扶贫、技能培训扶贫、金融杠杆扶贫、教育医疗扶贫等六大精准扶贫工作模式。上海援藏项目累计 338 个，帮助建档立卡户 3002 户 9975 人。3 年时间我们基本完成了国家交给我们的脱贫攻坚的任务。

第二大任务是发挥上海优势，切实做好组团援藏。上海援藏的队伍是"组团式"的人才队伍：既有各个委办局和区县派遣的 50 多位援藏干部，也有 60 位教师和医生。援藏期间，上海举全市之力，支援日喀则市人民医院成功创建三甲医院，开展 316 项医疗新技术，重点带教本地骨干 156 人次，建立了包括同济医院、瑞金医院、中山医院、第六人民医院等 10 个上海医院与日喀则的联合办理的医学诊疗中心，建立了西藏首个医学院士工作站，建成远程影像诊疗中心和医师培训中心。上海援藏团队不仅为当地留下了一个实体三甲医院，还留下了我们的管理经验。另外一个组团援藏的成果体现在教育方面。上海援藏队伍向日喀则引入素质教育新理念，优化学校管理新机制，搭建校际合作新平台。小学学业水平考试从全区第 35 名上升到第 5 名；中考七门学科总成绩自治区第一名，五门单科第一；高考上线率 100%，本科率和重点本科率全区领先。

第三大任务是加强交往交流，积极搭建沪藏桥梁。2018 年 10 月 17 日国家扶贫日，我回到上海举办了首次上海对口支援地区特色产品展销会日喀则展区。当时市委书记李强同志也带队察看展区情况。在沪藏医疗诊治方面，我们也建立了常态机制。日喀则的一些病人会被列入医学援助计划，送往上海进行紧急医治。在我离开日喀则之前，就有一位心脏病儿童被送往上海儿童医院进行手术。援藏期间，我们牵头成功筹办第十四届珠峰文化旅游节及上海活动周，开创了日喀则市与对口支援省市联合办节的新模式。我们援藏团队还协调中国东方航空开通了由上海至日喀则航线。东方卫视有一个《我们在行动》这样一个扶贫节目，也到了日喀则去进行现场拍摄。我们还积极组织上海的智力输出，通过援藏途径共组织各类专题培训 100 余班次，讲座论坛 300 多场次，当地干部人才 7000 余人次受益。在 3 年期间，组织各方力量参与爱心帮扶、社会捐赠等公益行动，捐款捐物的额度达到了 8000 余万元。我们每个援藏干部还与当地贫困户结对认亲，定期上门走访帮扶慰问，从精神上、物质上给予关心帮助；我结对助养儿童福利院一名孤儿，逢年过节带着孤儿购买衣服、生活和学习用品，不定期帮助孤儿改善伙食。我在日喀则的"女儿"开始助养的时候大概是五年级，等我离开的时候是初中了。

此外，日喀则经济开发区的建设也是日喀则交给上海的一个重要任务。日喀则经济开发区的主要定位是我国"一带一路"和沿边开发开放战略门户区，西藏自治区辐射南亚商贸物流枢纽、开发开放机制改革先行先试区，日喀则市的经济增长极，新型城镇化建设和产城融合示范区。试验区规划面积约 36 平方公里，建设用地面积约 26 平方公里，规划人口规模 12 万人，实际上是又再造了一个新的日喀则城。

在规划建设过程中我们上海团队克服了人员少、资金缺等诸多困难，完成筹委会和珠峰经济开发公司组建工作，经开区总规、控规和城市规划通过评审，土地一次性预征收顺利完成，一期路网建设有序推进，招商引资工作初见成效，首批企业已经入园。在这个过程中充分发挥了上海的经验。西藏人民在储蓄和投资方面的观念比较薄弱，征收款用完之后很容易再次返贫。针对这个问题，我们经过多次的沟通协商，提出 70% 的征收款直接发放，另外 30% 由镇政府统一托管，用来投资或理财。30% 征收款的费用管理、审计、投资过程全部公示，对老百姓都是完全透明化的。我相信这 30% 留下来，在未来会是一个正确的决定。这也是上海人带给他们的一个管理经验。

守望相助的兄弟情谊

　　援藏的工作和生活，总体来说是从严管理与爱护关心并重，思想教育与制度建设并重。在工作上，以制度来管人、管事、管钱，严格执行上海援藏干部的三条禁令：第一，不开车；第二，不出入娱乐场所；第三，不允许酗酒。我们制定了各方面的规章制度，组织援藏干部签订廉政守纪承诺，规范行为、守牢底线；全体援藏干部人才缺氧不缺精神、艰苦不降标准，保持了较高的在藏率和在岗率。在学习上，定期组织大家开展"研究式"学习和民俗文化考察，对西藏的风土人情，宗教文化等有深入的了解，帮助我们在日常的工作中更好地融入当地。在生活上，不断改善公寓伙食和生活环境，每月为援藏干部集体庆生，组织开展棋牌桌球等文体比赛等，引导培养健康向上的生活情趣。

　　这三年，我跟援藏同志们建立了很深厚的感情。在援藏期间，我的母亲在老家因为胃出血被送到了医院，医院开出了病危单，是我们援藏团队的医疗兄弟安排救护车一路送去上海的 ICU 护理中心。我们当中有一些人孩子还是很小，天天要视频，要教育孩子读书，但我们援藏宿舍总共才 20M 的流量带宽。我发现这个问题后，立刻协调配好 100M 的带宽，让援藏同志使用起来更方便。另外团队里谁生病受伤，我们的医生都是随叫随到。

　　除了援藏团队内部的互相关爱，我们也收到了来自大后方的支持。市经信委的陆书记和张书记亲自带队去看过我两次，一直从精神上给予支持和鼓励。我在当地牵头做的产业规划课题，也是由市经信委下属单位来帮我们编制的。我们援藏干部家里遇到困难，单位都给予了无微不至的关怀和支持。

　　2019 年夏天，我带着一生的记忆，带着不舍、兴奋和疲惫回到了上海。援藏的精神连接了一个群体，形成了一种纽带，形成援藏人的共同的记忆。回来一年，我们援藏的兄弟们依然保持了沟通和交流。但是我们自己也经常提醒自己，援藏是一个经历、一段往事，是难以忘怀的一种情怀。这三年经历，对我的阅历、处理事情的方法和看待问题的观念，都产生了潜移默化的影响。在西藏，很多工作都需要我们独当一面地去决策执行，这对我在现在岗位工作上的全局观、信心和定力都有提升和促进作用。

我曾经写过一段话，可以用来作为我对援藏工作的感悟，对未来工作的期望："曾经日喀则是一个遥远的梦，如今日喀则是一段难舍的情，将来日喀则将是一生最难忘的岁月。或许高海拔低氧环境会缩短我们生命的长度，但我坚信站在 4000 米的高原雪域，肯定会增加我生命的高度，拓展我生命的宽度。我会坚守自己的信仰，坚持自己的思想，追逐自己的梦想，不忘初心，必得始终。"

（郑直　顾洁　采访整理）

浇灌雪域高原上的藏汉情谊之花

谭朴珍

我是 2016 年 6 月进藏的，在日喀则市担任市委组织部副部长（后来还担任日喀则市直机关工委副书记），分管全市人才、公务员工作以及医疗、教育"组团式"援藏办公室工作。同时，作为上海市第八批援藏干部联络组成员，担任第三小组组长、学习指导部负责人，协助领队抓好教育、卫生"组团式"援藏工作队以及援藏干部人才队伍管理等工作。

来到西藏，就一定要干出一番事业来

西藏地区的工作环境还是比较特殊的，这种特殊可以归纳为：恶劣的自然环境、特殊的民族环境、神秘的宗教环境、复杂的政治环境、艰苦的生活环境、艰难的工作环境。进入西藏，首先要面对的就是恶劣自然环境的挑战，援藏跟援疆、援滇不一样，援藏，身体上往往有四个不适应：第一是气压的不适应。那里气压相当于平原地区气压的 60%，即使有氧气的话，吸气也很困难。气压低还容易导致心脏肥大。第二是温度的不适应。那里紫外线很强烈，如果没有防护设施的话，极容易造成皮肤受伤，眼睛患上白内障，所以我们平时出去都要戴帽子、戴墨镜，同时涂上防晒霜，我们叫作"进藏三宝"。第三是缺氧。一个直接的后果就是晚上睡不着觉，因为大脑兴奋，心脏跳动快，到了晚上12点甚至凌晨2点都睡不着觉，所以我们经常吃安眠药，但是安眠药也只能管四个小时，后面又会睡不着。只能瞪着眼睛数星星，或者心里数数。第四是空气湿度不适应。那边比较干燥，早上毛巾没拧干，到了中午自己就干了。气候干燥的直接结果就是皮肤干燥、鼻孔干涩流鼻血，这也造成我们的极端不适应。

有的干部自我调侃道，在西藏时间长了，吃饱没吃饱不知道，睡着没睡着不知道，病了没病不知道。援藏期间，身体也发生了一些变化，比如步子慢了、头发白了、皮肤黑了、说话少了、心也变大（肥大）了，但是我们还是本着"不忘初心、快乐援藏"的态度，不辱使命，建功高原。我们想，既来之则安之，来到了西藏，就一定要干出一番事业来。虽然有的人说西藏条件艰苦，参加援藏"躺着也是奉献"，但那只是最低要求，与其苦熬，不如苦干，一定要在三年时间里干出一点事情来，把工作干得漂亮，用出彩的工作赢得人家对你的尊重和理解。如果你连工作都干不好，那人家就看不起你，去了也没有价值。

虽然条件还是很艰苦，但我们坚持"援藏不当客人，缺氧不缺精神，工作不降标准，生活不搞攀比"的行为准则，发扬"老西藏精神"，总体上我们这一批的援藏干部都是不错的。

要把团队的精气神带出来

第八批援藏队伍跟以前不一样，前七批基本上都是三年援藏的干部，而且每一批都是五十几个人，比较单一，相对好管理。我们这一批有教师、有医生，有三年期的、有一年期的，干部人数又多，通过部里计划内选拔的援藏干部人才共有234人，江孜、拉孜等5个县还有按国家卫健委要求选派的医生 77 人，实际共有援藏干部人才 311 人。应该讲，这是上海援藏历批人数最多、构成最复杂的一批，具有人数多、年纪轻、学历高、党员多的特点。怎么样管理好这支队伍，增强这支队伍的凝聚力，一直是我思考的问题。

我们采取严管与厚爱相结合，从思想建队、精神领队、制度立队、管理治队、团队建队等方面入手，把这支队伍抓好。比如说思想建队，我的想法是先统一大家的思想。那么大一支队伍，如果整天怨天尤人，肯定是不行的，要通过一些活动、通过一些学习、通过一些引导，把大家拧成一股绳，把团队的精气神带出来。刚进藏不久，我就协助领队在全体援藏干部人才中开展了"援藏为什么、在藏干什么、离藏留什么"的学习讨论。我们每年开展"不忘初心、快乐援藏，不辱使命、建功高原"主题教育活动，结合日喀则市委开展的"两学一做"学习教育、自治区"四讲四爱"和日喀则"深化五项教育、增进五个意识"等主题教育活动，提高思想认识，凝聚思想共识。当然，我们还抓学习，筹建援藏公寓阅览室，开展读书活动，每名援藏干部每月至少通读一本书，并以小组为单位开展读书心得集中交流。我还要求各小组在学习思考的基础上，组织召开专题研讨会，大家谈自己的看法。在上海援藏干部人才全体人员微信群中，我还一直坚持实行周值班制度，要求援藏干部积极参加上海干部在线学习城学习。通过这些措施，比较好地统一了思想，增强了援藏干部人才在雪域高原建功立业的使命感和责任感，这支队伍的精气神也就出来了。

用心用情，助力推进脱贫攻坚

在西藏，我主要负责联系"组团式"医疗和"组团式"教育，日喀则市"组团式"援藏工作办公室设在组织部，由我分管。"组团式"医疗是一个系统工程，也是我们这次援藏任务的重中之重。我的任务主要是协助领队做好医生的轮换以及医生队伍的建设，配合医疗工作队加强人才的培养。上海举全市之力，30多家三甲医院集中他们的优势学科和优秀医生对口支援日喀则市人民医院的相应学科。围绕市人民医院"创三甲"这个中心工作，我协助推进医院学科建设、制度创新等重点工作。日喀则市人民医院的硬件建设、软件建设等方面得到全方位提升，在短短的一年半时间里把日喀则市人民医院建成了三甲医院，2018年1月以优秀的成绩通过了三级甲等综合医院的评审。当地的老百姓称呼上海的医生为"上海来的安吉拉"，很多病患者慕名而来，只有把自己交给上海来的医生才放心，这确实体现出了上海的水平，体现上海通过医疗救助来实现脱贫攻坚的具体成果。由于原来一直是从事人才工作的，我也发挥我们在上海的人才优势，邀请中科院院士陈赛娟到日喀则讲学，并建立了西藏首家医学科学院院士专家工作站。

教育方面，通过教育脱贫，我们对口援助日喀则上海实验学校，瞄准成为全区示范性精品学校的目标，推进学校内涵式发展。我们也派教师，每年派40个教师进行轮换。经过持续的投入以及狠抓教育质量，学校的三学段整体教学质量和办学水平有了很大的飞跃，高考上线率连续保持100%、本科率和重本率位居自治区前列；中考七门学科总成绩连续保持自治区第一，五门单科第一；小学学业水平考试名次从日喀则第35名跃升至第5名、考进内地西藏班人数创历史新高。日喀则上海实验学校也成了一所品牌学校，很多藏族家庭都想把自己的孩子送到这所学校读书，而且他们考到内地班的人数在当地也是名列前茅的，这是西藏衡量一个学校教学水平的重要指标，而且不断地创新高。

我们常说扶贫既要扶志也要扶智，智力援藏是我牵头的，每年我都会推进上海市对口支援人力资源开发项目，3年多的时间里，一共安排了500多万元的人力资源项目，采用"请进来"和"走出去"的方式，协调专家进藏730多人次，应该说，这比较有效地促进了沪藏两地的交往、交流和交融，也能够使当地的干部学到专业技术。我还推进人才体制机制改革，把上海的人才工作经验做法和日喀则当地的实际情况结合起来，出台《日喀则市青年英才开发计划实施意见》等规章制度。

作为联络组成员，我还有推进脱贫攻坚的任务，配合领队把脱贫攻坚各项责任压实。我们要求对口支援的5个县要"一县一特色"，一县发展一个重点产业。比如亚东县，上海重点扶持他们培养壮大亚东鱼和亚东木耳。江孜县，重点发展藏红花。以前我们一直以为藏红花姓藏，是西藏产的，其实不是，因为西藏高寒缺氧，藏红花难以生存。通过技术改造、通过暖棚，我们让藏红花真正在西藏开花，真正在西藏落地，这样的藏红花的价格就很高了，普通的藏红花 10 元 / 克，他们的藏红花 300 元 / 克，老百姓一下就富起来了。我们每年都组织对口帮扶县到上海来参加农产品展销会，他们的产品都是供不应求的，像藏鸡蛋卖的价钱虽然高，但是因为它是纯生态的，所以到了上海都脱销了。还有定日的珠峰，珠穆朗玛峰就在定日，我们就打足珠穆朗玛峰的这张牌，做足做大观光旅游业，旅游业每年都给他们增加 5000 多万元的经济收入。其他也是如此，一个县瞄准一个产业，惠及老百姓，惠及藏族同胞。

除了上述任务，我们还开展了各种形式的爱心帮扶活动。因为原来在上海联系人才工作，于是我协助上海的慈善人士为日喀则的贫困户、贫困生捐资捐物。通过积极协调，市社会工作党委、上海市儿童基金会、上海市特殊贡献专家协会以及一些个人，为日喀则捐助了资金和食品等。我自己也和日喀则市儿童福利院的两名孤儿结对，其中一名后来还顺利考上了福建厦门的西藏班。我们还有驻村点，我经常联系一些上海的企业家和慈善人士给贫困户捐款捐物。

2018 年初，我们的驻村点轮换到海拔更高的定日县，虽然路途更远了，气候更恶劣了，海拔更高了，但我仍几次驱车几百公里，给驻村工作队送去慰问食品，给当地贫困户送去慰问品，给驻村工作队所在村小捐赠了几百件儿童服装，和驻村工作队、村委会一起走访慰问贫困户。

做援藏干部的贴心人

我一直强调，做事要先做人。做什么工作，首先还是要做好人的工作，特别是作为领导，要指导、关心、帮助下属，千万不要对下面的干部趾高气扬、颐指气使。我们既在管理上严格要求，也在工作上大力支持、生活上热情关心，开展了一系列的凝聚力工程，重点加强关心厚爱。我对一起去援藏的干部人才，从来不会责骂他们，而是像兄长、像朋友、像亲人一样，耐心地跟他们解说。对当地分管科室干部，在每个月开一次的科务会上，我听他们谈谈工作，听听他们有什么困难，大家一起来探讨工作。援藏干部人才队伍里专业技术人才比较多，我及时同派出单位和人社局加强沟通，希望他们在条件允许的情况下，能破格的就破格，能加快的就加快，解决他们的后顾之忧，他们就能心无旁骛地工作了。

援藏期间，也有不少援藏干部生了病，有几名队员因严重的高原反应卧床不起或住院治疗，我和领队顶着身体不适，多次到驻地和医院去看望他们。2016年初，我们有一名援藏同志因为腹部突然剧痛，在当地进行了抢救手术，考虑到术后风险和当地治疗条件等因素，我们经过研究，决定转送上海进行治疗，我紧急协调东航、上海机场、徐汇区政府等进行了一场生命接力赛。我们还开展了很多关心关爱的工作，比如组织开展援藏干部集体生日活动，比如在家属前来探亲的时候，由我们联络组设宴欢迎和欢送等，通过这些措施把大家凝聚起来。因此，我们这一批干部特别团结，很有战斗力和凝聚力。

此外，我还经常强调援藏干部要融入到当地干部群众当中去。我们的援藏干部都是集中住在公寓的，这样的好处是便于管理，但也有坏处，无形之中就造成援藏干部和在藏干部分开，缺少足够的交流，这个时候就需要放下身段，主动融入进去，经常地深入基层，我自己也是经常这么做的。我从上海招了500多个专招生（招录应届毕业生到西藏的乡镇去当公务员）。他们是真正的长期进藏，不像我们就3年时间，他们更需要有家国情怀，有扎根西藏的精神。在这些人中，有个博士生，在上海可以直接落户，而且有一家单位跟他签了50万元的年薪，但是当西藏召唤他的时候，当我们去他们学校宣讲的时候，他毅然选择跟公司毁约，到西藏去。因此，我对这些专招生非常尊敬，由衷钦佩，也特别关爱。但是厚爱不能光讲在嘴上，要体现在行动上。我每年都要到乡镇去看望他们，他们有的人在很远、海拔很高的岗巴、萨嘎、仲巴，平均海拔 4500 米以上，有的是 5000 米以上，自然环境恶劣。我去看望他们，跟当地乡镇负责人说要重视他们，他们很开心。真正的深入基层，跟他们打成一片，和他们心连心，有利于把问题发现在基层、解决在基层，凝聚人心。

援藏期间，我常被雪域高原的神秘和壮美所震撼，常被西藏人民的淳朴和虔诚所感动，同时也被群众的贫困和基层组织的困难激发爱心和工作动力，那里有我人生历程中的一段美好记忆，以及我对西藏人民难以割舍的情谊。在雪域高原，有一种美丽的花朵叫格桑花，对于我来说，何尝不是在辛勤地浇灌着藏汉情谊之花呢？

（曾瑜华　采访整理）

做江孜人　创江孜业　谋江孜福

王高安

有很多人问我，为什么援藏？就我自身而言，我出生在相对比较贫穷的苏北农村，对贫困落后的西藏农牧民生活感同身受。我一直想要把改革开放最前沿的浦东理念、浦东经验、浦东方法落实到边疆少数民族地区去，把个人的力量投入国家战略大局中。

两次报名去援藏

2013 年，我就产生了援藏的念头。当时，我以浦东新区区委组织部组织二处处长的身份报名援任江孜县委书记，但是组织考虑希望能有乡镇管理经验的人担任这个职务，我的职务"低了点"。

虽然有些遗憾，但我没有放弃。接下来的三年时间，我一直在"补短板"，大量阅读有关乡村振兴、脱贫攻坚等方面的书籍，还曾到新加坡学习社会治理，为后来的援藏工作储备理论知识和积累实践经验。

2016 年，我第二次"请缨"援藏。这次是以区级机关党工委副书记身份报名江孜县委常务副书记。有人劝我，以我当时的职务来说"高了点"，而且组织明确表示"去西藏三年，平进平出，没有提拔的说法"。不过，我态度很坚决。援藏是我一直以来的梦想，我不想错过这次机会，成为终生的遗憾。

日喀则市江孜县是全国 832 个贫困县之一，建档立卡贫困人口11352 名。按照日喀则市统一部署，江孜将在 2019 年脱贫摘帽，这次援藏任务十分艰巨。"脱贫攻坚是国家和西藏现阶段的'头等大事'，也是第八批援藏工作的核心任务，要做就做最难的，要做就做对改善江孜农牧民生活最重要的。"我当时向组织上立下了"军令状"——3 年内定要让江孜"摘帽"。

我一直有晨跑的习惯，到江孜开展援藏工作后，由于高原缺氧，就将原来每天晨跑 15 公里改成了健走 10 公里，风雨无阻。行走于江孜县城的大街小巷，我见证了宗山古堡上的美丽晨曦，发现了藏在深巷中的产业点，更用脚步丈量了江孜的发展、走进了自己的初心。

三年时间过去了，我也可以很自豪地说，我们不负嘱托，完成了使命：2019 年，江孜县实际综合贫困发生率下降到 0.5%，脱贫攻坚战取得阶段性成果。这是江孜小组的同志们协力同心点点滴滴积累起的援建成绩，是勤劳智慧的江孜农牧民教会了我如何爱上这座城、如何开展脱贫攻坚工作。

援藏更需要理念引领

生活需要诗和远方，援藏更需要理念引领。我们刚到江孜不久，就走遍了 19 个乡镇、155 个居村和 100 多个产业点。调研发现，这些年，全国对江孜的扶持力度很大，兴建了许多现代化设施、产业园区，但当地农牧民手中还是没余钱，甚至相当一部分人还处于贫困线以下。

在跟农牧民的反复接触中，我发现，"精神之困"是当地产生贫困的根本原因。比如，当地人都不愿意去做手工业，而江孜的一条手工业街全部是外地过来的手艺人。当地人非常好面子，甚至不合实际地贷款建房、买车，我们去老乡家里做客，外面看房子建得很气派，但走进去家徒四壁。还有的人家里只有三亩地，却贷款购买了拖拉机，理由是"左邻右舍都买了，我们不买很没面子"等。

针对这些"精神难题"，我撰写了《江孜农牧民的精神之困》，组织宣传部、扶贫办、司法局和妇联等加大宣传教育引导，并通过惠民政策宣传、先进典型引导、贷款代替项目等方式倒逼农牧民转变观念。

方法千万条，观念第一条。实现脱贫最重要的，就是转变贫困群众等靠要观念，从"要我脱贫"转变为"我要脱贫"。

2017年端午节期间，我们到卡堆乡逐村走访。这个乡位于资源匮乏的卡卡沟，6000亩土地有1000多亩几乎没有收成。我就跟当地乡干部说，要发展，只能将眼睛"向外看"。没资金怎么办？等、靠、要是不行的，可以通过贷款、集资等方式，激发农牧民的内生动力，把贫困群众组织到产业发展中来。

卡堆乡党委书记闫元仓很快转变意识，立即召集几个村的领导班子开会，让各村根据实际情况组建合作社。白定村党支部率先带领71户村民集资28万元，加上驻村工作队出资20万元，组建了合作社，购买了一台装载机，到工地"捞金"。2017年年底，白定村聚力创富合作社第一次分红，农牧民高兴地发现：这种收益比将钱存入银行吃利息的收获多了近十倍！2018年年初，我再次来到白定村，发现村委会大门右上方多了一张装载机的照片，并写着"带头致富"4个字。

农牧民自己集了资，有了自身的积极主动性，贫困就会抽身而去。我把白定村聚力创富合作社这种模式命名为"集资+"。在"集资+"的带动下，卡堆乡的占堆村、卡吾村也纷纷学习效仿，集资新建温室种蔬菜、羊毛加工合作社。

但是，也有不少地方的农牧民还没有转变观念，仍旧"倚着墙根晒太阳、等着别人送小康"。

2016年10月，我第一次到加克西乡调研。乡干部提出，乡里想建温室大棚，希望能得到援藏资金的支持。我没有立即答应，提出：什么时候建成合作社，什么时候出资建设大棚。加克西乡以牧业为主，牧民养了很多牛羊，但是一直处于贫困状况。这主要还是缘于当地的一种观念——西藏民间认为，他们的牲畜是上天赐予的，要珍惜。因此，农牧民养牛羊，惜杀惜售，把它们当作"宝贝疙瘩"，甚至还有养送终羊的习俗。我多次跟当地乡干部建议：让牧民每户拿出一只羊，以羊入股的方式成立牧民合作社，由合作社统一饲养、售卖，最后再把赚来的钱以分红形式发给牧民。在我们的"倒逼"下，2017年下半年，加克西乡试点运行了绵羊短期育肥项目，实现了"零产业"的突破。当年，3个合作社总收入8.4万元，乡政府马上决定扩大产业规模。

2018年，我们也兑现了承诺：援藏资金建设的两座温室顺利建成，解决了加克西乡农牧民吃菜难的问题！

"再合适的温度也不能使石头孵出鸡仔。"精神贫困是扶贫攻坚的最大敌人。如果建档立卡农牧民自身不努力、不积极，外力再强，持续脱贫也是一句空话。我们运用优惠政策宣讲、培育树立致富带头人典型引路和重点培养致富带头人入党示范等方法，加大宣传教育力度，至少让农牧民建立"不否认追求幸福美好的来世，但首先要过好幸福美好的今生"的理念，从而让市场观念、竞争理念、价值意识寻找到在"够了就好"的知足文化中扎根的土壤。

高原处处是"富矿"

江孜县城海拔4050米，特殊的地理位置和气候，让农作物天生富含更高的营养价值，因此，我们一直认为这里是"富矿"，关键是我们这群"矿工"如何挖掘。

红河谷农业科技示范区是上海第七批援藏的重点项目。我们深入调研后决定，发展高原特色农业，助力打赢脱贫攻坚战，提出了园区二期建设新思路，拓展了引种、孵化、科普等新功能；创新了与建档立卡贫困户"1+19+X"利益联结机制，带动了601名建档立卡贫困人员增收脱贫。

我们调研发现，江孜19个乡镇，大部分都有一些零散的温室大棚设施，每个村都有两名科技特派员，但日喀则蔬菜市场即使在夏季，自给能力也只有40%。其中，热索乡努康村十几座大棚种植不好、管理不善，达孜乡恰久村新建的6座大棚干脆在"晒太阳"。这让我们看了很心疼：这些大棚不少是我们前几批援藏干部辛苦的工作成果，而所花费的钱也有上海老百姓支援的。不能这么浪费！

我们又投入援藏资金，打造了红河谷农业科技示范区二期项目，拓展了引种、孵化、科普等新功能。我们把红河谷园区和散落在全县乡村的温室大棚联系起来，提出了让农业园区通过种苗、技术培训和蔬菜销售三种方式辐射到19个乡镇、若干个辐射点的"1+19+X"模式。比如，我们到热索乡努康村调研发现，当地农民拉多通有多年种植蔬菜的经验，但经营的温室比较破旧。于是，我们投入援藏资金在原地新建了13个大棚，由村里的27户建档立卡贫困户经营。3年时间，"1+19+X"辐射模式，已经辐射到18个乡镇、22个点，送出种苗20多万株，培训科技特派员等农牧民102名，直接带动了437名建档立卡贫困人员增收。

几乎人人都知道藏红花，但市场上的藏红花极少有产自西藏的，而是在苏浙皖沪一带有种植。但是，藏红花更适于高原上种植，因为温差大，植物生长周期长，营养元素积累多，品质更高。我们花了三年时间，终于让这花真正姓"藏"。

2016年，我们通过招商引资，西藏红河谷藏红花农业科技有限公司注册成立。同年，第一批8000多颗藏红花种球在红河谷农业示范园落户。没想到，有一小部分藏红花种球生了"白叶病"。为了不影响健康种球生长，只能忍痛把生了病的种球剔除，这一下子就损失了十几万元。公司赶紧从苏浙等地请来了藏红花种植技术人员，教授当地农牧民。但是，由于高原气候等原因，专家们坚持不到一个月，就陆续离开了。最后，只能从江孜县农牧综合服务中心找来"土专家"，卓玛就是其中一个，她对这份工作非常满意："每月能赚2000元，年底还有奖金，在这里工作很好。"

首批藏红花种球试种成功后的第二年，藏红花种植扩大了46万株，成功收获了10公斤藏红花产品，并以"帕拉庄园"品牌上市。藏红花从此真正姓"藏"。农牧民参与这一阶段性劳动密集型产业的发展,合计劳务收入达15万元,140多名农牧民实现增收。如今,红河谷农业示范园区已经成为上海援藏闪亮的名片。江孜农牧民群众或直接到园区就业,或到园区培训,或到园区科普,或到园区购买花卉,或到园区过林卡,在他们心中园区已经成为生活的一部分。

这让我也有了新的启发:援建品牌项目打造必须一棒接着一棒干,才有生命力。我们也不负厚望,接过接力棒,全力奔跑!

浦东江孜携手奔小康

2016年7月20日,习近平总书记在银川召开的东西部扶贫协作座谈会上,向决战贫困发出了总攻令,为全面打赢脱贫攻坚战作出重要战略部署。

此时,我们第八批援藏干部江孜小组到江孜刚满一个月。经过一个月的调研,我们也在努力寻找三年援藏工作的突破口。习近平总书记提到的"携手奔小康",给我们的援藏工作提供了指引和遵循。

我们援藏的初衷,就是浦东与江孜的一次"携手"。在入藏前,浦东领导强调:上海援藏是中央交给上海、交给浦东的重要任务,上海浦东一定全力以赴、全力支持。上海浦东的援藏工作,必须遵循"中央要求、西藏所需、上海所能"的要求。我们也深知,江孜小组的背后就是发达的大浦东,背后就是温暖的大后方。

我们调研发现,江孜确实存在基础设施陈旧、教育不均衡等困难,但是援藏资金安排必须以脱贫攻坚为核心,不少群众亟须解决的问题难以在计划内安排。于是,我们讨论决定,开展"携手奔小康·浦东人民认领江孜人民心愿"活动,弘扬浦东人民大爱,解决江孜人民急需。

哪些是江孜人民"确实急需"的需求?我们在调研的基础上,结合江孜发展需求,梳理出"心愿项目"。项目确定后,请江孜相关职能部门和乡镇进行初步预算,提出项目概算资金,再简要撰写项目建议书。

2016 年 8 月 16 日，我回浦东筹办珠峰文化节及上海活动周，带上了这份建议书。一早，我就回到了新区办公中心，与合作交流办的奚晓龙处长沟通了相关工作。等到傍晚 7 点，当时分管合作交流的陆方舟副区长才得以从繁忙的会议中抽时间来听我汇报，他对"携手奔小康"活动表示支持。

这之后，我们又利用春节休假等机会走访浦东相关镇和部门，逐一落实"心愿项目"认领单位。各镇和各单位的领导一口答应，还帮助我们谋划如何完善项目方案，提出建好项目、发挥项目作用的好意见。

3 年来，"携手奔小康·浦东人民认领江孜人民心愿"活动已经组织 3 批共 30 个"心愿项目"，涉及产业发展、安全饮水、教育均衡、文化促进等各领域，合计资金 4001.8 万元。这笔资金不是小数目，几乎是我们援藏资金的 1/4！

除了"携手奔小康"活动外，浦东人民还自发组织了各种援藏活动。比如，永达基金会出资 150 万元建立教育基金，支持江孜教育事业。浦东新区区级机关党工委和合庆镇等各级机关党员群众发起"捐衣物、送温暖"项目，共募集衣物 250 多箱 1.5 万余件，折合 125 万元，温暖了农牧民和建档立卡贫困户的心。

援藏工作就是一座桥梁，为浦东和江孜两地联系在一起，让两地人民的手牵在一起、心连在一起。

（龙鸿彬　司春杰　采访，司春杰　整理）

在援藏中提升自己

何劲峰

2001年第一次申请援藏时，我刚刚参加工作四五年，从那时候的一腔热血，到2016年最终成行，其间先后申请过六次。其中经历三次到市里参加第二轮体检、三次到市里接受组织谈话、四次接受区委组织部分管干部工作的副部长家访谈话，但前五次均未能如愿，就在我年龄即将过界时，援藏最终成行。由于自己不太确定，所以即使已参加过市委党校的培训，但因没有经过组织的正式谈话和收到正式通知，一直到区委召开正式的欢送会之前，我始终都不敢公开宣布要去援藏，也不敢大张旗鼓地做进藏的准备工作。在进藏时间临近不到一星期时，才告别原来的工作岗位，正式踏上援藏之路。

苦与不苦，多想想前辈和他人

2005年我有幸跟市里的一个团去过西藏，对高原气候还比较适应。到那里最主要的问题是缺氧，不能剧烈运动，短时间需要几天的逐步适应，后面时间长了各种问题就慢慢显现了。刚去的时候，觉得处处都是美景，时间长了，就觉得很枯燥、很单调。海拔 4000 米以上的地方，树木都是稀稀拉拉的，一年也绿不了几个月，而定日海拔更高，平均4500 米左右。我们说定日一天有四季，一年分两季，雨季和旱季，旱季是冬天，从当年 11 月份到次年三四月份，雨季从五六月份开始，一直到八九月份。雨季的时候相对比较适合人居住，气候湿润，终于可以看到一点绿色，到了旱季，看到的都是灰蒙蒙的，风来了，一阵沙，就像沙尘暴一样。

在西藏，身体健康是个大问题。高原缺氧加上急冷、急热、紫外线的杀伤等，原来不以为然的那些小毛病都会发作。第一年冬天，我原本牙齿里有一条缝，以前在上海是没问题的，但在西藏忽冷忽热的天气下就发作了，痛得不行。

除此之外，最大的风险就是交通安全问题，因工作原因，经常要乘车出行，一开出去就是几百公里，好几个小时。当地通行条件较差，都是山路，塌方、泥石流比较多，有时候还会遇到滚石滑坡、悬崖河谷、窄路会车等难题。2017 年 5 月我们到日喀则汇报工作，我乘第一辆车，时任县长张春乘第二辆车。返回途中，翻越加措拉山拉孜段时，山体发生滑坡，哗！眼看着泥石流要冲下来了，我们的驾驶员一脚油门冲过去了，张县长的驾驶员一脚刹车踩住了，后来我们在县城等了他们好几个小时。当时感觉没什么，但是在县城，等的时间越长，我们就越担心和害怕。后来回想起来，其实生死就是一刹那的事情。

作为定日援藏联络小组组长，我经常跟我们的团队讲，苦与不苦，多想想前辈，前辈们遇到的挑战更多，比我们更艰苦。从政治环境来讲，虽然当时反分裂的斗争已经不像以前那么尖锐，但从事分裂活动的分子往往隐藏得比较深，我们还是接受了深刻的爱国主义教育，充分体会到什么是真正反分裂的第一线，什么是家国情怀，必须时刻绷紧这根弦。从工作环境来讲，我们去的时候已经算比较好的了，2013 年底国家电网已经供电，前一批的同志们还过了半年没有稳定供电的日子，在这之前基本都是靠发电机发电。不过，即使供电了，当地的供电情况还基本上相当于我们内地在 20 世纪六七十年代的水平，每星期都会停电两三次，尤其是到了冬天，下雪、刮风，停电的次数更多，可以说县城里停电是常态，更大的问题是一旦停电还不知道何时能修好。另外，从住的方面来讲，一开始我们住的是第三批援藏干部建造的小平房，第一年，冬天取暖靠烧煤炉、烧牦牛粪，取暖效果还算可以，到最冷的时候还是不行，但有总比没有好。后面条件改善了，我们住进第七批援藏干部打基础建下的周转房，他们当时还建成了制氧厂，这样一来地暖和供氧设施都有了，不过停电的时候，屋子里一点取暖措施都没有，还是蛮冷的。想到常年在藏工作的汉族干部，我们只不过是去三年，并且休假基本上都有保障，他们一待就是几十年，而且大部分都是与家人分居两地，确实更辛苦。

走乡下镇，携手奔小康

为尽快掌握定日县情，进藏后第二周，我们在身体尚未完全适应的情况下，便开始了对全县的调研工作。定日县共有 13 个乡镇 175 个行政村，在县委书记亲自陪同下，我们在第一个月内就走访调研了 10 个乡镇，因灾后重建道路施工通行不便的 3 个乡镇到次年 4 月才全部走遍。其中绒辖乡是第一年去的，但由于未通电和灾后重建安置房未完工，所以我们在边防部队的帐篷内借宿了一宿，至今，我当时躺在行军床上看手机发信息的照片还在市援藏公寓的橱窗中展示着。经过调研，我们基本上掌握了定日县在特色产业发展、脱贫攻坚等方面具有的优势和存在的问题。

我们参照东西部协作扶贫工作要求，推动了松江与定日两地的乡镇结对。松江的 11 个镇以及永丰街道、中山街道和定日的 13 个乡镇结对，并分别对 13 个乡镇因地制宜援助了民生项目，当年全部实现开工建设，到 2019 年 5 月初，260 工程全部竣工，80% 的乡政府所在地居民喝上了健康水，20% 的乡政府有了集体经济实体。

同时，松江区的企业还与定日县 119 个贫困村结对，签订了帮扶协议。我们还发动松江区广大企业捐资助困，3 年共筹集结对帮扶资金

595 万元，为每个贫困村集体合作社的启动运行提供了资金保障，实现了街镇与乡镇、企业与贫困村帮扶协作的全覆盖。

中央从"十二五"开始对西藏进行大投入、大开发、大保护。在中央的大力扶持下，加上我们的努力，定日县也于 2018 年年底成功实现脱贫摘帽。

打造旅游目的地城市

习近平总书记将西藏定位为国家安全屏障和生态安全屏障，经过调研分析之后我们的感受也比较深。西藏作为亚洲的水塔，我们认为西藏不适合发展矿业、工业，因此定日要实现脱贫摘帽，我们的定位是发展旅游业。珠峰作为"世界第三极"，它的旅游资源禀赋是得天独厚的。

2020 年，定日机场已在建设中，从日喀则到吉隆的铁路也要从定日经过，高速公路、318 国道、机场、铁路……将来，定日会成为日喀则的一个重要交通枢纽。

有了这些认识，我们邀请清华大学产业规划设计研究院，针对定日各类资源分布以及道路交通等基础设施配套情况，专题编制了《定日产业发展总体规划》，明确了到 2030 年定日产业发展的重点以及各区域产业的布局，重点发展旅游服务业、生态农牧业。也确定了我们三年的援建目标：把定日县建设成"环境优美、配套完备、服务优质、文明开放、和谐稳定"的重要旅游目的地城市。

围绕规划，我们打造了高原智慧农业园区。这个项目的出现也是机缘巧合，有位朋友来探望我们小组的同志，他是浙江一个农业园区公司的股东，到定日之后，发现吃蔬菜比较难，觉得当地可以在现代农业方面做一些产业布局，正好也填补这方面的空白。

我们考虑的是做一些农旅结合的产业，利用农业园区建一些旅游接待场所。因为当地打造旅游业还是有很多制约因素，比如住宿、交通、饮食这些方面都需要改善。宾馆住宿条件比较差，吃的蔬菜也都是从外地运过来的，远到成都、林芝这些地方，一般三天到一个星期左右才能运达，到了之后都是蔫蔫的，品相比较差，价格很高，种类也有限。2016年底的时候，青菜要卖到8块到10块一斤。我觉得，能来西藏旅游的人，既要不怕死，还要有相当的经济实力。满足这两个条件的人，只要他愿意来，我们要提供最好的服务，在保证安全的基础上，让他们觉得服务周到，他们才会心情愉快，留下深刻的印象，觉得一次不够，还会来第二次、第三次……

这个项目我们3年共安排援藏资金投入，包括撬动各方资金投入共计超过1.2亿元，引进了特色果蔬种植基地，并将观光旅游、餐饮住宿、科普教育、高原植被培育等融入占地56亩的园区中，2019年解决就业60余人。项目建成后，日产蔬菜3.4吨，将提供就业岗位100余个，不仅结束了定日县无本地蔬菜的历史，还能满足定日县周边地区的蔬菜消费需求。

除发展农旅结合产业外，我们还积极完善配套设施。发展旅游业，环境卫生必须要提升。比如西藏公厕多为旱厕，定日作为重要旅游目的地来说，不仅卫生环境受到影响，旅游胜地的形象也会遭到严重损害，所以必须搞"厕所革命"。我们在县城、旅游景区等重点区域推动了旱厕改水厕先行、先试工作。

我刚去的时候还提出在当地建垃圾分类分拣中心的想法。西藏作为神圣的一片净土，往往因为游客的一些不文明习惯，造成环境污染。西藏地方很大，短期内，我们希望能够将垃圾收集起来，打包好以后集中存放，等到铁路通了再运走（现在公路运输成本居高不下）。可能我们想得太长远了，一开始碰了一鼻子灰，当地觉得这个设想太过超前，要求一时做不到。后来在我们的坚持下，2019年下半年这个项目开始动工，最终在定日县城建了一个垃圾分类分拣中心。可以说，珠峰旅游的形象和配套设施的完善，我们倾注了很多的心血。

吃的苦不能白吃，自己要有所提升

2017 年、2018 年，为了考察定日的旅游路线，我连续两年参加了嘎玛沟—珠峰东坡小环线和嘎玛沟—陈塘沟大环线徒步旅游线路考察的活动。

第一次徒步是在 2017 年 5 月，用了 5 天时间，在野外住了 4 晚。我们从曲当乡出发，沿着珠峰东坡，先向高处攀登，再向下行进，挑战还是挺大的，最高的地方海拔有 5600 米左右，每天要走 20 公里左右。所谓的路就是牦牛路，坑坑洼洼的，基本上都是沿着牦牛踩出的路在走。我的第一个感受是，牦牛是高原上的生灵，那里是它的领地，每天它们背负重物前行，并能轻松追赶上并超越我们这些早早出发的人，听着一片牛铃声，它们就走过去了。当时比较惊险的是最后一天下雪，电话不通，路也找不到，但是牦牛却找到了路，最后我们跟着牦牛走了出去。第二个感受是要有团队精神，要互相鼓励，互相支持，互相帮助，如果是一个人徒步，可能就走失了。第三个是要坚持，高原徒步海拔太高，道路十分难行，进入第二天后高原反应逐渐加大，此时对人的意志力提出了更为严峻的挑战和考验。我更加深刻地体会到邓小平同志在回答国外记者关于他长征是如何坚持下来的问题时所给出的答案——"跟着走！"最艰难的时候，真的是什么都不想，美景也好，食物也罢，就是咬紧牙关，拖着肌肉酸痛的双腿，奋力沿着牦牛开辟的道路向前、向前——期待营地和终点的到来。

有的时候，成功和胜利的关键就在于再多坚持那么一会儿。对我们这些援藏的人来说，要增加韧劲，坚持慢慢走，一直走，总归能够实现预定的目标。

2018 年第二次徒步，我们从曲当乡的嘎玛沟一直走到定结县的陈塘沟。期间穿过了一片类似热带雨林的地方，整个行程中不断有山蚂蟥来袭扰，衣服、鞋子里到处都是，晚上帐篷里也有很多。路特别难走，就像沼泽湿地一样，一不小心就会摔跤。其他事故也是不断，最后一天一头牦牛不幸滑到落差近十米的河谷内摔伤了。

整个三年我的体会是：第一，不管在哪里都要注重加强学习，保持谦虚的状态，保持清醒和警觉，注重从当地人民乃至各种生命的身上汲取养分。第二，从我们中国特色社会主义的发展来说，要不断加强团结，凝聚更多的力量。我们共产党的宗旨是全心全意为人民服务，始终要站在绝大多数人的根本利益上去思考问题，做有益于人民的事情。第三，要注重磨炼自身的意志力、耐力。我们说在西藏三年，第一年是拼身体，第二年靠药物，第三年靠精神，吸取"老西藏精神"、孔繁森精神、"两路"精神，用各种精神来支撑。我常说，援藏三年是肯定要吃苦的，但是吃的苦不能白吃，吃的苦，要有价值体现，要有自己的提升，才不枉来此一回。

（梁潇　金秀霞　采访，金秀霞　整理）

三年援藏难舍情

吕真昌

现在回忆起来，我与我们徐汇区的第八批援藏干部人才是 2016 年初参与报名援藏的，组织谈话、领导家访、健康体检、集中培训以及启程进藏时的画面至今历历在目。当时我们积极响应组织的号召，主动报名接受组织的挑选，经过一系列程序后，于 2016 年 6 月 18 日正式离沪进藏。

援藏为什么？在藏干什么？离藏留什么？

当时，我们第八批援藏干部进藏有个非常重要的大背景就是深入学习贯彻习近平总书记关于西藏及扶贫的重要讲话精神。

2015 年 8 月，中央召开了第六次西藏工作座谈会。2015 年 11 月，中央召开了扶贫开发工作会议。精准扶贫、脱贫攻坚已经成为国家战略部署实施。2016 年可以说是深入学习贯彻习近平总书记这一重要讲话精神的关键一年。

进藏之前，上海市委、徐汇区委就组织我们对相关重要精神要求进行了认真传达培训，进藏后我们又进行了深入学习。同时，结合会议精神，我们第八批援藏干部联络组开展了"三问"的大讨论：援藏为什么？在藏干什么？离藏留什么？

我当时是这么思考的：首先，进藏为什么？那就是不忘初心，为党分忧。因为治国必治边，治边先稳藏。解决我们国家发展不平衡不充分的问题，我们去支援西藏，也是为边疆的稳定贡献我们的力量，是为党分忧，这是我们的第一个认识。其次，在藏干什么？既然来援藏，肯定是要真抓实干，为西藏的百姓造福。根据中央精准扶贫的指示精神，为当地的民生去做一些实实在在的事情，让老百姓能够感受到上海援藏带来的变化，最终能够感受到党中央和习近平总书记对西藏人民的关怀。第三，离藏留什么？我想，还是应该树立一个良好的援藏干部形象，为上海人民增光添彩，在当地干部群众中留下好口碑。也许普通民众不知道徐汇援藏，但是肯定知道上海援藏。

学习领会重要精神要求后很重要的一条就是明确了我们援藏的使命与任务，那就是援藏精准脱贫、致力脱贫攻坚、全面建设小康社会，我感到我们这批援藏虽然压力很大，但是使命光荣。

扶贫优先、民生为先、基层在先、成效争先

我们徐汇区对口支援的是日喀则市萨迦县。我的职务是萨迦县委常务副书记，分管党建、工会、团委、妇联、党校等工作；同时，根据组织安排，我还担任徐汇区第八批援藏干部萨迦联络小组组长。思想统一、任务明确后，我带着我的萨迦班兄弟们全力投入了脱贫攻坚的伟大事业中。

我曾在区委组织部综合干部科工作多年，主要做对口支援干部包括其家属的服务保障工作，因此与对口支援干部一直有接触，对对口支援工作也有一定的了解，但这与自己亲身去参与对口支援工作又是完全不同的体验。没来之前，我对萨迦的印象还停留在文字描述或者视频介绍

里，但是踏上这片的神奇的土地后，我发现萨迦的特点可以归纳为 5 个字，那就是"高、大、苦、穷、美"。"高"，萨迦县位于日喀则市西南部，喜马拉雅山北麓，雅鲁藏布江南岸。县城距日喀则市 150 公里，平均海拔 4400 米，县驻地海拔 4468 米。"大"，萨迦县的面积有 8126 平方公里，比上海大很多，下基层要花很多时间。我们开玩笑说，援藏永远在路上，不是在去开会的路上，就是在去乡下的路上，总之在路上的时间远远多于坐办公室的时间。"苦"，全县地形地貌以高山、谷地为主，属高山季风型气候，年均降水量仅 280 毫米，多风沙，日照强烈，高寒缺氧，常年气候复杂多变，自然灾害频繁。"穷"，西藏是全国唯一省级集中连片贫困地区。而萨迦县是自治区的深度贫困县，全县总人口 53000 多人，建档立卡贫困人口 3600 多户共 13000 多人。地方一般公共预算收入 7007.27 万元；农牧民人年均收入只有 7343.1 元。"美"，西藏壮美的自然风光和独特的风土民俗令广大游客心驰神往，而被誉为"雪域敦煌"的萨迦寺就坐落于萨迦县内。

在开展广泛调研后，根据中央的要求，结合萨迦的特点及需求，我们萨迦小组形成了"扶贫优先、民生为先、基层在先、成效争先"的思路，在具体实施过程中，我们逐步明确了"突出规划扶贫重长远、项目扶贫重实效、产业扶贫重就业、教育扶贫重均衡、医疗扶贫重提升、智力扶贫重拓展、公益扶贫重公平"的工作方向。

我重点举一个产业扶贫的例子。我们在调研中发现萨迦县吉定镇有一个自治区属国有水泥厂，是上市企业华新水泥作为援藏项目建在萨迦的。这个厂效益很好，是萨迦县财政收入的重要来源。西藏的冬季寒冷且漫长，完全无法施工，一年有效的生产时间只有五到六个月，所以水泥的销售有淡旺季之分。在旺季时，来买水泥的车辆排着长龙，堵在水泥厂门口等着拉货，而在淡季，基本就没有销路。

根据这一情况，我们决定在水泥厂附近投建一个水泥制品厂，生产水泥砖、水泥涵管、水泥柱、水泥杆等水泥制品。就这一个项目，我们就投入近千万的援藏资金。当时做这样的决策，主要有三个原因：一是靠近水泥厂，购买水泥方便；二是可以在淡季水泥价格较低时，储备一些货，通过淡旺季的价格差实现一部分收益；三是因为异地扶贫搬迁和当地老百姓自有住房改建，对水泥砖等水泥制品需求量比较大，水泥制品厂的投入使用，可以增加当地的财政收入。水泥制品厂建成后，由于紧靠 318 国道，交通便利，而且满足了当地百姓的实际需求，投入运营后效益很不错，不但推动了萨迦县工业建材的快速发展，而且直接带动当地 40 户 150 余人实现精准脱贫。当然，建这个厂之前，我们是按照要求做过环评的，西藏的生态环境比较脆弱，一旦破坏了，恢复起来是很困难的，所以我们严格按照规范要求进行施工和经营。可以说，这是产业扶贫跟当地特色结合得比较成功的项目之一。

此外，我们的公益扶贫项目也是比较有特色的，我们打造了"汇爱萨迦"的公益项目品牌，主要动员上海各界为萨迦的贫困群众捐款捐物。"汇爱萨迦"的"汇"有两层意思，一个是徐汇的"汇"，另一个是汇聚，意指汇集各方爱意到萨迦。其实，我们之前的援藏干部已经开展了类似的公益活动，但是从我们这一批开始，在总结他们工作的基础上，把这个项目品牌化了。

在慈善款项的募集及发放过程中，我们力求做到三个"公"。一是公心募集，就是募集出于公心，真正是当地所需的项目。比如有的企业提出的一些捐助项目，我们认为不是当地所需的，或者超越当地实际的，我们就婉拒了，或者建议他们到更加合适的地方去捐助。二是公开发放，就是在慈善物资及款项发放时，我们会举行一个简短的、公开的仪式，对过程进行摄像或者摄影，并将影像资料反馈给捐赠人，打消他们的顾虑。三是注重公平惠民，发放的过程当中，我们强调按需发放，特别贫困的可以适当多发一些，而不是简简单单地平均发放。包括在贫困乡村也就是发放地点的选择上，我们也克服沿着 318 国道发放的惯性思维，而是尽量向偏远、交通不便利的一些山区倾斜，让这些容易被遗忘的角落更能感受到来自社会的温暖。

当然，在捐赠仪式上，我通常会强调，大家能有这样的机会接受捐赠，首先是要感谢的不是我们上海援藏干部，而是要感谢党中央，感谢总书记。因为我们党的有这样一个援藏的好政策，我们上海才会去援藏，我们才有可能牵线搭这个桥，大家才有可能有接收到这样一笔捐赠。同样，我们在援藏项目上面会留下标识牌，上面写着"上海徐汇援建，感党恩跟党走"，让大家知道这是上海人民援藏的项目，也是党中央、总书记关心藏族同胞，采取大力扶持和精准扶贫并举的好政策的具体体现。

据统计，3年里我们募集发放的款物达到1000多万元，为萨迦两万多贫困群众送去了温暖，取得了不错的社会影响。而且徐汇区第九批援藏干部接过了我们的接力棒，将"汇爱萨迦"的品牌保留了下来，并继续发扬光大。

此外，在规划扶贫、教育扶贫、医疗扶贫、智力扶贫等方面我们也做了一定的探索和努力。如在规划扶贫方面，积极参与萨迦县旅游发展规划、产业发展规划、农业园区发展规划的制定等，并积极争取后方支持，邀请上海规划专家对萨迦古城进行整体规划，着力为今后发展打好基础。在教育扶贫方面，维修改造萨迦县中学教学楼、学生宿舍，使学习生活环境得到明显改善，2018年萨迦县以自治区第二、日喀则市第一的成绩通过自治区教育均衡验收。在医疗扶贫方面，新建吉定镇卫生院门诊大楼等项目，改善了周边7个乡镇3万余名农牧民群众就医条件。实施萨迦县卫生综合能级提升项目，2017年萨迦县人民医院以全自治区第一的成绩通过二级乙等医院评审。在智力扶贫方面，坚持"走出去"与"请进来"相结合，施行人力资源培训等8个项目，组织徐汇专家团赴萨迦对教师、医生、旅游规划管理人员等近400余人进行专业培训，同时积极做好60多名干部人才和20名教育医疗专业技术管理人员到上海进行培训交流，帮助当地干部人才转变理念、开阔眼界、提升能力。

我觉得我们这批援藏一个最大的特点，归纳起来就是"三个前所未有"：一是要求前所未有。党的十九大以来，从中央到地方，从上海到西藏，关于对口支援、精准扶贫的要求不断在提高。二是任务前所未有。除了对口支援的工作，我们还各自负责一块分管工作，再加上日常维稳，会议多、加班多、检查多，中心组学习等都是安排在晚上，有的时候研究工作要到深夜。三是考核前所未有。每年进行考核，有的指标完成难度不小。面对这些压力与挑战，我们小组的成员都能积极面对，勇挑重担。

我们统计了一下，援藏 3 年，通过加强沟通协调，积极争取各方支持，共安排援建日喀则萨迦县项目 41 个，援助资金 23423 万元。其中，96% 的项目资金投向了民生保障，40% 的项目资金投向了精准扶贫；涉及产业发展项目 6 个、新农村建设项目 5 个、教育、卫生等社会事业项目 15 个、市政基础设施建设项目 3 个、人力资源培训等其他项目 12 个。我们援藏期间，萨迦共有 1830 户 7626 人实现脱贫摘帽。2019 年下半年，萨迦县顺利通过自治区脱贫摘帽验收。

党组织是最坚强的后盾

援藏期间，我感触最深的是上海各级党组织在政治上、工作上、生活上、家庭上给予我们全方位的关心、帮助和支持，他们是我们援藏干部最坚强的后盾、最有力的支撑。

援藏对身体的考验是实实在在的。2017 年 2 月，我因为肺水肿，也在鬼门关前走了一遭。当时因为春节假期后返藏，我们萨迦小组的其他人都先返回萨迦了，我一个人留在拉萨准备参加第二天中组部和自治区召开的援藏干部县委书记座谈会，时任第八批援藏干部联络组组长倪俊南书记让我作为上海的代表去参加。到了夜里 12 点多，我突然开始咳嗽，一开始以为是嗓子干，喝了一些水，稍微缓解了。又过了一个小时，又开始咳嗽了，就这样反反复复，到了早上 4 点，咳嗽越来越频繁、剧烈，喝水也不管用了。这时候我就觉得糟糕了，问题严重了，因为在援藏前，我们进行过培训，我知道这可能是肺水肿的症状。我立刻起床洗漱，洗漱的时候，咳出来的是血红色的泡沫。我穿好衣服，打了个车直奔医院。到自治区人民医院时，将近清晨 5 点，我马上挂了急诊。医生一看，说基本确定是肺水肿。再检查我的眼睛，灯光一照，然后他说，幸好你来得早，还没有发展到脑水肿、脑水肿就危险了。接下来我赶快去做验血、拍片等相关检查。刚到医院时，我还能行走自如，等所有检查做完的时候，我只能扶着墙艰难踱步了。等我躺在病床上开始吸氧、输液时，天也正好亮了，医生说我已经度过了最危险的时候，我就开始跟各级组织报告我的情况。事后回想起来，当时情况还是比较危急的。如果我没有安全健康意识，一个人在宾馆里发病，因为喘不上气自己走不了了，肯定要别人抬来了。等我恢复了之后，又过了几天，我才敢跟家里说这个情况，也是怕他们会担心。

经过这三年，我们充分感受到派出地至少在三方面发挥了巨大的作用：一是在政治关心方面，市、区各级组织及领导都教育培养并帮助关心我们的进步。二是在工作支撑方面，市、区相关单位及部门在确保组织协调、项目安排、资金保障方面发挥了重要作用。三是在生活保障方面，市、区各级相关单位都给予了充分关心，在家属就业、子女就学、家庭保健等方面都发挥了重要作用。没有这三个方面的关心，我们的援藏工作不会这么顺利。

2019年7月21日，到了要离开的那一天了。当地县领导要送我们。我们经318国道去机场，沿途要经过国道边上的几个乡镇，当地老百姓知道之后，带着哈达在路边等我们，要来给我们送行。他们拎着酥油茶、藏鸡蛋，还有当地的菜籽油，坚持要让我们带回上海，我们推托不掉只能带上车。到了最后一站的时候，我们委托镇党委书记，把这些东西分给当地建档立卡的贫困户。哈达我们带回来，心意也带回来，但是藏鸡蛋、酥油茶，请他帮我们代发一下，也转达一下我们的问候。

刚去的时候，感觉3年好像会很漫长，离开的时候才发现，其实3年真的很短，还有很多想做而没来得及做的事情，还有一些想说的话没有来得及说。3年来，我们的体会就是海拔虽然很高，但是工作要求更高，精准扶贫的200多条要求是实打实的，是要逐条落实的。但是，进了党的门，就是党的人。必须坚定信仰，时刻牢记党员身份，既然接受了组织挑选，光荣地成为了援藏的一员，就要积极贯彻落实中央和上海市委关于援藏工作的部署，打赢精准脱贫攻坚战，为西藏发展稳定作出自己的贡献。

（李丹青　采访，李丹青　杨晓燕　整理）

灵魂在蓝天白云下洗涤

施忠民

2015 年 8 月，中央第六次西藏工作座谈会上，习近平总书记强调，要依法治藏、富民兴藏、长期建藏、凝聚人心、夯实基础，加快西藏全面建成小康社会步伐。正是在这样的背景下，2016 年 6 月，我经过报名、体检、政审谈话、岗前培训等一系列程序，被组织选拔为上海市第八批援藏干部，来到西藏日喀则市拉孜县参加援藏工作。

初来乍到，西藏给我留下的"纪念"

2016 年 6 月 18 日，我们这批上海市援藏干部抵达了西藏，初来乍到，西藏就给我来了个"下马威"。

在西藏，有"身体下地狱"这样一个夸张的说法，主要就是指进藏初期，高原反应带给人的种种不适和痛楚，这对人体的适应力是极大的挑战。我从小在城市里长大，没有经过农村的苦日子，伴随着开始的兴奋，头痛、胸闷、气短、失眠等一系列高原反应也接踵而来。幸运的是，经过及时调整后，我的状态还算良好。可万万没想到，3 个月之后，因为一次不当心，我还是中招了。那时我到乡镇调研，因为没做好防护，仅仅在户外待了3个小时，皮肤就出现了问题，脸上浮肿，像戴了个面具，身上干燥脱皮，奇痒难耐，涂各种防护药也不起作用。后来经医生诊断，为紫外线过敏性皮炎。那会儿治疗的时候，我不仅要内服对肾脏损伤很大的抗过敏药，同时还要外敷各种涂剂以及面膜。我还常笑着说，我40多岁的年纪还学会保养皮肤敷面膜，也算是学到一个新"技能"。这3年治疗下来，2019年回来的时候，大家都觉得我已经好得差不多了，但实际上，当医生告知我，这种病一旦得上，只能控制而无法根治，只要有诱因就会再次发作时，我知道这是援藏3年留给我的"纪念"。

但不管怎么样，我这还只是皮外伤，我们第八批援藏干部里有一位同志，他当时得了肠梗阻，病危通知书都出来了，当即就紧急联系飞机，把他运回上海救助，肠子切除几十公分，才把一条命抢救下来，差一点因公殉职。也正是在这种情况下，我记起习近平总书记曾说过，在高原上工作，最稀缺的是氧气，最宝贵的是精神。缺氧不缺精神，艰苦不降标准，这艰苦的环境带给我的伤病不能白费，我更加坚定了自己援藏的使命。

上海市第八批援藏主要负责对口援助西藏日喀则市下属的五个县，我们杨浦这一批十名干部分别被派到了日喀则市属单位和杨浦区第一次对口援助的拉孜县，其中我被任命为拉孜县委常务副书记、上海援藏拉孜小组组长，带领五名援藏干部接过之前原上海闸北援藏干部的接力棒，继续开展各项援藏工作。

拉孜县位于西藏自治区西南部，雅鲁藏布江的南岸，平均海拔4100米，总面积4488平方公里，下辖9乡2镇，98个行政村，人口6万余人，318国道贯穿拉孜县城南部，交通便利，是日喀则西部建设的中心，也是日喀则地区西部7县必经之要塞。在藏语中，拉孜有"神仙居住之地"的意思。优越的地理位置、气候条件、水土资源、文化底蕴和便利的交通，从古至今都是西藏西部的政治、经济、文化中心和重要的商品集散地。但与其优越的地理条件不同的是，拉孜县也是全国重点的贫困县之一，全县11个乡镇中有10个是全国深度贫困乡镇，6万人口中，近 1.5 万人生活在贫困中，脱贫攻坚任务艰巨而繁重。

在国家脱贫攻坚的总体安排下，西藏自治区将在"十三五"期间实现全面脱贫，拉孜县计划于 2019 年完成脱贫攻坚任务，而我们第八批援藏的工作任务就是直接参与到西藏的扶贫攻坚战之中，直接针对精准扶贫去的，那么就要求我们要更加沉入一线去，结合当地的情况，重点做一些产业的投入和跟扶贫有关的建设和援助。

所以我在出发前给自己定了一个援藏目标，实实在在地为当地人民群众做点实事，做点好事，做点老百姓欢迎、需要的事。

奔跑在脱贫攻坚第一线，尽我所能

规划先行、规划为要，是我们上海援藏从第三批开始就树立的一个理念。对于援藏项目，我们请了专业人员做整体的规划，然后根据规划以及资金情况，一步步推进落地。我们去的时候，拉孜县的城市建设、市政建设和商业布局都有规划，但唯一欠缺的是产业没有规划，走的还是小农经济的路子。所以我们就希望能够通过扶持产业的方式带动当地产业发展，来确保不光是现在贫困的老百姓得益，同时还能够建立一个长效的"造血"机制，从"输血式"脱贫变为"造血式"脱贫。

那要怎么做？我想到的是依托当地特色资源，实现产业脱贫。其中，藏鸡孵化基地项目可以说是我的心血之作。

在选择这个项目之前，我花了大半年时间进行调研、尝试，但由于推进农牧项目在我的经历里是一片空白，推进的过程也是比较辛苦。拉孜县的特色资源有什么？流经拉孜县的雅鲁藏布江带来的江沙，质地非常好、细腻度很高、品质优良。如果能够采砂，也不失为一条致富之路。但由于采砂对生态环境有影响，当地是禁止商业采砂的，这条路走不通。

于是，我尝试了引进新的作物种植，比如红景天，还专门请自治区农科院的两位教授到我们县里作指导。但由于红景天要沙质土地才能种植，而拉孜的土地虽然非常肥沃，但不属于沙质土地。同时红景天的生长周期非常长，五年初成，也就是说五年之内没有任何效益，这些都不符合当地的实际情况，就放弃了。我还尝试过适合于高海拔地区种植的藜米，也因为人工成本比较高，还要做田间管理等原因而没有实行。此外，我们还学习过山东省种植海棠的经验。但"橘生淮南则为橘，橘生淮北则为枳"这句话在西藏特别适用。山东省在与拉孜仅仅一河之隔的谢通门县种的海棠就特别成功，我们县里就怎么也种不起来。所以我在扶贫的项目正式确定之前，实际上也尝试了不下于十五六个其他项目，有的在论证阶段就夭折，不过这些我都是做好了思想准备的。后来我也权衡过种、养这两项农业模式的利弊。在拉孜，种植业主要针对青稞和油菜花两个特色产品进行发展，你要想轻易地改变的话，容易出问题。从养殖业入手的话，相对来说可行一些，养殖的东西，它不大集约化，而且有政府的资源投入，再加上我们上海市对口帮扶，每年领导来慰问都会给我们牵线搭桥一些企业资源，这都是我们的优势。

而之所以选择养殖藏鸡，出于几个考虑。首先藏鸡是拉孜当地特色资源，藏鸡蛋对心血管以及大脑发育都有帮助，特别适合老年人、孕妇和小孩食用，具有很高的营养价值，附加值也高，一直都备受当地消费者的青睐。其次，藏鸡养殖在当地也有近五年的历史了。我们去调研的时候，发现拉孜县有两个乡镇已经建起了藏鸡养殖合作社。其中一个乡镇合作社当时养殖藏鸡的规模在 1000 只左右，但科学化程度非常低。而在另外一个乡镇，有一个汉族人在养藏鸡，不同的是，他聘请了大学生进行科学养殖，当时他手上已经有 4000 只鸡了，属于中等规模，但他苦于资金短缺，没有办法做大做强。我在调研的时候，就觉得既然有科学化养殖的基础，又有精准扶贫这样一个项目需求，这其中大有可为。调研回来后，经过大家的充分论证，我们就决定收购这两家合作社，把藏鸡养殖做大做强。

我们先后投资了 1530 万，建成了当时日喀则市下属 18 个县中最大的藏鸡养殖基地，配备自动化设备进行养殖。建设早期，我们就聘请这位汉族同志做养殖顾问。到后来陆续成立了拉贵藏鸡养殖保种中心、拉贵藏鸡养殖有限公司。进行市场化运作时，我们依旧聘请他作为公司的副总经理指导养殖。同时，我们还与他签了激励协议，到年底，养殖规模达到5万只，就给他20万奖励，这样就将他的积极性充分调动起来了。

藏鸡养殖投入产出的效益快，立竿见影。藏鸡养殖基地建立起来了，下一步就是要考虑如何用它来带动当地百姓去养殖藏鸡，脱贫致富。为此，在前期基地建设好、孵化养殖的藏鸡会生蛋了之后，我们就把鸡发给建档立卡户去养，鸡蛋由政府组建的公司全部回收包销。养一只鸡的成本摊到鸡蛋一个是1元到1.2元之间，我们向建档立卡户收购鸡蛋的价格是3元一个，直接兑现现金。在建档立卡户没有脱贫之前，政府全力扶持，只要满足条件，我们就给他们发鸡，鼓励他们通过劳动来赚钱。

当然，在整个推进过程中，我们也遇到了一些阻碍。我们发给当地贫困户的鸡，在还没有下蛋的时候，有的就已经被他们吃掉了。到后来，连农科站都抱怨说，照这样下去，发下去的鸡还不够他们自己吃的。这背后的原因，归根到底是部分当地人存在着一种"靠着墙壁晒太阳""等着政府送小康"的懒散思想。所以我们一直说，西藏的扶贫攻坚战，是"扶贫"与"扶志"相结合，而这个"志"就是勤劳致富、靠自己双手吃饭的理念。

为了解决这个问题，我首先在每个乡镇选择了一户致富带头人，他们不全是建档立卡户，有些还是家庭相对富裕、理念比较新、文化程度相对高的家庭。让他们带头养殖藏鸡，做半年，我们根据养殖基地规模的大小发放藏鸡，然后每天来收鸡蛋；缺饲料，到保种中心来配制；发现鸡有问题，马上和农科站联系，农科站同保种中心就派专家去了。

通过半年示范，大家看到带头人的收入增加，获得了实实在在的利益，想着，不就是养藏鸡嘛，谁不会。趁此机会，我们就逐渐在建档立卡户中推广藏鸡养殖。等到当地建档立卡户尝到了甜头，手上有钱了，积极性自然就上来了。

我们走的时候，全县已经有70余户开始养藏鸡了。从理论上讲，我们全县的建档立卡户有1500户左右，按照20万只藏鸡这样的发展目标，可以带动近 500 户实现脱贫致富。

除此之外，2016 年 10 月，查务乡下属的明玛村整村搬迁至拉孜县城，曾经海拔 4800 米的山村获得了"新生"，实现了整村脱贫。但挪了"穷窝"，还要拔"穷根"，如何让明玛村民留住这份"来之不易的生活"？为此，我想起了当地一直缺少资金而发展困难的众多民族手工业合作社，希望借此契机走出一条民族手工业产业扶持之路。

经过走访调研后，我发动拉孜县 20 多家大的民族手工业合作社牵头成立拉孜县民族手工业协会，建成扶贫产业园区，由我们投入资金给协会会员买原材料、买设备，扩大生产规模。与此同时，按约定，他们要优先聘请明玛村的建档立卡户作为工人。这样既利用了援藏资金扶持拉孜县的民族手工业产业，也解决了明玛村村民的生计问题，让他们在家附近找到了致富的"饭碗"。

三年来，我始终奔跑在脱贫攻坚的第一线，不仅在精准扶贫上久久为功，持续发力，也在关乎藏族百姓民生的教育和医疗领域始终不吝余力，每年在全县卫生、教育领域投入资金，推动民生事业发展。

拉孜县作为西藏的"西部中心"，地理位置特殊，而教育和卫生是基础的民生，必须加大保持对它的一贯投入。所以在 2016 年 10 月县委的换届报告中，我把将拉孜县人民医院建设成二级甲等医院的目标写进了其中，而那时，日喀则市下属的 18 个县中，只有江孜县有一个二级甲等医院。

在创建过程中，我们投入援藏资金，帮助新建了县人民医院综合楼、增添先进的医疗设备，修建了一座氧气站，有力地助推了拉孜县卫生事业的发展。由于整个日喀则地区没有血库，没有备用血，一旦做起大型手术，根本没有供血机制提供生命保障。我以县人民医院（当时是县人民卫生中心）的名义，跟县委武装部签了一个协议，因手术抢救病患急需用血的时候，由县武装部对辖区内部队启动紧急动员的方式，以自愿献血为主，发动解放军指战员献血救人，而这个在日喀则市 18 个县中，拉孜县的做法是独一份的，因此在评定二甲医院的时候也成为了一个加分项目，为创建县级二级甲等医院夯实了基础。所以，第九批援藏干部才去半年，拉孜县人民医院就成功创建二级甲等医院，这就像我们一直说的，叫作"功成不必在我，但功成必定有我"。

此外，我们每年还投入部分医疗资金用于乡村卫生院的建设。现在拉孜县下属的乡镇卫生院很成规模，有标准化的产房、设备。在我们走之前，已经完成了五个乡镇卫生院的标准化产房建设，实现了小病不用去县医院，在乡镇卫生院就能看的目标。

在教育上，我们投资修建了县中学的风雨操场、重建中学厕所、改建中学浴室、更换中学食堂设备，改善学生学习生活条件，并在拉孜县中学建立了远程教育中心，这也成了拉孜提升教育水平的重要手段。

3年下来，我们陆续投入2亿多资金进行援藏项目建设，一系列民心工程得到拉孜县老百姓们交口称赞。

三年援藏情怀、一世人生财富

曾经有电视台来采访我们的援藏工作，采访中我脱口而出的就是，"我爱我的祖国，我爱我的党，我爱我的人民"。这是发自内心的真实感受。三年援藏，我深切地认识到，西藏战略地位非常重要！西藏是我们同分裂势力斗争的前沿，是我国通往南亚的门户，是保卫祖国西南、西北地区战略纵深和资源基地的前沿阵地，是保障国家安全的重要壁垒，是我国的重要生态安全屏障。西藏重要的战略意义不仅在于地理位置，也在于矿产和石油资源。拥有强大的西藏，就能赢得国内的安全和发展，就能在不远的将来有力支撑中华民族伟大复兴的中国梦的实现。所以，生在上海、长在上海的我响应党中央的号召，在伟大的时期做了一件伟大的事情，用生命的长度去丈量人生的宽度，用不变的初心和永远的信仰，用我的家国情怀支援西藏，无怨无悔。

西藏高寒缺氧、气候恶劣、地广人稀，但正是这样一个特殊的环境，刚强了我的身骨、磨练了我的意志、锤炼了我的身心，让我学会用积极乐观的态度去面对困难、战胜困难。工作之外，我会结合团队个人兴趣爱好，开展各类文娱活动，丰富小组业余生活。每逢双休日，带领大家集中在县全民活动健身中心，开展羽毛球、乒乓球、篮球训练比赛活动，在援藏干部活动室开展象棋比赛活动；我还邀请当地老师指导援藏干部开展学说藏语、学跳藏舞、学唱藏歌。活动中，大家的凝聚力增强了，也懂得了快乐援藏、幸福援藏的道理。

2019 年 7 月，我离开西藏。这时，拉孜县早已成为我的第二故乡。那里人民的淳朴、豪迈、爽快、真诚，他们在如此恶劣的自然环境中生息繁衍，以顽强而乐观的精神怡然自得，为了信仰和梦想，甘愿艰苦、甘愿辛苦、甘愿清苦、甘愿付出，这些品质都深深地烙印在我心上，也时时地感染着我。

但就像时任上海市委副书记尹弘同志说的那样，援藏毕竟是一个过去式，援藏之后，你又换了一个新的平台。未来，你要"忘记"援藏，不能把援藏的经历作为向组织上提待遇和要求的一个条件，而是要把它作为一个珍贵的记忆，留住经验、教训，在今后工作中再从头开始。

三年援藏情怀，一世人生财富。援藏是灵魂的洗涤，精神的震撼，心智的砥砺，人生的财富。无欲而来，无愧而去。历练人生，磨炼意志，开阔视野，净化心灵。三年援藏，我品尝了艰辛，对我来说，是锻炼、磨练、苦练人生的最好机会，是对自己生命和灵魂一次最好的洗礼。

（魏克鹏　陈姣　采访，魏克鹏　整理）

对口支援助发展　凝心聚力谋新篇

王庆滨

2016 年 7 月 20 日，习近平总书记在银川主持召开东西部扶贫协作座谈会并发表重要讲话，强调东西部扶贫协作和对口支援是大战略、大布局、大举措，必须长期坚持下去、进一步提高水平。正是在这个节点前的一个月，我们第八批支援西藏亚东县小组抵达了亚东。我们小组有 6 名干部，全部是共产党员，也都是各派出单位的后备干部、业务骨干，平均年龄 43 岁。"援藏为什么，在藏干什么，离藏留什么"，这 3 句话一直是指导我们小组成员开展工作的方向。

2016 年至 2019 年的 3 年中，除了小组的 6 名成员，我们区卫计委还"组团式"派出医疗人才 4 批共 19 人，全部具有中级以上职称，助力亚东医疗服务能力提升。

我们小组在沪藏两地党委政府的关怀和领导下，深入学习贯彻习近平总书记关于扶贫工作重要论述和党的治藏方略，牢固树立科学援藏、真情援藏、长期建藏的理念，把维护国家安全、加强民族团结作为援藏的着眼点和着力点，把改善民生、凝聚人心作为援藏的出发点和落脚点，把助力亚东打赢脱贫攻坚战作为援藏的第一要务和头等大事，全力以赴推进精准扶贫、"组团式"医疗人才援藏等重点工作，促进亚东经济快速健康发展、社会大局和谐稳定、民生事业持续改善。

2016 年，亚东县一举通过国家贫困县摘帽验收，在日喀则市率先完成了脱贫摘帽的任务。

一轮行程逾千公里的调研

亚东县是西藏自治区 21 个边境县之一，面积 4240 平方公里，辖有 7 个乡镇、25 个行政村、67 个自然村，总人口却只有 1.4 万人。高原第一镇——帕里镇，就位于亚东县。

至今我都记得，当我徒步走进帕里镇乡村时，看到淳朴的农牧民正提着水桶赶路。那一幕，深深地触动了我。因为当地缺水，灌溉和日常饮用水混用，村民们很容易感染包虫病（一种当地的寄生虫）。这让我直观地感受到饮水安全是帕里藏胞最大的民生需求。为此，我们在调研的基础上，汇总了各方意见，也争取到了各方支持，建设了帕里镇乡村饮水保障工程，从根本上解决当地群众生活饮水问题。

"只有充分了解农牧民的家庭状况，才能掌握各个乡镇的不同情况，才能确定好援藏资金的下一步投向，为亚东经济社会发展再上台阶作贡献。"就这样，我们小组在进藏后的第一个月，马不停蹄地穿越海拔落差 2000 多米的亚东南北部之间，采取实地走访、座谈交流等方式，深入亚东县各乡镇、村居及建档立卡贫困户开展调研，总行程超过 1500公里，相当于从上海一路"行"到了北京。

在全面了解亚东社会经济发展状况和贫困户家庭收入情况后，我们着手研究援藏三年的工作思路。经过反复讨论，提出了"一个突出、两个团结、三个倾斜、四个结合、五个留下"的援藏工作思路，即援藏工作要突出民生导向；援藏干部要团结当地干部职工，团结带领当地各族群众；援藏资金要向基层倾斜，要向扶贫领域倾斜，要向教育卫生领域倾斜；援藏项目要和亚东的"十三五"规划相结合，要和亚东社会经济建设的迫切需求相结合，要和国家及上海的援建方向相结合，要和亚东援藏小组的援建时间节点相结合；要确保留下好的理念，留下好的作风，留下好的项目，留下好的技术，留下好的成果。援藏工作思路的提出，为即将开展的为期三年的援藏工作明确了方向和着力点。

工作思路确定了，接下来就是"撸起袖子加油干"了。加快民生工程建设是百姓最直接、最迫切的需求。3 年里，我们小组实施的惠民工程有：投入援藏资金 9000 多万元推进亚东县边境小康村建设；投入 1500 万元推进县城综合整治改造，实施夜景灯光工程，对县城路灯进行优化升级，使亚东县夜色亮起来、美起来；投入 700 多万元打水井、修水池、铺管道，为帕里镇、吉汝乡建设饮水保障工程，从根本上解决项目区 3500 多名群众生活用水和 3.5 万头牲畜的饮水问题；安排资金 80 万元，支持吉汝乡党委和下亚东乡切玛村党支部修建党员活动中心，不断规范基层党组织活动阵地建设。

经过三年的努力，2019 年我们所有基建类项目都已经全部验收完工。我还记得 2018 年 5 月至 6 月，国家审计署对亚东第八批援藏扶贫资金管理使用情况进行了审计，全部项目圆满通过。大家都翘指称赞："亚东出品"经得起检验！我们小组也很自豪，"建立好业绩，赢得好口碑，留下好经验"是要实实在在干出来的。

一场稳脱贫防返贫的硬仗

除了改善当地群众的"硬件"条件，我们认识到为贫困户提供切实的、可持续的生活来源保障，是我们援藏的重要出发点，所以我跟小组成员决定编制援建"十三五"规划，将助力打赢脱贫攻坚战，巩固提升脱贫成果作为规划的主要内容。

我们上高原、下基层，走村入户了解农牧民的生活环境和需求，并争取到了县委、县政府和上海第八批援藏联络组的支持，与县扶贫、发改、旅游、商务、农牧等部门开展合作，确立了"扶贫防返贫、服务民生、产业发展、维稳固边"四大类 47 个项目，主要涉及产业扶贫、教卫民生、新城镇建设等方方面面。这其中，产业扶贫是我们工作的重点。尤其是 2016 年亚东率先完成了脱贫摘帽任务，我们援助亚东县的任务也由原来的助力脱贫转为助力防止返贫，力争使亚东百姓收入由原来的"输血型"转变为"造血型"，促使亚东经济再上新台阶。

亚东县有"喜马拉雅后花园""天然氧吧"之称，边贸、旅游、生态、城镇、军民融合是亚东的"五大优势"。怎么把亚东优势和援藏项目做好结合，怎么促进产业发展，怎么挖掘优势产业"造血功能"，是对我们的考验，也是对工作成效的检验。

经过前期的调研，我们了解到亚东鲑鱼、木耳闻名遐迩，经过多年的培育和发展，已经成功实现人工养殖、种植，并逐步走向市场。但由于种种原因，亚东鲑鱼、木耳产业一直无法形成规模。我们小组经过多次讨论，寻求科学论证后，决定投入援藏资金 7000 万元，打造亚东立体生态产业园，重点用于发展鲑鱼、木耳产业，全力推进特色产业规模化发展。其中，上亚东乡的鲑鱼养殖池就有 5000 多平方米，木耳菌种菌包生产间、育苗车间、养菌房、原料库共计 7400 平方米。同时，以产业园为中心，还辐射带动春丕亚东鲑鱼繁育基地、下亚东等 3 个乡镇的亚东鲑鱼养殖基地，形成养殖规模化，培育"种植养殖—加工—冷链储运—线上、线下销售"的完整产业链条，增强了产业发展的内生动力和"造血"功能，也进一步帮助亚东县打牢经济社会发展基础。至 2019 年，亚东鲑鱼种鱼达 1.2 万尾、商品鱼 310.8 万尾，鱼苗 1000 万粒，鲑鱼产业链创造了 100 个工作岗位，直接带动近 200 户（800 余人）原建档立卡户实现了稳定脱贫。

扶贫工作除了产业上的精准帮扶之外，更重要的是激励起广大干部群众的干劲。我们充分调动援藏干部和当地干部的积极性，坚持"需求拉动、市场为先"，系统规划产业发展，为科学决策提供依据，为发挥市场优势谋长效，更是为了亚东长远发展找准路、铺好路。

3 年来，我们围绕特色产业发展，不断加大特色产业项目配套资金投入，将 1 亿多元用于扶持亚东农牧、旅游两个特色产业发展，重点打造康布温泉旅游基地和农林渔一体的产业园区，为建档立卡户提供切实可持续的生活来源保障，直接受益群众达 300 多户 1100 余人。考虑到亚东产业存在"小弱散"的现实问题，我们决定从提高产品深加工增值入手，制定亚东特色产品建设发展规划。为了扩大产品知名度和市场占有率，我们以电子商务进农村工程为契机，通过"请进来、走出去"的方式，组织协调 100 多名当地干部职工赴上海考察学习培训，邀请上海专家到亚东开展"农村电商"教学，构建起亚东特色产品电子商务销售体系和渠道，逐步增强亚东鲑鱼、帕里牦牛等特色农产品在全区乃至全国的市场竞争力。

在这三年中，我们切身地体会到援藏工作不是单纯的"交钥匙、交支票"，而是要在始终坚持帮助群众致富增收、促进亚东脱贫摘帽的前提下，发挥援藏项目服务脱贫攻坚的实效。

一次义无反顾的抉择

作为一名援藏干部不仅要完成上海交办的援藏项目任务，我们还需要根据当地分工安排，任实职，担实责。根据亚东县委的分工，我主持对口支援工作，负责党建和意识形态工作，分管县委办、县总工会、团县委、县妇联。我们小组时常说："我们来援藏，不仅仅是项目援藏、智力援藏，更需要做好思想援藏。我们为民族团结而来，但在涉及领土争端、国家认同感的大局问题上，也要敢于坚持原则，坚持斗争。"我们是这么说的，也是这么做的。

亚东县位于喜马拉雅山脉中段的南麓，东临不丹，西、南接印度，边境线长 290 公里，对外通道 45 处，全县 7 个乡镇全部处于边境一线。古时亚东是茶马古道通往南亚的最后一站，现今是中印、中不加强交流交融的窗口，长期处在反分裂、反渗透、反蚕食、反颠覆的最前沿。因此，亚东县卫国戍边任务特别重。

2017 年 8 月，发生中印对峙事件，紧张的局势就在亚东县的南部——洞朗地区。县里根据形势成立前、后方工作组时，当时县委书记专题研讨会决定，整个援藏小组都到后方工作组，我负责完成全县的档案转移，并担任后方总指挥。考虑到对峙形势严峻，有当地干部提出，恳请我们的援藏医生于浩留下来，以防不时之需。我听到后当即表示："可以！但亚东组负责医疗援藏干部是我们小组成员，他要留下来，作为组长，我必须留下来。"在危急时刻，我们小组的其他成员也纷纷表态，要求留在前方工作组。当地干部说我们有上海援藏干部的样子——作风严谨、敢于创新，在关键时刻，更像勇猛的康巴汉子，有豁得出的勇气。

对峙期间，我被任命为亚东县战时指挥部副指挥长，每周都会前往部队驻扎点，接受部队交办的任务，及时了解掌握边防部队需求，全力保障边境防控任务所需物资和力量，与边防部队并肩作战，用实际行动维护国家主权和领土完整。我们小组的每一位同志也都顶着心理压力，坚守在前方工作组的岗位上。于浩医生所在的卫生服务中心完善了应急药品种类，加强了储备，积极对接部队医疗需求，协助抢救重症伤患，为前线战士的健康保驾护航。我们感慨，战争原来离我们是如此之近，现在的和平与发展，都离不开那些为了国家安全、为了维稳固边持续付出的人们。后来，在市联络组领导的带领下，我们前往洞朗一线，慰问执勤部队官兵，送去了28万元慰问金，其中就包含了我们小组的26.3万元慰问金。

"吃泡面、睡睡袋、和衣卧"成为那段时间的常态。但如果让我再做一次选择，我想我仍会选择留在前线，因为我知道我们代表的不是个人，而是代表上海全体援藏干部，要无愧于援藏干部。现在，我可以很自豪地说，在危难关头，我们亚东组的每一位干部都经受住了考验，对得起上海大后方的信任。

"提包出征，风声雨声飞机声。亚东目标，山高路高雪线高。责尽职履，雪域高原追梦旅。敬终如始，行百里者半九十。"援藏前，我用一首小诗来纪念出征路。在援藏期满之际，我也写了一首诗来回顾三年高原工作生活，"湖光山色云悠悠，登高望远解心愁。三年不逊徐霞客，弹指一挥赛神舟。援藏业，永不休，江山多娇配诗酬。懒慵散漫负岁月，人生征途需束修。"

到了西藏，才切实感受到祖国的天地广袤、山河壮美；上了高原，才深刻理解什么叫坚守，什么叫奉献；到了边疆，才真正懂得民族团结，家国情怀。

三年援藏行，一生援藏情。在这里，我们的工作节奏是"上海速度"，工作压力是"珠峰高度"。但正是这三年，让我更加懂得了什么是使命，什么是担当。边关援藏，是奉献，是责任，更是此生最宝贵的精神财富。

（王贞飞　史瑾瑜　采访，史瑾瑜　整理）

让上海医疗标准扎根世界屋脊

张浩

2020年，是中央明确上海对口援藏的第26年，也是上海创新开展"组团式"医疗援藏的第五年。为了贯彻中央第六次西藏工作座谈会精神，2015年8月起，我国从94所三级甲等医院选派了300余名技术精湛、经验丰富的援藏医疗专家，以团队的形式开展援藏工作。同年8月中旬，上海市派出第一批由12名队员组成的"组团式"援藏医疗队，在日喀则市人民医院开展医疗援藏。2016年6月，我带领上海市第二批"组团式"援藏医疗队，接力在日喀则市人民医院开展医疗援藏，帮扶日喀则市人民医院提前完成"创三甲"目标。

初上高原："创三甲"面临的难题

2016年6月至2019年6月，我作为上海市卫生健康委员会派出的第二批"组团式"援藏医疗队领队来到日喀则市人民医院。上海市第二批"组团式"援藏医疗队由23人组成。其中，4人是三年期援藏，19人是一年期援藏。这些队员来自上海市23家三级甲等医院，覆盖了申康、复旦、交大、同济，包括卫生健康委员会的直属单位。

一上高原，医疗队里年轻同志们都出现了不同程度的高原反应。由于带着"创三甲"的任务，第二天，我就带着三年期的干部熟悉日喀则市人民医院环境。

初到医院，我有"一下子灰心"的感觉。这家医院的功能布局、设备设施、环境条件非常像一家乡镇卫生院。无论是行政楼，还是手术室的卫生条件都较为堪忧。苍蝇在院区里飞舞、医院布局不合理、手术室对面就是垃圾房、门诊大厅灯光幽暗……当时，我们四人心理压力非常大，要求在 2018 年 8 月完成"创三甲"，我们只有两年的时间。我们一边进行休整，一边不断熟悉日喀则市人民医院的工作环境。

日喀则市人民医院人才结构极其不合理。医务人员学历上普遍较低，相当一部分资格证不全。医院除了管理制度松散，设备设施也普遍老化。当时医院里最好的设备是上海市第四批援藏医疗队带去的 16 排CT。

除了日喀则市人民医院"底子薄"之外，"创三甲"还面临"时间紧"的难题。在原定计划中，日喀则市人民医院应在 2018 年的 8 月完成"创三甲"。但到了 2017 年，北京市援建的拉萨市人民医院主动提出，要在 2017 年上半年完成"创三甲"。不久，广东省援建的林芝市也提出要在 2017 年上半年要完成"创三甲"。"北上广"应该齐头并进、共同发力。日喀则市委、市政府和上海市委、市政府在综合的考量后提出要在 2017 年完成"创三甲"。

第三个困难是日喀则市人民医院老院区是没有"创三甲"条件。我们被动地受到了限制——新院区何时交付，何时才能投入"创三甲"。日喀则市人民医院新院区原定于 2017 年 9 月底竣工。竣工后还有搬迁、调试等工作，2017 年 11 月完成创建。也就是说，真正留给新院区运行的时间只有两个月。由于西藏环境气候特殊，施工周期只有六个月（4月至 10 月）。那段时间，我亲自来到工地和施工负责人开会，催他们赶工期。

两年之内，如何让这样一家医院"创三甲"？我们的时间有限，其中还要扣除春节期间援藏医疗队回上海休整的时间，真正在工作的时间只有十个月。

落实"七个度"：提前完成"创三甲"大考

然而，事在人为。日喀则市人民医院紧紧围绕"创三甲"工作目标，全院上下拧成一股绳，落实了"七个度"。

第一是热度。在日喀则市人民医院进行全院动员，形成人人参与"创三甲"的工作氛围。我们把上海的工作方法带到了日喀则市人民医院，开展"创三甲"倒计时活动，举办科室技能比武大赛、"优秀科室月月评"等活动，调动每位职工的积极性。都说"援藏干部躺着都是奉献"，但我们依照"上海速度"的工作节奏，身体力行带动当地群众，让他们慢慢地跟上工作节奏。

第二是硬度。这指的是日喀则市人民医院新院区的硬件建设。日喀则市人民医院新院区是西藏自治区单体投资最大、总体布局最合理、硬件设施最先进的医院。一走进这家医院，给人的第一印象是像一家上海的三甲医院。在日喀则市人民医院新院区配备了 ICU、CCU、NICU、EICU 等一系列检测系统。在各个检验中心、内镜中心，都配备了 128 排的 CT、DSA3.0、核磁、钼靶。

第三是力度。首先，我们从医院管理力度上注重顶层设计，建章立制。在充分调研的基础上，完善了医院制度，优化了《医疗护理规范诊疗工作制度》《医疗护理质控评价体系》等 150 项规章制度，形成了一套约 70 册、600 余万字的日喀则市人民医院的管理和技术规范，这也是西藏自治区第一套成册的临床管理规范和临床技术引进规范。其次，是建设机制。为了发挥党的凝聚力作用，我将原有的 7 个党支部扩充到了 24 个党支部。同时，我在医院内进行了两个改革。第一是绩效工资的重新分配，第二是中层干部竞聘。在医院中层干部的招聘上，公开竞聘，任人唯贤，选拔了一批想干事、能干事的管理人才。在绩效工资改革上，在原有工资基础上浮 30%，更倾向于一线工作人员。

第四是高度，这指的是医疗科研的高度。医院内部形成了一系列的用人机制，如制定完善了《科研奖励制度》《双聘学科带头人制度》，同时启动"学科带头人培养计划""优青培养计划"等，创设了人才发展平台。在上海援藏医疗队的带教下，日喀则市人民医院分别向区、市两级科技部门申报了 149 项科研课题和 1 个国家级医学继续教育项目。在 3 年里发表 84 篇学术论文，其中，SCI 论文 19 篇，影响因子达到81.613。

第五是深度。深度指的是教育人才培养的深度。自上海开展"组团式"援藏医疗任务以来，打造了西藏日喀则市医学珠峰论坛这一品牌。每年六七月，全国医学专家齐聚盛会。现在，它已经不仅是日喀则市人民医院的品牌，而是日喀则市的一项医学品牌。

第六是速度。在"创三甲"期间，日喀则市人民医院的各项业务水平迅猛发展。2018 年 6 月，日喀则市人民医院门诊年平均 19.96 万次，比 2014 年（"组团式"援藏前）增加 67.75%。2014 年，日喀则市人民医院开展三、四级手术共 274 台。到了 2018 年底，三、四级手术量达 2141 台，占年总手术量的 20% 以上。

第七是精度。这就是上海"组团式"医疗援藏的又一特点：以院包科、精准帮扶。根据日喀则市人民医院的实际情况和"创三甲"的目标，我们全力打造"上海（日喀则）临床医学诊疗中心"。积极推进医院学科建设，并确定了十个重点学科，这十个重点学科又和上海的十家医院一一对接。复旦大学附属华山医院的神经外科、上海市第六人民医院的骨科、上海中医药大学附属龙华医院的中医科、上海交大医学院附属瑞金医院的血液科……我们拿上海三级甲等医院中最顶尖的医疗力量帮助日喀则市人民医院的一个科室，让它在短期内能够迅速发展提高。

在"组团式"援藏医疗队的精心指导和带教下，截至 2018 年 6 月，日喀则市人民医院先后开展了 262 项新的技术项目，其中 101 项新技术已被本地医务人员完全掌握。其中，41 项新技术填补了西藏自治区的空白。

此外，我们还实现了在"高原之上建高峰"。2017年7月19日，西藏自治区内首家医疗卫生系统院士专家工作站落户医院。中国工程院院士、上海市血液学研究所所长陈赛娟亲临日喀则市人民医院入站指导，进一步深化沪藏合作，打造医学技术高地。在工作站成立后，周良辅、樊嘉、宁光、王振义等院士也分别通过视频、网络或是亲自到藏的形式，对日喀则市人民医院进行帮扶。

最后是建立上海—日喀则新型医疗联合体。我们积极建立"上海＋市医院＋县乡"三位一体新模式，打造以日喀则市人民医院为龙头、带动各县区、辐射周边地区的新型医联体。

自2017年6月27日至今，日喀则市人民医院远程影像诊疗中心已与上海市多家三甲医院、有关县人民医院开展合作，成功组织了数例远程医学影像会诊与远程教学活动，有效加强了基层医疗机构的帮扶力度。

2017年10月，日喀则市人民医院新院区投入使用，成为西藏自治区硬件设施最好的医院之一。新院区占地面积180亩，建筑面积8.6万平方米，包括门急诊楼、医技楼、住院楼、全科医师培训基地、制氧厂、高压氧舱、医废处置中心等，总投资近7亿元。新院区的建成投用极大地满足了广大群众的就医需求。

2017年11月30日，从日喀则市人民医院传出好消息：日喀则市人民医院以优异的成绩通过了三级甲等综合医院评审。2018年6月中旬，日喀则市人民医院正式挂牌"三甲"。

一体两翼四型：铺就一条"强三甲"之路

不到一年半，我们便提前完成了从"三乙"到"三甲"的目标。第二个阶段是 2018 年 6 月开始的"强三甲"。在这个阶段，我提出的工作目标是"一体两翼四型建设"。

"一体两翼"指的是医、教、研协同，其中医疗是主干，一手抓教育，一手抓教学、科研发展。

"四型"的第一型是智慧型。我们以数字化医院建设和远程医疗服务为重点，全力建设智慧型医院。在日喀则市人民医院远程影像诊疗中心，移动机器人"小白"可以在床旁进行"一对一"的远程会诊，是 24 小时的"在线老师"。目前，日喀则市人民医院每个病区都有移动机器人"小白"的身影。原本是医护人员"拿着病历到会诊室进行远程医疗"，现在是"直接在病床旁进行远程医疗"。第二是研究型。西藏日喀则市医学珠峰论坛会继续延续下去。第三是学习型。日喀则市人民医院营造了"全院终身学习，不断发展"的氛围。2019 年，日喀则市人民医院通过了上海交通大学医学院的评审，成为上海交通大学医学院的教学医院，率先启动了住院医师规范化培训工作。同时，我们打造了日喀则市人民医院医学模拟实训中心，它对标了上海交通大学医学院附属瑞金医院的医学模拟中心。在医学教育培训上，只要是从日喀则市人民医院医学模拟实训中心"走出去"的医疗人才，就能与上海的临床医学能力对标。第四是创新型。2018 年，成功"创三甲"的日喀则市人民医院与周边 18 个县（区）共同成立"上海—日喀则—县区医联体"。除了"医联体"的创新，我还建了党建 App 系统、网上集中采购 App、"汉藏医互通"App 等。其中，"汉藏医互通"App 项目获得国家专利。

在"创三甲"和"强三甲"过程中，离不开沪藏两地领导的支持。时任上海市市长的杨雄、上海市委副书记尹弘、上海市政协主席董云虎、上海市副市长陈寅等领导多次亲临日喀则市人民医院。3年来，上海市卫生健康委领导班子成员14次进藏，靠前指挥"组团式"医疗援藏工作和"创三甲"工作。2017年11月，在迎接"创三甲"现场评审的最后冲刺阶段，上海市卫生健康委员会又选派了37名专家组成指导团，短期进藏，进行查漏补缺。

从优选才也是"创三甲""强三甲"成果的经验之一。"组团式"援藏的4批次82位医生平均年龄40岁，普遍为硕士以上学历和中级以上职称，都是学科带头人或技术骨干。2019年5月，上海市第一、二、三、四批"组团式"援藏医疗队共在日喀则市人民医院开展新技术417项，"传帮带"医疗骨干229人次。

快乐援藏：三句话和"十二字诀"

在援藏期间，我提出要将"精准帮扶、和谐共赢、快乐援藏"12字理念贯穿始终。当见到每一批上海"组团式"援藏医疗队员，我对他们说的第一句话就是：你们不仅代表个人，更代表上海医疗队，代表上海的形象。与其苦熬，不如开开心心地援藏，认认真真地做事。第二句话是：来到高原，要多讲中央的话、地方的话，少说上海话。第三句话是：上海"组团式"援藏医疗队必须时刻团结。

"精准帮扶"是指上海"组团式"援藏医疗队"做事情要对路子"，要因地制宜、按照现实所需、上海所能开展工作。"和谐共赢"是指两地和谐。"快乐援藏"是指援藏医疗队员的精神状态要保持快乐。在我们团队，文化氛围一直比较浓郁。

如果让我重新选择，我还是会选择援藏。这三年援藏经历是我的一段宝贵的人生经历。来到西藏日喀则，我的心胸和眼界自然而然地宽广了。对于国家扶贫、治边稳藏等政策有了更深刻的理解。

从"创三甲"到"强三甲"，一批又一批的上海"组团式"援藏医疗队为日喀则市人民医院打下了"底子"，但同时也留给我们无尽思考：把现代化医院管理的理念、人才培养机制浇灌到这片雪域高原后，这些理念能否生根发芽？

岁月不居，时节如流。上海举全市之力倾心援藏，打造了医疗卫生援藏的"上海模式"。相信通过一批批援藏医疗队员的接力，上海医疗标准将在世界屋脊遍地开花。

（冷嘉　经纬刚　采访，冷嘉　整理）

讲台立于国门　责任高于珠峰

傅欣

2016 年 6 月，我作为上海第八批援藏干部，担任日喀则市教育局副局长、日喀则市上海实验学校校长、上海市第一批"组团式"教育援藏工作队队长。2019 年 3 月，又被任命为日喀则市第二中等职业技术学校副校长、万人教育援藏支教工作队领队。

初心薪火相传，使命担当在肩

任务来得突然，我甚至来不及事先与家里有个商量。作为大部队的"开路先锋"，面对援藏任务，我最初犹豫过。我的犹豫来自家庭所面临的实际困难。

我和妻子都是"80 后"独生子女，家里两位老人长期患病，岳母还在化疗过程中。新学期开学，女儿就要上小学了。我想了想，给妻子打了个电话，说了任务情况，也说了自己对家庭的牵挂。差不多有半分钟，妻子在电话里说："家里我撑起来，你放心吧！"这种坚定，给了我最为渴望的支撑。实际上，我没跟家人商量过，我是通知家人的。我始终认为"困难对哪家都会有，有些事情总要有人去做的，责任摆在面前，作为年轻人就要去承担"。

我带领着 3 名管理干部和由 36 名专任教师组成的一支专业团队，从东海之滨来到离家 5000 公里、海拔 3800 多米的雪域高原——日喀则市上海实验学校。

自 2016 年 6 月中旬起，3 年来，工作队共有 104 人，其中高级教师 15 人，中级教师 58 人，二级教师 31 人。按进藏时计算，工作队平均年龄 36.5 岁，最大 54 岁，最小 25 岁。专任教师中先后有 7 位留任。上海"组团式"教育人才援藏工作队牢记使命，不怕困难，以高度责任感和满腔热血投入到雪域高原的教育内涵发展事业之中，特别是在党的十九大胜利召开之后，根据上海援藏干部联络组等上级部门的部署和指导，用十九大精神引领教育事业，把进藏以来的探索和经验总结提炼为"美好教育"理念，开启了为新时代美好生活奠基的教育实践，在日喀则这片高天厚土之中书写教育思想新内涵、文化扶贫新篇章。

2018 年 9 月起，我更是承担起组织上交给我的新职责，担任万人教育援藏支教工作队的领队，开始了上海首次对外援建职业技术学校的工作，这也是全国首支援助西藏地区职业技术学校的团队，为新时代的教育援助转型开拓创新。

和许多初到高原的人一样，好长一段时间，高原反应让我成天像患了重感冒那样不适。早上起床，心慌气短。办公室在三楼，中途要歇一下才上得去。对这些困难，我是有思想准备的。然而，遭遇的第一次尴尬，却让我始料未及。有一天当我推开男厕所的门时，一位女孩子突然低着头冲了出来，可能是因为羞愧，从她压得很低的帽檐下能看到一张涨得通红的脸。事后，我询问后勤人员才得知，全校室内仅仅开放了一个厕所。于是，我做出了一个让受援学校教师惊讶的决定，亲自带着老师们去疏通全校的每一个厕所，让文明素养成为教育扶贫的第一课。我这样做是为了让老师们在行动上统一思想，教育扶贫的根本在于阻断贫穷的代际传承，更多的是素养养成的教育，我们不能做只管肚子、不管脑子的事情。知识教育可能是教育援藏的重要任务，但是立德树人，才是教育扶贫的根本大计。因此，在受援学校我采取了一系列创新德育教育模式，比如：带着孩子们到乡村走访我们的扶贫攻坚帮扶点，让孩子们了解幸福的生活，惠从何来；通过改善教育教学环境，维修太阳能浴室、扩建学生食堂等一系列举措，营造美好教育的氛围，激发孩子对于美好生活的向往。

教育援藏遇到的最大困难还是理念上的冲突，援建方的到来，会打破原有的受援学校教学生态，教师会习惯固有的教学模式，对于很多新的模式、外来的教学方式抱有很强的抵触情绪。当我满怀信心、充满激情地找本地教研组长交流时，她对我提出的区域教研、远程教学、教师培养等丝毫不感兴趣，只留下一句"我觉得这不太会有用"结束了我们的交谈。当理念和实践发生冲突时，我并没有放弃，我坚定地认为，教育扶贫，不是一两个教师顶岗上课，而是以点带面，用一个个示范基地，带动一个区域的全面提高。

我带领着老师们，一次又一次地深入基层调研考察，到海拔4700米的仲巴县，到中印边境的亚东县，到人迹罕至的珠峰脚下定日县。没有教材，我亲自主导编写校本教程、教师培训课程；偏远乡村师资不足，依托信息化，我搭建起了一个又一个远程教学点；缺乏管理经验，我以身示范，带教一批又一批的年轻教育管理干部。短短两年时间，一个又一个日喀则市级的名师工作室建立了起来，一个又一个教育联盟建立起来了，一批又一批骨干教师成长起来了。

实践是检验真理的唯一标准，上面提到的那位教研组组长，在事实面前很快转变了对区域教研、远程教学的态度，她如今已经是地区汉语言教学的学科带头人，她主持编写的汉语言中考复习用书已经成为地区炙手可热的紧俏货，拉萨的家长、山南的教师都纷纷跑到我们学校来"求取真经"。

精准扶贫是一项复杂的系统工程，教育是其中的一环，却不是孤立的一环。"站高一步"才能加快教育援建的引擎。再好的"盐"只有融入水中才能吸收，我们教育扶贫的"盐"融入了当地学情、社情和文化的"汤"中，融入每个人的心中，自然会厚植生根，水到渠成。

推动当地教育量变到质变

把教育援藏看作一种科学去推进。来到西藏日喀则，我就高效开展"组团式"援藏的具体工作。面对学校原来的考试学科教学平均分不高的情况，我亲自指导教学室和教科室的工作，确定并立项学校教学质量提升的市级龙头课题"提升课堂教学目标达标度的管理策略与教学路径研究"。整合沪藏骨干师资队伍成立课题指导团，引领团队从理念创新、制度创新、量化标准、励志教育、课堂达标度提升、校本教材编写等多方面打出组合拳。

系统化阐述"组团式"援藏工作，我首先将"组团式"援藏工作队分为干部团队、教学团队、德育团队、师训团队和信息团队，形成了专业化的团队。教学团队在教学岗位发挥课堂教学理念示范作用。德育团队从事学校德育工作，在德育岗位发挥立德树人平台创新作用。师训团队在师训岗位发挥教育教学"传帮带"作用。信息团队的职能包括信息管理、网络管理、信息建设、使用维护等，在教学和管理中起保障作用。其次，为了便于沪藏两地教师相互沟通、相互协作、相互融合，各团队负责人都由当地教师和援藏教师共同承担，实现"一岗双任"制。

以软、硬件建设，推进规范化管理。进藏不久，我先后带领援藏师训团队的教师设计"规范化教科研流程"，构建梯队校本培养体系；通过一系列规范举措，为学校的专业教师团队搭建起一个高效的教研、师训、科研体系。为规范化教学管理，提出"双十标准"：一是强化双语普及和理科教学的"十条"，包括：确保教学满课时、强化师资力量、开发社团课程等。二是强化理化生和自然科学实验课程"十条"，包括：制定实验课程计划、完善实验报告、完善实验器材管理明细等。这"双十标准"的举措推出之后，立即得到各方的认可，日喀则市教育局安排工作队组织召开了"五个100%"教育工作现场会，并将这一做法作为典型经验上报给西藏自治区教育厅。

3年来，受援学校得到极大发展。一是受援单位3个学段的办学成绩都得到跨越式提升。连续3年高考上线率实现100%，高考的本科率和重本上线率分别创造了近94%和60%的历史新高，名列自治区前列。中考成绩稳居自治区第一，6门单科创造了历史上的最好成绩。2019年中考平均分超过排名第二位的拉萨受援学校近50分。2017年、2018年，六年级学业水平考试成绩与五年级时相比，进步都在10个名次以上。两届小学六年级学生考入内地西藏初中班人数均接近历年最高纪录的两倍。

二是斐然成绩得到各方点赞。2017年5月下旬，国家教育部民族教育司副司长朱小杰称赞上海的"组团式"教育援藏工作"令人眼前一亮"。在拉萨，自治区党委书记吴英杰在讲话时专门与上海教委同志互动表扬上海的"组团式"教育援藏工作。

三是工作队获得了诸多荣誉。三年来，工作队队员之间、队员与本地师生之间团结协作、身心健康、工作努力，推动了学校全面发展，塑造了上海"组团式"教育援藏工作队的优秀形象，受援单位先后获得上海工人先锋号、日喀则民族团结进步模范集体、西藏自治区民族团结进步模范集体等荣誉，2017年、2018年，日喀则市委市政府召开"组团式"教育援藏表彰大会，授予全体上海"组团式"教育援藏教师为日喀则市优秀援藏教师。我在2018年荣获全国脱贫攻坚创新奖，2019年被授予优秀援藏干部、西藏自治区优秀教育工作者等荣誉称号，同年又被中宣部授予最美支边人的荣誉称号。

留下"一支带不走的队伍"

努力创建校师训基地。针对西藏师资力量薄弱而师训资源缺少的现状，工作队提出了借助上海援藏资源，将学校打造成为师训基地、留下一支带不走的优秀队伍的思想。完善了师训领导机制，开设了新教师培训课程，形成了"青年教师—成熟教师—骨干教师—学科带头人—名教师"梯队培养机制，新成立了一个市级名师工作室和两个校级名师工作室，成功举办了日喀则市首届名师工作室建设现场推进会。

建立校本研修的制度规范。教研是学科教学发展力量的源泉，而受援单位原本的教研工作比较薄弱。工作队借鉴上海教研模式，开展"规范化教科研体系建设"，包括教研制度化、教研管理规范化、教师课堂教学规范化等一系列举措，搭建起一个规范、高效的教研体系，实行教研组长、中层岗位"一岗双任"制度，以市级课题"提升课堂教学目标达标度的管理策略与教学路径研究"的研究为抓手，形成了"魅力教研+魅力教师+魅力课堂"的工作特色，2017年获得日喀则市特色教研创建模范单位称号。

丰富校本特色教育资源。针对受援单位校本教育资源缺乏的现状，工作队不断优化教学保障和丰富教育资源。74名队员与本地教师一起，优化学校信息化工作环境，完成了50多种优质电子教案的编写，并应用于教学第一线；完成了30多种校本教材和校本作业的编印，有的已经推广到其他学校；完成了《美好教育》（上海教育出版社）、《新唐卡》（西藏藏文古籍出版社）、《给藏区汉语文教师的建议》等专著的编写，在各自领域都填补了空白。

推动由本地教师根据专长分别融合在各专业小组内，开展"浸润式"培养。"组团式"教育人才援藏工作区别于顶岗支教的特色亮点就是让受援学校教师在不离岗的情况下，接受系统的跟岗培训，全面提升受援学校教育教学管理水准。在教育援藏团队组建之初，就不能仅仅从一线选择学科教师，要从援建省市的教育部门管理系统、教育科研单位和学校管理服务部门抽取骨干参与。"组团式"教育人才援藏工作送出的不是一批教师，而是一个面向未来学校的孵化机。

通过创新教育援藏导师制度，我和几位管理干部担任骨干教师入党联系人，推行"把骨干教师培养成党员，把党员培养成骨干教师"的制度。建立关键岗位"一岗双任"制度，融入受援学校运行各环节，这样纵向上"上情下达，下情上传"，提高了工作的效率；横向上"相互促进，协调沟通"，实现双向互补；纵横互动，形成高效的系统化管理新格局。为当地留下一支带不走的优质教师团队。

"授人以鱼不如授人以渔。"我认为，教育扶贫除了传授知识外还应让每一个孩子学会一技之长，掌握生存的技能。受援的孩子有了生活的本领后就能够在社会上生存，他的脱贫就是有意义、有价值的。教育工作"功成不必在我"，我们把制度建设好，把工作融入到学校的文化、血脉中，援藏的功效才会得到长期坚守，能够持续发挥作用和效应。

当我走到一个个乡村小学和贫困县中学时，当地的领导和老师拉着我的手说，这些年国家教育投入越来越大，学校硬件建设条件是越来越好，可是我们就是缺老师啊，特别缺优秀的教师。这让我更坚定了内心的信念，扶贫攻坚的队伍中，教育绝不会缺位。面对着延绵不绝的边境山脉，我念出了自己的诗句，它的最后两句是：圆我教育情，执教御国门。

随时准备为党和人民牺牲一切

每个援藏干部都是有情怀的，三年的援藏工作对我本人是一种精神品质和党性修养的锤炼。在这里，我再次认识到了"老西藏精神"、"两路"精神，也重新认识到了先遣连、孔繁森同志在西藏地区开展工作的大无畏的奉献精神。

其实，我们今天所做的一切，跟那些在西藏长期工作的教师、干部比较，我们的付出还是微不足道的。有这样一群人，他们毕业后就到西藏地区工作，克服比我们援藏干部更大的困难奋斗在高原上。如果条件稍好，家里有老人帮忙，他们的孩子一年只能在过年的时候见到自己的父母。我认识这样一对教师夫妻，老家的亲人帮不了他们，六岁的孩子必须随身带着。开全校大会的时候，孩子跑上主席台来坐我们中间。有一年他们夫妻要带着儿子去海拔4500米的地方支教，我去看望他们的时候，小家伙满鼻子都是因为干燥流出的鼻血，每天晚上要像我们一样戴着氧气面罩睡觉。援藏人的付出，永远比不上这些在藏干部的艰辛和困苦，跟他们相比，我们再大的牺牲都是那么微不足道。

三年来的工作，让我深深领悟到一句话的含义：不到西藏不知道祖国有多大，不到西藏不知道祖国有多难。更重要的是，通过援藏工作，让我领悟到作为一名合格的共产党员，平日里我们应该严格要求自己，提高自己的各方面修养，当组织上需要你的时候，要像入党誓词上要求的那样，随时准备为党和人民牺牲一切，真正地承担起责任。尽管三年的援藏之行已经结束了，可需要去做的事情还有太多太多。我们深知自己肩上的职责，正如我们对每个实验学校教师要求的那样：讲台立于国门，责任高于珠峰，我们将让民族团结之花在雪域高原永远绽放。

（周谷　张骁　采访，周谷　整理）

打赢脱贫攻坚战　沪藏携手奔小康

孟文海

西藏是我国重要的边疆民族地区，在维护国家统一、民族团结、保持社会稳定方面具有重要的战略地位。党中央、国务院高度重视西藏的稳定和发展。1994 年 7 月，中央第三次西藏工作座谈会确定了"分片负责、对口支援、定期轮换"的援藏方式，对西藏的建设发展具有重要的里程碑意义。党的十八大以来，以习近平同志为核心的党中央创造性地继承和发展了党的治藏治边理论，提出了"治国必治边、治边先稳藏"等重要论述，为实现西藏持续稳定、长期稳定、全面稳定提供了重要遵循。

上海历届市委、市政府高度重视对口援藏工作，把支援日喀则作为党中央、国务院赋予上海的一项光荣的政治任务。自 1995 年至 2019 年，上海迄今已派出九批援藏干部队伍。25 年中，上海援藏工作深入贯彻党中央的治藏方略，在沪藏两地党委、政府的带领下，坚持动真情、办实事、求实效，以民生为本、产业为重、规划为先、人才为要，全力以赴、不折不扣完成党中央交付的重任，助力日喀则对口地区坚决打赢脱贫攻坚战。

历史的交接棒落在脱贫攻坚的关键期

习近平总书记在党的十九大报告中指出，"从现在到二〇二〇年，是全面建成小康社会决胜期"。这是党中央向人民作出的庄严承诺，也是我们党带领人民追求美好生活的奋斗目标。站在"两个一百年"奋斗目标的历史交汇点，接过上海对口援藏的接力棒，我们第九批援藏干部深感使命光荣，责任重大。

赴藏前夕，市委书记李强会见各路对口支援干部时，叮嘱我们要努力当好脱贫攻坚的"突击队"，搭建好密切党和人民群众联系的"连心桥"，跑好持续对口支援帮扶的"接力赛"，走好人生宝贵的"历练路"。

承载嘱托，牢记使命，2019年7月14日，我带着第九批援藏干部人才队伍奔赴日喀则。从平均海拔4米的上海来到平均海拔4000米的雪域高原，我们在感受这片神秘土地美丽纯净的自然风光的同时，身体也接受着极大的冲击与挑战。头疼、头晕、心跳加速、呼吸困难……各种高原反应扑面而来，然而，一系列的工作也接踵而至。我们进藏当晚就参加了当地领导和藏族同胞们为我们举行的隆重的欢迎仪式，切身感受到藏族同胞们的淳朴和热情。我们还抓紧与第八批援藏干部进行工作交接，因为他们已经在这里延迟工作了一个多月。所以，进藏后我们几乎没有休整，就投入实际工作中。我记得进藏后的第二天，忙完一天的工作后，感到身体非常不舒服，一看手指甲怎么红了，有一块斑就出来了，这实际上就是"紫绀"，说明毛细血管破裂了。我回到房间量了一下血氧，只有47，血氧饱和度这么低，其实是有生命危险的。但是我们顾不上这些，只能调整自己，尽快适应这里艰苦的自然环境和繁忙的工作状态。

在听取了第八批援藏干部的详细介绍后，我们进一步了解了当地的宗教政治、风土人情、援建情况。日喀则位于"后藏"腹地，与尼泊尔、不丹、印度三国接壤。这里有着美丽旖旎的自然风光，在上海对口支援的定日县境内有"世界第一高峰"珠穆朗玛峰。受到年楚河的滋养，日喀则的青稞种植业非常发达，上海对口支援的江孜县19个乡镇中18个都以青稞种植为主业，素有"西藏粮仓"的美誉。不仅如此，日喀则的文化底蕴非常深厚。这里是历代班禅的驻锡之地，藏传佛教历史悠久。上海对口支援的萨迦县曾是西藏的政教文化中心，萨迦法王八思巴政权于忽必烈统治时期正式归属于元朝管辖，标志着西藏在历史上第一次完整地纳入中国版图。上海援建的"桑珠孜宗堡"（人称"小布达拉宫"），也让藏族同胞们对我们援藏干部充满了感激之情。

为了深入了解当地的情况，做好援建工作规划，进藏后的第三周，我就开始上山下乡调研。那边的路都很远，一跑就是几百公里。但比起第一批援藏干部那个时候，现在的路已经好很多了，原先需要跑好几天的路程，现在一两天就能跑完，但这也决定了调研的频度和强度更大，对身体的考验也不小。

2019年8月中旬，李强书记率团来西藏考察，与西藏自治区党委、政府领导座谈，共商援藏工作，并实地察看了上海对口援建项目。自治区领导提出希望上海支援日喀则的"边境小康村"建设。当时我们刚来一个月，对什么是"边境小康村"是没有概念的，为此，我们连续跑了好多地方，从林芝到拉萨，再到日喀则到亚东县，一周之内大约跑了5000多公里，相当于从日喀则开回上海，那是我坐车跑得最长的一次路。

2019年4个月里，仅亚东县我就跑了15次。所以，进藏后我感到自己一直处于"在路上"的奔波状态。

助力高质量决战决胜脱贫攻坚

在深入对口支援的亚东、定日、江孜、拉孜、萨迦五县调研后，我们立足日喀则自身的资源禀赋，在整合前八批援藏成果的基础上，聚焦脱贫攻坚核心任务，主要从三个方面开展工作：

一是聚焦产业支撑，助力农牧民就业增收。产业扶持是脱贫攻坚的治本之策。我们积极培育当地特色优势产业，努力构建援藏资金、产业项目和建档立卡户之间的利益联结机制，形成了"产业带来就业，就业带动增收，增收促进脱贫"的良性循环。按照"公司＋合作社＋农户"模式，持续重点扶持了亚东鲑鱼、江孜青稞和沙棘、拉孜藏鸡、萨迦唐卡和藏香手工业、定日珠峰旅游配套等特色优势产业，通过引进龙头企业，推动农牧业产品深加工，提高产品附加值。我们还加大产销对接力度，充分发挥上海大市场大流通优势，推进日喀则22家企业近50种特色产品进入上海"10个直营店、20个生活馆、100个专店专柜"的销售渠道，以消费扶贫拉动当地经济发展。

二是注重民生领域，做实"两不愁三保障"。我们按照中央关于"两个倾斜"（向基层倾斜、向农牧民倾斜）的要求，切实做到资金项目安排下沉到贫困县、落到贫困村、绑定贫困户。2019年安排援藏资金用于困难群众危旧住房修缮、村级配套基础设施建设、农田水利工程建设、安全饮水提升和生态环境保护等，显著改善4000余名农牧民群众的生产生活条件。

在医疗卫生领域，我们在帮助日喀则市人民医院成功创建三甲医院的基础上，建立了以上海援建单位为指导、日喀则市人民医院为龙头、医疗资源辐射各县区及周边地区的新型医联体，让更多农牧民享受到公共服务提升的成果。我们联手沪藏两地医疗资源全力治愈先天性心脏病患者小卓玛，同上海慈善基金会一起进行了一场跨越千里的爱心救助。2019年，在我们的大力推动下，中国胸壁外科联盟西藏地区联盟、日喀则市人民医院卒中中心、日喀则市创伤中心先后揭牌，持续打造西部医学高地，切实解决群众看病难等问题。

为了有效阻断贫困的代际传递，我们紧紧抓住教育扶贫这个根本，建立了以日喀则市上海实验学校为龙头的教育发展联盟，并动员上海20所学校与对口五县学校结对，加大精准帮扶力度。2019年和2020年连续两年，日喀则市上海实验学校继续保持自治区中考成绩第一，高考成绩名列前茅，并荣获西藏自治区示范性高中称号。在上海教育援藏工作队的帮扶下，全市教学质量稳步提升。

三是坚持"输血"与"造血"相结合，切实增强对口地区的内生动力。我们将扶贫与扶志扶智相结合，根据贫困群众的实际需求，开展就业技能培训。比如，江孜县推动成立了全市首家"农牧民专业合作社指导服务中心"；萨迦县通过扶持村集体经济合作社，培养当地群众劳动技能，让300余名贫困人口实现就业。此外，我们还通过"请进来、走出去"，安排对口五县的乡村基层干部、致富带头人、民族团结模范、教师和医务卫生人才、优秀青少年等到上海培训进修、挂职锻炼、参观见习等，组织上海专家学者和技术人员赴藏讲学，帮扶带动当地的人才发展，促使沪藏两地多层次多渠道交流交融。

脱贫攻坚绝非一朝一夕可以完成，需要一批批援藏干部的不懈努力与艰苦奋斗。经过上海对口支援日喀则25年的接续奋斗，我们终于助力日喀则取得了脱贫攻坚决战决胜的历史性成就！2019年，在亚东县、定日县先后脱贫摘帽的基础上，江孜、拉孜、萨迦三县也如期脱贫摘帽！

"脱贫后"时代任重而道远

"脱贫摘帽不是终点，而是新生活、新奋斗的起点。"习近平总书记铿锵有力的话语，是对我们全面奔小康的有力动员。如何推动脱贫后时代日喀则跨越式发展，是时代赋予我们这一批援藏人的新使命，也是上海人民和日喀则人民的新期待。

就在我们积极谋划发展、携手共奔小康路上，2020年一场突如其来的新冠肺炎疫情，成为我们"赶考"路上的一道"加试题"。由于西藏特殊的高原气候，加之日喀则地处南亚边境线，全自治区五个边境口岸，有四个在日喀则，所以疫情防控形势不容乐观。为此，我们援藏医疗队员们放弃春节假期，提前返岗，全身心投入当地疫情防控阻击战中。在当时上海疫情异常严峻、防护物资十分紧张的情况下，我们还积极协调各方，在最短时间内将筹集到的医用口罩、呼吸机等送上雪域高原，为藏族同胞带来上海人民的深情厚谊。

高原缺氧虽然阻滞了西藏的发展，疫情虽然给经济社会发展造成巨大冲击，但是这也为发展在线经济、数字经济，运用智能成果推动产业优化升级带来新的机遇。经过这么多年的援建发展，西藏发生了翻天覆地的变化，尤其是取得脱贫摘帽的历史性成就后，西藏的基础设施不断完善，"数字西藏"建设加快，以5G、大数据等为代表的"新基建"发展势头迅猛，为我们探索"智慧援藏"提供了有力支撑。

在工作中，我们第九批援藏逐步明确了"文旅先导、三产融合、乡村振兴、智慧赋能"的工作思路，用新技术、新模式、新理念开启"智慧援藏"新征程，为日喀则经济社会发展不断注入新的活力。

我们聚焦文旅和信息产业，将产业扶持和乡村振兴结合起来，努力探索走出一条以产业发展助推乡村振兴的新路径。在多方调研论证的基础上，我们汇聚对口五县最优质的资源，积极打造一条"环珠峰文化旅游圈"，以文旅和信息产业带动高原农牧业、民族手工业等特色产业发展，以产业发展带动乡村基础设施建设，不断夯实巩固扶贫成效，加快乡村振兴的步伐。在我们的积极推动下，日喀则市与上海携程集团签订战略合作框架协议。通过编制旅游发展总体规划，用科技赋能旅游体验，加强线上线下推销，一幅全域智慧旅游体系的美好蓝图正有序铺展开来。

由于受到疫情影响，2020年一些扶贫产品、旅游项目销量陷于停滞。为了加大产品的推介力度，我们第九批援藏干部化身"主播"，拼尽全力，在珠峰脚下直播带货，让"客"从云上来。我们按照习近平总书记提倡的电商扶贫致富路，大力发展在线经济，让路子变新，魅力依旧，确保特色产品和旅游项目规模稳定，热度不减，品质不降。2020年上海举办的"申情购、沪爱帮"消费扶贫专项行动中，我们通过新电商、新零售和网络平台等，运用线上线下多种渠道，销售青稞食品总计186吨，帮助当地群众实现就业增收，为乡村振兴不断注入新动能。

为了抢回被疫情耽误的工期，我们抓紧建设亚东"边境小康村"，按照既定目标，分解任务、倒排工期、挂图作战，将亚东县高海拔地区100户牧民家庭近500人进行易地搬迁安置，抓紧建设包括住房、幼儿园、卫生室等在内的公共配套设施，着力将亚东县打造成"边境小康示范村"。一花独放不是春，百花齐放春满园。我们抓紧建设对口五县的乡村振兴示范点，着力打造成上海援建成果的精品项目。通过全面实施乡村振兴战略，努力实现产业兴旺、生态宜居、乡风文明、治理有效、生活富裕，让雪域高原守住美丽的净土，留住记忆的乡愁。

没有全民健康，就没有全面小康。我们充分利用互联网技术开展远程医疗，让"治疗"变为"智疗"。疫情期间，上海复旦大学附属中山医院、上海中医药大学附属龙华医院等为日喀则群众多次提供远程会诊服务。此外，我们还建立了上海有关医院与日喀则市人民医院、对口县人民医院远程医疗服务平台，通过开展远程会诊，日喀则的患者可以享受上海优质的医疗服务资源，而联合会诊的全过程也成为上海带教帮扶日喀则医疗人才成长的重要手段。在教育领域，我们运用信息化教学的理念，发挥上海"组团式"教育的优势，开展远程教学和培训，实现沪藏之间、西藏不同学校之间的教育资源共享。通过线上线下相结合，送教下乡活动100多课时，近3000名师生从中受益，有效提升了当地的师资水平和教学质量。

新技术拉近时空距离，新经济带动同频共振。通过一根根的网线，一块块的屏幕，让"面对面沟通"变为"屏对屏交流"。智能产业的成果不仅架起了沪藏两地携手跨越式发展的桥梁，也为我们共奔小康美好未来插上了"科技"的翅膀。

援藏背后是深厚的家国情怀

打赢脱贫攻坚战，携手齐心奔小康，既离不开援藏干部在前方知重负重、苦干实干，也离不开上海社会各界在后方鼎力相助、积极作为，更离不开援藏干部家属们深明大义，在背后默默付出和全力支持。

我援藏的时候，是女儿刚升初二的时候。对她来说，内心是不舍的。尤其是我们这一批援藏干部进藏半个月以后，赵坚医生因病牺牲了，我们十分悲痛。我女儿知道后非常害怕，没想到援藏会有这么大的代价，她在一封信中写道："我宁可我父亲什么也不要做，就回来！"那封信很长，讲了她整个心路历程，我看了以后很感动。所以，援藏无论是对我们，还是对孩子来说，都有一个适应的过程。但让我感到欣慰的是，在这个过程中，孩子逐渐长大成熟了。有一次她问我，我有好多书，能不能捐出来给日喀则的孩子们？我觉得这是一个很好的方式，可以让我们的孩子更多地了解国情，了解贫困地区孩子的生活，这样他们会更珍惜现在的学习和生活，这对他们自身也是一次生动的教育。目前，我们正在开展两地学生"手牵手"的结对活动，通过这种方式教育孩子，让孩子们从小承担起对国家的责任、对贫困地区的责任，对他们一辈子都是有益的。

进藏的第一个中秋节，我们开展了一个"两地书"的活动。这是家属们自发组织的，我事先是知道的，但当时瞒着我们队员。孩子们在家里准备各种各样的表演内容，写信、朗诵、弹琴、唱歌……这些都提前录制好了。中秋节那天晚上，我们援藏干部一起坐下来，通过屏幕一段一段地播放。当时很多队员们都流泪了，但是也很高兴，看到孩子们这么懂事，觉得孩子们好像一下子长大了。所以，援藏，本来对我们每个家庭来说，是一种困难，但是换一个角度来看，也是一种成长，是一笔宝贵的人生财富。

援藏的这一年中，我们的队员有的父亲过世了，有的母亲过世了，还有的爱人生重病动手术的，所以，大家都克服了很多困难，作出了很多牺牲。但就是这样，我们依然坚守在雪域高原，投身于援藏事业。这背后凝聚的其实是一种深厚的家国情怀。

这种家国情怀，是我们舍小家、顾大家的无私奉献，是我们对国家和人民表现出来的深情大爱，是我们对援藏事业的高度认同和责任担当。所以，刚进藏时，我就要求队员们深入思考"援藏为什么、在藏干什么、离藏留什么"的问题，要求全体援藏干部严于自律、服从大局，坚持做到"思想进藏、精神进藏、工作进藏、作风进藏"。

作为领队，肩负着组织的重托，承载着家属的期盼，承担着第九批援藏干部的安全，我感到责任非常重大。我时刻关注着每位队员的思想动态和身心健康。因为在西藏工作，其实最大的危险就是两个，一个是高原反应带来的心脑血管等疾病，另一个就是交通事故。我们第二批援藏干部邵海云同志是因为扶贫途中遭遇车祸而不幸去世的，我们第九批援藏干部赵坚同志是因为突发疾病而不幸牺牲的，对此，我们的心情都无比沉痛。清明之际，我们开展了祭扫英烈的活动，以表达我们对战友的深切缅怀。

为了克服艰险恶劣的自然环境，我们实施思想健康"双结对"，搭建就医求诊"快通道"，全力保障上海援藏同志健康安全。我们要求队员们不仅要做到人身安全，还要做到政治安全、廉洁安全。我们注重团队的思想政治教育，通过讲党课、抓学习，帮助队员们切实提高政治站位，认清达赖集团和境外敌对势力的真实面目，不断提高政治鉴别力和政治敏锐性。我们坚持严管与厚爱相结合，把纪律和规矩挺在前面，严明援藏纪律要求，制定出台第九批援藏干部行为规范十条禁令、安全工作日报告制度、请销假管理规定等，不断加强内部管理和制度建设，把党风廉政建设融入援藏队伍建设全过程。我们重点加强对援藏资金项目的监督管理，紧紧盯住重点项目、重大资金、重要环节，确保每一个援藏项目都成为廉洁工程，以严的制度和实的作风保障决战决胜脱贫攻坚。

为了增强团队的凝聚力、向心力、战斗力，我们还开展了扎根雪域高原、厚植家国情怀系列活动，通过重温入党誓词、开展主题教育、举办援藏论坛、加强廉政教育等，不断强化理想信念教育，激励全体队员以攻坚克难的精神满怀激情地投入援藏事业，努力践行援藏工作的初心使命。

比珠峰更高的是"信仰"

我们援藏的这段时光，正逢中国登山队开展 2020 珠峰高程测量。2020 年 5 月 27 日，8 名攻顶队员历经重重艰险，终于成功登顶，站上世界之巅！我有幸带着上海援藏医疗队在珠峰大本营为他们体检，见证了这一激动人心的历史时刻。

说实话，我们从内心深处敬佩这些登山队员。他们不畏艰险、顽强拼搏，克服困难，勇攀高峰，这种顽强的精神意志，令人肃然起敬。对我们来说，5200米可能就是身体的极限，但一位登山队员告诉我，对他们来说，相比登顶珠峰，5200米的海拔已经是人间天堂。我们原先在日喀则4000多米的地方，行走都觉得呼吸困难，举步维艰，但这次从珠峰大本营下来后，我似乎如履平地，完全没有在高原的感觉，所以，我有一个很深的感触：困难也好，吃苦也好，只有经历过更大的困难，吃过更多的苦，才能够不怕困难，战胜困难。我们来自上海的干部尤其需要补上这一课，要在艰苦恶劣的环境下，锤炼党性，磨砺意志，砥砺品格，历练人生，建功立业。

这次登山队员登顶珠峰，还有一个让我深入思考的问题，他们登顶成功靠的是什么？一位登山队员告诉我们，在登山前，他们面向党旗、国旗集体宣誓，开展"不忘初心、牢记使命"主题教育，正是凭借着心中那股共产党人永恒的信仰和登山人永远传承的精神，激励着他们奋勇前行，勇攀高峰。我带着医疗队员们在英雄的国测一大队的帐篷里，在5200米海拔高度举行了一次重温入党日喀则定日县境内誓词活动，是大队长李国鹏同志领誓的，令每一名队员都终生难忘！

珠峰虽高，但是比珠峰更高的是"信仰"。只要心存信仰，就能克服千难万险，最终到达胜利的巅峰。由此，我想到了脱贫攻坚事业。中华民族千百年来"民亦劳止，汔可小康"的憧憬，将在我们共产党人的手中变为现实，这是多少人祖祖辈辈的梦想啊！历史将重任交给了我们中国共产党。我们党自成立之初，就把"为中国人民谋幸福、为中华民族谋复兴"作为我们党的初心使命。正如攀登"珠峰"一样，我们心存信仰，脚踏实地，以艰苦卓绝的努力、胼手胝足的奋斗，一步一个脚印地完成了艰巨的任务，将千百年来困扰中华民族的绝对贫困问题画上历史性的句号，让信仰的旗帜在中华民族伟大复兴的征程上高高飘扬。

当今世界正处于百年未有之大变局，中华民族正处于伟大复兴的历史关键期，我们党也即将迎来百年华诞，在决胜全面小康、决战脱贫攻坚的重要时刻，我们更要坚定信仰信念信心，以只争朝夕的劲头向着"两个一百年"的奋斗目标冲刺进军。上海第九批援藏干部人才将按照中央第七次西藏工作座谈会和习近平总书记重要讲话精神，按照上海市委、市政府的部署要求，借助上海在"长三角"龙头地位的优势和经验，加快建设日喀则面向南亚开放的"大通道"，积极打造南亚"桥头堡"的地位，变"边境腹地"为"开放前沿"，在国家"一带一路"建设的进程中发挥更为重要的作用。

我们的队员说得好，援藏三年，一年谋划，二年落实，三年结果。马上就进入第二年的关键阶段了，我们要以时不我待的奋进姿态，积极探索脱贫后时代的上海援藏再奋进、再出发，让沪藏两地人民携手奔小康，不断创造经得起历史检验、让人民满意的光荣业绩，为雪域高原注入不竭动力，为沪藏友谊谱写新的华章！

（黄金平　沈洁　郭华伟　王雅南　采访，

郭华伟　王赞赞　王鹤松　王雅南　整理）

无怨无悔援果洛

朱礼福

我原先在部队工作，1988 年转业后长期在宝山区工作。自 2010 年中央明确上海市与青海省果洛藏族自治州建立对口支援关系后，根据市委、市政府的部署，我担任首批上海援青干部领队，于 2010 年 8 月初赴果洛州，带领大家在雪域高原全力落实中央和市委、市政府交给的光荣援青任务；2013 年 8 月，完成使命回沪，整整三年时间。这段援青经历，令我终生难忘，既是人生学习提高、砥砺成长的宝贵阅历，也是结下深深雪域情、果洛情和血浓于水的藏汉兄弟情的重要一站。

义无反顾上高原

对口援青是中央第五次西藏工作座谈会及会后有关文件确定的。2010 年 1 月，中共中央、国务院召开了第五次西藏工作会议，确定了建立发达省市对口支援青海省工作机制。会后印发的中共中央和国务院有关文件对建立援青机制等事项作了具体部署，上海、北京、江苏等六省市分别对应青海藏区的果洛、玉树、海南等六州，国家有关部委也分别与这六个州以及各个县结了对子。

与最初的援藏、援疆模式类似，援青首先也是从干部援青起步的。这里就要说到我和援青工作是如何结缘的。其实也很偶然，记得是2010年4月的一天上午，我当时在宝山区委办公室工作，区委书记吕民元同志在市里开会，趁开会空隙打电话回来，话很简短，大意是市委组织部打算从宝山区挑选一名援青干部领队，区委打算推荐我作为候选人。这么着，我和果洛就"搭上线了"。接完吕书记的电话后，我就马上与妻子商量了一下。妻子说："家里的困难是可以克服的，一切都由你自己决定。"有了妻子的支持，中午时分我毅然表态服从组织安排，接受组织挑选。经过体检、政审、培训，我们一行七人于2010年8月6日抵达了青海果洛藏族自治州。

高原生活环境是长期生活在低海拔的人无法想象的。要感受高原生存环境，非得在那生活工作了才会有"知觉"。就在8月6日我们乘车去果洛的当天，老天爷就给了我们一个"下马威"：一段440千米的路程，面包车足足开了9个多小时，当翻越最后一座"红土山"时，天空漆黑一片，蚕豆大小的冰雹从天而降，整个山脉白茫茫一片。这个时节在上海可是酷热的夏天啊！上海与青海的天气真是冰火两重天。

到达果洛后，热情的藏族干部群众给我们献上了哈达，晚上举行了欢迎晚宴，随后我们就住进了"雪域招待所"。真正的考验是严重缺氧。在后来的三年中，有条件时我基本靠吸氧来减轻缺氧症状，睡觉天天服用安眠药。时间久了，我得了高原性高血压，从此与降压片结下了缘分。

在4000米雪域高原上坚守，需要一种坚定信念和意志。高寒缺氧、远离家乡和亲人，可以把你吓退，也能够使你更加坚强，用信念支撑坚持走下去。讲一个小插曲：刚上果洛头几个月，饮食、睡眠都不太好，我的身体状态比较差。州长万玛多杰对我很关心，有一次，他看到我的脸色不太好看，让我赶紧到西宁去休息几天，千万别硬撑。我因为刚去，还在抓紧熟悉情况，心想能坚持就尽量坚持吧，哪能这么娇气啊。结果当天晚上就出状况了，过了午夜，再吸氧、吃安眠药也睡不着，胸闷气短、心跳很快，情绪开始有些紧张了，感觉今天可能是要不行，甚至乱想如果今天过不去，家里会怎样、亲友会怎样，还有什么事情没有给组织和家里交代清楚，脑子走到死胡同了。这时，突然有一种意念敲醒自己，你朱礼福怎么能这样呢？组织派你到果洛来，是为了完成中央交给的使命，落实市委、市政府的援建指示要求，也代表着上海干部形象。怎么能啥事都还没有干，就临阵逃脱了呢？一下子，我的头脑冷静下来，拿出朋友送的所谓"救命丸"，又加一粒安眠药，再把氧气吸上，自己做自己的思想工作，这个关一定能够闯过去。折腾到了两三点钟迷迷糊糊睡着了，早上五点半醒过来，高原反应症状就不那么明显了，整个人感觉到很轻松。意念和意志确实对人有支撑作用，坚定了使命、责任和担当，有一种无私无畏的勇气，再大的困难也能够克服和应对。

转变理念促发展

果洛州位于青海东南部，面积 7.64 万平方公里，2010 年，全州总人口 18.1 万，藏族人口占到 92.1%，农村人口近八成，地方财政收入不到 1 亿元，支出大概 40 亿元，主要依靠国家转移支付。当地以牧业为主，农业和工业几乎没有，贫困面比较大，因此当地对上海援建非常期待。我们刚上去后简单做个摸底，就被州、县提出的项目需求吓了一跳，汇总出来数字大概 56 亿元。而 2010 年，市里从合作交流专项资金余额中给我们安排的援青试点项目启动资金很少，相比之下只是杯水车薪。面对巨大反差，我们该怎么办？我发动援青干部一起讨论，开了好几个会议，最后形成了"调研起步、规划先行、培训开始、试点推进、总结提高"20 字援青工作推进原则。我们刚到果洛，白纸一张，人生地不熟，必须多看多听，先不发声。否则，上海干部一来就指手画脚，当地同志肯定会不以为然。我组织大家花了近 3 个月的时间调研，走遍了全州 6 个县 44 个乡镇。一方面是对接需求，另一方面也是做好宣传，让当地干部群众对上海援青工作有所了解。

援青工作该做什么、不做什么，必须有个重点方向和工作指引。我们结合调研了解的实际，把当地在教育、卫生等民生领域和基层政权建设等方面的需求搞清楚，然后再和市合作交流办等相关部门对接，最后形成首批援青工作规划思路。在凝聚更多干部群众经验智慧的基础上，我们参与制定了《上海市对口支援果洛州项目规划（2010—2013年）》和《上海市第一批对口支援青海省果洛州开展干部挂职锻炼、教育培训以及人才智力交流引进工作规划（2010—2013年）》，进一步增强了规划也是生产力的意识。

援青工作当然离不开资金项目，但是解决人的思想观念问题最关键。上海在改革开放之初也是从解放思想、更新观念开始的。果洛也是这样的状况，希望大干快上，但怎么干还必须要先想清楚。光靠我们7个人7张嘴巴讲不行，就先安排了50万元的培训项目，选送果洛州直属部门和各县乡镇干部赴上海培训。通过培训让一大批果洛干部在理念、思路、方法等方面，能与我们相近、相通与相知。记得有一名州直属部门的负责同志通过培训后直言："过去援青干部怎么讲，我们都不理解，怎么说都感觉不可能。去了上海，听了讲课，实地参观，我们大获收益。"后来，我们又通过这些参加过培训的同志带动了一大批藏区干部在理念等方面发生很多变化。至2012年底，上海市共为果洛州举办了45个班次的培训班，培训1228人次，还选派了多批教师、医生到果洛州进行教学交流和巡回医疗。通过选送当地各类干部到上海培训，组织他们走走看看，很多观念就比较容易接受了，双方沟通也有了基础。青海省委组织部对上海做法也高度肯定，觉得这是智力帮扶和资金项目帮扶相结合，智力帮扶走在前面。

《人民日报》头版刊登过一篇《上海观念激活果洛高原》的报道，讲的是上海援建的典型案例。其中写到上海援建的制氧机是怎样从"包袱"变为"增收机"的。本来果洛州制氧站建成后，主管单位州人民医院的院长要我给他增加编制，列支运行维护费用。我给他算了笔账：从西宁运氧气到果洛，一瓶要200多元，其中运费就占了近一半。现在果洛自行生产，一瓶直接成本全算不过四五十元，每瓶差价就有150元。按照设计能力，一天能生产200瓶，大致每天毛利2万多元。现在人们生活水平提高了，不光是老人、病人，游客、居民也需要氧气，如果产能走向市场，满负荷运转，每年至少有几十万净利润。院长一听就乐了，他说，我不要编制和经费了，我只把各县的医院和老百姓用氧这块市场拿下来，肯定能做得下来。

还有一个藏医药古籍整理保护项目，藏医药的密经通过德昂洒智书法书写出来，不但字体相当漂亮，作为藏医药古籍文化保护和传承也非常必要。当时州卫生局、州中医院提出的预算是 80 万元，打算印 400—500 册。我了解情况后和他们谈，从德昂洒智文藏医药古籍保护出发，政府应该支持，但一下子印这么多，都派什么用场？放到哪里去？当地同志讲，朱州长，这个东西很好，各个藏区都有需求。我就问他，那这个古籍有人买吗？他说，好多人都问我们买啊，3000 元一套肯定有人要。我说那就好，你制作一套的成本价 1000 余元，前期费用我支持你，还有国家博物馆、青海省博物馆、州县博物馆，你就算送掉 100 套，剩下的咱们走市场，按需印刷，先预订，然后拿预订费来印刷，你看行不行？他们算了一下，说这样下来我们还可以赚个几十万元，是个好主意。最后，我们上海还是支持了 50 万元，这个项目做得也很成功。如此深入沟通，加强引导，逐步形成共鸣共识，很多事情也就迎刃而解了。

建章立制打基础

在转变发展理念的基础上，我们开始试行试点推进，慎之又慎选择了首批八个试点项目作探索，包括州人民医院医技楼、州旅游接待中心、州民族中学学生宿舍楼、州制氧站、玛多县牧民定居点及牧民综合服务中心等，为后续援建工作示范引路。在此基础上，不断总结提高，进一步探索模式、建章立制，逐渐形成上海援青工作的特色做法和经验。

比如说，在援青项目审定中，我们采取的是"四个一"模式：一是对项目"一个口子受理"。援建需求都以县发改委为受理单位，逐级汇总上报。项目申请要有一定条件，按规矩来，哪怕是州里、县里领导，包括我们援青干部，谁打招呼都没有用，有效避免了政出多门，相互打架。二是"一个平台审核"。项目申请汇总上来后，州对口支援领导小组办公室、州发改委和上海援青干部，结合援青规划和上海援青资金规模，一起坐下来研究评审，认为可行性研究比较充分，又和民生联系紧密的，就纳入备选项目中去，然后按程序申报。三是"一个班子决策"。果洛对口支援工作领导小组和州发改委初步形成共识后，再报州委、州政府，由州委常委会审核决策，并报上海市合作交流办备案同意，有偏差的可以及时调整修正。四是"一支队伍跟踪"。这支队伍有援青干部，也包括州、县发改委和建设部门，对项目的可行性研究、立项、开工建设和竣工验收，做到全过程跟踪监管，确保有始有终。

通过3年援青，我们在援建方面逐步归纳形成了指导性的意见，各个环节要把握的重点都予以明确。比如建设前主要解决如何赢在起跑线上的问题，事前想清楚，事中就不折腾，建设方案要有比选的过程，大家要讨论，特别是业主单位要参与，需求和设计要很好结合。还要有规范的招投标制度，杜绝个别人插手干预，逐步建立起招投标的意识。建设中主要解决一个标准化的问题，比方说，每个项目要有完善台账并定期检查，项目资料要完善；要有一个紧盯不放的机构。在边调研边试点的基础上，2011年底我们还专门制定了《上海市第一批援青项目管理办法（试行）》《上海市第一批援青工程建设资金管理办法（试行）》，从制度上规定了项目的责任主体，项目的准备、实施、管理、验收、移交和资金申请的程序，在当地影响很大，这就相当于一个标杆、范本，什么时间该做什么、做到什么程度一目了然。此外，我们围绕工程建设前、建设中和建设后3个环节，细化了15项必须做的工作。这些精细化的要求为果洛州的项目建设提供了操作依据，也大大改进了州县两级管项目、建项目和用项目的工作。截至2012年底，上海市对口支援果洛州的项目共4批63个，争取做到每一分钱都花在刀刃上。

高原果洛七兄弟

首批援青干部共七人，大家来自不同的区，集训前相互都不认识，但从踏上征途起，就是一个坚强如钢的战斗集体，成为情同手足的好兄弟。2011 年 7 月，《解放日报》发表一篇讲述"高原果洛七兄弟"的新闻，记述了我们援青工作的点滴情况，自此这个名号被叫响了，成为我们首批援青干部的一个"符号"。

我们人数虽不多，又分散在州里和六县，但大家牢记是一个团队、一个目标、一个共同责任，都代表着上海形象。通过学习中央援青工作要求，落实两地党委、政府指示和市委组织部援派干部管理规定，抓学习、抓管理、抓纪律，我们始终保持了政治上清醒坚定、工作上用心投入、作风上严谨求实、生活上融入当地，向果洛各族群众学习，与当地干部群众交朋友，日常管理还是比较规范有序的。

在北京学习的时候，大家就讨论形成了一个援青干部守则，后来又逐步完善，形成了一个比较详尽具体的干部管理办法，包括学习制度、会议制度、请示报告制度、请销假制度等，每一位援青干部离开县驻地，都要向我报告，到达一地要报平安。虽然大家不常见面，但信息都是保持畅通的，人员动态情况都能及时掌握，毕竟干部的安全是特别重要的。我们非常讲团结，不仅援青干部相互团结，也包括与当地干部相互团结，融洽共事。

我们常讲"一次援青行，一生果洛情"，这确实是发自肺腑的。藏区广大干部群众缺氧不缺精神的高尚意志品质，深深地印在援青干部的心中。三年中，当地干部群众把最好的车留给我们用，把最好的饭留给我们吃，把最好的房留给我们住，还把最真诚的藏汉兄弟感情留在了我们心间。州委书记林亚松每次遇见我们，总要问长问短、问寒问暖。在结束援青离开时，州委书记林亚松在欢送会上抱着我痛哭流涕，被他这么一抱一哭，我的眼泪也是禁不住地掉了下来。说老实话，我个性比较坚强，即使工作遇到挫折，家里遇到大的困难，都没有掉过泪，但林亚松书记那么一抱，我真是感到三年付出没有白做，这掉下的眼泪是满怀果洛干部群众的深情，整个人都沉浸在喜悦和快乐之中。

　　援青兄弟们的故事都非常感人。在玛多县的陈椰明是我们几个当中吃苦头最多的。玛多平均海拔4500米，是果洛州海拔最高、条件最艰苦的县。他下乡村、访牧民，很快与当地干部群众打成一片。藏族县长当周对他非常认可，说我认你这个小老弟，玛多对口支援怎么干听你的。他在任期间，拟定了《玛多县旅游文化商品开发规划实施方案》，牵头编制了黄河源景观规划和鄂陵湖、扎陵湖旅游发展规划。援青期间，他被青海省委授予优秀共产党员称号！在久治县的郁标是我们七人中唯一一位第二次对口支援外地的。久治县离西宁和州政府都最远。有一次，我们援青工作组与省发改委沟通援青项目安排，需要他次日上午汇报项目情况。从久治到西宁路经果洛的西线路程有880公里。他和另一名县领导选择了从四川和甘肃方向那条东线走，路程短一些但路况差很多。那名司机白天没有好好休息，郁标只能坐前排跟司机不停找话题陪聊，一路走了十五六个小时到了西宁，才发现嘴唇和口腔全是溃疡。第二天汇报工作时，他已经是筋疲力尽。过了半年，他的视网膜脱落，这是长期在高原长途跋涉精神高度紧张的后果，他的这种敬业精神给藏区干部留下了深刻印象。在班玛县的谭伟是外省留沪的上海市优秀大学生人才。班玛县虽说气候比其他几个县要好一些，但治安状况比较复杂。他经常与当地干部一起下基层察看项目，开展访贫问苦工作。在达日县的张士伟和在甘德县的祝华是一对援外"孪生兄弟"，他们两个县距离只有几十公里，所以他们经常有机会一起进一起出。甘德、达日两县虽然海拔只有4100米，可是缺氧给他们的生活带来不小的困难。刚到县里报到时住的是简易房，没有洗澡设施和卫生间，用水也十分有限。方便时用的旱厕像是一个"跳台"，搭在悬崖山坡上，落差非常大。他们两个几乎天天要"跳一次"。在玛沁县的李方明和我均生活在州政府所在地的大武镇，市委组织部在安排人选时也考虑到这一点。李方明除了要完成玛沁县的工作外，还要协助我完成州里的一些协调工作，有时看他的脸都发紫了，问他要不要休息几天，他总是委婉拒绝。

"七兄弟"的感人故事至今在我的脑海中回荡。

尽管条件艰苦，但我们首批援青干部也是幸运的。市委、市政府对我们非常关心，市委组织部、市政府合作交流办及相关部门、区都对我们的工作给予大力支持指导，帮助解决实际困难，成为我们最可靠的大后方。特别是 2012 年 7 月 27 日、28 日，时任中央政治局委员、市委书记俞正声到果洛来检查援青工作，看望慰问我们，鼓励我们把党中央在藏区惠民利民的政策落到实处，给予我们很大的鼓舞和激励。俞书记来到牧民家中探望，还为援建项目开工剪彩。时任市委副书记、市长韩正也十分关心援青工作，每次果洛州党政代表团来沪访问，都召开座谈会听取援受双方开展工作的情况汇报。各区领导也十分关心支持，除了规定动作外，每个区每年都会组织一到两个代表团来果洛考察援助。

援青工作增加了我们历练的机会，磨炼了我们的意志，让我们明白了无论在哪里工作，无论职位大小，无论是否还有机会再援外，都要始终记住我国东、中、西部发展的差距，都要始终记住生活在高海拔地区干部群众的艰辛，都要始终记住全国奔小康尤其是西部藏区群众奔小康需要我们有担当。我很高兴看到，在中央支持和上海帮助下，果洛州经济社会发展势头越来越好，两地交流交往交融更加紧密。我衷心祝愿藏区各族群众与全国其他地区的各族人民一起奔向小康！祝愿青海省以及果洛州的明天更美好！祝愿我们伟大的祖国更加繁荣昌盛！

（郭继 孙宝席 采访，孙宝席 整理）

援青路上第二棒

李峻

2013 年 7 月底，作为上海第二批援青干部、上海援青干部联络组组长，我与援青队友一行 17 人来到青海，开始了为期 3 年的对口支援果洛的工作。果洛藏族自治州位于青海省东南部，地处青藏高原腹地的巴颜喀拉山和阿尼玛卿山之间。总面积 76442 平方公里，辖玛沁、玛多、甘德、达日、班玛、久治 6 个县。我们 17 名援青干部分别挂职在州委、州政府、州直属部门及州所辖的县。在果洛 3 年，我们始终坚持"中央要求，当地所需，上海所能"，面向基层、聚焦民生，打基础、重长远，管理使用援助资金 77.23 亿元，完成建设项目 226 个，圆满完成援青各项任务。

"两个倾斜"提升民生保障水平

果洛州地广人稀，地域面积比 12 个上海市还要大，可平均每平方公里上却不足 4 人。显然，在这里集中建造大型公共设施，在这里建标志性项目所惠及的人群必定有限，利用率也不会高，服务效能远没有多建一些小型分散的项目来得高。因此，我们对口支援工作充分用好有限的援助资金，安排项目不求形式上的高大上，但求实实在在地满足牧区群众的实际需求。援建资金始终坚持 80% 向基层倾斜，80% 向民生倾斜，着力改善基层群众的生产生活条件，突出提升基础民生保障水平，切实把有限的资金用到当地老百姓最需要的地方。

改善居民生产生活条件是我们最先想到要做的事。草原上的游牧民居住条件普遍较差，大冬天里只能在帐篷或"地窝子"里居住，老人看病，孩子上学都不方便。为了解决居住困难和生活服务保障，我们在玛沁县拉加镇实施牧民定居点建设。对于这个定居点的选址工作，我们请来专家反复勘查、比选，最终敲定了地质结构稳定、距镇卫生院和草场都不远的玛沁县拉加镇作为牧民定居点。从此，来自 11 个贫困村的约 100 户特困户从游牧变为定居生活，入住水电、地暖齐备的 4 幢公寓楼，生活得到了极大改善。高原地区蔬菜少，特别是绿色蔬菜。在海拔3700 米、平均气温仅 3.7 摄氏度的拉加镇，当地百姓一直以来买的是从西宁长途运输、既不新鲜又价格翻倍的蔬菜。了解到这一情况，我们援建了 13 座高原日光暖棚，产出了辣椒、黄瓜和西红柿。不仅缓解了群众吃菜难的问题，还可以帮助当地探索高原有机农业发展之路。

完善职业教育是立足当前，着眼长远的一项重要民生工程。当地大学录取率较低，大量高中生毕业难以就业。为此，我们建设果洛州职业技术学校，总投资 1.6 亿元，其中上海出资 3300 万元，是果洛州第一所公办职业技术学校。学校建设了教学楼、宿舍楼、实训楼等，开设藏医、会计、旅游等专业，可以让当地年轻人学会技能，拥有更好的就业资本。此外，果洛与上海建立了职业教育联盟，每年选送 100 名学生到上海培训，并促进两地学校之间、校企之间在课程建设、师资建设、实习就业等方面深入合作，实现上海优质职业教育资源向果洛藏区辐射。为了逐步改变农牧民放牧为主的单一生产生活方式，我们用"计划外资金"在班玛县建设了农牧民培训中心。作为技术培训基地，有摩托车汽修、唐卡绘画、黑陶制作等。培训中心的辐射范围不只在班玛县，达日县、久治县的农牧民都不用去西宁，直接在这个"家门口"培训中心就能方便学到一技之长。在玛多县，进出路网交通较为便利，却没有一家汽车修理店，县里汽车要换个简单零配件都要去西宁，大大增加了成本，汽车修理劳动技能培训中心建成后，专招贫困户的孩子，帮助他们稳定就业。

藏区的医疗卫生条件改善也是刻不容缓的大事。因技术短缺，甘德县医院手术室曾长期紧闭，门锁生锈，上海捐赠的医疗设备不敢拆封。我们想方设法，趁每年五六月份"虫草季"看病者较少，将数十位上海医疗专家请到甘德。全县170余位医生，最远的坐了8小时车，赶到县城向上海医生请教。通过专家门诊、手术试教、教学查房、专题讲座等方式，尽快提高当地诊疗水平。从此，甘德县有了第一台胆囊手术，当地医生第一次使用胃镜。在距离果洛州府67公里的拉加镇中心卫生院，医院没有病房，病人送不上来，卫生院院长一年出诊200余次，病人近的20公里，远的有180公里，全靠皮卡、摩托、骑马和两条腿，大雪封山时完全靠步行。卫生院没有病房，病人送不上来，医生出诊前，只能根据病患家属的口述来配药，但真赶到病患家一诊断，常发现带的药不对；遇上突发病，没有电话，家属赶到镇上请医生，医生再紧急赶往病人家，这来回一折腾，很容易耽误病情。为此，我们拿出980万元援建资金翻修，新增手术室和病房，孕妇终于可以提前到医院待产，牧民亦可防冬季高原病于未然，在秋季就到医院住院挂水。建成后，卫生院面积达3247平方米，不仅惠及周边2万百姓，连邻州海南州的几千乡民也来此看病。

上海的援青项目以民生、教育、卫生等，尽管看起来没有大项目，却是从小处着手，以求做到温暖人心，让果洛百姓切实感受到党和政府温暖。

因地制宜精准扶贫

对口支援的成效如何，最终体现在当地群众的生活水平提高多少。通过产业援助、就业援助等帮助当地农牧民群众提高生活水平，始终是上海援青关注的重点。特别是 2015 年中央扶贫开发工作会议后，上海市委市政府要求把"精准扶贫"工作作为上海对口支援工作的重中之重。为此，我们研究了 2016 年上海援建果洛项目，通过梳理优化，使扶贫项目进一步聚焦贫困户的建档立卡，进一步提升农牧民增收能力。调整后，仅 2016 年上海援青项目覆盖 1047 户建档立卡，受益困难群众3366 人。3 年间，我们在凸显生态保护前提下，有所侧重地安排产业项目 68 个，投入 21977 万元，有效提高了农牧民收入水平。

深入挖掘，推广当地特色产品。班玛县的特产野生藏雪茶，茶多酚含量高，能降"三高"，是当地藏族同胞的主要生活饮品，饮用历史悠久，但是由于种种原因知名度不高，我们帮助推广，将其带到上海茶博会展销。同时联系上海企业，为班玛县藏雪茶提供技术、包装和对外宣传等全方位的指导，使藏雪茶的品质、包装设计等方面有了全新的提升。让藏雪茶走出高原，走向全国。久治县的久治牦牛是青藏高原的特有牛种，营养成分高、口感好，被称为"贡牛"。但长期以来，价格不高，农牧民难以获利。为此，我们援建 5369 生态牧业科技有限公司，选择牦牛精华部分，深加工成高端产品，使数千牧户获利。

推陈出新，团结合作促增收。在玛沁县大武乡哈隆村，近六成村民以股份制形式加入成立合作社。我们援助 100 万元，帮合作社建了高原型牦牛奶源基地，集中饲养奶牛 200 头。产奶量上升，产奶时间也增加了一半多。所产牛奶出售给乳品公司或加工成酥油、曲拉等产品销售。村民每年可以领取分红，没活干的冬季还可以在合作社打工，收入大大增加。在达日县，我们联系到计划外资金 200 万元，在窝赛乡直却村发展奶牛产业化养殖暨野血牦牛繁殖基地。最开始，村民对此还有疑虑，不相信这样能够赚钱。在我们的争取下，养殖基地如期建成。首次分红时，136 户社员就分得 107 万元，户均 7867.7 元，每户增收近千元，给村民带来了实实在在的收益。

多措并举，扩大农牧民收入来源。为畅通就业信息，我们在果洛 6县 9 乡镇 10 村（社区）都建设了就业信息显示屏，及时播报来自上海市中小企业技术人才引进服务中心的信息，使得果洛百姓在家门口，就能看到过去基本要靠口口相传的各类岗位招聘信息和就业政策。总投资

400 多万元的达日牧业示范区食品厂，上海投入帮扶资金 330 万元。当地牧民可以在家门口上班，一个月最低能拿到 1500 元，一年生产期 6 至 7 个月，可有 1 万元收入。在玛多县，我们推动生态畜牧业产业化，扶持江旁村畜牧业合作社建设黄河乡江旁村白藏羊产业化养殖基地，由政府出钱购买白藏羊，分配给没有生产资料的牧户，并帮助他租赁草地，牧民用自己养羊放牧所得一部分缴纳草场租金，剩余则归自己所有。通过这种方式，有效地增加牧民收入。

针对当地现状，我们本着精准务实的态度，努力让百姓从每一个项目中获益，提高了收入水平。这些看得见、摸得着、实实在在的成果，让广大农牧民享受到了对口支援带来的实惠。

规范管理建样板

援青工作是国家长期的战略任务，当时上海援助果洛工作还处于起步阶段，除了要加快实施好一批当地急需的项目外，更重要的是要为今后的长远发展打好基础。为此，我们始终强调"功成不必在我"，重点完善援青工作的相关制度，多做一些基础性工作，有利于长远的发展。

我们 17 位上海干部虽散落在 7 万多平方公里果洛大地，却遇上了共性问题——果洛地广人稀，项目审批、建设、监理各环节人手紧张，难免疏漏，经常出现项目设计完成时发现地勘没做、会计兼职出纳、项目边做边改等问题。如何提高效率、减少差错、加强规范？我们想到了将上海的科学决策、规范精细等优势与果洛干部群众雷厉风行的特点相结合。在充分听取果洛当地意见基础上，将上海项目建设管理规范化标准和果洛地区的实际情况相结合，制定了《上海市对口支援青海省果洛州项目管理实施细则》，从项目的立项、设计、招投标到竣工验收、档案管理，从工程进度、质量安全、资金管理等进行全方位规范。项目前期须做什么、工作流程程序、每一项工作应该留下哪些档案材料，均有章可循。

为进一步提高援建项目档案资料管理水平和投资效益，保障上海对口支援果洛州项目绩效评价的科学、规范。我们先后多次组织上海援青联络组、州受援办、项目管理公司联合对全州档案进行了全面检查，发现州县各项目实施单位对档案管理工作重视不足，存在无专职档案管理人员，档案资料管理混乱，未严格按照基本建设项目档案管理办法进行分类、组卷、排序、装订和归档等问题。针对这些问题，我们委托项目管理公司驻点对各县及州级对口支援项目进行全程管理，按省州基建项目档案管理规定进行整理归档，形成了一正两副三套档案资料。移交州县对口支援管理部门及相关项目管理部门存档，截至2016年底，完成了全州援青项目档案归档、装订172项、计528盒；完成了6县及州级对口支援档案库建设，为州县发改办、对口受援办公室建设了档案室，安装了档案密集架8套；基本完成果洛州电子档案管理库系统的编制工作。同时，定期开展项目巡查，发现问题，及时整改，有效提升了州县部门的项目建设管理能力，带动了项目管理水平的提升，也为后续援建工作打下了扎实的基础。

为切实提高当地干部档案管理能力，坚持在实践中锻炼和培养干部。对项目基本建设程序，财务支付流程以及档案管理规范等方面深入各县进行现场检查指导，使果洛干部逐步理解、接受上海项目管理的方式方法，在实践中不断提高当地干部的业务能力。先后七次对当地的项目档案管理员进行培训，并组织档案管理人员赴上海培训，培训期间协调上海、杭州等地项目管理、建设、监理等单位进行现场交流学习。通过阶段性的档案管理培训学习，州县各项目实施单位对档案管理工作有了进一步认识，逐步形成了项目档案与项目建设同步，强化了档案过程管理和质量监控，使对口支援工程项目档案管理走上了制度化、规范化轨道。

在实践中我们坚持精细、规范、认真。所有的上海援建项目，我们都要一年不少于两次实地检查，验收时不到现场不签字。对重建方案中未能体现修旧如旧的某文保建筑项目，我们与当地干部反复论证，考虑到文保单位手续上存在空缺，最后还是将此项目叫停。对藏家碉楼民宿项目，我们提出"从游客需求和项目长期发展考虑，卫生间无论如何造在房间内而不是楼下"的意见，并挨家挨户一遍遍地做说服工作。当地的一个扶贫项目，最初申报方案是修建商铺，将租金发给贫困户。随着发展，当地干部有了新想法：20平方米的商铺月租金最多300元，但是在同样的地方建起宾馆，一间房间一天就有300元的收入，贫困户能获得更多的补助。对此，我们认为项目建设应结合当地实际，如需调整，应再进一步科学论证，坚持请当地有关部门再走一遍项目更改、重新申报的流程。考虑到果洛建设周期短，我们争取到最快的审批时间，使得项目"当年建，当年成"。

这些精细化的工作理念，也逐步有效地带动了当地的干部。我们发现，果洛自身项目的管理也开始走起"上海范"。当地的受援办已自觉模仿上海工作流程《细则》，进一步推出了"2.0版本"。在玛多等6县，县领导如今在敲定新项目前，都会借鉴上海工作的好经验深究问题，譬如，项目能解决多少就业？后期管理成本大不大……相比果洛每年近60亿元的固定资产投入，上海每年2亿多援青资金似乎微不足道，但小资金带动了思想大震动。这种改变，远比单纯捐钱建项目更有意义，影响也更深远。

团结奋进的"十七罗汉"

上海市第二批17名援青干部，来自黄浦、虹口、长宁、嘉定、青浦和奉贤等6个区，分别任职于州委州政府及州直部门和6个县。我们戏称自己是"十七罗汉"。

作为上海援青干部联络组领队，我担负着组织、联络分散在果洛各地援青同志的责任。联络组组建之初，即成立临时党支部并建章立制。譬如请销假，援青干部离开果洛至西宁，要在我们"上海青"微信群里告知，若出青海，须打报告。我们规定，17位援青干部每月在西宁开一次例会，会议有固定程序，先交流本月工作实施情况，尤其是工作中一些共性问题，彼此可分享经验；而交流下月的工作计划，可以掌握进度，适时敲敲"木鱼"。回上海过年时，例会照开不误，主要是抓紧补课，包括自贸区讲座等我们都抽出时间去听，还请上海党校的老师为我们讲课，唯恐落伍。我们还下载了上海观察、东方卫视等客户端，虽身在果洛，却牵挂着上海一举一动，保持一颗求学之心，毫不放松自我充电。

离沪3年，意味着自己作为儿子、丈夫、父亲角色的缺位。有同志是家中的独子，到果洛半年，父母相继中风、重病，随后母亲病逝了。有的同志在离沪前与即将上初一的儿子约定："3年后你中考，我回来，爸爸和你一样读3年，到时咱俩一起毕业！"还有的同志给儿子写了一封信，"孩子，别怪爸爸不定期'失踪'……因为爸爸去做了很值得、也很有意义的一件事。"信中对妻儿充满思念和内疚、对果洛充满留恋与不舍，我们都感同身受。这种忠孝不能两全，是对我们的一大考验。而另外一个考验来自于身体状况。从海拔4米的上海到海拔4200米的高原，四季变两季，一个冬季，一个大约在冬季；大风不消停，一年刮两次，一次刮半年；更大的挑战是缺氧，头痛、失眠日日相随，抗高原反应药吃了已经不管用了，安眠药成了"必备良品"。

面对果洛艰苦的环境，我们用工作打消寂寞，将成就感当作氧气。初到果洛，我规定第一个月以适应为主。但是为了尽快了解情况，不顾"来势汹汹"的高原反应，从第三天起大家纷纷下基层调研，对于"不行夜路，10月雨雪封山后不下乡"的规定，大家都"阳奉阴违"。每回下乡，在公文包里塞满药，车内备足备胎，车辆记录的公里都是"10万+"，下乡时和当地干部群众同吃同住，肤色与藏族同胞迅速接轨。连续十多天下基层检查任务，雪路难行，我带着同志们围坐在路边草坡上啃干粮，衣服、头发、嘴唇上都沾满了雪花，大家依然精神饱满、有说有笑；高原最忌忽上忽下，但为了工作，同志们一个月内在西宁果洛间四上四下，甚至数出从西宁到果洛要经过761个弯道；大家被高原反应折磨得脸色青肿，依然坚持工作在项目验收现场。仅仅过了一年半，每个人都瘦了8斤以上。但前辈条件更苦。至少，我们已陆续搬进周转房，多数同志都能吸氧，而第一批援青干部是在3年对口援建行进到一半时才吸上氧的。因此我们"十七罗汉"都很知足。大伙总说，"在果洛晒得这么黑没想到，团队如此融洽乐观也没想到"。我们经常拿困难开玩笑，譬如彼此提醒随身带药，谁忘带了，一旁同志立马把药递上，所以我们常说，关键时给你"吃药"的人，是真正关心你的人。果洛3年，我们或许错过了尽孝，错过了孩子成长，但这些缺憾，都在果洛百姓的幸福指数和当地干部思想观念的提升上得到弥补。

3年援青，在果洛这所学校，我们接受了最深刻的党性教育、最直接的国情教育。我们不止一次听说当地干部下冰河救牛羊导致心脏病发的故事，也不止一次亲眼看见，在慢走都喘气的高原，当地干部因紧急任务一路小跑，甚至通宵达旦加班。在玛多县，我们见到了一群可敬的牧民，虽然家里被狼吃掉30多头羊，却坚决不去打狼，只因为狼有利于维持生态平衡。这种奉献、对理想信念的坚守，令我们深深震撼。

在果洛三年，我们锤炼党性，砥砺品格，更磨炼了意志。在两千多公里外的果洛，不能继续用上海的惯性思维、经验主义来做事，在这里解决一个问题，所需考虑的因素至少比上海多五倍。比如，要避免一刀切的工作方法，要全面考虑交通、通信上的不便，要照顾当地干部群众的接受度、执行力，这对我们援青干部的智慧和协调能力是巨大考验。对此，我们深知不能急于求成，第二批援青干部的任务依旧是打基础。刚来果洛时，我们发现当地干部对"上海规范"有很强的认同，这显然是第一批援青干部的功劳。而我们第二批，在项目管理上建章立制，聘请第三方公司配合当地职能部门开展项目建设与管理等，这些同样是在为后人铺路。功成不必在我，援青这项国家大任，需要一批又一批干部扎扎实实地去做。

离开果洛后，我们时常想起那段一贴床头就要摸氧气瓶的日子，盼望着下一次集结"返程"的日期。在果洛的这段经历是人生的宝贵财富，我们也将这份财富带回上海的工作岗位上，不辜负果洛人民的期望，永远做沪青两地的友好使者、桥梁和纽带。

（赵兵　俞凡　采访，俞凡　整理）

我在果洛当"扎西云德"的日子

李国球

2013年5月，我还在外滩街道任党工委专职副书记，组织上找我谈话，说黄浦区要组织干部援助青海，这次的任务是援助青海省果洛州。我们第二批援青干部领队是市里选派的李峻，来自黄浦区。因工作需要，组织上看到我的工作经历比较丰富，要我协助领队去青海。我过去在师范学校毕业时，作为学生党员曾写下过"到祖国最需要我的地方去"的血书，参加中青班培训时也曾积极报名去援疆、援藏，如今也算是实现了当初的志向，于是我在征求家人的意见后选择出征。援青名单公布之后，我就主动与即将担任援青干部联络组组长的李峻同志联系，以便做好援青相关的准备工作。

初次面对环境的挑战

初来乍到，同志们的共同反应就是高原反应强烈，具体而言就是以前从未体验过的严重缺氧。人生这一辈子去高原是一个非常好的经历，但是对于在低海拔地区生活的人们来说，长时间待在高原却是一个不小的挑战。概括起来就是三个"不知道"：一是睡醒没睡醒不知道。常常是半夜一两点钟才能迷迷糊糊感觉睡着了，但中间又时常会醒来二三回，一夜变成分段睡，得不到充足的睡眠。二是吃饱没吃饱不知道。高原海拔高，气压低，肠胃一直是胀胀的，吃或没吃感觉差不多。三是生病没生病不知道。头天天晕晕的，就像感冒的样子。此外，有的人血压也会升高，好几个人起初经常流鼻血，而且很严重。这些都是典型的高原反应，这种情况几乎天天出现在我们中间。好在临行前专家们给我们普及知识，打过预防针，告诉我们注意事项，说第一个礼拜你扛过去了，那么你的第一个月也就会顶得住，第一个月你扛过去了，你这三年才有可能扛得过去。我们第一天、第二天是吃药的，必须要吃安眠药、抗压药，甚至是吃一些激素药，但三年时间不能完全依赖药物。晚上吸个氧气没有问题，但是下基层调研的时候背着氧气瓶就不像话了，因为我们的工作环境就摆在那里，只能扛过去。因为我们先前已经有了一定的心理准备，药物随身带再加上同志们都是肩负使命，所以依靠顽强的毅力，我们总体上战胜了高原环境的挑战，进入正常的工作状态。

以团队优势助推果洛加快发展

我们整个援青团队有 17 个人，担任援青干部联络组组长（领队）的是时任黄浦区副区长的李峻，他到青海后担任果洛州委常委、副州长。果洛有 7.6 万平方公里，相当于十多个上海市的面积，幅员辽阔，我们 17 个分散出去，到了一个陌生艰苦的环境，要按照市领导"希望你们出色完成任务，更希望你们安全回家"的嘱托，认真做好各项工作。

抵达果洛的第一天大家集中见面交接，第二天送别上一批援青干部，第三天就开始着手工作调研。本着"中央要求，地方所需，上海所能"的原则，为当地做一些什么事情，当地需要我们解决什么问题，只有开展调研，才能比较清晰明了。刚开始的时候，当地不少领导提出的项目都是很大很漂亮。但是当前资金是有限的，还有后续的管理、使用和维护。所以我们请上海的城建口和州受援办，对当地每个县城区都做了一个援建规划，这样的发展才是科学合理的，后续会更合理。3 年时间里，我们调研的足迹遍布果洛的每个县、乡，光我的车就开了 16 万公里。在调研的基础上明确了总体的工作思路，就是聚焦教育、医疗卫生和劳动就业等民生领域，坚持扶贫、扶智、扶志相结合，放大扶持资金的效用，妥善保护生态环境，合理开发利用当地的特色资源，提升经济发展和民生保障水平。西宁果洛中学、果洛州藏医院陆续建了起来，助力当地群众脱贫，医疗卫生是最基础的保障，是最大的民生。牛羊、藏茶、人参果、牦牛奶等农副产品市场开发有了进展。给当地牦牛肉包装，合理规划当地的一些土特产，比如果洛出产的人参果、贝母等，质量很好。因为它海拔高，洁净度好，没有污染，再加上它在天寒地冻的环境中长成果子，都是精华中的精华。后来果洛有了整个藏区唯一的藏茶，这些都是上海对口援建以后挖掘提升，然后科学培植出来的，力求适合现代社会的审美和现代人的品质要求。玛沁县大武镇是州委州政府所在地，我们帮扶建立的蔬菜大棚就在黄河边上。这个大棚太重要了，原先当地没有蔬菜、水果，通过我们的努力种了第一个大棚，有了黄瓜、番茄。我们在那里也推动了果洛发展的大产业——把农业、大棚经济通过上海技术进行生产、管理和推广。

在开展援青工作中，我们充分发挥团队优势，凝聚团队成员的智慧和力量，发挥专业特长，给大家培训。团队里有建委的同志，那我们就知道项目怎么做，怎么来审批，怎么来把握环节，怎么来验收。我们有发改委的同志，就知道规划怎么做，怎么来立项，项目是不是可行。我们有财政局的同志，就知道援助资金如何合理使用和管理。李峻带领大家研究制定了一份项目管理细则，形成了一个工作标准，当地称之为"上海标准"。我们这一个通俗版的项目管理细则，一般只要有一定文化知识和管理经验，按照这个管理准则来操作就可以了。这对当地的触动非常大，我们就是希望通过树立规则意识，提高办事效率，提升工作成效。后一批援青干部就增加了教育口和旅游口的同志。因为当地主要是以保护性开发为主，环保是首要的，最重要的事情就是现有的资源挖掘好、提升好。果洛州海拔最高的玛多县是千湖之县，是去玉树的必经之地，也是我们黄浦区对口帮扶的。藏区干部有一句话：要感受上海最好的服务就去玛多县。为什么？因为玛多接待服务岗位上的许多人员都接受过上海提供的专门培训，对提升当地的服务有很大帮助。除此以外，人才工作也是我们主要工作内容。我们在上海办了很多班，带果洛当地的干部、教师、服务从业人员到上海拓宽视野。人才是果洛州当前以及今后一段时间都必须重点关注的，既要培养人才，还要想办法留住人才。要拿出一定的政策，想办法将老师、医生这类专业技术人才留在当地。我们建了果洛最大的一个职业学校。当地人普遍受教育程度还不高，经济社会发展更多需要职业人才。

甘德县是在果洛州府旁边的一个县，海拔比较高，黄河和长江在这里就隔了一座山的距离。藏区的格萨文化非常著名，流传着《荷马史诗》般的英雄传奇。李峻很重视统战工作，要求我们处理好统战关系。有了统战人士的支持和拥护，开展群众工作就方便得多，活佛也会感受到党的民族宗教政策的好。夏珠秋杨是果洛乃至整个青藏地区都非常著名的活佛，在青期间为我们做好当地群众工作提供了很多帮助。临别时，他给每个上海的援青干部都献了哈达，还给我打了一个金刚结，成为非常珍贵的纪念品。

我们通过强化制度管理，营造工作环境，建强干部队伍。例如我们不允许半夜赶路，就是领队李峻提出来的。要求援青干部每个月初必须下到西宁三天，不超过五天，也是领队跟当地州委主要领导商议以后提出来的。当时李峻和我反复推敲琢磨，制定出台了八项纪律，在上海原有三条铁纪（不允许开车，不允许去娱乐场所，不允许收受礼品）基础上加了五条工作、生活、学习等方面的纪律。特别是注重请销假制度，因为我们是一个团队，你在哪里，在干什么，都必须做到心中有数。要求所有同志带两个手机，一个中国移动，一个中国电信，关键时刻必须要找得到你。再如建立每月一次学习制度，所有同志都必须安装"上观"App和"阿基米德"App用来收听收看上海的新闻广播，我们虽然远在果洛，也能保持和上海同频共振。李峻同志在工作上以身作则，生活上也很俭朴。在州上大食堂和大家一起用餐，在上海从来不洗碗、不烧菜、不做家务的他，后来结束团聚的时候，自己烧了红烧肉等几盆菜，每个同志在他带头下也都能烧几个菜。作为团队的指挥官，他带着兄弟们建立制度，自己身体力行。我们当时也有主题教育，在果洛州有联系点，州长跟我们一起调研，反复让我提醒走访困难家庭、困难学生、困难干部。

当好"扎西云德"

3年时间，我被称为是援青干部的"大内总管"，但我更喜欢当地人民送给我的一个藏族名字，叫"扎西云德"。扎西在藏文里代表男子，云德就好比是大寺院里的大管家，这是非常高的荣誉。早在为我们送行的时候，市委组织部领导就给我提出了多重担当的要求。第一是要当好"组织部长"，协助领队管理队伍，带领17个干部，完成好组织交付的任务。这个团队既是兄弟连，也是战斗连。第二是要当好"宣传部长"，既当战斗员，又当宣传员，要把当地的风土人情、干部群众的精神风貌通过我们这支团队在上海多做宣传，让上海人民多了解果洛。同时要把上海改革开放的精神和上海的管理理念，尤其是依法办事、严谨行事的方式带到青海去。第三是要当好"纪委书记"，援青干部被分派到远离上海2000公里以外的7.6万平方公里范围内的各个点，作为秘书长，对他们既要关心好也要保护好，树立忠诚、干净、担当的干部形象。

组织上有这样的要求以后，我更多是以一个老大哥的身份在开展工作。抵达果洛以后大家都缺氧，我首先想到不能因为自己最年长，身体状况也不如年轻人就自甘落后。所以我跟领队一起做表率，把相对好一点的住宿环境让给兄弟们。我是这三年里面唯一一个住在办公室的同志，还曾经是整个院子的值班员、守门员，因为我起得最早，睡得最晚。建设中的大院子也没有围墙，一推开办公室的门就是牛和羊，很是原生态。黄浦区给我们赠送了三台制氧机，其中两台留给了另外两位去玛多县的同志，还有一台留给我。但是有其他同志高原反应比我更大，第一个礼拜我就把制氧机让给了当时挂职果洛州发改委副主任的同志，更多考虑的还是同志们的生命安全。

我作为"大内总管"，总得要把团队抓起来，凝结起来，团聚起来。团队建设很重要，我们成立党支部，支部书记、支部委员分工都很明确。每个月第一周，在当地州委州政府的关心下，所有援青干部都要回到西宁，主要是为了补给、调整和学习。果洛州只有牛肉和羊肉，我们就多备一点马铃薯、洋葱这些不容易坏的、保鲜时间比较长的蔬菜和水果。

我们每年进果洛州后平均都会瘦十多斤，春节回到上海的时候，一下子又会胖回来十来斤。上海给予了非常好的支持，让我觉得做工作有底气、不后怕，克服困难完成使命。我这个"大内总管"，特别是"扎西云德"这个称呼，上海去的很多团队后来都了解了。

到了果洛州以后，我们的临时组织关系就在果洛。所有党员都要与当地百姓结对联系，一般同志、科级干部不少于两人，处级干部不少于五人，每月拿出一定比例收入建立帮困助学基金，同时学习上海的做法，一年不少于两次走访学生。当地学生居住环境、生活状态都不是很理想，很多孩子有先天缺陷，还有不少孩子是孤儿。

我在团队内还需要充当一个桥梁的角色，从上海来果洛的团队，我把他们迎接好、接待好、陪同好，我同时又会陪同果洛和青海很多部门单位到上海学习考察。由于我对两地的情况比较熟悉，所以我的第二个角色就是宣传员。一旦我坐上从机场到西宁的大巴，领导就说：秘书长，接下来青海和果洛州的情况请您做讲解。我就把青海省的概况，为什么有七个州（现在是六州一市），琅琅上口的青海谚语，以及果洛州的情况作一些宣传。所以车上领导都说我是"第一导游"。作为传播两地友谊的大使，有过不少次随团进出上海"三过家门而不入"的经历。

还有一项工作就是对果洛州的工作进行督导检查。我担任果洛州委督查处分管领导，督查是要管人家，有时甚至要有一些"尚方宝剑"推进。除了发文件，我还参与起草，要用现在的一些管理理念来推进工作。我跟督查处同事配合得很好，督查处的同志到上海黄浦区来学习，把所学知识运用于果洛州督查工作，效果明显。督查工作在整个青海也评到了先进，这一块是做得比较好的。我们好的政策、好的方式、好的理念要贯彻实施，少不了督查工作的推进。

我到久治县督查州委重点工作的时候，县委书记跟我说：秘书长，我有两点感受。第一，上海给县里的项目资金不算最多，但是上海人的思路理念是一个大的撬棒，小资金撬动大项目，这是我很佩服的。第二，上海的严谨和规矩意识，特别是责任心，这对于我们对口受援地区的干部来说是学习的榜样。除了这些工作以外，我还有一个是配合好主要领导，对项目进行上下半年各一次，每年不少于两次的检查、考察。

情牵果洛

3年很快过去，在送行的时候我作了一首打油诗：三年两地行，一生果洛情；上海援青海，情深似大海。果洛这个名字是格萨文化中很重要的体现，就是叫转败为胜。青海省3/4以上的人员没有去过果洛州，因为那边太远了，路实在不好走。我们有一个铁的纪律：不允许干部自己驾车赶夜路。曾经我在一个月间在西宁和果洛之间四上四下，途中在车上睡着感冒了，因为带团没及时去医院，"十一"期间赶回上海看病，就是肺气肿，非常危险。

3年期间每一次从西宁到果洛州政府，要马不停蹄地开七个半小时车，行程500公里。七个半小时里车子经过的761个弯道，我都历历在目、了如指掌，果洛州委州政府干部对于上海人的精细非常叹服。现在果洛建成了第一条高速公路——花久高速公路，以往玛多县到州政府车程5—6个小时，如今只需要2个小时不到。果洛州现在虽然还不发达，但总有一天会真正好起来。果洛州现在稳步实现跨越式发展，就在于和上海干部一样稳扎稳打，久久为功。功成不必在我，功成必定有我，我们就是这么一个心态，对当地的影响很大。

我们在西宁援建了第一所学校——西宁果洛中学，新建了第一个藏医院——果洛藏族自治州藏医医院，也建成了第一个机场——果洛大武机场。2014年，韩正书记接待果洛州党政代表团来沪考察，同我们亲切握手，我排在队伍最后，这让韩书记误以为我是藏族干部。我用上海话说：韩书记侬好。他很惊讶：你不仅是上海的，而且还是黄浦区的。没想到因为黑而闹了笑话。第二年韩正书记、杨雄市长接待代表团，老远看见我就说：国球你又黑了。这说明领导很关心我，也是对我们工作很大的支持。

回望来时路感触颇深，信念很重要，使命感也很重要。面对这么多的困难，没有坚定信念支撑是不行的。我们团队拥有乐观的心态，面对困难只有往前，没有退路。这一辈子有幸承担起国家的重大战略任务，很有成就感。另外，我们战胜了当时果洛"三个最"（海拔最高、条件最苦、发展最慢）的现状，达到了思想上、心理上和工作上的高度，这是我援青三年的重要收获之一。

（郭继　沈斯亮　周敏　采访，沈斯亮　整理）

在对口援青中擦拭初心践行使命

倪斌

2016年的7月，我们第三批援青干部，来到青海省果洛藏族自治州开展工作。我有幸受组织安排担任这一批援青干部联络组组长。2005年至2009年我曾在上海市政府驻新疆办事处工作近四年，当时我的双胞胎女儿正在读小学，家里"四老两小"的生活负担全部落在了我爱人一个人的肩上，我深知"一人援外、全家奉献"的各种不易，对援外工作也有着特别的情结。因此2016年，当组织就选派我参加援青工作征求意见时，我马上就接受了任务。从黄浦江畔到三江源头，从繁华都市到严寒牧区，从低海拔富氧地区到高海拔缺氧地区，三年在果洛的工作生活给我们留下了很深的印象。尽管回来一年多，有时回过头来想想还是很感慨的。到现在有时候我们谈起果洛，看到有关青海的新闻，包括我们的朋友和家人都非常关注。

学思践悟开好局、起好步

上海对口援青始于2010年中央第五次西藏工作座谈会后。我们第三批援青干部人才是中央召开第六次西藏工作座谈会后派出的新一批队伍。

没去果洛之前，确实不知道果洛在哪个方向、哪个位置。出来之前我也问过大家，好多同志没去过藏区，甚至没有在外地工作过的经历，也就是说对青海果洛大家都很陌生。所以好多同志一知道被选派到果洛参与对口支援后都拼命去查、去问、去打听，才知道在所有的少数民族自治州里面，果洛是海拔最高、经济最欠发达的一个地州，人口只有20万，但土地面积很大，有7.64万平方公里，相当于12个上海那么大，地广人稀，交通也比较闭塞，又是高海拔地区，经济总量小、产业结构单一，果洛发展的局限性也就显而易见。因此，对于这些地区的发展，习近平总书记反复强调指出："东西部扶贫协作和对口支援，是推动区域协调发展、协同发展、共同发展的大战略，是加强区域合作、优化产业布局、拓展对内对外开放新空间的大布局，是实现先富帮后富、最终实现共同富裕目标的大举措，必须认清形势、聚焦精准、深化帮扶、确保实效，切实提高工作水平，全面打赢脱贫攻坚战。"这为我们如何做好对口援青工作指明了方向，提供了遵循。

从我作为领队角度来说，首先要思考为什么到青海去？要清楚援青工作的大背景，中央的要求等等，只有政治站位提高，才能够知道我们到那里去要干什么？我们怎么干？把这些弄明白了，我们的开局起步才能有良好的基础。

因此，在奔赴青海前的一个月准备时间里，我们组织开展了"思想先行、学习在先"系列学习。通过学习，我们解决了两个问题，一个是做好打好攻坚战的准备。我们提出了进青三问，进青为什么？在青干什么？离青留什么？这个是我们所有的上海援青干部必须面对和回答的，也就是说这三年里面你最后离开了，你要交答卷的，所以这很重要。第二是要有打胜仗的决心。我们刚到青海的时候，好多当地的干部同志们说，你们真不容易，从大城市来的，你们躺着也是奉献。我回答说，躺着的话我还来干什么？我还不如在上海躺着，跑高原来躺着干嘛？既然来了，就是要干活的。脱贫攻坚是一个重大的国家战略。我们去的时间，正是果洛处于打好脱贫攻坚战、如期实现全面小康的决胜阶段。我跟同志们说我们真荣幸，人一生中能有几个碰上参与国家战略的机会，我们正好碰上了。所以我们要么不来，既然选择到果洛来，就要把工作做好，不留遗憾。况且整个援青工作也到了逆水行舟，不进则退的阶段。我们不仅要把前两批援青干部为我们打下的基础保持下去，还要接好"接力棒"，为下一批援青干部守住脱贫时间底线打下坚实的基础。

有了决心意志，还要抓执行落实。这三年当中我想了两条主线，一条主线是抓项目，一条主线是抓队伍，我感觉这两块都是最关键的，不能偏颇。为了抓好项目，我们开展了"狠抓质量筑品牌，精准扶贫有担当"主题实践活动。因为我们到果洛的三年，最主要的任务就是完成对口支援项目，而对口支援项目的完成好坏，直接反映我们三年工作的成效，对此我感觉需要有一个主线来贯穿，就提出了"始终聚焦靶心不散光"的口号。随着时间的推移，要求的明确，援青工作的内容越来越多，国家发改委对这一块也有专门的规划和考核，非常严谨，政策性很强，涉及面很广。可以说，援青工作不仅仅是经济工作、社会工作，更是政治工作，所以我们要站位高，要有"功成不必在我，但功成必定有我"的思想境界，抓好项目，为我们再下一批上海援青工作打更好的基础。

为了抓好队伍，我们组织开展了"砥砺品格、快乐援青、服务为民、建功雪域"主题实践活动，做到"始终保持精气神不松劲"。尽管援青干部都是经过组织上反复遴选后产生的，但到了陌生领域、陌生环境，在生活上、工作上、学习上还是会碰到各种问题和困难。因为缺氧和失眠，同志们记忆衰退，头发灰白；因为干冷和无法锻炼，很多同志流鼻血，两位在海拔 4500 多米玛多县的黄浦区同志更艰苦，平时经常流鼻血，体重急剧下降。州直机关的陈洪志、万刚，甘德县的赵冬兵以及州民族高级中学的袁春清等都患上了高原性高血压；项目管理组组长朱文忠，病倒在项目检查的路上；久治县的朱亮的心率曾一度达每分钟130 次，血压高达 140—170，非常吓人，好多同志包括当地同志跟他说，你就先下去缓一缓再上来。他说了一句话，让我非常感动，他说：我这一次都扛不下来，三年怎么办？

可能在平原你是感觉不到这种情景和状态的，但在高原确确实实是一种考验。记得同志们曾开玩笑说，你们以后开会不要说我讲三点，你们想起一点说一点。为什么？因为有时候说讲三点，最后讲到第三点的时候忘了，很尴尬。我感觉这是对人的身体的一种极限考验，但更多是对人的精神思想的一种考验。我们只有通过主观努力、作风养成来克服这些困难。3年来，我们共组织召开集体学习会33次，回沪休假期间，我们还组织开展集中学习、集中走访和集中座谈，做到"离岗不离心、放假不放松"。我们不仅学习中央精神，还学习沪青两地领导讲话和专题会议精神，当地风土人情、历史风貌等，通过学习提高思想认识，引导大家把当标杆、做示范、走前列的要求，内化于心，外化于行。

当然，我们的工作离不开各级领导的关心和爱护，离不开广大干部群众的支持和帮助。上海和青海两地的党政主要领导始终重视我们这块工作，每年要召开座谈会，研究工作推进情况，听汇报。上海市原市长应勇和青海省委书记王建军，包括其他的各级领导多次带队来果洛指导工作，慰问我们，给我们鼓励和支持。果洛州委书记武玉嶂、州长白加扎西，包括其他四大班子的领导，还有班子成员，问寒问暖，生活上关心，工作上支持，也非常信任我们，爱护我们。广大果洛的干部群众，接纳我们，支持帮助我们，所以我们尽管在陌生的地方，也没有感觉到不自在。我们始终倍受感动、铭记不忘。

发扬斗争精神，做援果"拼命三郎"

果洛7.64万平方公里土地中，80%的面积海拔有4000—5000米，氧气稀薄；年均气温零下4℃，极端最低气温为零下41.8℃，当地同志说"我们只有两个季节：冬季和大约在冬季"，还说在果洛有"三个不知道"，就是睡着没睡着不知道，吃饱没吃饱不知道，生病没生病不知道。确实是这样，晚上不到凌晨三四点钟是睡不着、睡不下去的。到了果洛，大家都切身体会了什么叫"辗转反侧"。因为气候和缺氧，人的食欲急剧下降，感觉不到饿，天天昏昏沉沉，反应也慢，动作也慢，人像生病一样没有精神，生病没生病也都不清楚。

因此，刚进高原，几名同志就因高反身体扛不住了。在外面工作，我是有经验的，但在藏区高原高海拔地区工作还是第一次，确实对身体考验蛮大，有时候小毛病可能会变成大病，尤其是高原反应引起的一些肺水肿等都是要命的，所以我当时也蛮犹豫的，这个活儿怎么开头？一方面是一部分同志的身体状况要考虑，另一方面我们要起步开局，要做大量调研，真的是压力很大。经过反复思量，我决定除个别同志留下休养外，还是按计划开展两轮调研，一轮 2200 公里，两轮行程 4400 公里。后来这些做法也形成了制度，每年三轮的项目检查是不能少的。一般是年初下去调研，年中看看项目推进情况，年底收工之前再去看看进展情况。

三年时间，同志们走村入户，基本上把果洛的每一个自然村和工地都走到了。其间，确实碰到很多意想不到的情况，比如溜滑、陷车、爆胎，甚至还有生死瞬间的经历。记得 2017 年 3 月初，我们检查项目时，途经达日县窝赛乡，这也是我对口帮扶的乡，我每年要去好几次，包括还有结对的村和寺庙。那一天风雪交加，十米开外基本上一片白茫茫，路都看不见。下车，风雪把衣服刮得呼呼响，站都站不稳，眼睛也睁不开，因为风大雪大，呼吸都困难，原本两个小时的车程走了五个多小时。2018 年 11 月，因冰雪天气高速公路关闭，我们临时改走走马车的便道，翻越玛积雪山时，我们的一辆车因冰雪路滑，溜出路基，直奔山谷，还好一块大石头挡住了。当时车上有一位藏族司机，三位上海援青干部，现在想想确实非常后怕，真的出了问题，我怎么向他们家人和组织交代？这种突发的无法意料的事情是时有发生的，所以在高海拔高原地区的援外干部牺牲也是有的。

每次下基层检查实际上是项目的检查，因为这三年怎么把工作做好，最终体现在我们每年的项目安排和项目落实上。我们一般都是盯着问题来，如果有什么问题，我们要求当地相关部门必须拿出措施。对一些项目我们倒排计划，挂图作战，为什么？因为高原地区的施工期只有半年，冬季是没法施工的，一般 4 月份开工，9 月底就得收工，如果在冬季施工的话，不仅质量很难保证，成本也是高得不得了。所以，有时候项目任务定下来，我们就必须下去盯着赶紧上，否则时间不允许，而且我们当时要求当年的工作当年完成。我常跟同志们说对口援助是政治任务、国家战略，实际上体现在项目上，你怎么让老百姓有获得感、幸福感，对我们来说就是把每个项目不管大小都尽快做好，让老百姓尽早得到实惠。所以早一天好一天，拖一天，我们把温暖送到老百姓手上的时间就会更长。这也是我们做项目为什么要拼命往前做的道理。

三年来，我们在上海市合作交流办的指导下，科学制定了各年度的工作目标。

2016年，我们是"接好棒、起好步、开好局"，做到全面对接工作，深入调研，以更高的起点谋划、启动新一轮援青工作。2017年，我们提出"突出民生、狠抓项目、强化机制、携手发展"，把援建计划实施和援建项目资金管理作为援青工作的主要抓手，突出理念传递和机制完善，抓督查、做评比，狠抓推进，而且是快推，抓紧推。2018年，我们提出"聚焦脱贫、对标考核、攻坚克难、打造亮点"，对标国家发改委的考核体系和上海关于对口支援工作的绩效评价的指标体系，补短板、攻难点、树典型、做亮点，以点带面来推动整体发展。

2019年，我们提出"再接再厉、慎终如始、总结提高、圆满交棒"。2019年对于我们来说实际上只有半年的时间，好多是总结的事情，新一年度项目的安排，为此，我们在总结过程中做好提升和巩固，加快存量项目资金执行落实，扎实做好新建项目前期准备，把我们应该做的上半年工作做好，为下一批的交接打好基础。同时，继续严格管理纪律，越是到了最后，越是要到吹集结号的时候，越容易产生思想上的懈怠，有时候会有点小毛病，对此，我们在思想上更抓紧，纪律上更严明。

尽心尽力"交支票不交责任"

如何做好对口支援工作，上海市副市长彭沉雷曾说过，"项目资金是我们开展对口帮扶的工作载体，推进帮扶项目落实落地是前方工作机构的第一职责"。所以，我们紧紧围绕"中央要求、果洛所需、上海所能"的原则，既不大包大揽，也不做甩手掌柜，始终聚焦"助力果洛打赢脱贫攻坚战"主业主责，以改善民生、凝聚人心作为我们一切工作的出发点和落脚点，努力做到"交支票不交责任"。

比如为了推进上海援建项目，我们制定了《关于进一步加强上海援青项目管理的实施意见》等四份项目管理的文件。再如我们每年都要求州委州政府出面，召开全州对口支援会，高位推进，请书记讲话、州长主持，我做部署，然后还有交流，各县的党政"一把手"都要参加，州直部门的主要负责同志也都要参与。没有这样一个重视的机制，很难想象工作的推进。为了解决项目推进日常工作的监督检查，我们觉得除了我们上海援青干部以外，需要一个专业化的第三方来帮我们做，毕竟我们在这方面是外行。所以，我们引进了第三方管理机构——项目管理公司。我们还完善了资金拨付、档案管理等制度。

在项目安排上，我们 3 年共安排 303 个，援助资金年增长比例不低于 7%。这些项目都是按照当地的一些实际情况来推进的，有硬项目也有软项目。除了这块，我们还落实计划外资金和物资 1.1 亿元，绝大部分是我们援青干部通过上海社会各方支持带来的。经过上海果洛两地的共同努力，2018 年玛多县率先脱贫摘帽，其他五县在 2019 年也全部脱贫摘帽，做到了提前"冲刺撞线"；3 年全州脱贫 10202 户 34678 人。2017 年在第一次国家考核中，上海援青排在对口援青 6 个省市的第一档。

在我们援建的项目中，我们做了一些感觉比较好的项目，或者说是标志性的项目。比如我们帮助建成的西宁果洛中学，在改善果洛教育方面发挥了积极作用。西宁市海拔 2200 米，相对果洛低很多。这样，很多原来不能到高原授课的优秀老师，可以到西宁去给孩子们授课。上海老师也可以来这里支教，高海拔地区确实不行，我们有切身体会，要是上个半天课，下午的半天课你绝对上不了。我们还请退休的老师到西宁，到果洛中学来上课，各方面保障都能跟得上。西宁果洛中学项目后来被评为 2019 年上海市精准扶贫十大典型案例。

我们还有一个获得 2018 年上海市精准扶贫十佳案例的项目，就是帮助藏族"小卓玛"实现蓝天梦。果洛有个由浦东外事服务学校、上海房地产学校、上海南湖职业学校、上海新陆职业技术学校等上海几家职业技术学校组成的上海果洛职业教育联盟。2015 年，浦东外事服务学校航空服务专业办了果洛民族班，招录了一批果洛学生去学习。2018 年她们学成毕业。为了推进她们就业，我们积极协调，最终拉格卓玛、才让吉、东格、德青卓玛等四名学生被东方航空公司破格录用，成为"准空姐"。其他学生分别被东航地勤、西宁曹家堡机场、玉树巴塘机场、果洛县级教育部门录用，全部实现高质量稳定就业。这在果洛是非常不得了的事情，普通藏家女能上蓝天，这是当地祖祖辈辈从来未曾有过的奢梦，通过我们的努力，不仅为他们开启崭新的职业人生，而且一人就业，全家脱贫。这也是我们通过扶智扶贫创造的一个典型案例。

产业扶贫方面，我们积极组织 24 家果洛企业和 80 余种高原的特色农产品和手工艺品，比如牦牛肉、藏羊肉、青稞酒、蕨麻、藏雪茶、冬虫夏草、羊肚菌、唐卡、石刻等手工艺品，首次走进上海。我们还创新地探索实施金融扶贫。我们学习借鉴云南经验，引进上海安信农保在我们果洛开展农产品气象指数保险。因为果洛在高原，气候比较恶劣，气象条件比较复杂，每年有雪灾，农牧民就会有牛羊损失。如果有了保险，农牧民的牛羊因自然灾害冻死了，保险可以理赔，为农牧民进行了兜底，可以帮助农牧民把损失降到最低，甚至有的没损失了。

在文化、教育、健康事业方面，我们首次在上海大世界成功举办了"走进上海大世界果洛非遗文化旅游展示"，还在迪士尼的大通广场、音乐广场，首次组织了整个果洛州的文化非遗展示，让上海市民第一次近距离接触感受藏区文化、果洛文化，反响非常好。首次在高原开展人工耳蜗的植入，先天性心脏病患儿的筛查和手术等。上海的知名医院都派出非常有经验的医务团队、各个领域的著名专家来帮助做这些事。在教育方面，上海有关街道、企事业单位和果洛 16 个乡镇，28 个贫困生签订了帮扶协议，结对协议累计 51 个。我们还倡导成立了"沪·果爱心教育基金"等 4 个基金，主要用于果洛各级学校的优秀学生、老师的奖励，贫困学生的资助。钱并没有很多，但因真正是从当地群众所需出发办实事，在当地引起蛮大的反响。

我们"二十四扎西"

进青前，我经常跟大家说，我们这批干部要一个不少地来，一个不少地回，就是说我们 24 个同志一个都不能掉队，不但要全面完成组织交给我们的任务，而且一个都不能触犯各项纪律，3 年后高高兴兴回家乡。

果洛自然环境恶劣，交通状况差，意外情况时有发生。24 位同志来自上海的各个地方，又分散在果洛的 6 个县 1 个州里。想到大家的身体状况，出行安全，平心而论，作为领队我是很担心的，要把这支队伍带好，是不容易的，也是有挑战的。所以，我自始至终坚持一个标准带队，那就是严字当头。我自己作为领队，首先坚持做到每年第一个来高原，最后一个离开；2017 年 2 月，我爱人意外腿骨骨折；6 月，我的岳父突然离世；2019 年 5 月，在援青干部批次轮换最关键的时候，我的岳母病逝；2018 年，我曾意外遭遇车祸、在西宁动了手术，但我很快就返回果洛。

就这样拼字当先，苦中作乐，我们的同志都做到了"缺氧不缺精神、条件差作风不差、动作慢思考不慢"，无论是安排组织分工、迎接国家考核，还是干部分批次提拔，大家都能大事讲原则，小事讲风格，面对任务不推诿，面对困难不逃避，面对功名不争抢，真正做到有情怀、识大局，有纪律、重协同，有执行、比担当，有实效、求卓越。甘德县的王平岳母过世，妻子和父亲重病先后住院；玛多的夏彤刚到青海不久，把他带大的外婆去世；班玛县的金伟在青期间，母亲两次动大手术；州医院的朱彬进青时孩子尚未满月……但他们都没有向组织上提出特殊要求，始终坚守岗位，把对亲人的思念转化为推动工作的动力，这些都是我们这个团队的精神财富。

功不唐捐、玉汝于成。2019 年，青海省委书记王建军，省委副书记、省长刘宁专门对援青干部联络组 2018 年度工作予以肯定："一年来，上海市全体援青干部克服高寒缺氧、条件艰苦等诸多困难，主动融入、积极适应、扎实工作，展现了良好的政治素质和过硬的工作作风，得到各族干部群众的充分肯定和赞誉。"援青期间，我们 22 名同志得到提拔或职务晋升，两名新增派的同志回沪后也得到重用；两名同志荣获上海市"五一"劳动奖章，两名同志荣获上海市"五四"青年奖章，两名同志被评为果洛州民族团结进步创建活动先进个人；24 名上海援青干部人才三年年终考核等次均为优秀。我想，这些荣誉背后，既有我们的付出，也蕴含了组织对我们援外干部的关心与关爱，特别是果洛人民对我们的深情，现在每每想起与果洛各级干部群众挥泪惜别、执手相送的感人场面，依然唏嘘不已。果洛大地送给我们"二十四扎西"的美誉，既让我们感动自豪，也将永远珍藏在我们心间。

三载春秋赴雪域，一生铭记青海情。回沪以后，我们在各自的岗位上还要继续发扬高原精神，发扬上海援青干部优良的工作作风和奋斗精神，在各自岗位上把工作做得更好。亦余心之所善兮，虽九死其尤未悔。我们还将继续关注和关心果洛这片我们曾经奋斗和奉献过的热土，继续当好沪青两地合作交流的友好使者。

（郭继　夏彤　周春燕　采访，夏彤　周春燕　整理）

以爱心温暖果洛大地 扎实开展医疗帮扶工作

涂攀

2016年7月，作为上海第三批援青干部，也是首批援青卫生干部，我从黄浦区中西医结合医院来到青海，挂职担任果洛州人民医院副院长，分管行政、后勤和基建工作。三年间，在上海市援青干部联络组的指导下，我始终以落实"援青为什么，在青干什么，离青留什么"为工作导向，从大处着眼，从小处着手，努力把医疗扶贫工作落到实处，搭建沪青两地医疗合作平台，使医院管理服务水平得到提升，医疗条件得到改善，地方病治疗取得重大进展。

缺氧不缺精神

当组织通知我被确定为最终援青人选时，我很意外，也很激动。意外的是自己的综合条件并不算最好，激动的是援青任务既开阔眼界，又能用一己之力为藏区作贡献。临走前，我最担心的还是家人。果洛与上海相距2000多公里，家里有什么事我鞭长莫及，特别是女儿当时正处于求知期和青春期，更需要我这个父亲在身边。但作为一名共产党员、一名医务工作者，无条件服从组织安排、到党和人民需要的地方去，是我的责任，也是我的光荣。

果洛的平均海拔4200米，果洛州人民医院在玛沁县大武镇，也是果洛藏族自治州州府所在地，海拔3800米，属于高原之中的洼地，但对我仍是个不小的挑战。若干年前我曾去3000多米的高原旅游，反应强烈。果不其然，刚到果洛的前两个晚上完全没有睡着，头疼欲裂，白天仿佛脚踩棉花，走路摇摇晃晃。此后失眠成了家常便饭。入睡难，夜里翻来覆去睡不着。又容易醒，睡着睡着，突然脑子就非常清醒，只好睁着眼睛，苦苦等待天亮。3年间，我每天平均睡眠时间仅有3—4小时。失眠的影响，很快显现。首先是情绪差、易焦躁，稍有不顺心，容易发脾气；其次是思维的迟钝与退化。我的记忆力原本很不错，但当时明显感到记不住、容易忘。

由于高原缺氧，身体运动机能大大降低，运动幅度骤降。从宿舍到医院大约七八百米，步行却要走上20多分钟，每天上下班四次来回，时常不得不打车通勤。州医院安排的宿舍在五楼，对身处高原地区的我而言是个巨大挑战，特别是有时手上拎了东西，更是"一步一停"。住了大约一年半，通过沟通，换到一个二楼的宿舍，虽然面积变小了，却解决了体力上的大问题。即使有缺氧、失眠等问题的困扰，我依然鼓足干劲，以"缺氧不缺精神"的态度积极工作、好好生活。

工作中，我以身作则，严以律己。作为医护人员，救治病人是本职，认真负责的态度是支撑。凡涉及工作，我都严肃对待，布置任务时明确负责人、完成时间、验收标准，任务中全程跟进，随时抽查，一旦发现问题，立即督促改进。部分职工的时间观念不强，开会时迟到很久，我就发动全体人员一起坐着等待，直到迟到的人出现，我也并不当着大家的面公开责备，而是在玩笑中讲明道理，说明问题，这样一来大家的时间观念就增强很多。果洛的藏民很多，他们有一种说法，叫做"福报"，即做好事是会有福报的。作为援青干部，作为州医院分管领导和医生，我也相信，即使有些工作并非分内，也并不能给医院带来直接利益，但是对州医院、对果洛人民有益，我做了，就会有福报。

生活中，我自己动手，丰衣足食。身在异乡为异客，每天做一顿可口的晚饭是对自己最好的犒劳。在缺氧的症状比较明显的情况下，坚持自己做饭吃，不仅能够活动活动肢体，还是一种难得的乐趣。伙食营养搭配合理了，才能保持良好的身体状态，更好地干好工作。高原上生病，动辄一两个月，治愈很慢。我一度患上呼吸道感染，连续咳嗽咳痰45天。经此一事，我对保持健康愈发注意。这也是对自己、对家人、对他人负责。

做好管理与服务

按照州卫计委的要求，我在州医院具体分管行政、后勤和基建工作。通过经常性与院领导和同事们谈心，了解医院的各种情况并交流分享自己真实的经验、想法和思路。我特别注意工作上的方式方法，努力当好院主要领导的参谋，使自己的建议得到采纳实施，并在参加院主要领导主持的各种工作会议时，积极发表真实想法，供与会者讨论、采纳。尽管有些事情超出我的分管工作范围，但我仍然跨前一步，主动作为。

2017年，医院住院部大楼外科病区发生输氧管爆燃事件后，我立即采取适当措施，保证科室运行不受大的影响。同时，考虑到解决这一安全问题的必要性和紧迫性，我极力说服院党委会同意投入资金近30万元，对大楼输氧总管及外科病区各输气管路、电路等进行全面维修改造，并督促负责改造的供应商在6月中旬前完工，确保州包虫病诊疗中心第二阶段手术诊疗不受影响。同年，黑土山发生山体滑坡，作为当时唯一在院的行政领导，我主动担当，在获得院长授权后，组织全院急救力量时刻待命。在接到救援前方药品需求的消息后，组织备齐十余种药品和器械迅速运抵事发现场。

在调研中，我发现州医院在程序、管理等方面存在不规范、不细致的问题。我积极献言献策，提供上海的经验和做法。一是完善上门问诊制度。州医院针对有特殊需求的病人实行上门问诊服务。这种非工作时间的问诊，医生的诊费却得不到落实，在医生间引起较大反响，为医院工作带来一定阻力。经过反复调研、会议研讨，发现主要症结是经费紧张。我便组织研究编制预结算向州财政申请经费，并出台关于医生外出诊疗费用的方案。后来，相关的费用有着落，医生的权益也得到保障，工作开展就更加顺畅了。

二是完善门诊操作流程。州医院有时出现病人找不到诊室，远道而来却因没有标识或是医生走开而找不到，白跑一趟的情况。经过调研和论证，我们提出重新设置科室标识的建议，并在医院大厅设置导诊台，专人专岗，对病人进行预检分诊，并要求导诊台随时和医生保持联系，避免病人长时间等待，极大地方便了病人就医。

三是加强设备档案管理。州医院设备档案管理存在不专业、不到位的现象。医院的设备，包括 B 超、CT、呼吸机、胃肠镜等医疗设备，以及电梯等通用设备，都需要定期保养维修。电梯是医院常用设备，需强制定期检修。然而，州医院电梯经常拖检，卡顿等故障时有发生。为此，我将设备档案管理列出清单，包含发票、合同、照片、保管科室等，对工作人员进行培训，使其对设备的检测周期、维护保养做到心中有数，查阅方便。

四是提高安全管理意识。以前，州医院对安全管理的重要性认识不足，存在疏于检查，疏于工作落实，疏于书面记录的现象。例如，院内房屋出现漏水、地面积水，却长时间没有人处理，这虽然是一件小事，却也反映出职工安全管理意识不强。为此，我带领职工从头到尾梳理工作流程，提高安全管理意识。再发生类似情况，工作人员会及时放上一个警示牌，并对现场拍照发送至相关科室，及时维修的同时关照周边的同事小心行事，能做到举一反三，极大地推动了州医院安全管理水平的提高。

五是智力援青。重在传授好的观念和切实有效的思路。着重培养守时观念、责任意识、认真的工作态度和严谨的思考方法。

精准有效推进医疗援助

援青卫生干部的一项中心工作，是促进沪青两地的医疗交流和争取上海的医疗援助，并以此为抓手，推进果洛当地医疗服务水平的提升。包虫病、白内障、先天性心脏病、肺结核、肝炎等是果洛的常见病、多发病，我与其他上海援青干部多方动员，着力改善当地的卫生诊疗和健康状况。

包虫病，由细粒棘球绦虫的幼虫感染人体所致，是畜牧区人畜共患的疾病。果洛是全国包虫病最为严重的地区之一，发病率在3%以上，有的县超过了5%，达日县有一个乡发病率甚至超过12%。包虫大多寄生在人体肝脏，也有寄生在肺部、脑部等其他脏器的情况。包虫病分为两种，一种是囊型包虫病，根据病情可采用药物治疗或手术治疗；另一种叫泡型包虫病，非常严重，治疗难度大，10年死亡率超过90%，俗称"虫癌"。近年来，上海每年投入资金，在果洛全州开展以包虫病为主的传染病普查工作，仅2017年筛查人数达19.65万人，手术治疗300例；投入专项资金，开展以包虫病为主的重大地方病、传染病防治的医务人员培训等；上海联合果洛州财政对包虫病患者采用就医自付费用全部兜底的政策，包虫病患者就医从就诊到出院，全程由专人负责，患者本人不需要花一分钱。包虫病的治疗越早发现效果越好，但早期筛查必须用到B超，手术则用高精度CT机定位，原有的设备无法满足手术的需求。我在援青兄弟的大力促成下，联系到上海联影医疗科技有限公司，无偿引进一台价值500万元的16排CT机，这是我援青期满返沪前，州医院获得的最大的单项计划外捐赠，填补了果洛州的肝胆临床诊断空白，为果洛州包虫病诊疗提供了坚实的设备保障。

因紫外线强烈，果洛地区白内障多发，且极易复发，需要定期手术。我与上海市卫计委联系，上海市眼病防治所的队伍专门到果洛州进行白内障的手术，计50余例，随行医疗装备全部捐赠果洛州人民医院眼科。此外，我们争取到上海市青翼建设工程有限公司 2018 年和 2019 年连续两年无偿捐助白内障专项手术费 10 万元，州医院利用这笔捐助为病人更换人工晶体，每年完成 40 余例白内障手术。

先天性心脏病在果洛也属于多发病。我联系上海市胸科医院心外科等科室专家，筛查具备手术指征的果洛先心患儿，并争取社会爱心机构的捐助，使两名患儿赴上海接受免费手术。后经黄浦区委组织部和黄浦区区域化党建联建平台牵线搭桥，上海浦江控股集团捐赠 30 万元，为 5 名果洛当地患儿的先天性心脏病手术费及陪同家长和医护人员交通食宿费提供全额资助。

在多方努力下，看到患者相继痊愈出院，我感到十分欣慰。所接触的患者中，藏族小女孩曲措（化名）最令我牵挂。2016 年，上海第九人民医院专家组由吴皓院长带队，首次进果洛巡回医疗并开展免费人工耳蜗植入手术 4 例。吴皓教授在义诊时，发现了九岁的曲措有听力障碍，且不会说话。她是孤儿，由姑父母带大。因为患有先天性耳聋，处在一个无声的世界里，性格有些孤僻，容易发脾气，对陌生人很排斥抗拒。经过前期检查，她被列入第一批植入电子耳蜗的小患者。吴皓教授亲自为她做了手术，每隔 3 个月来果洛为她进行调试，小姑娘终于进入了一个有声的世界。2017 年，上海市胸科医院专家在果洛开展儿童先天性心脏病筛查，又发现了曲措患有先天性心脏疾病。那时她 10 岁，还来得及手术，我们当即安排她到上海接受了免费的手术。通过这两次手术，我与曲措一家相熟。有次下班回家准备打车，正巧遇见曲措开出租车的姑父，车里还坐着她姑母。两口子硬是拉着我上了车，言语之间十分激动。得知现在曲措性格比以前开朗了，脸上的笑容比以前多了，还能发声简单说一两个词，我也觉得很高兴。

单凭硬件和治疗无法提高果洛州的整体医疗水平，还必须从队伍建设上下功夫。我推动组织州医院外科、耳鼻喉科各一名医师赴上海龙华医院和上海第九人民医院进修。其中，外科医师学成归来后，在州医院开设肛肠科门诊并成功施行多台肛肠手术；耳鼻喉科医师进修回来后，能够较为熟练使用测听设备用于先天性耳聋的筛查，为一州六县农牧民提供听力残疾鉴定。

3年间，上海共有十余家（次）医疗机构来访州医院，医疗团队总人数逾百人。其中既有华山医院、瑞金医院、中山医院、上海第九人民医院等三级甲等综合性医院，也有上海市胸科医院、上海市肺科医院、上海市儿童医院、上海中医药大学附属龙华医院等三级甲等专科医院。一次性无偿捐助医学装备和药品等价值近300万元，义诊覆盖数万人次。开展人工耳蜗植入术、肛肠手术、人工晶体植入术等多种带教手术，计50余台次；开展多场专业培训，参加人数近200人。

"白玉兰"架起医学桥梁

2014年至2017年，上海在果洛投入600万元援建资金建设白玉兰远程医疗系统，覆盖州县两级人民医院；2018年，再投入300万元，基本做到州乡镇卫生院全覆盖。

2016年我到果洛州人民医院后，发现州医院运用"白玉兰"远程医疗系统进行疑难病例会诊使用率不高。经详细调研，认为存在的原因主要为：一是当地医生有畏难思想，担心与上海专家医疗水平差距过大，自信心受打击；二是远程会诊对话准备工作较为复杂，涉及多个科室间的协作；三是病人病情相关资料准备的内容较多，往往不能面面俱到。首先，我从医生的畏难心理着手，跟医生坦白交流，上海远程接诊的专家水平在全国都是一流的，医院的医生跟他们比，水平差距是可以想见的；加之上海专家对州医院的真实水平应该也有心理准备，他们也都是真心帮助州医院，真心帮助果洛病患的，从而一点点打消他们的心理顾虑。其次，从理顺对话准备工作的流程入手，对涉及的医务科、护理部及信息科等等相关科室提出要求，希望得到他们的全力配合。第三，与上海方做好预先沟通，请上海专家提出病人需要进行的诊疗和检查检验等的具体项目，以指导果洛州医院的医生提前做好准备工作。就这样，一步步推动果洛州人民医院医生逐步提高"白玉兰"远程医疗系统的使用频次。

"白玉兰"远程医疗系统得到了领导的高度重视。2018年4月11日，李克强总理在上海华山医院视察时，见证了华山医院和果洛州人民医院的医生运用"白玉兰"系统共同为来自达日县桑日麻乡的吉桑（化名）远程会诊的过程。当年3月，病人吉桑来到州人民医院就诊，20岁藏族小伙子咳嗽、咳痰，背部疼痛有一个多月，伴有盗汗，没有明显发热。州医院通过肺部CT发现了明显的病灶，初步考虑是结核病，给予了积极的抗结核治疗。然而吉桑病情并没有如预料中好转。进一步检查发现他的病情远没有初诊时那么简单，他的颅内和肝脏先后发现了病灶，而且颅内的病灶已经表现出占位效应，随时都可能有性命之虞。医生怀疑是结核性脑膜炎，也不排除可能是包虫病转移至胸部、脑部。这一病症让医生感到极为棘手。4月11日当天，通过"白玉兰"远程医疗系统，州人民医院与上海华山医院连线，神经外科专家周良辅院士、放射科专家耿道颖教授、感染科专家张文宏教授为吉桑进行了联合会诊。之前，州医院将CT片子等通过读片机传送到上海。在华山医院远程会诊中心，三位专家结合患者的流行学资料、影像学表现和既往病史，与果洛医生充分讨论后，经过缜密分析，很快得出一致意见：累及脑部、肺部、肝脏的病灶考虑播散性包虫病，颅内、肺部播散为主，右肺并发结核待排，建议肺部病灶尝试做进一步病原学检查和病理学检查排除并发结核，同时服用阿苯达唑抗寄生虫治疗，联合脱水和甲强龙治疗缓解脑水肿，择机做病灶切除。因为这一高效的联合会诊，吉桑被及时送到青海省人民医院治疗。这次沪青远程会诊，我作为果洛州人民医院远程会诊中心的三名医生之一，被组织安排与李克强总理对话。总理了解了"白玉兰"的使用情况，肯定了远程医疗系统的成效，并询问果洛州人民医院存在的困难，提出大力发展区域性诊疗中心、优先向中西部偏远地区配置优质医疗设备等指示要求。无疑，这是对我们包括果洛州在内的全体医务工作者极大的鼓舞和鞭策。

　　医疗扶贫是上海对口支援果洛州的重要内容，助力果洛打赢脱贫攻坚战是上海援青工作的重中之重。三年间，当亲身感受到州医院设备质量提升、制度规范完善、诊疗水平精进时，我由衷地感到欣慰与自豪。当然，我的工作也有不准确、不到位的地方，有待后继者再接再厉。在医疗资源不宽裕的当下，当地医生培训应以务实为准则，重点学习和强化果洛多发病、常见病的诊疗技术，稳扎稳打练好基本功；要根本上改善当地的卫生健康状况，应当加大以预防为主的教育力度，要求当地群众坚持预防为主的方针，不喝生水、不吃生肉、饭前洗手、及时就医、坚持用药，从源头上解决当地群众因生活习惯造成的常见病。果洛，藏语意为"反败为胜的人"。相信 20 万果洛人民一定能战胜困难，坚决打赢这场脱贫攻坚战。

（王文玮　杨维倩　采访整理）

在果洛修建"教育之路"

袁春清

　　"一定是特别的缘分",这句歌词恰好符合了我此刻的心境,"袁""清"和援青,这两个字早就存在于我的名字之中,印刻于我的生命之内,这怎么不是特别的缘分呢……

　　很多师范院校毕业生心里都曾经有一个美丽的支教梦,想凭借一己之力去改变那令人心酸的贫穷与落后。但现实生活的种种羁绊,最终让大多数人无奈放弃。而我,在我的人生从青年迈入中年的时候,机会却悄然而至。每每回想起当年的那个决定,我都会感到特别庆幸。

　　2016年初,虹口区启动援青干部人才选拔程序,我们单位把所有符合条件的同志都报上去了,结果我被组织选中,作为两名候选人之一上报市委组织部,经历了漫长的等待,严格的审核与考核,终于等到了名单公布的时刻,我的心情万分激动。我援青的决定得到家人无条件的理解和支持,就这样,我成了上海市第三批援青干部人才的一员,经过市委组织部短暂培训之后,我就怀揣一腔热情踏上了援青之路,也是我的圆梦之路。

初　临

当时果洛州还没有高速公路和飞机。我们从西宁出发前往果洛的日期是 2016 年 7 月 26 日，当时通往果洛的路只有一条省道，一路都是盘山公路，在颠簸了八个小时后，我们终于抵达果洛州大武镇。也许是缺氧，也许是睡眠不足，我感到昏昏沉沉，已经没了前几日的兴奋和激动，只有一个念头，那就是："终于到了！这就是未来三年我工作和生活的地方！"当第二天清醒过来，睁开眼，忽然感觉自己离天空那么近，这里的天是那么蓝，那么澄澈，风里有草原粗犷的味道，有小说里才有的萧萧马鸣，我立刻就喜欢上了这片土地。三年后我离开时，果洛已成了我一生难以忘怀的第二故乡，真的是"三载青海行，一世草原情"。

到达果洛之后，根据援青干部人才联络组的要求，我们要在抵达果洛的第二天（7 月 27 日）奔赴各自的工作岗位。当时迎接我们的是果洛州教育局昂保局长，他把我们带到了果洛州民族高级中学，我们和其他对口支援的同志不同，我们抵达果洛的时间恰好是学校放暑假的时候，因此，学校里没什么人。在学校里我们遇到了果洛州民族高级中学索南华旦校长，我们作了简单的交流，得知他是 2016 年上半年才刚刚从海南州调任果洛州民族高级中学校长的，他正利用暑期落实学校路面硬化工程。

简单熟悉学校情况之后，根据青海省委组织部安排，我们前往西宁参加援青干部人才集中培训，对口支援青海的除了上海之外，还有北京、天津、山东、江苏等省市，培训过后，根据果洛州教育局和援青干部联络组安排，我们于开学前返回果洛州民族高级中学。

我在前往青海之前，从未去过高原，也没有高原反应的经历，而我支教的地方——果洛藏族自治州，是青海省下辖的一个自治州，位于青海省的东南部，地处青藏高原腹地，高寒缺氧，平均海拔为 4200 米，年平均气温为零下 4 度，大气含氧量只占内地的 60% 左右，一年中无四季之分，只有冷暖之别，而通常又把冷暖两季分别称为冬季和夏季，而且冬季特别漫长，长达 8 个多月，一年当中只有 6 月到 9 月算得上是夏季。

尽管已经做足了充分的准备，刚到果洛的第一个月，我还是没能躲过高原反应的折磨和煎熬，整天头痛，彻夜失眠，全身的力量都用来对抗高原反应，失去了正常的感知能力，用我们援青兄弟总结的话就是"感没感冒不知道，睡没睡着不知道，吃没吃饱不知道"。其实我们所有的援青兄弟都有高原反应，甚至有的还住进了医院。当时同我一起前往果洛支教的还有郭彦俊老师，他担任果洛州民族高级中学党政办公室副主任，我们俩住在一套 60 平方米左右的小两室一厅里，我们相互关心，相互鼓励，晚上睡觉的时候各自房门都开着，以防谁在晚上有突发情况，能够及时发现。最终我还是挺了过来，但每晚依旧是零点之后入睡，经过 5 个小时浅睡之后，早上 5 点左右就再也睡不着了。走路的步伐稍快些就会气喘、头痛，3 年里我吃下的安眠药和止痛药，比一个正常人一辈子吃的都多。

尽管生活很艰难，但我们依然还保持着乐观的心态，没有抱怨，没有退缩，也没有后悔，因为，路是我们自己选的。也正是因为有了这样艰苦的磨炼，这三年援青的经历才成为我一生最为宝贵的财富。

开　　拓

2016 年 9 月 1 日，果洛州民族高级中学正式开学，我见到了果洛州民族高级中学党总支书记尔科，和他讨论了我在学校的工作分工，鉴于我在上海有多年的教学管理经验，学校最终决定让我配合校长分管教学工作。

在随后的学校行政会上，我认识了学校领导班子和学校中层的全体成员，学校校级领导班子有党总支书记、校长、副校长两名（包括我在内），教工大会上，书记把我介绍给了全体教工，为了方便我开展工作，又把校领导的工作分工向全体教职工做了说明，并以学校文件的形式发到各处室。

就这样，我正式开始我的支教工作。作为分管教学的副校长，为尽快了解果洛州和民族高级中学教育的发展状况，从而切实有效地开展工作，我主动和党政办、教务处、工会、总务等部门主任、教师进行访谈，全面了解有关学校的各方面情况。

果洛州民族高级中学是果洛的最高学府，其前身为果洛州民族师范学校，于1957年5月建校，迄今已有60多年历史，其培养的毕业生在教育和其他各条战线上为果洛州的发展作出了重要贡献。果洛州民族高级中学现有教职工251名（含临聘人员），在校学生1692名，全部为藏族学生，有34个教学班，学校占地面积为94000平方米，校舍总面积为38061平方米，学校为全寄宿制，由于学生来自全州6个县，因交通不便，学生周末不回家，仅在每学期中间有一次回家的机会。

2016年以前，果洛州民族高级中学高考本科达线率在5%左右，这个数字与我们曾经经历的现实形成了强烈的反差，作为分管教学的副校长，如何尽快提高教学质量是我工作的重中之重。我深知学校的教学质量是靠老师们一节课一节课上出来的，没有半点捷径可走，因此，通过课堂教学改革、提高课堂教学效率来提高教学质量，成为我三年里工作的主要内容。我组织各学科组开展教学研究课，和老师们一起进行教学研讨，探究提高课堂教学实效的途径和方法，三年来我参加的听课评课、专题教研活动近百节，不仅如此，我还有针对性地开展了一系列提升学校教育教学质量的举措，如加强学科组建设、规范备课组活动、进行教学评比等等，功夫不负有心人，在全校师生的共同努力下，果洛州民族高级中学教学质量有了明显的提升。

实　　践

　　为了转变老师的教学理念，三年来，我邀请虹口区北虹高级中学、鲁迅初级中学、华师大一附中、虹口区青少年活动中心等学校骨干教师来校开展专题教研活动六场，为果洛老师作了"如何开展有效的教研活动""课题的选择与设计""高考改革经验介绍"等专题辅导讲座，每个讲座都深受教师欢迎。

　　2017 年 6 月，我们邀请虹口区鲁迅初级中学的老师来校为骨干教师做讲座，由于讲座太受欢迎，不得不又给全校教师讲了一遍。2018年 6 月，北虹高级中学更是派出语文、数学、英语、化学、生物学科骨干教师来到果洛民族高级中学，开展专题教学交流活动，他们通过听课、评课、教研等活动，和果洛教师就学科教学进行了深入探讨和交流。这些"传经送宝"的活动，开拓了学校教师和干部的视野，让他们深入了解上海教育教学研究的前沿成果。

　　3 年里，我们先后组织 6 批（40 余人次）果洛州民族高级中学骨干教师，前往上海市虹口区的友好学校进行教学交流，每次来上海学习，老师们都要求多听几节课，课下他们总是拉着上海的老师了解上海高考改革、课堂教学改革和课程建设等情况。通过这些交流，老师们深入了解了上海课堂教学改革，领会上海先进的教育教学理念，果洛州民族高级中学教师教育教学理论和实践能力得到提高。

　　走出去的不仅仅有老师，更有带着草原民族特色的文化。2017 年12 月底，上海市虹口区鲁迅学校办学联盟与果洛州民族高级中学联合举办了名为"生命的路"的上海—青海两地四校学生摄影作品巡展，并对巡展优秀作品进行了拍卖。当时我参加了拍卖会，参加竞拍的学生和家长都十分踊跃，20 幅作品，以平均每幅接近 1000 元的价格成交，最终拍卖所得全部捐赠给青海省果洛州民族高级中学，用于资助贫困学生更好地完成学业，以及帮助学校更好地开展摄影特色教学活动。

记得那是 2016 年的 9 月底，我接到了上海师范大学杨德广老校长的电话，他说他想通过上海的援青干部，在果洛州民族高级中学设立上师大教育发展基金会"阳光优秀生"专项奖学金，每年出资 5 万元，用于奖励果洛民族高级中学品学兼优的贫困学生。3 年里，果洛州民族高级中学共有 75 名学生获得该奖学金。就这样，我们逐渐成为联系上海和果洛的纽带，许多上海慈善企业和个人主动与我们联系，奉献爱心。3 年里，上海相关慈善团体、亲朋好友以及爱心人士共捐助奖助学金 40 余万元，帮助学生 200 多人次；另外，为了填补果洛州民族高级中学在学生心理健康辅导方面的不足，我们还利用上海后方的支援，在果洛州民族高级中学建成了一间设施完备的心理健康辅导室；这些助学活动，充分体现了上海各界关注贫困地区、关心对口支援工作，体现了上海这座城市的爱心和无私奉献。

感　　恩

记得刚进青海的时候，我们第三批援青联络组就要求我们深入思考："我们援青为什么？进青干什么？离青留什么？"如今援青工作早已结束，这三个问题也早有了答案：为什么去援青？作为一名党员，援青是我应有的责任担当，作为一名教师，援青就是圆梦，我的动力来自于内心的教育理想、情怀和梦想，而作为一个普通的中国人，国之所需，即身之所往。在青海我做了什么？在过去三年里，我用我所学的知识、用我掌握的技能，发扬上海在基础教育改革方面的成功经验，帮助果洛州民族高级中学提高管理效能，提高教学质量，让更多的贫困家庭子女能够通过自己的努力，自信地走出大山，摆脱贫困。我又给果洛州民族高级中学留下了什么呢？是上海援建的几座楼宇，是学校逐年提高的升学率，还是我们建立起来的学校教科研制度？仔细想来，这些都不是主要的，和这些相比较，我更珍惜的是通过我的工作，给老师和同学们带来的思想理念上的变化，以及工作思路和解决问题的方法上的转变。解放思想、更新观念、与时俱进必将对果洛州民族高级中学今后的发展起到深刻的影响。但再仔细一想，这些还不是最主要的，和这些相比较，重要的是我们给边远地区传递的一份党和国家的关怀，以及由此而带来的崛起的希望和美好的前景。

三年的援青之旅已经成为历史，我很感恩有这样三年的经历，这会是我人生中最宝贵的回忆。三年的援青之旅，也是我成长历练之旅，尤其是从当地干部教师身上学习到的特别能吃苦、特别能战斗、特别能忍耐、特别能团结、特别能奉献的精神，必将成为我人生的宝贵财富。三年里，和当地干部教师建立起的深厚友谊，必将终生难忘。我感谢身边所有的人，包括我的援青兄弟、我的同事和我的学生们，从他们身上我学到了很多东西，团结，友善，宽容，淡泊，奉献，坚忍……如果没有他们，就不会有现在的我。三年青海行，一世草原情，我的身上已经打上了果洛的烙印，无论今后我在哪里工作生活，我都将一如既往关注果洛的发展，关注果洛教育的发展，我衷心地祝愿果洛教育事业更上一层楼，祝福果洛的明天更美好。"一定是特别的缘分，才可以一路走来，变成了一家人。"谁说不是呢！

（马剑波　李跃峰　采访，马剑波　整理）

久治扶贫　情牵果洛

沈元雄

青海省果洛藏族自治州地处青藏高原腹地，是长江、黄河、澜沧江的发源地，被称为"中华水塔"。久治县则地处果洛州的东南部，与四川省的阿坝和甘肃省的甘南这两个地方接壤，是"三江源自然保护区"核心地带。全县 8757.25 平方公里的土地上居住着 2.8 万人，其中 97%以上是藏民。"久治"这个词，在藏语中是"团结"的意思，但在过往岁月里，寓意团结的久治县已经戴了很多年的国家级贫困县"帽子"。

跨越雪山冰川　开启援青工作

2016 年 7 月，受组织选派，我作为第三批援青干部的一员，离开长期生活工作的家乡上海，跨雪山越冰川，奔赴高原开启为期三年的援青工作。

初到久治，眼前的所见所闻，让我感受到前所未有的震撼。第一个深刻印象是"行路难"。我们是在 2016 年的 7 月 24 日，从上海出发到达青海省会西宁。25 日一早，我们就出发去果洛州州府所在地玛沁县大武镇。除了刚出西宁有一段高速，大部分时候都是土路，连续坐车 8 个小时，才到州政府。简单休整后，26 日我们又坐车去久治县，当时我们想从州里到县里大概也就两三个小时，结果这一路一走就是 9 个小时。路途当中地势险峻，碰到一处塌方，一块巨石就挡在路上。听前面的车子说，巨石也就在我们到的五六分钟之前滚下来的。然后我们等了 3 个多小时，直到清障车过来把道路清空，才得以重新动身到县里。两天光坐汽车就是 17 个小时，到了县里以后，我感觉全身像散了架一样。

第二个深刻印象是"风光美"。我们去的时候是 7 月，正好是格桑花最美的季节。我们在从州里面到县里面的路途中，一路翻山越岭。从山的最高处过的时候，我们感觉到了什么叫"一览众山小"。一座座山峰，一眼望不到头，伸手仿佛就能碰触到蓝蓝的天空，这个感觉在平原是无法想象的。而到了山谷以后，格桑花像地毯一样铺出去，山坡上一群一群的牦牛，简直跟画一样。

第三个深刻印象是"条件苦"。没有到过高原藏区，不知道什么叫苦。久治县的海拔在 4000 多米，气候高寒、干燥、缺氧，对身体是严峻的挑战。我记得当时县里特意将我们的宿舍安排在底楼。我们上海人可能感觉底楼的房子不是最好，但住了以后才知道，在高原爬一个阶梯，都是要喘一口气的。除了气候条件，生活条件也很艰苦。当时，久治县没有接入国家电网，县城供电全靠一个小水库。白天只能保证医院、学校、机关的办公用电，晚上只能保证 7 点到 10 点左右的用电。一旦遇到枯水期，就彻底断电。用水方面，因为没有电，只能靠山上湖泊自然引流。天气好的话，能够用上干净的水，但如果碰到下雨，就变成了泥浆水。

刚到久治的最初半年，在用足迹丈量这片美丽土地的同时，我们也在用心感悟当地老百姓的不易和痛楚。我意识到，当沿海发达地区正在为优质资源比拼各种政策的时候，久治老百姓最稀缺、最期盼的，却依旧是基本的卫生资源、公共教育，以及稳定的经济收入。要想拔除贫根，就必须在教育、卫生和产业三方面精准发力。如何充分利用发达地区的资源优势，以最快的速度来缩小两地之间的资源距离，是我们着重思考的问题。

送医进藏区　健康惠民生

　　开展包虫病攻坚战这个事，让我印象深刻。长期以来，包括久治县在内的整个果洛地区，饱受以包虫病为主的重大地方病困扰。包虫病又称"虫癌"，10年死亡率可达90%。根据当时的统计，整个果洛地区包虫病感染者约占总人口的12%，不少牧民因此失去劳动力，是藏族群众因病致贫、因病返贫的重要原因。

　　2017年，果洛州打响包虫病防治攻坚战，计划对全州20万人口进行全面筛查，逐步治疗。但当时，果洛州人民医院的CT机设备陈旧、功能欠缺、精度偏低，而且故障频发，不能起到明确诊断的作用。上海援青干部联络组组长倪斌得知这一情况后，就找到我，说嘉定有一家上海联影医疗科技集团公司生产高精度CT机，价格大概在500万元，但联络组今年的项目资金已经全部安排了，能不能回去商量一下，以优惠的价格购买一台，帮助果洛州如期完成包虫病防治任务。

　　接到这个任务后，我的心里是忐忑的，这毕竟不是一个小数目。于是我就到县人民医院找院长要资料，结合网络资料，整理出一份包虫病基本情况报告。回到嘉定后，我马上向时任分管副区长陆祖芳同志和时任工业区党工委书记郁建华同志汇报，两位领导了解实际情况后，表示非常支持。在区里和工业区的协调下，联影公司决定直接无偿捐赠一台价值500万元的16排螺旋CT机。尽管当时他们的产品非常热销，生产计划已排到一年半以后，但联影仍然主动克服困难，就近从西安销售部调拨，仅用一个月就把机器送到果洛，并一揽子负责安装调试培训工作。因为这个事情，无论是州委、州政府还是久治县的干部群众，对上海、对嘉定都是十分感激的。有了这台CT机，包虫无处遁形，无论是在肝上、在肾上还是在肠道上，都能看得清清楚楚。我记得2018年，州人民医院的一位挂职副院长，也是我们这一批援青干部之一，他跟我说用这台机器检查了1万多人次，做了300多台手术，患者全部康复，没有一例手术感染死亡。

除了包虫病，白内障也是长期困扰牧民的一大高发疾病。如果不及时手术，致盲率是比较高的。援青期间，我们协助嘉定区卫计委每年开展两批次"上海嘉定光明使者·青海久治行"专项检查和治疗。来自上海的医生们还通过门诊教学、查房会诊、医疗教学等方式，扎实开展病例讨论和带教工作，帮助久治县的医护人员提高医疗和诊疗水平。3年间，累计为牧民群众1000余人次提供眼科检查，为100多名患者成功完成白内障手术。

医疗人才的匮乏是造成当地医疗水平低下的重要因素。时任县委书记宋积珍给我讲了一个事实，"久治县的医生开刀水平只能在膝盖以下"，言下之意是全县没有一个医生会做手术，最多是皮破了帮你缝一缝。县医院的院长张斌也跟我大叹苦经，这里的条件太艰苦，但凡业务能力强一些、家室不在本地的医生，前几年都因为各种原因离开了。目前全县上上下下143名医疗卫生人员，持证人员2/3都不到。为鼓励久治医护人员工作积极性的提高和执业水平的提升，我们利用嘉定区民宗委与上海万佛寺的援助资金，在久治县成立卫生人才发展基金，分两年每年注资20万元，用于奖励久治县医务工作者。对于考上初级、中级、高级职称的医务人员，一次性给予1000元、3000元、5000元的奖励，同时拿出部分资金，为600余名建档立卡重病患者购买补充医疗保险。到我走的时候，全县的医务工作者基本取得或正在取得各类执业证书，医疗卫生人才队伍知识水平和执业能力有了一定的提升。加上2019年县人民医院新楼的落成、各类医疗设施设备的完善，现在县人民医院已可以完成包括肝部包虫病手术在内的基本手术治疗。

扶贫必扶智　教育斩穷根

久治要脱贫，人是关键因素，而人的关键因素是教育和获得教育的主观能动之所在。对于久治这个教育人才十分稀缺的地区，如何鼓励教师提升教育能力，如何激励藏区孩子们提升学习热情，是我们的发力点。

一是在硬件上进行补充投入。上海援建资金每年投资完成一所学校的标准化改造，学校的教学大楼、宿舍、食堂等大型基建项目到位，但学校一些教学设备的缺乏却制约着日常教学计划的开展。为此，我们也想了一些办法，比如投资完成了两所学校电脑教室建设；为全部六所偏远牧区的乡小学的师生定制校服；协调嘉定区相关学校，募集各类图书 8000 余册，完成了两所学校的图书室建设。这里面还有段插曲。从上海到久治的邮寄费用是购书费用的两倍，这几万元的邮寄经费怎么解决？正巧当时上海市合作交流办准备给我们援青干部宿舍安装供氧设施，运输车辆从上海出发。于是，我们跟市合作交流办取得联系，他们也比较支持，二话不说，就把 8000 册图书给带上高原来了，所以也要感谢上级部门对我们工作的支持。

二是建立教育发展基金。我们在哇塞小学和索呼日麻小学各建立了每年 15 万元教育发展基金，资助建档立卡贫困户的学童，更鼓励那些学习成绩在前 20% 以内的学生，同时也对两所学校的教师以年终绩效确定奖励。办法虽然很老，但确实取得了积极的成效。此外，我们还会同县委组织部、县教育局发起"故乡辅导员"活动。对于考上本科和本科预科的牧民子弟，县里每年组织干部到各高校进行走访，根据在校学习情况给予一定奖励。我们这些牧民孩子汉语水平不高，他们的学习成绩排在班级后几名。第一年我们去的时候，他们又感动又羞愧，很不好意思地跟我说，"不是我们不努力，是我们上课听不懂"。我说，"我们的基础条件差，但我们后天要努力"。第二年我们再去的时候，他们最好的一个学生已经考到了全班的第 12 名，所有的学生都考在班级中游以上。应该说，他们非常努力，我们也鼓励他们学成以后为家乡、为脱贫作好自己的贡献。

三是教育教学方面的合作。针对高原校园科技教育发展比较滞后的情况，我们选择基础条件较好以及教师积极性较高的白玉乡寄宿制小学，与嘉定区以科技教育见长的嘉定一中附属小学开展结对，由嘉一附小全面辅导白玉学校的科技校园建设，通过科技讲堂、连线实验等方式，激发藏区孩子对科技和学习的热情。其中，有两件事情印象比较深。第一个，是嘉一附小的老师第一次到白玉学校，给全校师生上科技课。课程原定45分钟，做3个科学小实验，结果根本停不下来，这些学生都不肯走，一定要老师再说、再说、再说。那天可以用"火爆"这两个字来形容当时的情况。第二个，2019年9月白玉学校的师生到嘉定区来参加暑期夏令营，那时候我已经回嘉定。一天我突然接到白玉学校校长李亮的电话，说要约我在嘉定孔庙碰面，还说了一句让我无法拒绝的话："我们这边的孩子都等着你来。"我到的时候，孩子们每人手里捧着一根哈达，穿着藏族的民族服装，完全没有了以前的羞涩，非常的落落大方，后来还给游客跳起了民族舞蹈。我觉得，这种改变正是源于这些孩子对科技产生兴趣以后，主动探索未知世界的结果。

从久治的孩子身上，我感到久治藏区不是落后的代名词，现在被扶贫，不意味着久治县的孩子们未来依旧要被扶贫。大家一定会通过教育，获得自身的发展，建设久治，改变久治，迎来更加美好的久治。

牦牛产业兴　"造血"促脱贫

2016年我们刚到久治，恰逢习近平总书记视察青海，并明确提出"青海最大的价值在生态、最大的责任在生态、最大的潜力也在生态"的战略定位。应该说在保护生态的大前提下，发展产业是有一定困难的。特别是久治县，地处三江源保护区，实施的是最严格的生态保护措施。然而，高原独特的生态环境，却也造就了有着"肉牛之冠"美誉的高原牦牛。但这种富含藏区特色的农副产品，由于信息不通、交通不畅、规模分散，很难卖上好价钱。另一方面，上海市民对于来自高原的正宗牦牛肉，也有着"舌尖上的需求"，牦牛产业无疑有着巨大的潜力和前景。

兴办"牦牛产业"，在基层面临不小的挑战。当时全县22个村，有20个村的村级经济是零，连开展日常的村"两委"会议经费都无法保证，很多的基层村的书记听不懂汉语写不来汉字，影响党的各种政策，特别是脱贫攻坚政策在基层的落实和推进。做好强基工程，提升村"两委"班子的知识和业务能力，推进村级经济破零，是一项十分重要的工作，也是当时省委组织部牵头的一项重要工作。

当时的县委常委、组织部长赵邦彩同志找我商量，怎样利用上海的帮扶支援，帮助久治县实现 22 个村的村级经济破零。我们利用乡镇和村村结对帮扶资金，全部量化到全县 6 个乡镇 22 个行政村（牧业合作社）用于发展牦牛经济，并助力全县村级经济实现破零。当年实现收益27.6 万元。由于该项目近几年内每年都将有投入，我们采取了"输血"和"造血"并行的方式，除预留 100 万元资金用于发展再生产外，其余均用作全县建档立卡户的分度分红。2018 年，全县全部 6422 名建档立卡户每人分红 358 元，按照深度贫困村 1.8 万元、一般贫困村 1.2 万元的额度分配村级经济收入，用于村集体事业，同时解决建档立卡户劳动力临时就业 75 人。

2018 年底，久治县成为青海省村级经济未破零的县中第一个实现破零的县。为进一步助力久治县经济发展，经协调，嘉定区帮助久治县在 22 个牧业合作社（村）的基础上，成立久治县牧业合作联社。嘉定区供销合作总社（新嘉商业投资公司）投资 20 万元（占股 40%），久治县牧业合作联社出资 30 万元（占股 60%），合资在久治县注册成立久嘉商贸有限责任公司。这个名字我们是取自久治县的"久"跟嘉定区的"嘉"，寓意两地合作交流源远流长、嘉和祥美。依托久嘉商贸有限公司这一新的经营平台，更多久治特色产品陆续进入上海市场，进一步拓宽和壮大了久治县产业发展。

此外，从 2017 年开始，在国际汽联 F1 方程式锦标赛上海站比赛期间，我们组织了久治县旅游局在沪赛场搭建舞台，重点推介以"年宝玉则"等为主的果洛州和久治县文化旅游资源，受到了上海市、果洛州和嘉定区委、区政府主要领导的充分肯定。

回顾三年援青经历，这些都谈不上是什么成绩，都是份内的事。"在其位谋其政，任其职尽其责"，与所有的援边干部一样，我们都是怀着一颗赤诚的心，坚守"缺氧气不缺精神、海拔高标准更高"的理念，做着一名新时代干部应该做，也是必须做的事情。在这期间，难以忘怀的，还有各个方面对我们久治团队的支持和帮助。难忘上海市合作交流办的指导和帮助，难忘嘉定区委、区政府和社会各方面的支持，也难忘我们上海援青联络组团结向心的凝聚力。

三载春秋赴雪域，一生铭记果洛情。在上海、青海两地干部群众的勠力同心下，高原的明天必将更加美好，发展的梦想必将实现。作为我个人来说，会持续关注和关心着我们曾经为之奋斗和奉献的这片热土，继承和发扬好上海援青干部的优良传统，在新的岗位上建功立业。

（徐李阳　周驰骅　采访整理）

让"上海青"深根在海拔最高州

冯志勇

2019 年，我们第四批 30 名上海援青干部人才队伍来到了距离上海 2000 多公里的青海果洛。这时距离中央吹响打赢脱贫攻坚战冲锋号，确保到 2020 年农村贫困人口实现脱贫目标只有一年多的时间了。可以说，我们第四批援青干部人才一上来，就遇到了很多历史性时间节点：2020 年是援青十周年，是打赢精准脱贫攻坚决胜决战年，是"十三五"规划收官年、"十四五"规划谋划年，也是中央第七次西藏工作会议召开之年。这对我们来说既是一种光荣，也是一场考验。2020 年是我们来果洛的第二个年头，也是在这里工作完整一周年。在中共中央、国务院第五次西藏工作会议召开之后的十年来，果洛发生了翻天覆地的变化。在这样一个新的起点上，我们有自我加压、自我提升的要求，更要思考如何做好系统性的谋篇布局。

项目管理有了制度体系

"上海规范"是上海援青工作开展以来几批援青干部努力打造的一

个亮点、一个品牌，是保障上海援建项目质量的重要法宝。因为，在果洛，影响项目执行的因素有很多。有些是客观条件带来的，主要是果洛情况比较特殊，受海拔、气候和环境条件影响，正常施工期只有5个月，一般从5月中旬到9月中旬，时间有限，这就倒逼我们必须高效率去执行；有些是受当地行事观念影响导致拖延的。对此，抓住规范，就等于抓住了项目执行的"牛鼻子"。

我们在已有的规范管理基础上，借力现代信息化技术，启动建立了项目任务管理平台。之所以建立这样一个平台，目标是要降低项目变更率，提升新建项目开工率和完工率。我们把项目任务管理系统建在钉钉平台上，采用云共享的办法，形成了一套项目规范管理操作流程。比如，把所有项目调研情况，实施方案文本、估算表、申请表和手续批准文件等等，全部上传到管理系统中，随时随地可查。每个项目的呈现和查询是很直观的，基本信息、资金使用情况一目了然，进度情况用不同颜色标出，红色表示严重滞后，黄色表示稍微有些滞后，绿色表示正常进展。

这实际上是一个三方平台，上海援青联络组、当地项目管理部门和我们专门聘请的第三方项目管理公司都在里面。任何一个项目，会有一个援青干部负责人从头到尾跟踪，我们称之为联络组责任人；当地也有项目负责人。我们有很多援青干部，本身不是搞工程、做项目的，比如，基础设施结构封顶、隐蔽工程要验收等，很多专业性问题不懂，我们就聘任了第三方管理公司作为专业支持，给我们定期发布第三方管理月报。在这个平台上，我们还设置了紧急问题速送系统。如果有紧急问题出现，责任人会第一时间收到。谁发现，谁来报。我这边收到以后，也会抄送。负责人收到的话，就去立马解决它。到2020年6月底，我们的新建项目开工率达到了95%，是历年来最高的；2020年，我们项目完工率目标是95%以上，如能实现，也会是历年最高的。

我们还针对项目立项过程中存在的一些问题，为所有援青项目建立了项目储备库，形成了项目储备库制度。我们要求所有项目首先要入库，入库后要做可行性研究论证，必须经过专家评审，然后决定是否立项。像以前的工作流程，一般是在项目批下来之后，再做可研论证，一方面，周期很长，进度很慢；另一方面，因为前期调研不深入，容易导致项目后期做不下去。2020年，我们就专门安排了援助资金作为重点项目前期费用。这个举措表面上看是一种方式和手段，实际上是现代管理理念和思路的应用，慢慢地去改变和影响当地项目推进方式。

现在，项目质量抓得更紧了。我们2020年第一次建立了项目推进责任追究联合督查机制，与果洛州纪委共同制定了对项目推进情况的问效问责机制。未来，结合项目储备库制度，相信项目进展会越来越快。

"大产业"概念上谋篇布局

习近平总书记强调，产业扶贫是最直接、最有效的办法，也是增强贫困地区造血功能、帮助群众就地就业的长远之计。受条件所限，青海果洛的产业发展基础是在前三批援青干部的不懈努力下慢慢打下的。到了我们第四批援青干部的手中，我们要做的是通过整体谋篇布局形成一个"大产业"的概念。

我们把对口支援果洛州农业特色产业发展规划，纳入到全州产业经济布局规划中来谋划，也纳入到果洛州"十四五"经济发展规划中来谋划。生态畜牧业是当前最大的农业产业，关键就在于产业培育。我们从牦牛品种改良、规模化养殖、草畜平衡、人工补饲，到精细化屠宰加工、冷链物流运输等方面做了全面布局，在品牌构建、市场拓展上也从2020年开始推进。因为前几批援青干部做了大量基础性工作，到2020年年底，果洛州每个村都至少有一个合作社，实现了合作社在牧区的全覆盖。我们要在这些基础上，从组织现代化、设施设备现代化和科技现代化上再提升，完成生态畜牧业产业链的构建。

2020年5月28日，我们与上海消费扶贫联盟合作，由我在一个牦牛牧场跟上海现场连线直播带货，两个小时就有近 3000 万元牦牛产品被认购。2020 年我们的目标是在上海完成 6000 万元销售额。但目前，牦牛产品前端供应还存在问题，主要是没有人工补饲场所，受气候影响，牦牛没办法持续育肥。2020 年，我们开始在甘德县试点开展牦牛产值倍增计划，已经有四家合作社参与，在牦牛良种繁育、草饲料管理、种公牛养殖、牦牛产业技术体系、品牌打造等方面做了全面设计，通过产业链构建、草畜平衡和人工补饲，来保证市场稳定供应，让牦牛产值逐步提升。接下来两年，计划推广到甘德县 36 个合作社，让参与的合作社都能实现收益倍增。

我们还发现了一个很好的羊肚菌产业项目。在班玛县，有一个天然羊肚菌的生长地，受当地小气候影响，是彻底反季节生长的，其他省市几乎没有任何一个地方能具备这样的条件。我们研究下来，觉得可以把这个产业做大，把羊肚菌发展成为当地高附加值的特色农产品。为此，我们找到国内建设最早、学科齐全、综合技术力量较强的食用菌专业研究所——上海市农科院食用菌研究所，请他们帮助我们解决在海拔 3500 米的高原上人工栽培羊肚菌的技术难题。

上海市农科院食用菌研究所欣然答应，并派出强大的专家团队，从 2019 年 10 月开始多次到班玛县研究人工规模化种植羊肚菌的可行性。尽管受新冠疫情影响，试种羊肚菌的计划有所推迟，专家们还是抓紧时间在 2020 年 3 月份赶赴青海果洛指导播种羊肚菌。终于，最早一批羊肚菌在 2020 年 6 月中旬顺利出菇。今后，我们将考虑分期、分批推广羊肚菌人工种植技术，把它打造成增加当地百姓收入的一个重要产业。

但果洛州第一大产业，我认为，应该还是文化旅游及其衍生产业。果洛州的旅游资源非常丰富。三江源地区本身有非常壮观的自然景观，此外，还有像藏区四大神山之一的阿尼玛卿雪山，天神"后花园"年宝玉则，有红军二、四方面军都走过的红军沟，有原始森林、黄河源园区国家公园等。文化上，有世界最长的史诗《格萨尔王》，有种类繁多的手工艺品，其中非遗产品就不少，这些发展空间很大。但当地还缺乏配套完整的旅游服务保障，基础旅游设施还需要提升；文化经营人才和市场带头人才也严重不足。后续，我们希望能推动文化旅游产业的谋篇布局，把产业真正发展起来、带动起来。

我们有句话叫"中央要求、当地所需、上海所能"，就是如何通过适当的方式方法，把上海智慧、上海力量、上海温度传递出来，这是很重要的。对此，我们将从长计议，在全力参与脱贫攻坚的同时，考虑好"后脱贫攻坚"时期如何与乡村振兴有效衔接，做好援青规划。规划既要有前瞻性，要符合当地实际，还要被当地人接受。目前，我们已经开始结合美丽乡村建设，从面上铺开，点上突破；围绕巩固脱贫攻坚成果，思考如何真正实现从"输血"到"造血"的转变，推动当地农牧民走向小康生活。

由表及里提升百姓获得感

在全国 30 个自治州中，果洛州是海拔最高的，也是经济最落后的地方，人均 GDP 只相当于全国的 1/3；果洛州总共有 6 个县，去年摘帽了 1 个县，2020 年 4 月，又摘帽了 5 个县。在这之前，6 个县都是国家级贫困县。果洛州也是单一民族比例最高的州，社会交往、交融程度比较低，社会发育程度也比较低。这些年，变化最大的，就是基础设施得到了明显改善，教育卫生事业方面提升也很明显。但人的观念的改变，需要一个潜移默化的过程。

社会民生事业发展在今后十年也还是关注的重点。为了更好地解决民生问题，我们在前三批的基础上，推动对口帮扶形式向精准帮扶转变，方式向"组团式"帮扶转变。

我们从过去注重硬件建设，到更加注重软件提升、信息化普及、网络构建以及与后方粘度提升等，并做全方位规划和支持。比如，果洛州义务教育阶段标准化校舍建设，2020 年将在全州范围内全部完成，但还要再延伸。我们调研了一些学校，教学楼、学生宿舍已经建得很好了，但是老师还是住平房，冬天取暖还要去烧牛粪。我说，房子盖得好，不一定是好学校，教师教得好，这个学校才是好学校。我们的关注点不仅在教师培养培训、教学基础设施条件改善上，也在教师的基本保障上，体面的住宿就是基本保障，这样才能吸引好老师到高原上来。再比如，果洛州最好的州人民医院，设施设备条件还是有很大的差距，到目前为止，挂号、看病、化验、取药信息不能联网，是分离的，不像我们有完整的 HIS 系统。我们将持续在教育和医疗卫生领域的能力提升方面加大投入。

为了给当地留下一支带不走的人才队伍，我们组织开展人才"组团式"对口支援服务。所谓"组团式服务"，举个例子：果洛州人民医院，我们派了四个人，一把手院长和三位骨干医生；果洛民族高级中学也派了四个人，校长和高一、高二、高三年级骨干老师。有更多专业技术人才，通过团队协作的方式参与到对口支援和专业服务中来，既扩大了帮扶面，也使我们的帮扶更加精准。同时，我们通过发动社会力量盘活我们大后方丰富的社会资源，不断组织上海专家团赴果洛进行示范教学和义诊等；不断组织当地教师、医生、专业技术人员等各类人才到上海参加培训、交流、参访，促进了两地的交流、交往、交融。

2020 年 6 月，我们与上海真爱梦想公益基金会签订合作协议，通过募集社会资金，发动上海企业和爱心人士在果洛做一些小而美的项目，为保证项目规范实施，还有专业律师顾问团队参与，提供志愿服务。这也是一个创新。

我们谈到高原乡村振兴要在面上铺开、点上突破，也是一个由表及里的过程。农村基础设施建设要继续提升，基层组织建设与社会治理要求也越来越高。我们已经实施了不少易地扶贫搬迁项目，原来在偏远牧区的牧民搬进了临近集镇的新社区，但光这样还不够，你要让他有活干，有事做，有收入，然后才能稳得住，否则他们又会回去。甘德县青珍乡协隆村是我的联点村，第一次去的时候看到，虽然每户都建有厕所，但没有一家用，都当作储物间。我与驻村第一书记商量后，做了大量工作，现在都启用了。所以我们谈乡村振兴、谈美丽乡村建设，当地百姓生活习惯和观念的改变是很重要的。要从影响他们的生活习惯开始，再影响当地的生产习惯，这需要有一个过程。

"上海青"是一种精神

当地人管我们叫"上海青"，我们自己一直在用的公众号也叫"上海青"，叫得多了，这个称呼慢慢被赋予了很多寓意。在一次活动中，我跟青海省委领导说，从右往左读，就是"青海上"，这本身是一种缘分；"上海青"还是上海一个蔬菜品种的名字，是目前全国青菜品种里分布最广、种植量排第一的，寓意是到哪里都能生根。2020年是援青十周年，我们正筹备为"上海青"设计一个LOGO。"上海青"本身有一份上海对口援建的精神融在里面。

习近平总书记提出，要发扬斗争精神。对援青工作来说，要与高海拔斗争，要与稀薄空气斗争，还要做好与人斗争的准备，我们在后面加了一句话叫，越斗感情越好，越斗关系越融洽，确实是这样。总的来说，我把来果洛一年的实际工作归纳为"五好一高"，一是带好队伍，二是谋好规划，三是建好平台，四是用好资源，五是管好项目，六是提高效率。

我们团队的日常管理应该是历年来最严格的。中组部有一套考核标准，我们团队在青率、在岗率均在前列，我们的工作成效也是非常明显的。虽然团队有30人，但分散在西宁和6个县，很难聚在一起。2019年刚一来，我们就启用了上海援青联络组的钉钉平台，借助科学工作方式来管理日常工作。

特别是新冠肺炎疫情暴发以来，我们要求每天在平台上填写健康状况，要求每周量血压、测心率、测血氧浓度等，随时关注援青干部人才的身体状况。第四批援青干部入青后不久，青海省委组织部就要求每天早晚两次在钉钉平台上打卡，打卡地点会自动获取，显示你这个人在哪里，强化了日常管理。像会议学习、出差审批、工作总结、活动报名等，所有工作生活情况都通过平台来操作。我们也经常在平台上召开视频会议，减少高原上的路途奔波。在线办公的效率是很高的，对于提高管理水平，及时反映工作进展很有帮助。

我们2020年上半年构建了援青联络组的制度体系，完善了临时党支部的生活制度，明确了议事规则。前三批援青的相关制度也不少，但由于每批次人数不断增多，岗位职能都在调整中，没有形成制度体系。第四批援青干部人才已达到30人，需要有一个系统的制度体系来管理。为此，我们制定了19项管理制度，通过一个相对完整的制度体系去规范执行工作，实行长效管理。

我们联络组还与班玛县灯塔乡班前村专门结对，并保持经常联系，每一名援青干部都至少结对两户人家，建立了非常好的关系。对在县里的援青干部也是有要求的，最少一个人结对六户牧民，一对一的"结亲"。我们到主人家里，很多牧民不会说汉语，需要翻译。但有一条，你能感觉出当地农牧民，特别是牧民对党的政策，对我们援青干部是非常认可的。

有这样一个故事。在甘德县有一个17岁的藏族姑娘，叫东格措，2019年12月底突然查出脑肿瘤，情况很紧急，是援青干部在"结亲"过程中发现的。我们帮她联系到华山医院脑外科。华山医院脑肿瘤诊治在全国甚至国际都是有名的，但是一床难求，有时候要排几个月的队。通过援青干部的连续协调，并与华山医院总院、西院、东院住院部反复沟通，为她争取到床位。东格措到上海的第二天就住进医院，院长亲自会诊确定手术方案，同时，通过上海红十字会捐赠解决了医疗费用困难，手术很成功。

这个"结亲"过程有两层含义。一是从这样基础的社会细胞中，从他们家庭的基本状况中，可以了解到脱贫攻坚"两不愁三保障"具体要怎么落实，党和国家的政策要靠什么样的方式去落实；第二，这实际上是传递党的温暖的一种很具体方式，一家一户地跑，面对面跟牧民交流，带去慰问金、慰问品，必要时候捐资捐物，牧民的获得感是完全不一样的。通过结对，我们与牧民相互之间会建立深厚的感情。前几批援青干部在回上海之后，还会托我给"结亲"的家庭带去礼物。

站在全面脱贫攻坚决战决胜年这样的时间和历史窗口，我们充分感受到，上海大后方的支持力度比以前更大，我们第四批派的人最多，也更有力量做好对口支援工作。

（贾佳　赵一苇　采访整理）

我的万州记忆

周磊

我的父母曾在 20 世纪 60 年代从上海到江西参与支援内地建设，所以在家里从小耳濡目染，对发达地区支援内部省份的情况是有所了解的。2016 年，我在打浦桥街道工作时，被组织上选派到重庆万州参与对口支援工作。通过参加市、区合作交流办专门组织的培训，我对这项工作有了整体了解，尤其是对党的十八大以后习近平总书记关于脱贫攻坚等方面的重要论述有了更多认识，深感能参与到国家战略中去是非常值得自豪的事情。

初到万州，走马上任

到赴万州的路上，要先经过湖北宜昌的夷陵。夷陵之意为：水至此而夷，山至此而陵。万州在夷陵上游，由此也可见万州的地形地貌。从夷陵坐火车到万州，一路都是山路，翻江越岭，印证了《蜀道难》里的"难于上青天"。到达万州后，通过前任援派干部对工作的移交和情况的介绍，使我意识到上海——万州对口支援工作多年的探索中，无论从机制建设还是实际开展等方面均已比较成熟。故而在前人的基础上，心里有了打开工作局面的初步底气。

上海对口支援万州始于1992年，从1994年开始选派干部到当地挂职，到我已经是第十四批。来到万州后，当地的组织部门和领导都对我充分信任，"上海的支援干部，只要你们来，对我们都有很大帮助。""希望你不光做好对口支援工作，也把上海在管理、规划等方面好的理念带给万州"。对当时的我来说，既感激于当地的充分信任，也担心因自身能力不足而影响工作。

我之前的工作经历多以条线的业务工作和基层的事务性工作为主，对区层面的宏观把握尚不到位，且两地的工作环境、方式和风格也有所不同。除对口支援工作外，我作为区府办副主任，还要协助一位副区长开展工作，主要对口联系科技、商贸、卫生、旅游、食药监、应急管理等多个条线，绝大多数领域也很陌生。单就对口支援工作本身而言，上海每年投入援建资金的使用，二三十个项目的设计、规划、落实、监督等工作，已耗费大量精力。经过严肃思考后，我还是决定迎难而上，一来为了不辜负当地部门的信任，二来也能借此提升能力、弥补短板，三来在实际参与区政府办公室工作过程中，还可对当地情况、干部更加熟悉了解，从而对对口支援工作起到促进作用。当然，这同时也要求自己必须克服困难、做好平衡，多付出一些时间和精力在工作上。

民生为本，利在千秋

上海对口支援万州属于对国家重大工程（三峡水利工程）进行支援，按照"中央要求、当地所需、上海所能"原则，以"搬得出、稳得住、逐步能致富"为目标，主要任务是库区建设和移民帮扶。我到万州后，认真学习中央和上海市委、市政府关于对口支援工作的各项规定和政策制度，深刻领会市委、市政府关于对口支援工作的意图和要求，走遍万州所有乡镇，通过调查研究、查阅资料、交流讨论等方式，熟悉当地风土人情，了解各援建项目的实际推进情况，以增强工作的有效性和针对性。万州的区域面积比较大，下辖 52 个乡镇街道，有 3457 平方公里，差不多有半个上海这么大，大部分是山区，从主城区出发到最偏远的一个乡镇，单程开车要 3 个多小时，路况也不太好，但我认为这是做好工作必要的准备。

通过走访调研，掌握了第一手资料，明确了工作思路，在传承以往多年来的好做法之上，我积极思考做好新时期背景下的对口支援工作。自 2017 年起，3 年以来共实施上海市援助万州区各类项目 93 个（含计划外项目五个），其中移民示范小区与新农村设施建设 19 项、社会事业 46 项、产业合作 17 项、人才培养及其他 11 项。上述项目的实施，为促进万州经济社会发展作出了积极的贡献，取得了明显的社会效益和经济效益，有效地提高了移民的经济收入和生活水平，产生了良好的社会反响。

在民生建设方面，我们认为教育和卫生不只是对当地一时的贡献，而且是对几代人的影响，能对当地移民的生活发展起到基础性保障作用。3 年来投入 3104 万元资金，用以支持万州区级综合医院、镇乡卫生院和行政村卫生室的医疗设施、就医环境等的改善及标准化建设，极大方便了移民就近就地就医。在当地的山区，一些贫困群众进城看病的成本很高，但乡村卫生院的改善使得他们不出村就能享受到优质医疗服务。这既符合我们支援的初衷，也是帮助移民尤其是贫困户减轻压力、迅速脱贫关键的指标。如万州上海医院，我们认为，既然叫作上海医院，就要体现上海水平，所以我们对这所医院的帮扶，无论硬件、软件、人才、智力等哪一方面，力度都很大，而且起到了实际效果。它从原先的乡镇卫生院发展为现在的二甲医院，除三峡中心医院（三甲）外无可比肩，口碑很好。

在助力医疗卫生事业发展的同时，我们也加大对教育事业的支持。3 年来投入资金，用以支持万州的教育事业发展，惠及中小学校 12 所，助力一批学校上档升级，被评为重庆市的重点中学、示范幼儿园等。通过对学校的帮扶，让移民的后代直接享受到教育质量改善的成果。如万州上海中学，与万州上海医院类似，通过多年帮扶成为重庆市重点高中，本科录取率在当地名列前茅，教学水平有口皆碑，确实能体现上海这个名称所凝聚的多年的帮扶成效。

除教育和卫生外，我们还聚焦移民小区综合帮扶，3年来安排资金3449万元，帮扶镇乡（街道）移民安置小区完善基础设施、公共服务配套等，使移民乡镇、社区的公共服务功能更加完善，移民的获得感、幸福感明显增强。

在助推精准帮扶方面，着重在消费扶贫、智力扶贫和旅游扶贫上下功夫，通过创新帮扶模式，将对口支援三峡移民与支持当地脱贫攻坚结合起来，有力助推了万州脱贫摘帽任务的完成。消费扶贫，2018年、2019年连续两年组织重庆鱼泉榨菜（集团）公司等本地20家企业、50余种特色商品参加"上海市对口帮扶地区特色商品展销会"，进一步推动万州特色商品与上海市场形成产销对接的长效机制、工作体系和服务平台。2019年，通过联系推荐，上海援建的万州燕山有机红茶受邀参加东方卫视的《极限挑战》节目录制，受帮扶的对象与孙红雷、黄磊等影视明星同台推荐扶贫产品，并在"拼多多"平台上进行销售，这是三峡特色农产品利用"综艺+扶贫"走向全国的新模式，为万州农产品打开长三角市场进行了积极有益探索。智力扶贫，一是开展干部人才培训。3年来累计为万州区培训党政干部、教师、基层卫生人员、社区管理人员等2337人次；每年选派上海教育卫生系统多名专家来万州讲学、巡回医疗。二是开展专题培训。根据万州经济社会发展的需要，创新培训内容和模式，2018年、2019年连续两年组织万州区交巡警支队80余名骨干成员到上海市黄浦区交警支队跟岗学习。旅游扶贫，通过组织万州区在上海举办第九届中国长江三峡国际旅游节（上海）旅游宣传推介活动，组织万州区来沪参加2019上海旅游节开幕式花车大巡游活动等形式，助推万州旅游发展。

为了把对口支援工作落到实处，我多次深入一线进行调研，听取吸纳当地群众意见，多方寻求资源进行需求对接，就各个项目具体实施细节在沪万两地之间反复沟通协调，克服语言差异、观念差异、文化背景差异等诸多困难，实地测试设备、组织演练、观摩运行。当看到这些以"上海"命名的援建项目切实为当地百姓生活发展起到长远帮扶作用时，我深感欣慰与自豪。

由于认知不同、理解不同，工作开展也不是一帆风顺，但通过我们与当地干部的共同努力，最终均取得了双方满意的一致意见。万州作为上海对口支援时间最长的地区，多年来已经形成了一套完整的对口支援操作运行机制。从 2017 年起，中央对对口支援工作有了新的要求，上海也相应作了新的部署，由原来的"讲感情"转变到"讲规矩"。我们与当地干部一起学习讨论有关规定的新要求和新精神，一起领会文件的实质。对与原来模式不同的新情况，一起想办法，"合理、合情、合规"把事情做好。比如，按照中央要求，援建经费的 50% 要用于移民小区的综合帮扶，而万州当地则更侧重于新农村建设，我们和万州干部通过研讨，最终确定了将新农村建设中的移民小区（村）作为立项重点，既兼顾了双方要求，又圆满解决了分歧。

我们对万州的支援工作不仅得到当地干部群众的认可，也得到上海方面的肯定。三年里，两次入选上海市"精准扶贫十大典型案例"：一是在 2017 年，沪万之间进行教学联合体试点，引入社会力量参与，以"互联网＋硬件＋App"和"1 个企业＋1 所上海小学＋3 所万州当地小学"的模式，推动教育资源的流动和共享。两地小学间开学第一课远程互动的实时新闻画面，在十九大代表研讨教育发展话题中被采用报道，并上报至国务院。二是在 2019 年，持续投入资金推进太安镇农旅融合发展，拓展乡村旅游功能、创优茶叶品牌，探索出景区与农户双赢利益联结机制，以"联产联业联心——助力万州打造全域旅游示范镇"项目带动更多贫困群众持续增收脱贫，也为有效贯彻落实乡村振兴战略和巩固脱贫攻坚成果探索了新路径。

接过前人炬，照亮后人路

上海援派万州的干部，从 1994 年开始，一茬接一茬，其间没有中断过。我到万州后也深刻感受到，只要说是上海来的干部，当地人就会对你非常亲切。

有一次在出租车上，司机得知我来自上海后，激动地说起他所知道的上海对万州的帮助。我感到讶异又欣慰，这十几年的帮扶下来，连一个普通百姓都能如数家珍。到达目的地后，司机无论如何不肯收车费，说："相对你们的帮扶，这点钱都是小事。"然后就一踩油门走了。

还有一次，我在当地移民局商量工作，一位移民老上访户直接冲进来要反映情况。但一听到我是上海来的援派干部，正在商量对口支援工作，情绪马上缓和下来，说："你们上海的干部到万州是来做好事的，我不打扰了。"然后转身就离开了。

这些林林总总的故事，让我真切感受到，上海对万州的支援确实很受当地百姓的认可。我也在思考这种认可是怎么来的，这之中既凝结着中央的英明决策、上海的倾心相助，还有一个很重要的因素，就是前13批援万干部的付出，是他们的一言一行奠定了当地干群对上海这座城市的认可、感谢和崇敬。没有这些前辈打下的基础，我们做工作没有这么顺利；没有他们辛勤的奉献，万州的发展也不会像现在这么迅速。他们的言行和精神，对当地影响深远，也让我们受益匪浅。若有机会跟他们交流，我只想说：非常感谢，感谢他们为我们工作打下的基础。若有机会跟后来者交流，那就是希望他们能继承前人的优良传统，把我们这么多年积淀的好的做法和精神发扬光大，更好为当地库区、移民、社会发展贡献上海的力量。

一次万州行，赠我一生情

万州移民的精神，是它留给我最珍贵的礼物。曾经，移民祖祖辈辈都在这片土地上劳作生活。当国家做出三峡水利工程建设的决定时，百万移民的命运随之改变。万州作为最大的移民安置区，累计搬迁安置三峡移民 26.3 万人。这些移民离开自己祖居的热土，到全新的环境去生活，为国家作出了很大的牺牲。

当地有一个"三峡移民纪念馆"，我曾无数次参访。我曾无数次听到关于移民的讲解，看到记录移民的图片，每一次都会收获新的感动。在那些真实而动人的记录中，有人抱着几个月大的孩子在泪眼婆娑中登上远离故土的江轮，回头望向家乡最后一眼。也有大家族中最小的孩子，带着父母送给他的黄葛树跋涉千里。当地的传说中，黄葛树是有记忆的植物，什么时候种下它，来年什么时候就会落叶。父母把这盆黄葛树交给孩子，带到上海崇明，也是告诉他不要忘记故土，不要忘记家乡的人民。移民群体在整个三峡工程中作出的贡献是巨大的，曾被评为《感动中国》2002 年度特别奖。

　　移民的精神既体现在"舍小家顾大家"上，又体现在移民在全新的土地上自强不息、奋发有为，重新创造美好生活，助力经济社会发展上。有很多人凭借自身努力获得卓越成就，他们中有积极参政议政的政协委员，有白手创业反哺家乡的企业家，有讴歌故土进行创作的文艺工作者等。这些移民代表的背后，凝聚着 131 万移民的集体精神，这种精神是万州赠予我最珍贵的礼物，对我今后的工作生活有非常大的启迪。

（李甜　张燕凤　采访，李甜　整理）

退伍不褪色的扶贫书记

邢光

自1992年至2020年，上海结合夷陵所需、上海所能，开始了28年真心、真情、真意的倾情帮扶。28年来，围绕让三峡移民"搬得出、稳得住、逐步能致富"的目标，上海累计援助夷陵区项目470个，帮助引进经济合作项目21个，并委派挂职干部14批共计22名，我有幸成为其中的一员。正因为上海市的真情帮扶，三峡移民的生产生活得到了明显改善，夷陵经济社会发展得到有力促进。习近平总书记在夷陵区太平溪镇许家冲村视察时，对上海对口支援夷陵工作给予了高度评价。

从军转干部到致富带头人

静安区对口支援三峡库区派援外干部是从1994年开始，到我这已经是第14批了。和其他的干部有些不同，我是在部队中摸爬滚打成长起来的。我18岁就参军入伍，先后担任过上海武警总队排长、中队长、大队长、参谋长、支队长、警务装备处处长，武警指挥学院指挥系主任，一身绿军装伴随我度过了30个春秋。长期的军旅生活，磨砺了我过硬的政治品格和"特别能吃苦，特别能战斗"的精神意志。

2015年，我刚从部队转业来到静安工作，时任静安区委书记孙建平在做报告时就提出"夷陵因上海生活更加美好，上海因夷陵更加精彩"的东西部扶贫协作要求。那是我第一次知道夷陵是静安区对口支援的地区之一。到了2016年夏天，区委组织部通知符合年龄和各方面条件的同志可以报名支援，我就积极报名了。之后市委组织部、市合作交流办的领导找我谈话，我表示如果组织需要，我将毫无保留、毫无怨言地去参加对口支援工作。我的态度是两个"不后悔"：人生第一个不后悔，无悔从军路；第二个是我常说的"不去夷陵，后悔三年；去了夷陵一辈子不后悔"。我们去对口支援和精准扶贫的任务主要是把三峡移民们的生产生活搞好。在出发去夷陵之前，我跟区委组织部领导说了三个"一定"：一定牢记党和政府的谆谆教导，一定不辜负静安人民和上海人民对我们的期望，一定完成精准扶贫与对口支援的硬任务！

就这样，我带着"两个不后悔，三个一定"来到了夷陵，努力学做夷陵人民的致富带头人。这三年的工作令我受益最大的就是深刻理解了农业、农村、农民"三农问题"。我从学校到部队、再转业至南京西路街道，说实话以前没有下过地也没有接触过"三农"，做致富带头人，我要从头学起。三年的夷陵经历，一方面令我感受到了我们三峡移民顽强的拼搏精神和建设美丽家园的决心；另一方面明白了无论是县区市的干部还是乡镇干部，都要脚踏实地去了解我们乡村建设的难点痛点堵点，为乡村建设贡献自己的一份力量，我想从三件事来具体谈谈我是如何学习做致富带头人的。

第一件事就是组织开展"三进静安"活动。夷陵地处西陵峡畔，山水资源优势得天独厚，极具特色的三峡物产和文化资源禀赋享誉全国，但带来的经济和社会效益却差强人意。我当时就在思考如果将夷陵优秀的文化、旅游、农特产品引入上海市场，为三峡移民们带来实实在在的经济和社会效益。经过多次深入调研后，我牵头策划组织了"三进"静安的活动。第一次活动是在2017年4月，我们带了夷陵的绿茶参加了上海国际茶文化旅游节。那次除了推销茶叶，我还带着夷陵老乡去吴江路上售卖柑橘和刺绣作品。老外们看到这些手工刺绣真的是爱不释手，结果我们带的 200 个一会儿就卖完了。经过 3 年的努力，夷陵农特产品在上海"卖得俏"，频频亮相上海国际茶文化旅游节、特色商品展销会、旅游节。夷陵老乡告诉我，现在每次去参展，自己的柑橘和茶叶都被客商一抢而空，并已经成功入驻 30 多家超市、5 家大型批发市场。仅夷陵农特企业就借助相关活动累计 3 年取得 14 亿元以上大订单，进而惠及了夷陵 12 万柑农。此外，我还协调夷陵区致富带头农业企业在上海设立特色产品展销中心，帮助夷陵区多家农业龙头企业在上海设立销售点，年销售收入突破 2 亿元。更令我印象深刻的是 2019 年 10 月 17 日，在上海市光大会展中心举办的上海市对口帮扶地区特色商品展销会，当时我作为夷陵区委副书记率稻花香、夷陵红、晓曦红、清溪沟等 11 家企业参展。中央政治局委员、上海市委书记李强亲临夷陵展馆巡展，关心、关怀夷陵区农特产品销售情况，对夷陵区优质农产品给予肯定。我相信在不久的未来，夷陵农产品将走进上海千家万户，在上海的名头越来越响亮。

第二件事就是组织开展"奔跑吧！柑橘"扶贫项目。3 年来，我给自己工作的定位之一就是积极搭建平台。在我看来有舞台才有未来，扶贫项目也需要有曝光度，其中"奔跑吧！柑橘"扶贫项目就是很好的事例。夷陵是中国柑橘之乡，每年的产量差不多将近 1000 万斤，当地为此还专门打造了柑橘文化节。2018 年 9 月 19 日，"奔跑吧！柑橘"大型对口支援公益活动在电商平台上线，活动由上海市政府合作交流办和湖北省宜昌市夷陵区政府牵头组织。夷陵区柑橘文化节期间，在分乡镇百里荒景区内，让代表前期在拼多多销售平台"奔跑橘"活动期间销售的带有奔跑代码的 5 万个柑橘的仿真柑橘，在景区内预设的坡道上，自上而下顺坡滚动起来，随后按先后顺序选择优先抵达终点的 500 个柑橘，通过解读仿真柑橘对应的奔跑代码，确认相应 500 箱柑橘的幸运采购者，每人将获得一定期限内在夷陵旅游消费的核定折扣优惠，该活动还通过上海第一财经向全国播出。因为整合了政府、企业（电商）、社会组织、新闻媒体、农户等多方力量，活动效果很好，树立了"奔跑橘"口碑。当年，"奔跑吧！柑橘"扶贫项目入选 2018 上海市精准扶贫十大典型案例。之后我们把"奔跑吧！柑橘"活动打造成一年一度的品牌活动，吸引各地游客走进夷陵、打响夷陵柑橘品牌，助推夷陵柑橘产业从单一的生产功能向观光、农事体验、生态保护、文化传承等多功能拓展。同时提升百里荒景区知名度并逐步集聚人气，通过国内互联网知名平台提升社会和企业对夷陵的关注度从而刺激地区招商、推动品牌柑橘电商销售从而促进农业增收，真正做到坚持以产兴农，谋求长足发展。

第三件事就是我在 2020 年疫情期间为滞销的夷陵农产品网络直播带货。我是 2020 年 1 月 18 日完成三年对口支援任务从夷陵回到上海的。没过几天国内新冠肺炎疫情暴发，当时快递不让进湖北省，货运基本上也停了，夷陵这边的柑橘、茶叶等农特产品都运不出去，严重影响夷陵农特产品的销售，柑橘都烂了，茶叶时间长了味道也不好了。我虽然人回到了上海，但每次看到老乡的朋友圈都心急如焚。就在这个时候，夷陵区委书记王玺玮和区委副书记、区长邓玉华都给我打来电话，希望我能够帮忙线上带货，正好上海电视台第一财经频道也在筹备这个活动，两位领导觉得我人在上海，操作起来更方便一些。疫情无情人有情，上海人民与夷陵人民同呼吸共命运，我当即就接下了这个任务。这真的是我有生以来第一次带货。我下载了好几个直播 App，先看看别的地方的书记、县长是怎么带货的，在家学习如何做一名"吆喝官"。与此同时，第一财经频道积极为我们提供帮助，除了电视直播外，我在抖音、快手、今日头条等十几个直播平台号召上海人民乃至全国人民下单购买夷陵农特产品，为夷陵贫困山区农民增收而努力！功夫不负有心人，最后我们累计销售夷陵农产品达 450 万元。

真金白银解决民生难题

到夷陵后，根据区委班会确定的分片区包干的精准扶贫要求，我统筹协调黄花镇的脱贫工作，具体负责杨家河村。这个村山高偏远，村困民穷，是一个典型的贫困村。2016 年经过全区大数据筛查，黄花镇杨家河村精准锁定建档立卡贫困人口 78 户 176 人,其中五保贫困户 11 户 11 人,低保贫困户 25 户 59 人,一般贫困户 42 户 106 人。当时我们定下的要求是一人包一户,其他的乡镇干部,委办局的领导都要包,精准扶贫要精准到个人。

我对准的是该村贫困户聂邦飞。他 46 岁,母亲很早去世了,父亲已经是 87 岁高龄。他妻子因为山区湿气比较大,得了风湿性心脏病,在 2012 年去世。2017 年春节后去他家走访,真切地感受到了什么叫"家徒四壁"。家里一共 3 间房,建在一个海拔七八百米的山腰上。屋里除了一张桌子和两张床,没有其他任何家具,总共加起来不值 500 元钱。他之前借钱种茶叶,因没有技术,茶叶虽然长势很好但因虫害而颗粒无收。了解情况后,我自己掏 2 万元给他买了一个弹棉花机,帮助他办起了棉絮加工作坊,每加工一床被子就可以有 50 元的收入,一个月下来能够挣 1500—2000 元。后来,我们还通过上海的商会爱心资助了 5 万元,为他修缮了旧房,置办了一些家具。等到我即将离开夷陵,再去看他的时候,他和我说:"邢哥,我现在脱了贫,还清了外债,下一步就是找个老婆!"我也很为他感到开心。

夷陵自古以来,名茶辈出,享誉海内外,是中国古老的茶文化中心之一。这是夷陵当地的特色区情。我在调研杨家河村的时候也发现,当地现有茶叶面积 1200 亩,可采摘面积 800 亩左右,处于起步阶段,而且种茶的多为村里的老人。村支书向我介绍说,村民们迫切希望就近建成一家茶叶加工厂,进行茶叶初加工,提高利润率,但建厂需要 200 万元的资金,希望从对口支援的资金里拨付。后来我们开会研究,决定以农村合作社的形式办茶叶加工厂,每个农民要自掏 500 元钱,这样好调动大家的积极性,避免"大锅饭"现象的发生。此外,我和合作社的同志说,办厂要找准定位,积极对接富裕山旅游,将茶产业打造为旅游商品,加强品牌效应;另外茶叶加工厂建设要主动与企业对接,找对市场主体,充分调动村民积极性,合作共赢。就这样,扶贫项目崔家山茶叶加工厂应运而生。

2019 年每家茶农都分到 3000 多元钱,就此省级贫困村——黄花镇杨家河村 76 户 169 人全部实现脱贫出列,完成了"基本消除绝对贫困现象"目标。昔日贫困的杨家河也发生了翻天覆地的变化。山腰上年久失修的村委会迁到山下省道边的新楼房；20多户没有安全住房的贫困户，搬到了山下漂亮的新居……每次来到村里，乡亲们都会热情地跟我打招呼："邢书记，进屋来坐会儿啊！"温暖的话语使我充满幸福感和自豪感。

老百姓饮水问题也是当地移民群众遇到的突出困难。三峡移民大多住在海拔400—500米的半山腰上，往下看就是长江，风景不错，但问题是水很难引上来。如黄花镇香龙山村，背靠5A级景区三峡大瀑布，紧靠着长江一级支流黄柏河，却因饮用水设施年久失修、地质土壤特殊的原因而常年缺水。600多位村民常年只有挑水吃，碰到干旱时节，村里唯一的蓄水池还会因水质得不到替换而散发阵阵恶臭，不少人肠胃都出了问题。有村民在我走访调研时苦笑着说只有等老天爷下雨了他们才赶得上洗一回澡。从村里回来后，我立即召集水利部门专家进行了安排部署。在多次实地对水源进行勘察和施工方案进行论证后我们发现，如果建设一条五六公里的饮水管道需要1000多万元，经费缺口太大。后来我们就想办法修建多个50立方米混凝土蓄水池和35立方米饮水池，并重新维修受损管网。受益对象除了香龙山村、飞马山还有杨家河村等多个居民居住点。解决了夷陵当地老百姓的饮水问题，让边远山区群众感受到了上海人民的深切关怀。

真招实策培育"造血"能力

对口支援，不仅要扶资，更要"扶智"。近些年，静安在持续不断"输血"的同时，在产业扶持、人才培养方面，也给予大量帮助，不断增强夷陵发展"造血"能力，其中一条就是两地结对共建。

2015年，静安区南京西路街道与夷陵区太平溪镇缔结为友好单位。2017年，南京西路街道13个居民区与太平溪镇13个村委会进行一对一结对，基本实现对口支援全覆盖。这是静夷两地开创性的探索。等我上任夷陵区委副书记的时候，静安 14 个街道（镇）与夷陵 13 个乡镇（街道、试验区）结对共建实现全覆盖，区直单位结对共建基本实现全覆盖。

经过我的调研和走访后发现，第一年的时候，静安的所有街道层面和区直属单位直接结对到夷陵区的乡镇，街道居委会对接村委居委会的模式是不错的。静安的每个街道还从机动经费当中拿出 50 万元精准扶贫夷陵的 14 个乡镇。但后来我感觉结对到乡村还不够，依然比较容易浮在表面，所以我就动员我工作过的两个街道——南京西路街道和芷江西路街道，组织街道负责同志、各部门的负责人和下辖的所有居委会书记到夷陵体验生活，挂职锻炼 3 个月。与此同时，我们在夷陵当地也组织一批书记和一批村长到静安区的各个街道实习，挂职锻炼 3 个月。就这样形成了静夷两地的"双向挂职"制度的雏形。在完成了村与村的对接后，我们还将所有的 13630 个建档立卡贫困户，分到静安区的各个街道，做到全面对接。真正做到让建档立卡贫困户有人管，扶贫有人问。

我还记得，2019 年 9 月 19 日，上海市静安区芷江西路街道党工委副书记李斌一行来到夷陵区黄花镇，开展芷江西路街道与黄花镇两地乡镇结对共建活动，我陪同考察。在结对共建座谈会上，芷江西路街道为黄花镇捐赠帮扶项目资金。芷江西路街道三兴大楼居民区、洪南山宅居民区、灵光居民区、城上城居民区、复元坊居民区等五个居民区与黄花镇杨家河村、张家口村、中岭村、牛坪村、杜家坪村等五个村实现一对一结对帮扶。双方就基层党建、社区治理、民生治理等工作进行了交流探讨。

我一直觉得，精准扶贫如果不认识贫困户，不到别人家里去了解情况，怎么能做好扶贫工作，为他们谋划出路呢？2017 年建档立卡贫困是 13630 户，到 2020 年还剩 3000 户，效果是非常不错的。后来，得益于两地政府的支持，我们形成"双向挂职"制度。夷陵区各委办局每年选派 20 人到静安的各个街道来挂职半年，这使他们打开眼界，也诠释了我们的静安特色——"国际静安，圆梦福地"。

除了在结对共建助力脱贫方面做出特色，我们还想办法如何让上海的新技术、新方法、新理念在夷陵区生根发芽，为夷陵留下"一支带不走的队伍"。授人以鱼，不如授人以渔。教育工作理念落后，我们就每年选派 10 个优秀的校长、教师到上海名校进行挂职锻炼。医疗水平有限，我们就选派医生到上海各大医院进行学习。上海静安区委、区政府根据夷陵帮扶的需要和夷陵干部群众自己提出的需求，开设"订单式"培训，累计培训人员 3000 多人次，覆盖区、乡（镇）、村三级，涵盖教育、卫生等系统专项培训及党政干部挂职锻炼，让夷陵干部及时"更新升级"，把先进理念和管理办法带回来建设家乡。这样既能创造价值又能传承下去的宝贵财富，是夷陵发展的重要"造血"能力，这样才能让夷陵的各项工作始终走在全市、全省前列。

浪自三峡起，潮从东海来。沪夷两地的帮扶情缘，就像延绵不绝的长江水一样，越来越长……三年夷陵行，已经写入了我的人生，注入了我的生命，让我学到了在上海、在部队没有学到的东西，感受到了夷陵老百姓的淳朴善良、热情好客和坚强毅力，这些必将激励我自己尽职尽责做好今后的工作。

（郭晓静　李烨洁　陈超　采访，

李烨洁　陈超　陈童　整理）

疫情之中显真情　对口支援爱无疆

赵峰

说起报名对口支援的初衷，可以用8个字来概括，"招之即来，来之能战"，我出身在军人家庭，自身军旅生涯27年，同时也是一名有着26年党龄的老党员。当年参军是保家卫国，如今报名对口支援则是彰显初心，彰显党员本色。只要国家有需要，我就应该主动报名，接受组织挑选，为祖国脱贫攻坚的伟大事业贡献自己的绵薄之力，实现自己的人生理想和人生价值。

身在上海心系鄂　两地携手克时艰

2020年1月16日，我和另外一名同事组成的两人援夷小组作为上海市第十五批援夷干部到达当地。在完成报到之后，我们就迅速进入工作状态，与上一批援夷干部完成工作交接和相关考评后，1月19日还陪同夷陵区委书记检查了全区的安全生产工作。但当时谁都没想到，一场考验人民和国家的疫情已经暗流涌动。

1月21日，我和同事因公回到上海，结果就在短短两天之后的1

月 23 日，新冠肺炎疫情暴发，我和同事暂时滞留在上海。虽然身在上海，但我们援夷小组始终心系夷陵、心系湖北，我们当时立即向市委组织部、区委组织部和夷陵区委递交了请战书。为什么要写请战书？作为军人出身的我，在国家有难的时候，第一反应就是应该去最危险、最需要我们的地方。当时，我认为最需要我们的地方便是夷陵的抗疫前线。我虽是挂职干部，但肩上使命和担当是一样的。基于这样的想法，我和援夷小组的另外一名同事向组织递交了请战书，但当时市里出于统一组织、安排以及对口支援干部的个人安全问题，在综合考量之后，还是希望我们暂时留在上海。同时夷陵区委领导也认为，我们留在上海能够发挥的作用要远远大于在夷陵当地。一方面，我们可以在上海帮助当地筹集防疫物资；另一方面，我们也可以代表当地对外进行一些协调工作。

正是出于以上的种种考量，我们援夷小组从 1 月 21 日返沪，至 3 月 23 日夷陵病例清零，两个月都留在上海。虽然远隔千山万水，但我们时刻谨记援夷干部的身份，也始终牵挂着夷陵当地的百姓们。我们想方设法为当地的抗疫工作做了一些力所能及之事，通过联系市合作交流办、区合作交流办，多举措多渠道筹集了 1000 多箱抗疫物资，包括医用口罩 2.6 万只，N95 口罩 3000 只，上海药皂 30000 多块，洗手液 4000 多瓶，还有防护手套、防护服、抗疫中药、护目镜、消毒喷剂、额温枪、泡腾片等。在筹集到物资之后，我们又遇到了一个难题。由于交通管制，进入湖北省的物流已经全部停运，这 1000 多箱防疫物资无法通过常规运输渠道进入湖北夷陵。因为我之前是派驻在铁路系统的军事代表，我又联系了国家铁路局综合司司长朱雪源同志，通过协调上海、武汉铁路局集团公司部分站段，利用动车组在宜昌短暂停留两三分钟的间隙，把防疫物资顺利运输到宜昌，从而打通了上海—夷陵的抗疫物资绿色通道。分六批次终于把这 1000 多箱物资从上海源源不断地运往夷陵，虽然物资并不算多，但也为夷陵疫情防控工作贡献了上海对口支援干部的绵薄之力，也是上海人民对夷陵百姓的一片心意。

这两个月的时间，身在上海的我，时时刻刻牵挂着夷陵当地疫情，也让我深切感受到了疫情就是命令，抗疫就是责任。

抗击疫情显成效　复工复产挑重担

　　在整个疫情防控阶段，我认为夷陵区的防疫措施和成效都是在全省及至全国前列的，区委书记王玺玮同志早早就按下了产业暂停键，疫情期间，夷陵也是率先启动病例研判工作。夷陵区面积为 3451 平方公里，人口 62 万人，新冠肺炎确诊病例 54 例，收治率 100%、治愈率 100%、死亡率 0%，感染率不到万分之一，3 月 23 日，夷陵区病例实现清零，3 月 24 日，全区就按下了复工复产的启动键，我们也是宜昌市最早复工复产的地区之一。

　　尽管夷陵区在疫情防控战中取得了不错的成绩，但是疫情带给当地的损失仍是巨大的。夷陵区第一季度的经济发展基本上处于停滞状态。据财政统计，2 月至 4 月夷陵区的总体财政收入仅有 300 多万元，出现了一部分企业倒闭、人员失业的现象，其中受损最严重的莫过于旅游行业和农产品销售。

　　"水至此而夷，山至此而陵。"夷陵有着得天独厚的自然环境和极为丰富的文旅资源，夷陵区 A 级景区有 12 家，其中 5A 级景区两家，4A 级景区四家，旅游业是夷陵的支柱产业之一。但疫情期间，当地旅游业直接停摆，处于零收入状态。除了旅游业之外，夷陵区另一个主打便是农副产品。夷陵区素有"茶乡、橘都、酒城、桃源"之称。茶乡——宜昌盛产茶叶，也是全国的主要产茶区；橘都——夷陵柑橘口感好，不仅畅销全国，还远销俄罗斯；酒城——位于夷陵区龙泉镇的稻花香酒业公司，是湖北省最大的优质白酒生产基地，年产值达到 500 亿元；桃源——夷陵是国际猕猴桃大会认定的猕猴桃原产地。但是因为疫情，这些闻名全国的农副产品遭受重创。茶叶是一种时令产品，明前茶和明后茶无论是口感、品质还是价格都相差甚远，因为疫情期间交通管制，导致茶叶严重滞销。在 2019 年 12 月，夷陵基本实现了脱贫，但是目前三峡移民因为疫情返贫、致贫的风险还是非常大，对于我们而言，平时工作丝毫不敢懈怠。

3月24日，夷陵按下复工复产启动键的当天我就返回夷陵，参加了全区的经济工作会、乡村旅游启动仪式等，由此拉开了复工复产的序幕。

疫情影响下，旅游产业不仅是断崖式下降，更几乎是处于停歇业状态。虽然夷陵当地景区都已陆续开放，但由于跨省旅游还未恢复，所以基本都是接待本地游客。据统计，2019年三峡大坝接待游客达320万人次，日均接待近万人，但现在每天的游客基本都只能维持在三位数。当地另一家5A级景区"三峡人家"，里面一个演出团体有演员20多位，观看演出的游客常常只有寥寥十来人，即便如此，演员们仍是一如既往地卖力演出，见到此情此景，不能不让人下定决心，一定要重振夷陵当地的旅游业。

尽快恢复当地的旅游经济是我们急需解决的问题。作为一名对口支援干部，我也一直在思考，如何利用自身优势，为夷陵旅游业复兴作贡献。6月底，我回到上海和静安区合作交流办进行了沟通，希望能够把夷陵区纳入静安区党政机关疗休养目的地的名单中，区领导听取汇报后也十分支持。目前静安区合作交流办的李凡主任在牵头此事，我们也在积极推进。此外，我们也积极协调夷陵当地政府落地促推动旅游发展的相关举措，上海市合作交流办对口支援处处长夏红军同志来夷陵考察调研时，我们提出，针对上海游客能否提供门票减免等一些优惠政策。通过类似举措，一方面拉动当地旅游发展，增加地方收入；另一方面，更能彰显28年来上海对口支援夷陵的两地情谊，表达对上海人民的感恩与回馈。目前，我们正在积极协调夷陵区文旅局落地出台具体方案。

拉动旅游经济之外的另一个工作重心，就是要带动当地的农副产品销售。2020年6月6日，国务院扶贫办在上海市开展了"百县百品会"活动。由于夷陵区不是国家级贫困县，按相关政策区内农产品不能进入扶贫"832平台"。但考虑到疫情影响，夷陵区返贫、致贫的风险相当大，为此我到上海向市里积极反映了实际情况，市合作交流办在综合考量评估后，把夷陵当地柑橘、茶叶等农副产品也纳入了"百县百品会"。

此外，我们也多方联系上海的相关单位和企业，希望能够打造一个销售平台，为夷陵当地的优质农副产品拓宽销售渠道，一方面可以解决当地老百姓的收入问题，另一方面也可以为上海的老百姓提供可口、有营养的农副产品，实现双赢。

作为上海对口支援的干部，复工复产之后，我的另一个主要工作任务是落实、推进上海对口支援夷陵的项目。上海2020年对口支援当地的项目一共有22个。从4月下旬开始到目前为止，项目开工率已经超过了80%，诸如移民安置小区、学校等重点项目，在2020年都能全面完成。几个月的疫情对项目进度影响巨大，我们也面临着赶工期的压力，但现在要做的就是排除万难，以"开工即决战，起步即冲刺"的态势，和时间赛跑，争时间、抢时间、赶时间，把这些项目做好，尽可能不因为项目的延期而影响百姓生活。举个最简单的例子，我们对口援建的静夷中学，原计划在2020年7月基本完工，2020年9月在当地招生，但因为疫情影响，工期势必要往后拖，如果9月无法完工，那么就会影响一学期甚至一学年的招生工作，所以我们就算加班加点，也要想办法在有限的时间里，推进项目尽快完工。

因为疫情造成的现实困难确实存在，但是所有当地的干部们都拼命在往前冲。我虽然是挂职，但我要把这三年当作任职来做，不说冲在最前面，但绝对不能掉队。

严阵以待抗洪涝　　加班加点抢时间

正当复工复产工作有序推进的时候，考验又一次来临。6月27日，夷陵突遭强降雨，全区普降暴雨到大暴雨，甚至局部地区是特大暴雨，最大雨量达到了257毫米，最小也有近69.5毫米。如此突然的天灾让我们所有人都有些措手不及，当时夷陵城区内涝非常严重，道路中断、突发停电。截至6月28日，我们对全区的受灾情况进行全面核查，发现这次洪涝灾害造成直接经济损失 5932 万元，53150 人受困，房屋损坏 140 多户、合计 200 多间，甚至有十几间房屋倒塌，居民房屋进水达到 800 多户，商店门面进水达到 500 多户，110 多台机动车被淹进水，甚至有些国道也出现了塌方险情，但万幸的是，灾害没有造成人员伤亡。

面对洪灾，我们马上启动了汛期的应急救灾机制，同时进行有条不紊的抢修工作。有一家由我负责对接联系的企业因为洪涝灾害损失超过千万元，了解情况后，我积极协调应急管理、水利、农业等部门帮助受灾企业进行灾后重建工作。可以说，强降雨对人民生活造成的影响已经基本恢复。但我们绝不能掉以轻心，目前长江水域的水量已经是满负荷状态，三峡坝区 14 个机组现在全负荷发电泄洪。对于后续可能出现的险情，我们也一直时刻准备着。我们先遇到了疫情，紧接着又面临水灾，这对对口支援项目的按期完工又造成了更大的困难，我们必须要加班加点把洪涝灾害带来的影响，尽可能补回来。

我来到夷陵的这三个多月时间，感受最深的一点就是时间不够用。第一个不够用在项目建设上。据当地群众和同事介绍，每年进入汛期之后，我们的一些建设项目或多或少都会受到影响，而 2020 年的情况又尤为特殊，导致我们对口援建项目的时间更不够用。第二个不够用在当地的工作时间上。这几个月来，我亲眼看着当地的干部们铆足了劲，奋战在一线岗位上，大家都把有限的时间分配到不断增加的工作中去，即便是双休日、节假日也不能停下来。清明节三天小长假，除了清明当天休息之外，剩下的两天时间我也一直都在工作，都在外面跑。在我看来，要理清援建项目的各种问题，光是靠坐在办公室听汇报、看资料是远远不够的，看 100 张项目建设照片都不如到工地上去实地走一走、看一看，及时发现问题、解决问题。作为一名新同志，我更加需要亲力亲为到现场去，不断学习、不断成长。

立足当地划重点　展望未来谋发展

掐指算来，我在夷陵挂职三年，不知不觉已经过了 1/6 了，而未来的 5/6，我又该做些什么？要说未来的打算，我认为首先要立足当下。首先要紧密围绕当地区委、区政府的中心工作和重点工作来做对口支援工作。其次要把项目和项目资金管理好，更加精准、有效地围绕着三峡移民服务，让我们的项目和资金在当地建设发展过程中，发挥更大的效益、更大的作用。第三，我也一直在考虑，能否为夷陵、为三峡移民进一步争取更大的平台和更多的优惠政策。

2020 年 5 月，习近平总书记到山西大同云州区实地察看了黄花产业，提出黄花菜要成为人民群众的致富菜。十分巧合的是，我在夷陵的联系乡镇名叫黄花镇，我们区委书记就找到我，给我出了一道题：黄花镇里能不能长出黄花菜来呢？为了解题，我专门请教了农业部门的专家，才发现，我们区委书记也是经过了大量的调研才给我出了这道题。事实上，黄花菜的产值是超过夷陵的柑橘和茶叶的，现在柑橘和茶叶的收益在 6000—8000 元 / 亩，而黄花菜根据烘干工艺的不同，收益能达到 14000 元 / 亩左右。掌握了这些基础信息后，我专门带队到湖北省的天门考察，天门是著名的三花之乡——黄花菜、棉花、塑料花。通过交流和实地调研后我们得出结论，在黄花镇种植黄花菜完全可行！我最近也在和区委论证，准备开辟一块试验田，通过和农村合作社的合作，探索一条黄花菜致富路。通过这个简单的例子，我想说的是，未来的规划并不是一句简单的口号，而是要落到实处，扎根到当地，带领当地老百姓精准找到致富方向，在此基础上，围绕上海所能，开展当地所需的项目。

另一方面是为夷陵推出一系列特色产品。目前夷陵的农副产品不聚集、不聚焦，形成不了合力，质量产量也上不去。有质量没产量，有产量不讲究质量，都不能被认可。要说特色产品，夷陵真的有，但是我们缺的是具有可持续性的特色产品。所以目前我们就在着力打造平台，打造农副产品，尤其是优质的特色农产品，将它们引进上海。这样才能把当地的致富路给带动起来，同时也可以为上海的老百姓提供更加地道的湖北味道。

总而言之，对于未来，再多的豪言壮语不如干好当下。我会继续做好上海和夷陵两地对口支援的桥梁，当好交流交往交融的工作平台，为上海对口支援工作而努力！

（王莺　陈童　采访整理）

后　记

　　为总结脱贫攻坚的历史和实践经验，推进中国特色社会主义新时代口述史资料征集研究工作，2021年中央党史和文献研究院第七研究部组织全国各省区市党史和文献部门，对征集到的一些领导同志、亲历者的口述史料进行整理，选取反映党和国家脱贫攻坚重大决策在地方贯彻执行情况、本地区具有全国意义或地方特色的重大事件、帮扶对口支援地区合作中的重大事件等史料，编辑了脱贫攻坚口述史丛书。

　　本丛书在策划、选稿、编辑、出版过程中，得到地方党史和文献部门以及各位作者的大力支持。中央党史和文献研究院院长曲青山和副院长、中央编译局局长柴方国给予了精心指导，中央党史和文献研究院第七研究部刘荣刚、李树泉、徐鹏堂、谢文雄、宿凌、刘一丁、孙迪、张晓飞等同志承担了具体选编工作。中共党史出版社领导和编辑为本丛书的编辑、出版付出了辛勤劳动。中共上海市委党史研究室郭继等同志承担了本书大量编务工作。在此表示衷心感谢。

　　由于编辑时间紧迫，编者水平有限，书中难免存在不当之处，欢迎广大读者提出宝贵意见。

编　者

2023年10月